U0521494

国家出版基金项目
"十三五"国家重点出版物出版规划项目
"海上丝绸之路"可再生能源研究及大数据建设

海上丝绸之路
自然风险评估与应急管理

张　韧　黎　鑫　洪　梅
汪杨骏　杨理智　李　明　著
葛珊珊　郝志男　钱龙霞
白成祖　王辉赞　卢　扬

电子工业出版社
Publishing House of Electronics Industry
北京·BEIJING

内 容 简 介

本书针对"一带一路"倡议的全新机遇、发展内涵、面临的问题和潜在的风险，以及现实存在的案例样本不充分、评估信息不完备、决策知识不确定等问题，引入动态贝叶斯网络、直觉模糊集、群决策、信息流等方法和技术途径，构建风险评估与应急管理指标体系和数学模型，围绕海上丝绸之路沿线海域热带气旋、大风、大浪、低能见度等极端天气及海平面上升等的影响与危害，开展针对地理环境特征、气候变化情景、气象水文要素等孕险环境，以及岛屿、海峡、港口等承险对象的风险评估与应急管理研究。

本书可供大气、海洋、环境生态、交通、自然资源、防灾减灾、应急管理等科研人员及相关院校师生参考。

未经许可，不得以任何方式复制或抄袭本书之部分或全部内容。
版权所有，侵权必究。

图书在版编目（CIP）数据

海上丝绸之路自然风险评估与应急管理/张韧等著．—北京：电子工业出版社，2023.10
（"海上丝绸之路"可再生能源研究及大数据建设）
ISBN 978-7-121-45189-8

Ⅰ.①海… Ⅱ.①张… Ⅲ.①海上运输-丝绸之路-自然灾害-灾害管理 Ⅳ.①K203 ②X43

中国国家版本馆 CIP 数据核字（2023）第 041756 号

审图号：GS 京（2023）0807 号

责任编辑：张　楠　　特约编辑：刘汉斌
印　　刷：天津千鹤文化传播有限公司
装　　订：天津千鹤文化传播有限公司
出版发行：电子工业出版社
　　　　　北京市海淀区万寿路 173 信箱　邮编 100036
开　　本：720×1 000　1/16　印张：25.25　字数：482.4 千字
版　　次：2023 年 10 月第 1 版
印　　次：2023 年 10 月第 1 次印刷
定　　价：198.00 元

凡所购买电子工业出版社图书有缺损问题，请向购买书店调换。若书店售缺，请与本社发行部联系，联系及邮购电话：(010)88254888，88258888。
质量投诉请发邮件至 zlts@phei.com.cn，盗版侵权举报请发邮件至 dbqq@phei.com.cn。
本书咨询联系方式：(010)88254579。

丛书编委会

丛 书 主 编：宋君强

丛书副主编：笪良龙　张　韧　刘永前　褚景春

丛 书 编 委：杨理智　钱龙霞　白成祖　黎　鑫

　　　　　　洪　梅　李　明　刘科峰　葛珊珊

　　　　　　郝志男　胡志强　韩　爽　阎　洁

　　　　　　葛铭纬　李　莉　孟　航　汪杨骏

推荐序

2013年9月和10月，习近平总书记先后提出建设"丝绸之路经济带"和"21世纪海上丝绸之路"的合作倡议。2015年3月，国家发展和改革委员会、外交部和商务部联合发布了"推动共建丝绸之路经济带和21世纪海上丝绸之路的愿景与行动"（简称"一带一路"）。至此，中国正式推动以"丝绸之路"为标识的"一带一路"建设。

为何把"丝绸之路"作为倡议的标识？因为"丝绸之路"留下的宝贵遗产不是路，而是历史情结，也是精神遗产。古丝绸之路曾是中国和外部连接与交往的重要陆海通道，是一条和平之路，因为它的开拓不用战争、不用征服；是一条互利之路，因为互通有无带来的是共同受益；是一条互鉴之路，因为内外思想的文化交流带来的是文明的互学互鉴。事实上，我们重提和重建"丝绸之路"，就是要弘扬这种精神，以这种精神创造未来。可以说，用"丝绸之路精神"创新未来，是中国提出"一带一路"的初心。

中国是一个海陆型国家，东边是浩瀚的太平洋，西接印度洋，海洋提供了最方便的对外交往通道。改革开放以后，中国利用海洋优势，大力发展"两头在外"的加工贸易，通过出口拉动，推动了经济的快速增长，海洋重新成为中国连接外部世界的大通道。与西方大国利用海洋扩张、争霸、建立殖民地不同，中国作为文明古国，有着"天下大同"和"命运共同体"的情怀，随着自身的发展和综合实力增强，把推动构建开放合作、共同发展的新海洋作为己任，通过推动"21世纪海上丝绸之路"的建设，让海洋成为友好交往与共同发展的和平之海。

中国与亚欧大陆山水相连。改革开放后，随着中国经济的发展，中国与陆连国家的经贸和其他关系得到显著提升。中国通过建立沿边经济开发区，推动与相邻国家经贸关系的发展，但遇到的制约是，对外连接基础设施差。其实，制约中国与陆连国家关系发展的，不仅是落后的交通设施，还有欠发展的经济。"丝绸之路经济带"的建设旨在改善内外连通的基础设施，优化当地发展环境，让亚欧大陆更紧密地连接起来，构建中国与亚欧大陆发展的新格局。

"一带一路"的两个框架（"丝绸之路经济带"和"21世纪海上丝绸之路"）相辅相成，相互连接，是一个整体谋划。回顾世界经济发展的历史，在西方崛起以后，海上通道得以快速拓展，但陆地连接滞后，内陆国家的发展受到很大制约。"一带一路"把海洋与陆地的通道建设和经济发展统合起来，把海上通道与陆地交通网络连接起来，构成世界新的全方位连接与发展格局。通过"一带一路"的建设，形成海陆相连、内外相通的全方位连接，构建起四通八达的海陆交通网络。在"一带一路"的共商、共建和共享原则的指导下，通过构建政策沟通、设施联通、贸易畅通、资金融通、民心相通的互联互通网络，通过优势互补的产能合作和互利的供应链网络，带动当地经济的发展，创建新的发展动能。"一带一路"倡议着眼于推动新型发展合作，不同于传统的发展援助，为世界提供一种创新型发展合作方式。当今，世界经济的发展正处于大的结构变化和发展方式的调整期。发展中国家的发展，一批新兴经济体的崛起，更多的发展中国家步入起飞门槛，"一带一路"建设为这种新格局构建提供了有力的支持。

推荐序

"一带一路"基于合作共赢的思维，旨在把中国的发展与其他国家的发展联系起来，通过中国的投入和带动，动员各方参与的积极性，打造新的发展空间，创建新的发展引擎。"一带一路"是开放的，在这个平台上，大家都可以参与，共商规划、共建项目、共享成果、共同受益。"一带一路"的合作项目不同于一般的商业性投资，不是通过谈判进行的，而是通过协商进行的，是共同规划和建设。长期以来，对于发展中国家来说，发展融资，特别是基础设施融资、大项目工程建设融资，存在很多困难和制约。现行的国际金融机构提供资金的能力有限，私人金融机构的投资意愿不强，因此，对于大多数发展中国家来说，基础设施发展滞后，发展的综合环境改善缓慢。通过"一带一路"倡议，可以推动创建合作性融资机构和其他多种形式的金融机制，以此破解融资瓶颈，中国可以在这个平台上发挥更大的作用。中国倡导成立了亚洲基础设施投资银行（亚投行）、金砖国家银行（新发展银行），筹备成立上合组织开发银行，中国自己出资成立了丝路基金等，旨在破解发展中国家发展中的融资难题。"一带一路"倡议不同于自贸区构建和多边贸易体制，旨在推进发展中国家综合发展环境的改善，创新发展动能，实现可持续发展。"一带一路"倡议以亚、欧、非海陆连接与发展为重点，但作为一种新型发展合作方式，是面向世界的。从亚洲到欧洲，再到非洲，可以延伸到更广泛的区域。从这个意义上说，"一带一路"是着眼于世界创新发展的倡议。

"一带一路"倡议旨在建立一个广泛且具有包容性的合作框架和更好的发展环境。考虑到沿线国家经济的多样性，"一带一路"通过项目建设需要对接东道国的发展规划，以实现共同参与、共同建设和共享成果的目标。"一带一路"建设是一项系统且复杂的长期工程，面临着多重风险和挑战。沿线国家的政治制度和经济制度差异较大，由于历史、宗教、边界的划定和自然资源等因素，沿线国家之间的关系也复杂多样，有时会因社会和文化差异而导致分歧，一些国家的民族主义者、保守势力等可能会以各种借口反对立项建设。

与此同时，"一带一路"建设远不止经济发展，也包括政治、社会、文化、教育和安全关系发展，是新型国家间关系的构建。"一带一路"体现的是新的发展观（改善发展中国家的综合发展环境）、新的合作观（开放型，共商、共建和共享）和新的秩序观（海上的开放合作与合作安全，以及海上航行开放、安全合作与发展合作）。中国提出这个倡议以后，尽管国际上，包括一些沿线国家存有怀疑，有的在观望，有的不予以支持，有的则提出相对应的计划。但总体来看，"一带一路"得到了世界上大多数国家和国际组织的支持，截至2023年6月，中国与152个国家和32个国际组织签署了200多份合作文件。

"21世纪海上丝绸之路"的建设有着深刻的含义：一则，之所以冠以"21世纪"，是要区别于以往的西方大国以追求霸权为宗旨的海洋观，构建开放、合作与共享的海洋新关系和新秩序；二则，强调共同发展、合作共赢，把海上通道建设与共同发展紧密结合起来。因此，"21世纪海上丝绸之路"倡议是面向未来的新思维、新方略。当然，"21世纪海上丝绸之路"的建设存在诸多困难，面临复杂的地缘、政治环境，受到海域争端、海洋权益、战略竞争的影响。因此，需要对建设中的综合环境、机会、安全与风险，以及其他相关问题进行深入研究和判断。

张韧教授及其团队对"21世纪海上丝绸之路"的建设进行了全面、深刻的研究，完成了多卷巨著。他们从"21世纪海上丝绸之路"的历史沿革、自然地理环境，到综合安全环境、能源通道建设等进行了详尽梳理和分析，并在此基础之上提出了风险评估方法、评价指标体系，既具有理论研究的深度，也具有现实的应用价值,特别是他们基于数据模型提出的评价方法和指标,对于加强有关"一带一路"建设环境评估与项目评价具有很强的应用价值。此书的出版正值"一带一路"倡议提出十周年,具有特别的意义,为"一带一路"建设在下一个十年取得更大进步提供了有益的智力贡献。

中国社会科学院学部委员,

山东大学讲席教授,山东大学国际问题研究院院长

前 言

人类对海洋的认知、探索和开发都是为了服务于人类单个或多个群体的海洋权益（简称海权）与经济利益的需要。美国海军战略家阿尔弗雷德·赛耶·马汉在其《海权论》中，不仅强调了海洋在世界政治、经济、贸易、文化中的重要意义，还着重指出，一个新兴崛起的国家，意欲保持国内经济的稳定增长和综合国力的有效提升，必须付诸足够的财力、物力和精力，以和平、包容并举的方式加强海外力量，拓展海外利益。

两千多年前，古罗马哲学家西塞罗曾言："谁控制了海洋，谁就控制了世界"。明代航海家郑和也说过："欲国家富强，不可置海洋于不顾。财富取之于海，危险亦来自海上……"

海洋作为巨大的天然通道在全球化中起着各国之间经济联系纽带和运输大动脉的作用，对现代国际社会和各国的政治、经济、安全都有着不可替代的影响。在政治方面，全球100多个临海国家之间的地缘政治是以海洋、海权为代表的，掌握重要深水良港、核心海上航线、关键海峡通道的实际控制权至关重要。在经济方面，世界上大部分物资的输送，特别是重要物资，都是通过海上通道运输的。因此，海权的确立和争夺是临海国家甚至非临海国家经济发展的必然要求。国家经济要想长期、稳定、高速地发展，必须确保对海权的掌握。在安全方面，制空权是制海权的前提，制海权是陆地安全的保障，陆地安全是国家安全的基石，这一链条深刻反映了海洋对一个国家安全体系的构建是多么重要。可以说，制海权的保障水平是国家安全保障能力的重要体现形式。

"一带一路"（"丝绸之路经济带"和"21世纪海上丝绸之路"）的倡议顺应了我国对外开放区域结构转型的需要，顺应了我国要素流动转型和国际产业转移的需要，顺应了我国与其他经济合作国家结构转变的需要，顺应了国际经贸合作与经贸机制转型的需要。

古代海上丝绸之路自秦汉时期开通，不仅是连接亚洲、非洲和欧洲的海上贸易航线，更是沟通东西方经济和文化交流的重要桥梁。当今世界，和平与发展是主旋律，国际社会日益成为一个你中有我、我中有你的命运共同体，没有哪个国家能够独善其身，也没有哪个国家能够自己解决全球化所带来的各种新问题、新挑战。中国的全球治理观强调"共商、共建、共享"。作为构建人类命运共同体理念的重要实践平台，"一带一路"倡议旨在促进与相关国家的政策沟通、设施联通、贸易畅通、资金融通、民心相通，推动共建"一带一路"高质量发展，建设和平之路、繁荣之路、开放之路、绿色之路、创新之路。

"21世纪海上丝绸之路"沿线海域，是目前世界上商业价值最高、航运最繁忙、战略地位最重要，同时也是自然环境最复杂、极端天气和灾害频发，以及地缘政治和地区安全风险最高、挑战性最大的海域之一，对促进区域合作的进步和经济发展、扩展国际合作的发展新空间具有重要作用。

推进"21世纪海上丝绸之路"倡议、保障能源安全、拓展海外利益、应对突发事件，是建设海洋强国与保障国家安全的重要内涵和目标，其核心环节和前提是弄清沿线国家和利益攸关海域、重要海峡航道的环境特征和地缘安全状况，并在此基础之上开展风险分析和突发事件应急响应对策研究。鉴于种种原因，我国对"21世纪海上丝绸之路"（以下简称海上丝绸之路）沿线海域的自然环境和地缘安全认知了解不多，信息获取有限，相应的风险分析与应急响应研究更少，主要研究工作侧重于宏观层面的政策解读和策略论述。针对海上丝绸之路沿线海域环境状况（如地形、地貌、海峡、通道、岛屿，以及气象与水文因素）和地缘人文因素（如政治、经济、军事、外交、法律、宗教等），开展海洋环境风险评估、海洋灾害风险预警，以及地区冲突风险研判和恐怖袭击风险防范等非传统安全威胁的定量风险分析、应急响应和决策支持研究，是海洋安全战略和保障我国企业"走出去"迫切需要开展的工作。

当前，人类生存环境和社会发展面临着多种风险威胁，包括自然风险、社会风险和政治风险。风险意识和风险防范得到了社会的广泛关注和普遍认同。风险分析与评估成为政府行政管理、科学决策的重要依据。在战略层面上，风险评估是国家安全政策制定和应对突发事件响应措施的重要依据。针对重大灾害和公共安全等突发事件，欧美等发达国家具有较完善的灾害评价体系、风险分析体系和应急救助体系及相应的技术手段，特别是重点资助开展了在致险机理不确定、险情信息不完备情况下灾害评估与风险防范的研究，形成了灾害预警、灾害评估、风险识别、减灾对策等科学规范的联动机制和应急机构，国民的风险意识和突发事件防范设施也较为完善。

我国对整体性、系统性的风险研究起步较晚，研究水平及成果也落后于欧美等发达国家。风险研究领域和成果主要涉及地震、泥石流等地质灾害领域，台风、暴雨、干旱等气象灾害领域，财政、金融、股市等社会领域，以及火灾、瓦斯爆炸、矿难等安全生产领域，对国家海洋权益和安全等的风险分析和应急响应研究尚处于探索阶段。近年来，围绕经济危机、地区冲突等引发的一系列政治或经济事件，使海洋权益安全、海外利益安全问题的重要性和急迫性日益凸显，全面关注、研究和保障国家海洋权益安全，防范海洋灾害和地缘风险已成为刻不容缓的任务。

近年来，笔者在国防科技大学自主科研专项以及"双重建设"等项目的资助下，围绕海上丝绸之路沿线海域的环境特征、气象与水文要素、气候变化情景，以及极端天气和海洋灾害风险分析、突发事件的应急管理开展了研究，构建了海上丝绸之路自然风险分析的概念模型与评价体系，探索了海上突发事件情景想定、响应机制和应急预案等技术途径，特别是针对在海上丝绸之路研究过程中现实存在的案例样本不充分、评估信息不完备、决策知识不确定等问题和困难，引入和发展了动态贝叶斯网络、直觉模糊集、群决策和信息流等技术，开展了量化分析和评估实验。本书即是对上述工作的总结。

本书的编写得到了国防科技大学气象海洋学院领导、同事的关心与支持，参考并引用了许多国内外相关论著、资料等文献，在此向相关人员及文献作者表示感谢。

感谢中国社会科学院学部委员、山东大学国际问题研究院院长张蕴岭为本书作序和深入点评，以及对作者给予的鼓励和支持。

感谢国家出版基金管理委员会、电子工业出版社和相关领域专家对本书出版的支持和帮助。

鉴于笔者知识水平有限，写作经验尚不丰富，要完成如此艰巨的出版任务，确感压力颇大，书中定有不当和谬误之处，恳请读者批评指正。

本书第 1 章由张韧、杨理智、葛珊珊撰写，第 2 章由张韧、钱龙霞、汪杨骏撰写，第 3 章由黎鑫、洪梅、王辉赞、卢扬撰写，第 4 章由黎鑫、杨理智、洪梅撰写，第 5 章由张韧、黎鑫、洪梅、李明撰写，第 6 章由杨理智、张韧、白成祖撰写，第 7 章由汪杨骏、李明、张韧撰写，第 8 章由郝志男、张韧、汪杨骏撰写，第 9 章由黎鑫、洪梅、葛珊珊撰写。全书由张韧统一规划、校对和定稿。

张　韧

2023 年 2 月

目 录

第1章 绪论 ··· 1

1.1 "一带一路"倡议与构想 ··· 1

1.2 机遇、风险与挑战 ·· 3

    1.2.1 机遇 ·· 4

    1.2.2 风险 ·· 4

    1.2.3 挑战 ·· 5

1.3 国内外研究概况 ··· 6

    1.3.1 国外研究概况 ··· 6

    1.3.2 国内研究概况 ··· 7

    1.3.3 问题与困难 ··· 9

参考文献 ·· 11

第2章 风险分析与应急管理 ·· 14

2.1 风险定义与分类 ··· 14

    2.1.1 风险概述 ·· 14

    2.1.2 风险定义 ·· 16

2.1.3 风险分类 ………………………………………………… 18
2.2 风险分析、辨识与评估 ……………………………………………… 20
　2.2.1 风险分析 ………………………………………………… 20
　2.2.2 风险辨识 ………………………………………………… 21
　2.2.3 风险评估 ………………………………………………… 23
2.3 风险控制与风险决策 ………………………………………………… 27
　2.3.1 风险规避与风险控制含义 ……………………………… 27
　2.3.2 风险应对措施 …………………………………………… 28
　2.3.3 风险规避与风险控制原则 ……………………………… 29
　2.3.4 风险决策 ………………………………………………… 30
2.4 突发事件风险辨识与应急管理 ……………………………………… 31
　2.4.1 突发事件定义 …………………………………………… 31
　2.4.2 突发事件风险 …………………………………………… 32
　2.4.3 突发事件风险辨识 ……………………………………… 33
　2.4.4 突发事件风险管理 ……………………………………… 34
2.5 突发事件应急响应 …………………………………………………… 37
　2.5.1 应急响应主体任务 ……………………………………… 38
　2.5.2 应急响应体系 …………………………………………… 39
2.6 应急预案制作 ………………………………………………………… 41
　2.6.1 应急预案制作原则 ……………………………………… 41
　2.6.2 应急预案制作规范 ……………………………………… 43
2.7 应急救援机构与应急救援程序 ……………………………………… 45
　2.7.1 救援机构 ………………………………………………… 45
　2.7.2 应急救援程序 …………………………………………… 48

参考文献 ……………………………………………………………………… 51

第3章 海上丝绸之路自然环境特征 ····· 53

3.1 地理环境特征 ····· 53
- 3.1.1 地形地貌特征 ····· 54
- 3.1.2 海峡地理环境特征 ····· 55
- 3.1.3 群岛地理环境特征 ····· 62
- 3.1.4 海湾地理环境特征 ····· 64

3.2 气候特征 ····· 68
- 3.2.1 基本气候特征 ····· 68
- 3.2.2 海面风场时空特征 ····· 76
- 3.2.3 热带气旋时空特征 ····· 79

3.3 海洋水文特征 ····· 83
- 3.3.1 海温气候态特征 ····· 83
- 3.3.2 海浪气候态特征 ····· 86
- 3.3.3 海流气候态特征 ····· 90
- 3.3.4 海平面高度特征 ····· 94

3.4 海洋资源分布 ····· 95
- 3.4.1 南海海洋资源分布 ····· 95
- 3.4.2 印度洋海洋资源分布 ····· 96

参考文献 ····· 97

第4章 海上丝绸之路自然风险概念模型与评价指标 ····· 98

4.1 风险机理与风险识别 ····· 98
- 4.1.1 风险机理 ····· 98
- 4.1.2 风险识别 ····· 99

  4.1.3 孕险环境与致险因子 …… 100

4.2 自然风险概念模型 …… 103

4.3 自然风险评价指标 …… 104

4.4 自然风险评估地理信息系统平台 …… 110

  4.4.1 地理信息系统及其产品概述 …… 110

  4.4.2 基于 C#/ArcEngine 的自然风险评估地理信息系统平台 …… 113

4.5 自然风险分析 …… 115

  4.5.1 自然风险特征 …… 115

  4.5.2 指标体系 …… 116

  4.5.3 仿真实验 …… 117

  4.5.4 风险分析 …… 125

参考文献 …… 125

第 5 章 海上丝绸之路自然风险评估 …… 127

5.1 概述 …… 127

5.2 自然风险分析 …… 128

  5.2.1 基本内容 …… 128

  5.2.2 方法和途径 …… 129

5.3 自然风险评价指标定义与计算 …… 131

5.4 自然风险评估模型 …… 138

5.5 孕险环境和致险因子 …… 139

  5.5.1 孕险环境敏感性 …… 140

  5.5.2 致险因子危险性 …… 142

5.6 承险体的脆弱性和易损性 …… 158

目录

  5.6.1 承险体 ·· 158

  5.6.2 脆弱性和易损性的评估 ·· 161

  5.6.3 脆弱性和易损性的评价指标融合与区划 ······················ 170

 5.7 自然风险区划 ··· 171

  5.7.1 单因子风险区划 ·· 172

  5.7.2 综合因子风险区划 ·· 174

参考文献 ·· 176

第6章 全球气候变化与海上丝绸之路自然风险响应 ························ 178

 6.1 气候风险区划 ··· 178

  6.1.1 数据来源及处理 ·· 178

  6.1.2 自然风险评估要素风险等级划分 ·································· 180

 6.2 气候变化情景与自然风险响应 ··· 184

  6.2.1 RCP2.6情景下的自然风险预估 ···································· 185

  6.2.2 RCP8.5情景下的自然风险预估 ···································· 192

  6.2.3 海洋环境对气候变化的响应风险 ·································· 200

 6.3 气候变化情景风险分析 ··· 201

  6.3.1 贝叶斯网络方法 ·· 202

  6.3.2 贝叶斯网络建模 ·· 204

  6.3.3 气候变化情景推理 ·· 209

  6.3.4 气候变化风险区划 ·· 215

 6.4 基于信息流的气候预报因子辨识 ··· 217

  6.4.1 信息流原理与基本思想 ·· 218

  6.4.2 信息流标准化改进算法 ·· 219

  6.4.3 模型应用与实验仿真 ·· 224

XIX

6.4.4　基于信息流因果关联筛选气候预报因子 …………………… 225

　　　6.4.5　生成西北太平洋热带气旋的主要气候预报因子 ……… 228

参考文献 …………………………………………………………………… 232

第7章　海上丝绸之路沿线港口自然风险评估　234

7.1　环境特征分析 ……………………………………………… 234

　　　7.1.1　指标选取和数据来源 ……………………………………… 235

　　　7.1.2　指标分析 …………………………………………………… 237

7.2　数据离散化——指标等级划分 …………………………… 241

　　　7.2.1　自适应高斯云变换 ………………………………………… 242

　　　7.2.2　指标等级划分 ……………………………………………… 243

7.3　近岸海域自然风险评估 …………………………………… 246

　　　7.3.1　贝叶斯网络结构构建 ……………………………………… 247

　　　7.3.2　贝叶斯网络参数学习 ……………………………………… 247

　　　7.3.3　加权推理 …………………………………………………… 250

7.4　远海海域自然风险评估 …………………………………… 253

　　　7.4.1　网络结构 …………………………………………………… 253

　　　7.4.2　参数学习 …………………………………………………… 254

　　　7.4.3　推理计算 …………………………………………………… 255

7.5　海域自然风险动态评估与预测 …………………………… 257

　　　7.5.1　动态贝叶斯网络原理 ……………………………………… 257

　　　7.5.2　动态贝叶斯网络构建 ……………………………………… 258

　　　7.5.3　基于动态贝叶斯网络的风险评估建模 …………………… 259

　　　7.5.4　海域自然风险动态预测 …………………………………… 260

7.6　北极东北航道海峡自然风险评估 ………………………… 265

  7.6.1 研究数据 ·· 266

  7.6.2 北极关键海域自然风险评估实验 ··· 271

 7.7 极端天气的极值影响和风险评估 ·· 274

  7.7.1 数据资料 ·· 275

  7.7.2 极值理论 ·· 276

  7.7.3 海平面上升的风险评估建模 ··· 287

  7.7.4 极端高水位事件的风险评估（以宁波为例） ·· 292

参考文献 ·· 299

第8章　海上丝绸之路航线规划 ·· 301

 8.1 直觉模糊集理论 ·· 301

 8.2 直觉模糊集的集成方式 ·· 304

  8.2.1 信息集成算子 ··· 304

  8.2.2 直觉模糊集成算子 ··· 306

  8.2.3 直觉模糊混合集成算子 ··· 308

 8.3 直觉模糊集决策场理论 ·· 311

  8.3.1 基于直觉模糊集的决策场模型 ··· 312

  8.3.2 基于直觉模糊集的群决策问题 ··· 315

 8.4 基于直觉模糊集的航线优选 ·· 322

  8.4.1 认知不完备情景下的直觉模糊集敏感性航线优选 ································· 322

  8.4.2 基于直觉模糊集航线多备选集的决策实验 ··· 328

  8.4.3 基于直觉模糊集航线多备选集的群决策实验 ····································· 339

参考文献 ·· 345

第9章　海上丝绸之路航道风险与应急管理 ·· 346

 9.1 南海-印度洋海域及其海峡水道风险评估 ·· 346

9.2 南海-印度洋海域海盗袭击风险评估 ·················· 352
　　9.2.1 南海-印度洋海域海盗袭击概况 ·················· 352
　　9.2.2 南海-印度洋海域海盗袭击风险评估 ·················· 353
9.3 南海-印度洋海域综合风险评估与应急响应 ·················· 360
　　9.3.1 综合风险评估方法 ·················· 360
　　9.3.2 考虑单承险体的南海-印度洋海域综合风险
　　　　　评估 ·················· 362
　　9.3.3 南海-印度洋海域综合风险等级评估 ·················· 365
　　9.3.4 风险监控与海上突发事件应急响应 ·················· 366
9.4 海上突发事件应急预案编制 ·················· 367
　　9.4.1 应急预案基本概念与核心要素 ·················· 367
　　9.4.2 应急预案基本结构 ·················· 368
　　9.4.3 应急预案编制过程 ·················· 370
9.5 应急救援航迹规划 ·················· 374
　　9.5.1 航迹规划概述 ·················· 374
　　9.5.2 GIS栅格数据最优路径原理 ·················· 376
　　9.5.3 基于GIS应急救援航迹规划 ·················· 378

第 1 章 绪论

1.1 "一带一路"倡议与构想

2013 年，习近平总书记先后提出了建设"丝绸之路经济带"和"21 世纪海上丝绸之路"（"一带一路"）的合作倡议。"一带一路"（The Belt and Road，B&R）依靠中国与有关国家既有的双多边机制，借助既有的、行之有效的区域合作平台，借用古代丝绸之路的历史符号，高举和平发展旗帜，积极发展与沿线国家和地区的经济合作伙伴关系，共同打造政治互信、经济融合、文化包容的利益共同体、命运共同体和责任共同体。

2015 年，国家发展和改革委员会、外交部、商务部联合发布《推动共建丝绸之路经济带和 21 世纪海上丝绸之路的愿景与行动》。2017 年 5 月 14 日至 15 日，我国举办了首届"一带一路"国际合作高峰论坛，来自 29 个国家的元首、政府首脑及 140 多个国家和 80 多个国际组织的 1600 多名代表参会，形成 5 大类、76 大项、279 项具体成果。2018 年 8 月 27 日，在推进"一带一路"建设工作 5 周年座谈会上，习近平总书记发表重要讲话，提出"一带一路"建设要从谋篇布局的"大写意"转入精耕细作的"工笔画"，向高质量发展转变，造福沿线国家和地区人民，推动构建人类命运共同体。2019 年 4 月 25 日至 27 日，我国举办了第二届"一带一路"国际合作高峰论坛，37 个国家的元首、政府首脑出席圆桌峰会，来自 150 多个国家和 90 多个国际组织的近5000名代表参会，形成6大类、283项的论坛成果清单，并通过了《第二届"一带一路"国际合作高峰论坛圆桌峰会联合公报》。

"一带一路"官网公布的数据表明，截至2018年底，中欧班列已经联通亚欧大陆16个国家的108个城市，累计开行1.3万列，运送货物超过110万标箱，中国开出的班列重箱率达94%，抵达中国的班列重箱率达71%，与沿线国家和地区开展了口岸通关协调合作，提升了通关便利化水平，平均查验率和通关时间均有大幅度下降。

截至2019年4月，中国已与126个国家和地区签署了双边政府间航空运输协定，与47个沿线国家和地区签署了38个双边和区域海运协定（河运协定）。

- 在贸易方面，中国与沿线国家和地区的贸易额占外贸总额的比重逐年提升，由2013年的25%提升到2018年的27.4%。
- 在金融方面，截至2020年，亚投行已经为24个成员的87个基础设施项目投资，投资总额近200亿美元，通过促进互联互通和民生改善，为全球多边经贸合作做出了实实在在的贡献。
- 在文化方面，与沿线国家和地区互办艺术节、电影节、音乐节、文物展、图书展等活动，并合作开展图书、广播、影视的精品创作和互译互播。

下面着重介绍一下"21世纪海上丝绸之路"倡议。

古代的海上丝绸之路是中国与东南亚、南亚、东非、欧洲等国家和地区进行文化交流的海上通道，从中国东南沿海城市出发，经过南海，穿过印度洋，进入红海，最后抵达东非和欧洲，推动了沿线各国的共同发展。中国输往世界各地的主要货物，从丝绸到瓷器、茶叶，形成了一股持续吹向全球的东方文明之风。尤其是在宋元时期，中国的造船技术、航海技术及指南针的运用,全面提升了商船的远航能力,使得私人海上贸易得到了发展。在这一时期,中国与世界60多个国家通过海上丝绸之路有直接的商贸往来,引发了西方世界一窥东方文明的大航海时代热潮。明代时期,"郑和七下西洋"的成功,标志着海上丝绸之路发展到了一个极盛时期。

海洋既是各国经贸文化交流的天然纽带,也是各国之间的重要贸易通道。"21世纪海上丝绸之路"倡议以我国沿海经济带为支撑,通过海洋将我国与亚洲、欧洲及非洲连接起来,覆盖东海、南海、日本海、南太平洋、印度洋及地中海,形成北线、南线和西线等三条蓝色经济通道。其中,北线经日韩至白令海峡,穿越俄罗斯远东地区,到达北冰洋,共同建设经北冰洋连接欧洲的蓝色经济通道,即冰上丝绸之路;南线经南海,穿越大巽他群岛到达澳大利亚,共同建设中国-西太平洋-南太平洋的蓝色经济通道;西线经南海向西进入印度洋,衔接"中巴经济走廊"和"孟中印缅经济走廊",共同建设中国-印度洋-非洲-地中海的蓝色经济通道[1]。西线是对古代海上丝绸之路的拓展与延伸。若无特别说明,本书提到的海上丝绸之路主要是指"21世纪海上丝绸之路"的西线。

1.2 机遇、风险与挑战

马汉在其《海权论》中不仅强调了海洋在世界经贸、政治、文化中的重要意义,还着重强调了一个新兴崛起的国家意欲保持国内经济的稳定增长和综合国力的有效提升,必须付诸足够的财力、物力和精力,以和平、包容并举的方式加强和拓展海外力量。中国在此时提出发展海洋经济、保护海洋环境、维护海洋权益、建设海洋强国的战略方针,可谓是正当其时。

风险的定义是衡量在一定条件下和一段时期内不利事件发生的不确定性

及所遭受的损失。风险分析是一种广泛应用于自然科学、社会科学和地缘人文领域的综合分析方法，提供了一套针对不确定性和复杂环境下的客观定量评估风险、防范风险的思想方法与技术路线。因此，开展海上丝绸之路沿线国家和地区的风险识别、风险评估和风险预警，是"一带一路"建设的重要内容和核心环节。

1.2.1 机遇

海上丝绸之路的建设可为我国与沿线国家和地区的经济发展带来新的机遇，有助于加速推进区域经济的一体化，促进亚太地区各经济体的协调发展，提升贸易及投资的便利度。

1.2.2 风险

海上丝绸之路的建设与沿线国家的国内政局发展、经济状况、社会环境密切相关。在沿海地区，如果发生冲突或局部国家、地区的政局不稳定，就可能引发恐怖活动和海盗等非传统安全问题，从而威胁附近的海上运输和港口作业安全。

除上述地缘政治风险外，海上丝绸之路的建设还面临自然灾害对基础建设、海上运输和港口安全的不利影响。海洋环境具有明显的动态性和不确定性，尤其是在全球气候变化的背景下，海平面上升、海洋气象水文要素变化、极端天气事件频发等均增添了风险的不确定因素。热带气旋、风暴潮、大风、大浪等海洋灾害或极端天气具有突发性和高破坏性，可导致船舶受损倾覆、港口设施损坏、货运物资损失或人员伤亡等。

以热带气旋为例，自 20 世纪 70 年代以来，热带气旋的强度显著增加，持续时间延长，发生频次明显增多，在印度洋和西北太平洋上的表现尤为突出。由热带气旋的强度变异所引起的大风、大浪天气，致使海上丝绸之路沿线海域的风暴潮、海啸等灾害事件增多。在全球气候变化的背景下，发生极端天气事件的频率和强度增加，所引发的海洋灾害时空特征和演变趋势更具不确定性。因全球气候变化所导致的海平面上升，可能会造成海岸线被侵蚀、低洼地区被淹没、咸潮入侵、土地盐碱化或近海地区地下水质恶化等情况，直接影响港口的基础建设和人员的生存环境。在部分海平面上升较快的区域，可能会造成港口被淹没、码头被废弃等严重事件。海平面上升还可能导致岛礁被淹没、明暗礁分布变化等，致使海上航运船舶发生触礁、搁浅、倾覆等意外事件。

1.2.3 挑战

"21世纪海上丝绸之路"倡议的合作机制主要涉及沿线国家和地区的投资、基础设施建设、人员海外务工、货物贸易运输等环节。随着海上丝绸之路合作进程的推进，我国对沿线国家和地区的基础设施和能源资源领域的投资持续增长，参与投资建设的企业在享受投资收益和建设机遇的同时，也面临由于投资目标国家资金准入政策、经济状况、财政金融信用、法律制度约束、基础设施水平等因素所带来的种种限制和风险。例如，各国不同的资金准入政策，可能导致企业手续准备不足而增加时间成本；投资目标国家市场经济规范度不高，可能增加在投资过程中各环节的不确定性，从而引起突发或意外的事件，致使合同搁置、项目延误甚至中止等。

除航运通道和地缘人文方面的安全风险外，海上丝绸之路的基础设施、港口码头、重要支点的建设还面临自然灾害的影响和制约。针对上述挑战，在制定相关政策、推进海外项目之前，需要提前做好风险管控工作，对可能遭遇的突发事件进行风险识别、风险评估及风险预警，以便准确实施风险决策和风险防控，规避和降低风险损失。

1.3 国内外研究概况

1.3.1 国外研究概况

"21世纪海上丝绸之路"倡议自提出以来，便受到了国内外政界、国际媒体的关注和评述。Len[2]结合中国建设海洋强国的愿望，以"21世纪海上丝绸之路"倡议为背景，阐述了中国的构想与努力。Glantz[3]论述了"21世纪海上丝绸之路"倡议对中国经济发展的重要意义，总结了各国领导人所做的积极评价，并指出，在较短时间内，"一带一路"不仅吸引了欧洲、亚洲领导人的关注、回应和合作意向，也吸引了非洲、南美洲领导人的关注、兴趣和合作意向。Feng等人[4]从区域经济合作与一体化的角度出发，在研究"一带一路"倡议后指出，目前中国在"一带一路"建设上面临两种选择：实施自由贸易区战略的方式；区域、次区域结合的方式。Sheu等人[5]提出一种新的方法，旨在解决由"一带一路"倡议引起的国际物流网络重组和随机挑战，基于中国石油供应链的两个案例进行了模拟预测，为企业及其决策者参与"一带一路"建设的物流优化和运输决策提供了一个发展对策和建议。

英国的经济学人智库是较早对"一带一路"倡议予以关注的国外研究机构之一，于2015发布了《愿景与挑战——"一带一路"沿线国家风险评估》报告[6]，以帮助投资企业和金融机构了解"一带一路"沿线国家的潜在风险，并对相关国家的诸多领域进行了量化风险评估。经济学人智库发布的评估报告对相关国家的运营风险和信贷风险进行了系统、全面和缜密的分析,风险评估领域涵盖安全局势、法律和监管、政府效能、政治稳定性和基础设施状况等,除此之外,还提供了针对 180 个市场的情景分析,并对可能发生的突发事件及其影响进行了风险评估。经济学人智库的研究方法、技术手段、分析视角值得国内的专家学者学习和借鉴,其中的一些研究观点和分析结果对开展海上丝绸之路的风险评估有一定的参考意义。

1.3.2 国内研究概况

国内学术界对"21 世纪海上丝绸之路"倡议也给予了极大关注,对海上丝绸之路自然环境的研究,以学术论文为主,鲜有研究专著出版。郑崇伟等人[7-8]对海上丝绸之路的地理概况、气候特征、海域环境等开展了较系统的研究。齐庆华等人[9]研究了气候变化对海上丝绸之路的影响,重点研究了风暴潮和热带气旋灾害的影响,并指出,未来 20 年,风暴潮的登陆路径和影响范围将向北推进,可能会在一定程度上有利于海上丝绸之路的运输安全,但气候变化会使热带气旋发生的频次和登陆的密集度增加,由此所带来的破坏和损失也将增加。孔锋等人[10]针对"一带一路"沿线国家面临的严峻自然风险和防灾、减灾能力较弱的现状,指出极端天气和重大气象地质灾害将严重制约海上丝绸之路的建设,建议加强沿线国家在气象防灾、减灾方面的国际合作。杨涛等人[11]对海上丝绸之路沿线国家的自然灾害分布开展了研究,结果表明,东亚地区的地震和洪涝灾害,中亚、西亚地区的干旱灾害,以及中东欧地区的高温、洪涝灾害都表现出显著的区域和时空分异特征。

学术界针对海上丝绸之路地缘人文领域的研究较多,分别从政治、经济、社会、文化和非传统安全等多方面入手,成果丰富,多以专著、蓝皮书、研究报告、学术论文等形式呈现。海上丝绸之路的建设周期长、投资大、收益慢，鉴于沿线国家在地缘政治、社会文化、经济发展和金融环境等方面的差异性和特殊性，对沿线国家经济风险的识别成为企业"走出去"的重要前提。受经济发展水平的影响，海上丝绸之路的部分沿线国家财力有限，有的国家还存在法律不健全、政府效率低、信用体系不完善、汇率波动较大等问题，导致资金成本上升、信贷风险增加。中诚信国际发布的《"一带一路"沿线国家主权信用风险报告》[12]，对沿线30多个国家进行了主权信用风险评级，给出了沿线国家主权信用风险级别及其主要表现。中商产业研究院[13]依据大量的统计资料，对海上丝绸之路建设的国内、国际投资环境进行了分析，从经济发展水平、投资政策、重点发展行业、投资环境及其潜力等多个角度进行了系统的资料整理与分析论述，并对资料进行动态更新。苏馨[14]对海上丝绸之路的沿线国家进行直接投资的风险开展了研究，从基本格局、地区分布、行业分布、投资主体等不同角度分析了直接投资现状，对政治风险、经济风险和总体直接投资风险进行了实证研究。针对因投融资活动的持续扩大而可能引发的固有的和潜在的经济风险、金融风险、财政风险，闫晗[15]从货币总量、财政货币及财政收入、支出、借贷、崩盘运行的角度，围绕海上丝绸之路开展了投融资法律风险及对策研究。

在海上丝绸之路的建设规划中，投资目标国家的政治稳定性和社会安全性备受关注，成为建设实施过程中的最大风险点之一。《"一带一路"沿线国家安全风险评估》编委会[16]对沿线65个国家的公共安全风险进行了定性分析评估，详细阐述了各国的政局状况，给出了安全风险等级。中国网[17]对"一带一路"沿线的60多个国家，围绕一般情况、投资环境、政治结构、相关政治风险及可能的国家战略动向开展分析研究。张洁[18]以海上丝绸之路为背景，对我国周边的安全形势开展了评估分析。龙永图等人[19]通过引入具体案例，对海上丝绸之路沿线国家的政治安全风险进行了分析评估。

针对海上丝绸之路沿线国家的非传统安全威胁，李骁等人[20]梳理了所面临的安全风险，包括沿线国家热点安全问题所形成的干扰及非传统安全威胁，并将非传统安全威胁归纳为恐怖主义、自然灾害、传染性疾病、海洋环境污染和生态破坏、海盗问题等。张伟鹏[21]、王凤娟等人[22]围绕海上丝绸之路的建设开展了风险分析和风险源识别，提出了相应的风险管理建议。张晓慧[23]对海上丝绸之路沿线国家的境外投资法律风险管理进行了探讨。尹志锋[24]通过对融资风险管理的研究认为，海上丝绸之路沿线国家的融资存在融资主体特殊、国家信用体系各异等问题，并对融资风险管理进行了探讨。马昀[25]针对在海上丝绸之路建设过程中如何消除战略疑虑、规避和化解争端、减少投资损失、创建新的发展方式、维护整体安全等问题提出了风险管控意见。

1.3.3 问题与困难

国内外学者从不同视角和方向对"21世纪海上丝绸之路"倡议的重要价值、安全意义和风险管理等问题开展了全面系统的研究，取得了诸多研究成果，提出了很多建议，对科学推进海上丝绸之路建设具有重要价值。鉴于海上丝绸之路在建设过程中面临的发展环境复杂性、影响因素多源性以及安全威胁与风险的不确定性，当前对海上丝绸之路的研究仍有不足之处和有待深入探究的问题。

1. 自然学科与人文学科在优势互补和交叉融合方面存在不足

对海上丝绸之路的风险研究不仅涉及地理科学、大气科学、海洋科学等自然学科领域，以及统计运筹、系统优化、信息技术、人工智能等专业技术方向，还与社会、文化、经济、法律、军事、外交、民族、宗教等密切关联，是自然学科和人文学科的高度融合及文理交叉的新疆域。当前对海上丝绸之路的研究更多表现为自然学科与人文学科相对独立的研究体系和研究路径，缺乏应有的交叉融合和优势互补，制约了研究工作的深度或研究成果的广度。

2. 沿线国家安全风险的系统性架构设计欠缺

目前的研究工作大多侧重于某类安全风险中的某一问题，如政治风险中的地缘安全问题、经济风险中的信用风险问题等，缺乏系统性的架构设计，特别是缺乏综合考虑自然环境和人文环境的综合风险评价体系。鉴于海上丝绸之路沿线国家的自然环境复杂、地缘因素各异，所进行的风险研究无疑需要综合考虑自然环境和人文社会等因素。目前，对跨学科、跨领域的安全风险综合评价体系和评估方法研究较少，缺乏理论层面与实践层面的相互支撑和系统性设计，所进行的研究大多侧重于某一国家或某一区域，特别是针对东南亚地区的研究较多，对南亚、中东地区的研究较为稀缺。海上丝绸之路沿线国家所处的地缘环境、涉及的国际政治背景和所处的经济发展阶段各不相同，迫切需要构建面向海上丝绸之路沿线国家的自然环境和地缘人文共性特征，以及主要安全风险的系统性架构，从而进行全局性的研究。

3. 量化风险评估方法和智能决策技术手段匮乏

对海上丝绸之路安全风险的研究是复杂的系统性问题，不仅面临信息获取、特征提取、数据融合、风险评估、决策支持等方法匮乏，以及案例样本稀少和数据多源异构等现实困难，在地缘人文领域还存在专家经验挖掘、知识定量表达、语义信息解读等技术瓶颈，以及专家意见不统一甚至意见冲突等问题。当前对海上丝绸之路安全风险的研究报告多以定性描述为主，既有的量化研究方法往往局限于简单的专家打分和加权平均，难以科学表征和有效刻画复杂的现实风险问题。量化风险评估方法和智能决策技术手段的匮乏制约了对海上丝绸之路研究的深入开展和应用转化,需要予以高度重视,并应着力改进和加强。

参考文献

[1] 国家发展和改革委员会,国家海洋局."一带一路"建设海上合作设想[EB/OL].[2022-09-01]. https://www.yidaiyilu.gov.cn/zchj/jggg/16621.htm.

[2] LEN C. China's 21st century maritime silk road initiative, energy security and SLOC access[J]. Maritime Affairs Journal of the National Maritime Foundation of India, 2015, 11(1): 1-18.

[3] GLANTZ M H. China's《One Belt, One Road》(OBOR) Initiative: What a differenced《Brand》can make[J]. Directory of Open Access Journals, 2017, 4(1): 8-19.

[4] FENG Z, WANG H. The mode of economic cooperation in the "One Belt and One Road" construction[J]. New Paradigm for International Business, 2015, 20(2): 35-58.

[5] SHEU J B, KUNDU T, TALLEY W. Forecasting time-varying logistics distribution flows in the One Belt-One Road strategic context[J]. Transportation Research Part E Logistics&Transportation Review, 2017.

[6] 经济学人智库.愿景与挑战——"一带一路"沿线国家风险评估[EB/OL].[2022-09-01]. http://wenku.baidu.com/link?url=XsCZRzYfKI_CT2LEr8Bxmq2VdXHcLmBUTIZAIMFySI2WJnWA7SCU2VAbLq8afMmfxFU-MbE6bTwA8K5P5pXtQuPxKmyxDp7BD5nVF-m79H7.

[7] 郑崇伟,潘静,孙威,等.经略21世纪海上丝路之海洋环境特征系列研究[J].海洋开发与管理,2015,32(7):4-9.

[8] 郑崇伟,黎鑫,陈璇,等.经略21世纪海上丝路:地理概况、气候特征[J].海洋开发与管理,2016,33(2):3-10.

11

[9] 齐庆华, 蔡榕硕. 21世纪海上丝绸之路海洋环境的气候变化与风暴灾害风险探析[J]. 海洋开发与管理, 2017, 34（5）：67-75.

[10] 孔锋, 吕丽莉, 王一飞, 等. "一带一路"建设的综合灾害风险防范及其战略对策[J]. 安徽农业科学, 2017, 45（22）：214-216.

[11] 杨涛, 郭琦, 肖天贵. "一带一路"沿线自然灾害分布特征研究[J]. 中国安全生产科学技术, 2016, 12（10）：165-171.

[12] 中诚信国际. "一带一路"沿线国家主权信用风险报告[EB/OL]. [2022-09-01]. http://m.news.cntv.cn/2015/05/27/ARTI1432733478374623.shtml.

[13] 中商产业研究院. 2015-2020年中国"一带一路"战略规划热点分析及投资潜力研究报告[R/OL]. [2022-09-01]. http://www.askci.com/reports/2015/04/08/155359x3va.shtml.

[14] 苏馨. 中国对"一带一路"沿线国家直接投资的风险研究[D]. 长春：吉林大学, 2017.

[15] 闫晗. "一带一路"沿线国家财政风险法律对策研究[D]. 哈尔滨：哈尔滨工业大学, 2016.

[16] 《"一带一路"沿线国家安全风险评估》编委会. "一带一路"沿线国家安全风险评估[M]. 北京：中国发展出版社, 2015.

[17] 中国网. "一带一路"列国投资政治风险研究[EB/OL]. [2022-09-01]. http://opinion.china.com.cn/event_3916_1.html.

[18] 张洁. 中国周边安全形势评估（2016）[M]. 北京：社会科学文献出版社, 2016.

[19] 龙永图, 翟崑, 周强. "一带一路"案例实践与风险防范—政治安全篇[M]. 北京：海洋出版社, 2017.

[20] 李骁, 薛力. 21世纪海上丝绸之路：安全风险及其应对[J]. 太平洋学报, 2015（7）：50-64.

[21] 张伟鹏. "一带一路"沿线非传统安全风险应对分析—以中国与中东地区国家反恐合作为例[J]. 探索, 2016（3）：186-191.

[22] 王凤娟, 卢毅. "一带一路"海外承包工程非传统安全风险分析—以21世纪海

上丝绸之路为例［J］.工程管理学报，2017，31（1）：129-133.

［23］张晓慧.解读"一带一路"新形势下境外投资的法律风险管理［J］.国际工程与劳务，2015（1）：35-36.

［24］尹志锋."一带一路"融资风险管理［J］.中国金融，2017（5）：94-95.

［25］马昀."一带一路"建设中的风险管控问题［J］.政治经济学评论，2015，6（4）：189-203.

第 2 章 风险分析与应急管理

2.1 风险定义与分类

2.1.1 风险概述

风险的含义与不确定性概念密切相关，既有联系又有区别[1]。不确定性属于主观心理上的一种认知，是指对某事件发生结果所持的怀疑态度，即对未来某事件发生与否难以预测。由这种不确定性所导致的后果既有损失的一面，也有盈利的一面。风险管理研究中的不确定性主要是指导致失败和损失的一面，包括发生与否的不确定性、发生时间的不确定性、发生状况及结果的不确定性等。虽然风险的存在是客观的、确定的，但风险的发生是不确定的，并且不确定性事件不一定就是风险事件，只有那些可能导致损失或不利后果的不确定性事件才是风险事件。

风险是指不期望事件的发生概率及发生后果的严重性[2]。判定一个目标或事件是否有风险，不仅需要知道目标或事件发生的可能性，还需要了解目标或事件发生后所蕴含的潜在影响。图 2.1 是对风险的直观图解。需注意，在用这种方法确定风险时需要进行某些判断。例如，虽然目标或事件发生的可能性很小，但是一旦发生，后果就是灾难性的（例如，民航客机飞行的安全性即属于此类)。从实际运营情况来看,虽然民航客机飞行不属于高风险范畴(尽管空难事件的后果严重,但发生的可能性很低),但若将民航客机飞行纳入低风险行业,相信许多人是难以认同的,空难事件的严重后果与低风险之间的关联,说明对实际风险的判定带有较浓厚的主观色彩和个人感觉。在风险分析实践中,若要确定风险等级,则需要有三类彼此独立的输入:第一类输入是"事件的发生概率",该变量通常可以根据历史数据和事件案例,用统计学和概率论进行分析估算;第二类输入是"如果事件发生,则其对应后果的严重性",该变量要求决策者明确知道会产生哪些后果及后果的严重性,需要运用统计学和概率论来确定;第三类输入是主观判断,是对前两类输入的综合。若前两类变量为下述情况,则在风险等级界定上会比较一致:

- 低可能性/发生的可能性低+轻微后果 → 低风险。
- 高可能性/发生的可能性高+严重后果 → 高风险。
- 高可能性/发生的可能性高+轻微后果 → 低风险。

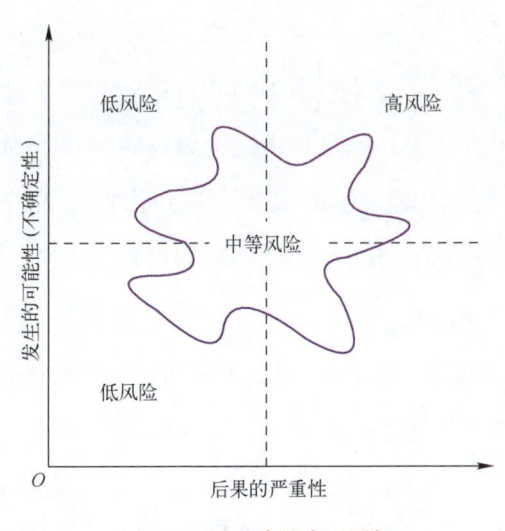

图 2.1 对风险的直观图解

图 2.1 中，若向发生的可能性低的方向和后果的严重性大的方向移动，则需要依赖决策者的领悟和决策倾向来确定风险等级。在确定风险等级时，可能会发生意见分歧，此时，决策者一方面需要咨询技术专家，另一方面需要运用风险理论进行风险分析和判别。值得注意的是，若一个目标或事件包含过多的中等风险项，则潜在的高风险可能性大；反之，若一个目标或事件只包含极少的高风险项，则总风险可能较低。针对上述情况，通常需要建立几种模型，以便能够更客观、更合理地确定目标或事件的风险等级。

2.1.2 风险定义

风险（Risk）一词最早出现在 19 世纪末，是由西方学者针对经济学领域提出的。风险广泛存在于人们的生产、生活及自然环境中。虽然人们对直观的自然灾害具有天生的危机和防范意识，但风险不仅涉及自然灾害本身，由自然灾害造成的影响还会渗透到政治、经济、军事活动之中。美国学者威雷德认为，风险是关于不愿发生的事件发生不确定性的客观体现。美国经济学家奈特认为，风险是可测定的不确定性。日本学者武井勋认为，风险是在特定环境下和特定时期内自然存在的导致经济损失的变化。中国学者郭明哲认为，风险是指决策因面临的状态为不确定性而产生的后果。《韦氏词典》中将风险定义为，遭到伤害或损失的可能性，可用概率来描述。也有研究学者认为，风险与期望损失有关，进而将风险定义为在预定时间内不期望事件发生的可能性。联合国人道主义事务部于1992 年给出的风险定义为，在给定的区域和时间内，由特定的威胁给人民生命财产和经济活动所带来的损失，是危险性和脆弱性的乘积。国际地质科学联盟（IUGS）滑坡研究组风险评价委员会把风险定义为，对健康、财产、生命安全及生态环境的不利事件的发生概率及可能后果的严重程度，可用发生概率与可能后果的乘积来表达。国际风险管理理事会（IRGC）认为，风险是指某个客体遭受到某种伤害、毁灭或不利影响的可能性。还有研究学者认为，风险应是一个三联体的完备集，表达式为

$$\text{Risk} = \{<s_i, p_i, x_i>\} \tag{2.1}$$

式中，Risk 代表风险；s_i 代表第 i 个有害事件；p_i 代表第 i 个有害事件发生的可能性；x_i 代表第 i 个有害事件的结果，是一种损失指标。

风险概率一般有三种表述方式：频率、概率和频率的概率。相对而言，频率的概率最有说服力，也最适用。

除上述定义外，Kaplan 等人[3]在风险定义中还考虑了不确定性，并给出了一般性的表达式，即

$$\text{Risk} = \{<s_i, p_i(\phi_i), \zeta_i(x_i)>\} \tag{2.2}$$

式中，s_i 代表第 i 个有害事件；ϕ_i 代表第 i 个有害事件发生的频率，即可能性；$p_i(\phi_i)$ 代表第 i 个有害事件发生的可能性为 ϕ_i 的概率；x_i 代表第 i 个有害事件的结果；$\zeta_i(x_i)$ 代表第 i 个有害事件的结果为 x_i 的概率。如果已知频率曲线和损失曲线，就可绘制出各种风险图。

上述定义的不足之处在于，没有给出风险评估中什么是有害、什么因素可使某个事件变得有害，以及怎样度量结果的损失或危害程度。

总结以上风险定义，不难发现，风险可以表示为特定有害事件的发生概率和所产生后果严重程度的集合，一般包括三个方面：不利事件、不利事件发生的可能性（概率）、因不利事件发生可能导致的后果。这三者构成了风险分析与评估的基础。

风险可以表示为损失量 c 和发生概率 p 的函数，即

$$R = f(p, c) \tag{2.3}$$

在实际应用中，通常把风险 R 简化为发生概率 p 与损失量 c 的乘积，即

$$R = pc \tag{2.4}$$

不同领域的风险定义见表2.1。

表 2.1　不同领域的风险定义

风　险	定　义
投资风险	投资风险是一个投资事件产生非期望后果的可能性
企业风险	企业风险是企业在生产经营过程中，由于各种事先无法预料的不确定因素带来的影响，使企业的实际收益与预期收益发生一定的偏差，从而有蒙受损失或收益降低的可能性
信息安全风险	信息安全风险是由于系统存在的脆弱性及人为的或自然的威胁，导致安全事件发生所造成的影响，是特定威胁事件发生的可能性与后果的结合
自然灾害风险	自然灾害风险是自然灾害使人类生命受到威胁和财产受到损失的可能性
水资源系统风险	在特定时空环境下，水资源系统风险是非期望事件的发生概率及其造成的损失
生态风险	生态风险是生态系统及其要素所承受的风险，是在一定区域内，具有不确定性的事故或灾害对生态系统及其要素可能产生的不利作用。这些不利作用可能破坏生态系统的功能，具有不确定性、危害性和客观性

2.1.3　风险分类

在进行风险分类之前，应对风险进行考察，不仅需要了解风险源及其影响范围，还需要建立对风险的考察和研判机制。这是对风险进行有效防范和管理的关键所在。由于分类标准不同，风险可分为多种不同的类型。

1. 基本风险和特定风险

按照起源和影响范围的不同，风险可以分为基本风险（Fundamental Risk）和特定风险（Particular Risk）。基本风险是由非人力或个人不能阻止的因素所引起的风险，损失的波及范围通常很大，如与社会和政治有关的战争、失业、罢工，以及地震、洪水等都属于基本风险。特定风险是由特定的社会个体所引起的，通常是由个人或家庭承担损失的风险，如由火灾、爆炸、盗窃等所引起的风险都属于特定风险。

2. 纯粹风险和投机风险

按照后果的不同，风险可以分为纯粹风险（Pure Risk）和投机风险（Speculative Risk）。纯粹风险是只有损失机会而无获利机会的风险，所导致的后果只有两种，即损失和无损失，无获利的可能性，如火灾、疾病、死亡等都属于纯粹风险。投机风险是既存在损失可能性，也存在获利可能性的风险，所导致的后果有三种，即损失、无损失也无获利、获利。较典型的投机风险包括股票、期货交易等。

3. 其他分类

按可控程度的不同，风险可以分为可控风险和不可控风险。按承受能力的不同，风险可以分为可接受风险和不可接受风险。国际风险管理理事会（IRGC）依据人们对风险形成过程的理解把风险分为四类：简单风险、复杂风险、不确定风险、模糊风险。

除上述分类标准外，风险还有许多其他的行业分类标准，这里不再赘述。

另外，风险分类的界定也非一成不变，将随时代和观念的不同不断发展。

2.2 风险分析、辨识与评估

2.2.1 风险分析

一个完整的风险分析与评估过程可归纳为对象目标定义、风险辨识（风险识别）、风险评估、风险规避与控制、风险决策等。图 2.2 是定量的风险分析与评估过程。图中：第一步是定义评估目标，定义时，应清晰说明评估的对象、范围、目的和所关心的伤损状态，是一个界定问题；第二步是确定风险系统，大部分风险仅涉及系统的一部分，可构成所要研究的（子）系统；第三步是建立风险事件列表，列出所关心的各种风险事件及其进行识别与研究的方法，如危险分类法可用于识别风险事件，故障树法可细化风险事件、分析风险事件发生的原因，破坏模式与效用分析法可用于描绘由特定因素引发风险事件时的具体伤损信息；第四步是绘制功能事件树，显示风险事件的发生与风险事件的控制之间的关系；第五步是计算风险破坏概率；第六步是确定风险后果，评定方式可以是定性的，也可以用多种方式进行定量分析，具体方法取决于分析后想要获得的结果；第七步是风险评估，可绘制风险图，通过风险图可方便地比较各种风险，并能更好地理解各种风险的危害程度；第八步是风险决策与控制。

实际的风险分析与风险评估大多采用半定量化或定性方法，不一定完全与图 2.2 一致，一般大致分为 4 个阶段。

- 准备阶段：明确评估对象、要求和范围，熟悉有关文件资料并进行现场调查。

- 初步风险分析阶段：确定风险的种类和来源，初步分析引起风险的事件链及有关措施和后果，根据实际评估的需要，将风险评估分成若干个评估单元，划分评估单元的原则有按专业领域划分、按危险因素类别划分、按事件性质与评估成员的情况划分等，使评估单元相对独立，且具有明显的区别特征。

- 风险研究阶段：确定风险分析方法，以判定风险发生的可能性和后果的严重性。传统风险分析方法包括事件树方法和故障树方法：前者是归纳式风险分析方法；后者是演绎式风险分析方法。根据选定的分析方法，可给出由风险因素导致事件发生的可能性和严重程度，最终给出风险等级的评定，为制定风险防范对策和减灾措施提供依据。

- 制定防范措施阶段：根据风险研究阶段得到的评估结果，制定防范、消除、减弱、转移或接受风险的策略，以及相应的技术、管理措施和建议。

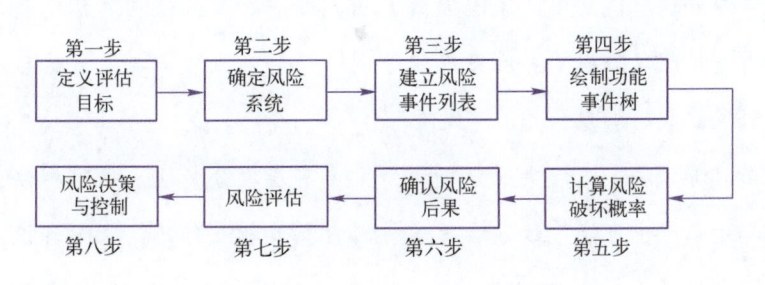

图 2.2　定量的风险分析与评估过程

2.2.2　风险辨识

风险辨识（Risk Identification）是通过风险调查和风险分析，查找风险管理对象的风险源，找出风险因素向风险事件转化的条件。风险辨识是风险防范和风险管理过程中最基础和最重要的内容之一。其他环节都必须以风险辨识为基础。

目前，由于许多风险目标的规模庞大、技术复杂、综合性强，风险源又多是潜在的不确定因素，具有一定的隐蔽性，因此风险辨识是一项既重要又困难的任务，对于辨识人员的素质要求很高。风险辨识队伍由各种具备专业知识和实践经验的人员组成。

1. 风险辨识方法

风险辨识目前尚无固定、普适的方法。常用的风险辨识方法大致可分为下面两类。

- 第一类方法：基于专业人员的直觉判断，主要有专家调查法（头脑风暴法和德尔菲法）和情景分析法。风险辨识人员需要根据以往的相关事件，特别是以往发生的类似风险事件，通过查找其中的隐患，运用专业知识对现实中的风险因素做出判断。这类方法在具体实施时，可首先按照风险规范、决策规程等制作详细的风险检查表，然后进行头脑风暴式的调查，并汇总风险源。
- 第二类方法：统计决策分析法，主要有层次分析法和风险树法，可以揭示系统中可能导致风险的多种因素及其相互作用，从而辨识系统中隐含的风险。

第一类方法的优点是简单易行，缺点是可能遗漏某些风险，特别是对于没有先例的风险目标，效果不佳。第二类方法适宜对复杂且无经验的风险进行辨识。

2. 风险辨识内容

风险辨识是分析风险的第一阶段，主要内容包括确定风险的种类、确定系统中易受损害的部分及相应的风险源、确定风险分析的范围等，主要任务是从广义上确定可能的潜在风险和风险分析目标。

2.2.3 风险评估

风险评估的方法有多种，归纳起来，大致可分为定性风险评估方法、定量风险评估方法，以及定性与定量相结合的综合风险评估方法。

1. 定性风险评估方法

定性风险评估方法主要依据评估人员的知识、经验、教训及特殊事件等非量化信息对风险状况做出判断。典型的定性风险评估方法有专家调查打分法、层次分析法、因素分析法、逻辑分析法、历史比较法等。定性风险评估方法的优点是可以挖掘一些蕴含的思想，使评估的结论更全面、更深刻；缺点是主观性强、对评估人员要求高等。

（1）专家调查打分法

专家调查打分法是一种简单、易用的方法，由两步组成：首先，辨识某一特定对象可能遇到的风险，列出风险调查表；然后，利用专家的经验对风险因素的重要性进行评估，综合得到整个系统的风险。具体操作步骤如下：

第一步，确定每个风险因素的权重，以表征对系统风险的影响程度。

第二步，确定每个风险因素的等级值，按可能性很大、较大、中等、不大、较小共5个等级，分别打分1.0、0.8、0.6、0.4、0.2。

第三步，将每个风险因素的权重与等级相乘，先求出得分，再求出系统风险的总分，总分越高，风险越大。

（2）层次分析法

风险分析和风险评估是主观与客观相结合的过程，对某些过程中潜在风险因素的评估很难用定量数字描述。层次分析法可以较合理地解决这个问题。该方法处理问题的程序与决策者的思维过程、解决问题的思路基本一致，在实际运用时，首先要对某特定对象的某一指定目标进行风险分类和风险辨识，做出相应的风险分析框图，然后遵循如下步骤进行逐层次分析：

第一步，构造风险因素和子因素的判断矩阵，邀请专家按照层次分析法的规则对因素层元素和子因素层元素的相对重要性给出判断，求出各元素的权重。

第二步，构造可反映风险因素严重程度的判断矩阵，严重程度通常用高、中、低来表示，求出风险因素的相对严重程度。

第三步，利用层次分析法的计算模型对专家判断的一致性进行检验，若不通过，则要求专家重新评估，调整评估值，直至通过，一般情况下，一致性检验系数应小于0.1。

第四步，将求出的风险因素的相对严重程度统一起来，即可求出风险处于高、中、低的概率，由此可判断风险的严重程度。

2. 定量风险评估方法

定量风险评估方法的优点是，用直观的数据来表述评估结果，使结果更科学、更严谨。定量风险评估方法主要有直接积分法、蒙特卡罗方法、CIM模型、最大熵风险分析方法、模糊风险分析方法、灰色随机风险分析方法等。

（1）直接积分法

直接积分法通过对风险对象和风险因子的概率密度分布函数进行解析和

数值积分，得到风险模型的评估结果，在处理影响因素较少且机理较为简单的线性系统时是比较有效的，对影响因素较多、影响过程较复杂的非线性系统，很难求出风险概率，适用性不强。

（2）蒙特卡罗方法

蒙特卡罗方法又称随机模拟法或统计实验法，即先制定各影响因素的操作规则和变化模式，然后用随机数生成方法人工生成各影响因素，并进行相应计算，从大量的计算结果中找出风险概率的分布规律，是经济风险评估和工程风险评估的常用方法之一。

在不确定因素的决策过程中，通常只考虑最好、最坏和最可能三种情况。如果不确定性因素很多，则只考虑三种情况会使决策产生偏差。蒙特卡罗方法可以避免这种偏差的发生，使复杂情况下的决策能够更加合理、更加准确，基本操作过程如下。

第一步，编制风险清单：通过结构化方式，把已辨识出来的影响系统目标的重要风险因素构造成一份标准化的风险清单。该清单能充分反映风险分类的结构和层次。

第二步，采用专家调查方法，确定重要风险因素的影响程度和发生概率，并编制风险评估表。

第三步，模拟确定风险组合，以便对专家评估结果进行量化，采用模拟技术评估专家调查时获得的主观数据，并在风险组合中体现出来。

第四步，分析与总结：通过蒙特卡罗方法可以得到系统总风险的概率分布曲线，由曲线可以看出系统总风险的变化规律，并据此确定风险防范措施。

蒙特卡罗方法可以直接处理每个风险因素的不确定性，并把这种不确定性的影响以概率分布的形式表示出来，是一种多元分析方法，可以克服敏感性分析方法只受一维元素变化影响的局限性。蒙特卡罗方法的难点是对风险因素相关性的辨识与评估。总之，蒙特卡罗方法既有对系统结构的分析，又有对风险因素的定量评估，比较适合对大中型风险系统或项目的评估。

（3） CIM 模型

当有多个风险因素影响系统目标时，就会涉及概率分布的叠加问题，CIM 模型就是解决该问题的有效方法，即用直方图代替影响的概率分布，用求和代替概率函数积分，利用串联响应模型或并联响应模型进行概率叠加。

（4） 最大熵风险分析方法

1929 年，匈牙利科学家 L. Szilard 最先提出了熵与信息不确定的关系，使得信息科学应用熵成为可能。1948 年，美国知名数学家香农创立了信息论，把通信过程中信源信号的平均信息量称为熵。最大熵风险分析方法的基础是信息熵。信息熵被定义为信息量的均值，是对整个范围内随机变量不确定性的度量。由于风险分析的依据是风险因素这一变量的影响概率特征，因此，首先需要根据所获得的先验信息设定先验分布，然后利用最大熵原理设定风险因素的概率分布，并将问题转化为信息处理和寻优问题。

（5） 模糊风险分析方法

黄崇福等人[4]认为，由于概率风险评估模型难以描述系统的模糊不确定性，因此在进行实际评估时，可行性和可靠性仍存在问题。在客观世界中，许多概念的外延存在着不确定性，对立概念之间的划分具有中间过渡阶段。这些都是典型且客观存在的模糊现象，应该采用模糊集理论进行研究。模糊风险分析方法包括模糊层次分析、模糊聚类分析、模糊综合评判、信息扩散[5]以及内集-外集[6]等方法。

(6) 灰色随机风险分析方法

Jone[7]在进行复杂系统的风险评估时,将不确定性分为随机不确定性和主观不确定性,并认为前者的产生源于系统的特性,后者的产生源于对系统认知信息的缺乏。胡国华等人[8]将因对系统认知信息的缺乏所产生的主观不确定性归结为灰色不确定性。所谓灰色随机风险分析方法,就是综合考虑系统的随机不确定性和灰色不确定性,用灰色-随机风险率来量化系统失效的风险。不过,灰色随机风险分析方法仅代表风险分析的一个方向,且理论体系尚需进一步完善。

3. 定性与定量相结合的综合风险评估方法

定性与定量相结合的综合风险评估方法可以相互取长补短,有很大的潜在优势和发展前景。定量分析是定性分析的基础和前提。定性分析只有在定量分析的基础上才能更精确、更科学地揭示客观事物的内在规律。因此,在实际风险评估中,应避免将定性分析和定量分析割裂开来,应针对具体的研究对象和评估目标,将其有机地结合起来。

2.3 风险控制与风险决策

2.3.1 风险规避与风险控制含义

对风险事件进行风险辨识和风险评估之后,可预测出风险事件的发生概率、严重程度及主要的风险因素。将风险指标与公认的安全指标相比较,就可以确定风险事件的危害等级,从而发出相应的风险警报,制定相应的防范措施。风险规避是指风险管理与防灾、减灾部门在风险辨识和风险评估的基础上，对存在的风险因素采取规避、转移等措施，以削弱风险因素的危害性。风险控制是指风险管理与决策机构在风险辨识和风险评估的基础上，针对风险因素，通过采取预防、控制措施来减少潜在的损失，进而获得控制风险的各种方法和技术途径。

2.3.2 风险应对措施

风险应对措施有多种，从改变后果的性质、降低风险的发生概率、削弱风险的后果等三个方面，可将风险应对措施分为风险规避、风险转移、减轻风险、风险自留、风险应急等。

- 风险规避是指当风险的潜在威胁很大、不利后果严重、又无其他策略来有效防范或减轻风险时，通过放弃计划、改变行动目标或行动方案来规避风险的一种策略。
- 风险转移是风险控制的一种常用手段，是通过某种形式把风险转移至另一方的过程，如疾病保险和财产保险即是典型的风险转移措施。
- 减轻风险是一种积极的风险应对手段，通过降低风险损失发生的可能性及不利影响，达到控制风险的目标。
- 风险自留又叫风险承担，是指当采取各种风险规避方法的费用超过风险事件所造成的损失时，选择承担风险事件损失的决策。
- 风险应急是指所有后果严重的风险，都应在其未发生前，提早做好应对、防范准备，在风险评估之后，对于每个已被辨识的风险都必须制定具体的应对措施，包括人员救治、财产抢救等细致可行的行动措施，有些措施应在设计阶段就做好准备，如穿山隧道的应急通道、公共场所的消防设施、港口和码头的防波堤等。

2.3.3 风险规避与风险控制原则

在进行风险评估和风险分级后，即可确定风险处理的优先等级和风险可接受的准则，并按照优先等级对风险进行规避和控制，基本原则：优先选择能够预防或消除风险的防范措施；选择能够有效控制风险的防范措施；选择能够有效降低风险损失的防范措施。

（1）风险处理的优先等级

风险处理的优先等级就是，确定哪些风险因其潜在的危害太大而应完全规避；哪些风险应纳入一般管理程序；哪些风险足够小，不必付出太多的管理成本等。

（2）风险可接受的准则

风险评估存在诸多的不确定性，在实际的工程项目建设过程中，不可能把不确定的信息全部弄清后再建设，必须接受这些不确定性。风险可接受的准则取决于风险评估的准确程度，以及风险可被控制在什么范围和接受风险可得到多少回报等。

风险可接受的准则是为风险管理服务的，必须按照科学、实用、符合相应的国家和地区的法律法规要求来制定，不仅能够体现公众的价值和灾害承受能力，还必须考虑社会经济的承受能力。若准则过严，则会承担过高的经济成本，阻碍社会经济的发展。因此，准则的制定，本质上应是一个系统优化的过程。

风险可接受的准则因不同地区、行业、工程规模及决策者对风险的态度不同而存在较大差别。

2.3.4 风险决策

风险决策是指，基于环境信息、风险信息的科学分析和评估结果，运用系统理论和决策方法选择能够最优化地利用资源、最好地规避风险、最大限度地减轻损失的风险防范措施和应急响应方案。

鉴于风险环境的复杂性、风险因素的多元性、风险产生的不确定性、评估决策信息的不完备性，许多风险事件的决策期望会与预期结果产生偏差，使风险决策自身也具有风险性和不确定性。为此，风险决策一般应遵循如下基本程序和原则：

- 决策者需要对决策任务和目标认真考核，合理描述，准确定位，确定预选方案。
- 在风险评估的基础上，对决策问题构建一个标准化模型，包括可实现决策目标的可行方案、有关决策和可能结果之间的对应关系、决策者的偏好等。
- 收集各种模型中的决策变量和外部信息，研究各种方案的成本和可能产生的负面或正面效果，认真权衡利弊。
- 由于风险决策本身很难有十分确定的选择，因此在风险决策时，不能忽视决策者的偏好，如当前利益与长远利益、局部利益与全局利益的取舍和平衡点的确定，必须根据决策者对全局利益和长远利益的把握及决策者的偏好来确定。

经过上述分析之后，即可通过综合比对各种决策信息及对各种方案的排序做出决策，在做出决策之前，还应对各种方案之间的敏感性进行检验，以确定风险对方案优先顺序的影响。

2.4 突发事件风险辨识与应急管理

2.4.1 突发事件定义

突发事件是指在某种必然因素的支配下出人意料地发生，给社会造成严重危害、损失或影响，需要立即处理的负面事件。突发事件的相似概念还有突发性危机、公共紧急状态、意外灾害和意外灾难等。

国际上对突发（公共）事件的代表性定义主要有欧洲人权法院对公共紧急状态的解释：一种特别紧迫的危机或危险局势，影响全体公民并对整个社会的正常生活构成威胁。这个定义仅从静态角度指出了突发（公共）事件的危害性，涵盖面并不完整。突发事件在美国被称作紧急事件。美国对其定义大致可概括为，由总统宣布的，在任何场合、任何情景下，在美国任何地方发生的，需要联邦政府介入提供援助的，以协助州和地方政府挽救生命、确保公共场所与财产安全，或者减轻、转移灾难所带来威胁的重大事件。这个定义是从国家的角度来确定重大突发事件及其应对措施，与所要探讨的特定范围及突发事件的内涵与外延尚有一定区别。

危机也是国外在进行风险分析时的常用名词。不同的学者对危机有不同的定义。Fink[9]将危机定义为：在确定的变化逼近时，事件的不确定性或状态。Kelly[10]认为：危机是一种情景状态，是决策主体的根本目标受到威胁，因改变决策可获得的响应时间很有限，其发生也出乎决策主体意料的事件。魏玖长[11]总结了国外学者对危机的定义，认为危机是对一个社会系统的基本价值和行为准则产生严重威胁，并且在时间压力和不确定性极高的情况下，必须要做出关键决策的事件。这些定义是从管理角度对危机进行的定义,是全方位、全过程描述可能突然发生、可能产生较大破坏性和损失的事件。虽然以上定义对突发事件的含义概括得比较全面,但是并未涉及应对危机的响应措施。

意外灾害或意外灾难等表述用词使用得也比较频繁,通常可以与突发(公共)事件相互替换。意外灾害是指旱涝、战争、瘟疫等天灾人祸。意外灾难是指在时间和空间上集中表现出来的灾害事件,可使社会经历严重危害并造成严重损失,社会结构破坏,甚至造成全部或部分社会功能丧失。

2007年,全国人大常委会审议通过了《中华人民共和国突发事件应对法》。该法第三条明确规定,突发事件是指突然发生,造成或者可能造成严重社会危害,需要采取应急处置措施予以应对的自然灾害、事故灾难、公共卫生事件和社会安全事件。该定义指出了突发事件发生的突然性和紧急性,指出了潜在的危险事件也是突发事件,并对类别进行了划分,为正确辨识、评估突发事件的危害与风险,科学制定应急响应措施和有效实施应急响应行动提供了依据。

2.4.2 突发事件风险

从突发事件的角度来看,风险被视为对潜在危险事件发生的可能性和危险事件带来的潜在影响的结合。综上观点,突发事件风险包括三个因素,即对可能发生的不利事件或危险事件的认知、不利事件或危险事件发生的可能性、不利事件或危险事件造成的后果。因此,突发事件风险可定义为,在一定的区域、时间限度内,特定的突发事件对生命财产、经济活动等可能造成的损失。

对单类突发事件,其风险 R 可表示为 H、E、V 的函数 f,即

$$R=f(H,E,V) \tag{2.5}$$

不失一般性，可简单表示为

$$R = H \times E \times V \tag{2.6}$$

式中，R 为突发事件风险；H 为在一定区域内，某潜在突发事件在一定时间内的发生概率，即突发事件的危险性；E 为在给定区域内受特定突发事件威胁的对象，包括人口、财产、基础设施、经济活动等；V 为受威胁对象的易损性，即特定突发事件以一定的强度发生而对受威胁对象可能造成的损失程度。

多类突发事件（包括突发事件链或群发事件）在复合叠加作用下的风险可表示为

$$R_t = f(R_1, R_2, \cdots, R_n) \tag{2.7}$$

式中，$R_i(i=1,2,\cdots,n)$ 为单类突发事件风险；R_t 为多类突发事件在复合叠加作用下的风险；f 为由单类突发事件构成的复合风险函数，通常为复杂的非线性函数。

2.4.3　突发事件风险辨识

风险管理是指对风险进行预测和事前控制，以减少风险损失的管控工作，包括风险辨识、风险分析、风险控制及风险转移等。风险辨识是确定所有可能发生的风险类型。风险分析是风险管理的重要环节，主要是对各种类型的风险进行定量描述。风险控制是采取降低风险发生概率和风险损失的行为。风险转移是通过正当的或付酬的手段将风险转移给第三方（如保险公司），也可通过合作方式将风险转移给合作伙伴。

在风险管理中，尤以风险辨识最重要。风险辨识可直接影响风险分析、风险控制、风险转移等的准确性和有效性。风险辨识是用感知、判断或归类的方式，对现实的、潜在的风险进行鉴别的过程。风险辨识是风险管理的第一步，是风险管理的基础。风险辨识，一方面可以通过感性认识和历史经验来判断，另一方面可以通过对各种客观资料和风险事件的记录来分析、归纳和整理，还可以找专家咨询，从而找出各种明显的、潜在的风险及其损失规律。由于风险具有可变性，因而风险辨识是一项持续性和系统性的工作，要求风险管理者要密切注意原有风险的变化，随时发现新的风险。

2.4.4 突发事件风险管理

突发事件风险主要包括自然灾害突发事件风险和人为灾害突发事件风险。自然灾害突发事件风险是指由自然界中的洪水、地震、火山、海啸、暴风雪等造成生命、财产损失的风险。人为灾害突发事件风险是指由于工业发展产生的污染物泄漏、危险品爆炸、火灾和恐怖袭击等带来的风险。

风险管理是对孕险环境、致险因子及风险源进行辨识、分析、评估、防范的过程，从而加强风险监控，有效疏通高风险环境，缓解高风险因子。风险管理的"4+2 流程"模式如图 2.3 所示。

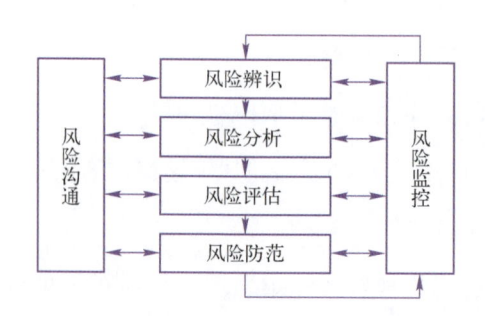

图 2.3 风险管理的"4+2 流程"模式

第 2 章　风险分析与应急管理

（1）风险辨识

鉴于风险的多样性和复杂性，风险管理必须加大风险辨识力度，力求准确了解产生的风险、孕险环境、致险因子及潜在影响等关键环节，识别风险可能爆发的途径和方式。这是风险管理的首要步骤和前提条件。

（2）风险分析

风险分析可简单表示为

$$风险（Risk）= 可能性（Likelihood）\times 影响（Impact）$$

因此，可从风险发生的可能性和影响两个方面来衡量风险。对于台风、暴雨等自然灾害突发事件，可通过卫星、雷达和计算机等科技手段，监测、预测风险的发生概率和危害程度。对于重大环境风险源来说，可采用环境风险评估（ERA）技术进行量化分析，利用风险矩阵示意图（见图 2.4）汇总各类风险的影响，并对总的风险水平做出科学的判断和定位。

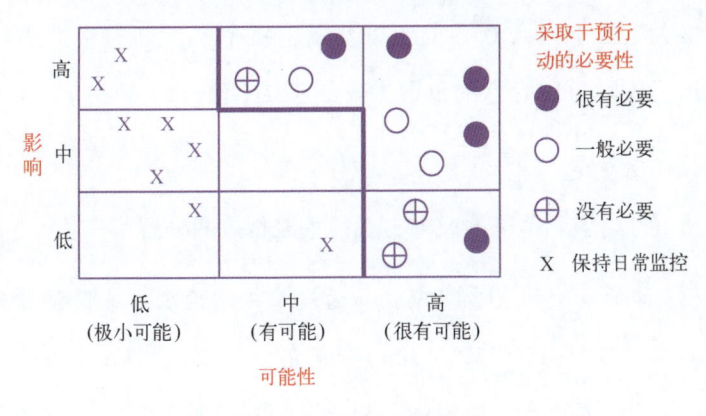

图 2.4　风险矩阵示意图

（3）风险评估

风险评估旨在决定风险是否可被容忍或接受。风险评估又被称为风险容忍度（Risk Tolerance）评估，如图 2.5 所示。

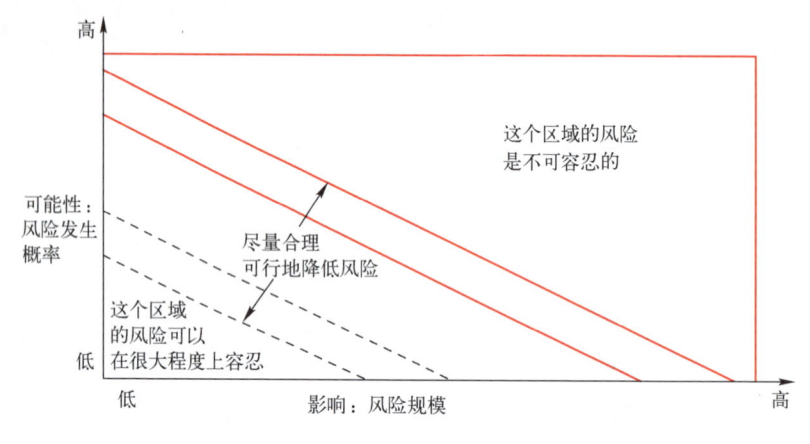

图 2.5　风险容忍度评估示意图

风险评估旨在为采取何种风险对策提供科学依据。若风险在可以容忍的范围内，则只需保持日常监控和定期检查即可。若超出可以容忍的范围，则必须采取相应的风险应急处置措施。风险容忍度通常由专业部门或权威部门确定，如气象部门、水利部门、地震部门、环保部门等。一般而言，发生概率极大且影响对象众多的，以及发生概率不大却有极严重后果的事件，都超出了风险可以容忍的范围，需要采取干预行动。

（4）风险防范

对于超出可以容忍范围的风险，必须采取相应的处置措施：

- 第一，降低风险的发生概率，如通过人工增雨的方式降低出现旱灾的可能性。
- 第二，降低风险产生的影响，如海事部门通过制定应急预案的联动机制，削弱突发海难事件带来的灾难性后果。
- 第三，规避风险，如通过发布危险警报或风险预警，通知危险海域禁航或停止海上作业。
- 第四，转移风险，如为了避免海盗袭击，可开辟新的、较安全的航道或由军队舰船护航。

- 第五，共担风险，如建立海上运输、海洋工程、保险业，与地方政府共享利益、共担风险的合作机制。

(5) 风险监控

对风险的全程监控贯穿风险管理的全过程。对于自然灾害而言，可通过技术手段对风险进行实时监控，及时发布风险预警。对于重大风险源，必须采取职能部门的监督检查方式进行监控，通过执法检查与专项检查相结合、定期检查与随机检查相结合等措施，对所辖范围内的重大风险源进行定期排查和布控，及时掌握风险源的最新动态。相关部门还应密切监控在风险超出可以容忍范围时采取处置措施的情况，以获悉处置效果及是否有新的风险产生。

(6) 风险沟通

风险沟通是有效预防和降低风险的重要途径。下面以环境风险为例，介绍风险沟通的一般步骤：责任单位在发现环境风险后，及时向当地人民政府和上级主管部门报告，在涉及跨界问题时，还要及时向毗邻的和可能波及地区的相关部门报告，政府部门之间应建立环境风险互通机制；政府部门应与公众积极开展环境风险沟通；针对公众，广泛开展环境风险知识及防范的宣传和教育，组织安全培训，进行防范演习，提高公众的环境风险意识和应急能力；采取新闻发布会等制度化公关宣传机制；通过广播、电视、网络、手机等媒介进行危机预警和信息发布。

2.5　突发事件应急响应

应急响应一般是针对突发事件或具有破坏力事件所采取的预防、响应和恢复的计划与活动。所谓突发事件是指，在一定区域内突然发生的、违背人们意愿的、对社会产生广泛负面影响的、对人民生命和财产构成严重威胁的事件或灾难，包含三层含义：

- 一是事件发生的背景，即在一定区域内突然发生的。
- 二是事件的突发违意性，即违背人们意愿的。
- 三是事件后果，即对社会产生广泛负面影响的、对人民生命和财产构成严重威胁的。

应急响应也可以称为应急管理，是指对突发事件的应对措施和处置策略。应急响应是与重大灾害和突发事件紧密相连的一个概念。应急响应的概念并不局限于对突发事件发生后的处理过程，实质上，应急响应是一个体系层面的概念。

近年来，为应对和防范日益频繁的各类重大灾害和突发事件，欧美等发达国家发展并建立了较为完善的突发事件应急响应体系，包括相应的法律体系、组织机构、应急机制等。构建行之有效的突发事件应急响应体系，已成为世界各国应对和处置突发事件的重要组成部分，已成为维护社会稳定、促进经济发展、保障人民生命和财产安全、维持国家正常运行的重要支撑体系之一。

2.5.1 应急响应主体任务

突发事件一般具有突发性、复杂性和不确定性等特点，会给公众带来巨大危害。应急响应是在应对突发事件的过程中，为降低危害，达到优化决策的目的，基于对突发事件发生的原因、过程及后果的分析，有效集成各方面的资源，进行有效预警、控制、处理和恢复的过程。应急响应的内容包括原因分析、预测和预警、资源调配、应急决策、后期处理、应急体系建设等。突发事件应急响应的主要目标是对突发事件做出预警、控制突发事件的发生与扩大、开展及时有效的应急救援、减少损失、迅速恢复正常状态等。

应急响应的主体是指处理重大灾害或突发事件的人员、组织和机构，客体是指处置对象，即重大灾害或突发事件。这些灾害或事件主要来源于工业、自然环境、重大工程、公共场所、能源运输、公共卫生等公共安全领域。

应急响应的基本任务可归纳如下：

- 组织营救或撤离受害人员，采取其他措施保护受害人员安全。营救或撤离受害人员是应急响应的首要任务，快速、有序、高效地实施现场营救与安全撤离是降低伤亡率、减少损失的关键。
- 迅速控制风险源，并对其所造成的后果进行检测、评估，测定影响区域、性质及程度，及时控制风险源是应急响应的核心任务，只有控制了风险源，才能防止风险扩展、蔓延，进而及时、有效地实施救援。
- 查清风险产生的原因，评估影响程度。突发事件发生后，应及时调查风险产生的原因及其性质，评估受影响的范围和程度。

2.5.2 应急响应体系

应急响应体系是现代工业化发展的必然产物。

- 20世纪70年代以前，世界各国应急响应体系的特点是各自为政、功能单一、缺乏协调、应急能力弱。
- 20世纪70年代以来，随着发达国家的安全风险和灾害风险的发生频度、影响程度不断加剧，以及认识不断提高，应急响应成为处置风险的重要组成部分。
- 20世纪90年代至今，随着系统科学的发展，以及对生存环境的再认识，应急响应体系成为了维护社会稳定和经济发展、保障人民生命和财产安全及国家正常运行的重要体系。现代应急响应体系被称为标准化应急响应体系,经历了初期应急救援、完善应急救援和标准化应急救援等三个发展过程。

相比欧美等发达国家,我国应急响应体系的建设起步较晚,尚处于建立和发展阶段。

根据发生的过程、性质和机理,突发事件主要分为自然灾害、事故灾难、公共卫生及社会安全等,因此对应的应急响应体系可分为如下几类:

- 自然灾害应急响应体系。
- 事故灾难应急响应体系。
- 公共卫生应急响应体系。
- 社会安全应急响应体系。

应急响应体系包含"预防→预备→响应→恢复"等阶段。相对而言,虽然每个阶段都有独立的目标,但在实际情况下,各阶段之间并非相互孤立存在的,而是相互重叠的。

应急响应体系各阶段的工作内容见表2.2。

表2.2 应急响应体系各阶段的工作内容

阶 段	工 作 内 容
预防阶段	风险辨识、评估与控制,制定安全规划、安全研究、安全法规、安全标准,监测危险源,建立事故灾害保险方案,确立税收激励政策和强制性措施对策,等等
预备阶段	制定应急救援方针与原则、应急救援工作机制,编制应急救援预案,筹备应急资源,应急培训和演习,签订应急互助协议,建立应急救援信息库,等等
响应阶段	启动相应的应急响应组织,报告至有关政府机构,实施现场指挥和救援,控制事故扩大,人员疏散和避难,环境保护和监测,现场搜寻和营救,等等
恢复阶段	损失评估、理赔、清理、重建、应急预案复查、事故调查,等等

应急响应体系主要包括如下内容：

- 应急响应组织和机构。应急响应体系包括 5 个运作中心，即应急指挥中心、事故现场中心、支持保障中心、媒体中心和信息管理中心。各中心有各自的职责，应不断调整运行状态、协调关系，形成一个有机整体，从而能快速、高效地实施应急行动。
- 应急救援计划（预案）。若要保障应急响应体系正常运行，就必须合理制订应急救援计划，科学指导应急行动。
- 应急培训和演习。培训和演习可以看作应急响应的一部分，通过培训对应急救援计划加以验证和完善，确保应急救援计划得以顺利实施和贯彻。
- 应急救援。在因自然或人为原因发生火灾、爆炸和污染物泄漏等紧急情况下，所采取的营救、疏散、减缓、控制、清洁、净化等一系列行动。
- 系统的恢复。应急响应结束后，必须尽快恢复系统。

应急响应体系是一个涉及面广、专业性强的综合体系，需要建立完善的组织机构，综合考虑多方面因素，组织各方面力量密切配合。高效的应急响应体系是防范风险、减缓危害的有力措施。

2.6 应急预案制作

2.6.1 应急预案制作原则

应急预案又称应急救援计划或应急响应预案，是应急响应体系中的重要组成部分。应急预案的总目标是，控制突发事件的发展，尽可能消除事故，将事故对人、财产和环境的损失降到最低。

应急预案是针对各种可能事故所需的应急行动而制定的指导性文件，不仅可以指导日常应急培训和演习，保证各种应急资源处于良好的备战状态，而且可以指导应急行动按预案有序地进行，防止因行动组织不力或现场救援工作混乱而延误对事故的应急处置。因此，一个好的应急预案应包含如下内容：

- 对突发事件进行危险辨识及评估。
- 对可用应急救援的人力、物资、医疗、通信等资源进行确认。
- 指导建立合理、有效的现场应急响应组织。
- 制订应急救援计划。
- 制订事故后的现场清除、整理及恢复措施等。

应急预案在制作时应把握以下三点要求：

- 科学性：应急预案是一项综合性工作，只有进行科学的规划和决策才能指导救援工作快速、高效地进行，指导思想、程序步骤、实施方法必须科学且严谨。
- 可用性：应急预案制作的目的是快速、高效地组织实施应急救援，可用性较弱或不可用的预案应排除在外，必须具有适应性和实用性，便于操作。
- 权威性：应急预案是应急救援的指导性文件，是具有法律效力的法规性文件，应当明确应急救援的组织体系、指挥权限，以及各级救援组织和部门的职责、任务等行政性法规，保证预案的法规性和权威性。

海上突发事件应急预案在制作时应遵循以下原则：

- 以人为本：一切从生命安全着想，加强受害人员和救助人员的安全防护。
- 预防为主：保持常备不懈、预防措施在先、准备工作充分的思想。
- 分级负责：按照职责层次划分，实行分级管理、分级响应，落实岗位职责。

- 快速反应：确保信息准确、传递畅通、反应灵敏、处置高效。
- 岸、船、空结合：岸、船、空联动，动作协调，发挥社会的整体综合力量。

2.6.2 应急预案制作规范

根据国务院颁布的《国家突发公共事件总体应急预案》《国家海上搜救应急预案》等法规性文件，一个完整的应急预案应包含（但不限于）：

- 总则。
- 组织体系和职责。
- 预防和预警。
- 应急响应。
- 应急保障。
- 监督管理。
- 附则。

应急预案在制作过程中不仅要依据宪法及有关法律、行政法规、管理条例，还应依照事故发生的类型不同、环境不同，制作不同的救援计划。

重大事件的应急预案一般由现场应急预案和现场外政府应急预案组成。现场应急预案和现场外政府应急预案应分别制作，协调一致。根据可能事件后果的影响范围、地点及应急方式，我国突发事件应急响应体系将应急预案分为五个级别，如图2.6所示。

不同类型的突发事件要制作相应类型的应急预案。应急预案作为指导性文件，是一种规范，基本的制作步骤为：

- 成立应急预案编制小组。
- 风险辨识和风险评估。

- 应急能力与应急资源评估。
- 建立应急组织体系。
- 制作各级应急预案。
- 应急预案评审和发布。
- 实施应急预案。

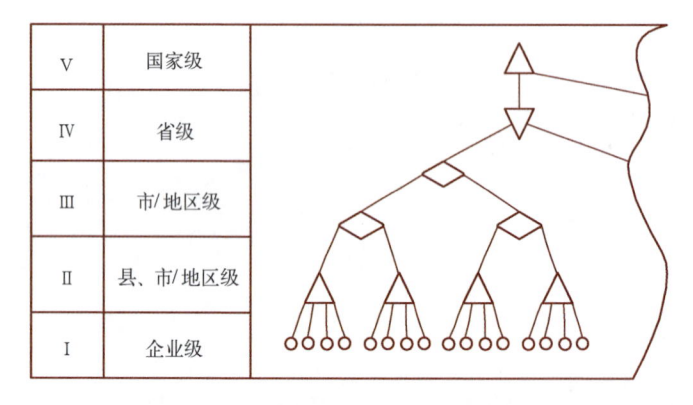

V	国家级
IV	省级
III	市/地区级
II	县、市/地区级
I	企业级

图 2.6　应急预案级别

应急预案作为法规性文件，必须形成完整的文件体系，使其作用得到充分发挥，成为应急行动的指导工具。一个完整的应急预案包括总预案、程序、说明书、记录等四级文件体系：

- 一级文件——总预案，包含对紧急情况的管理政策、预案目标、应急组织和责任等内容。
- 二级文件——程序，说明某个应急响应的行动目的、实施范围。
- 三级文件——说明书，对程序中的特定任务和行动进行细节说明，提供给应急响应机构或人员使用。
- 四级文件——记录，包括应急行动期间的通信记录和每一步应急行动的记录等。

从记录到总预案，层次完整、有效，组成一个完整的应急预案文件体系，从管理角度而言，既要保持应急预案文件体系的完整性，还要保证其条理清晰，便于查阅和调用，保证应急预案能有效地实施。从应急预案文件体系的标准看，完整应急预案的重点部分应包括如下要点：

- 计划概况：对应急救援管理提供简述和必要的说明，如简介、概念、应急组织及职责等。
- 预防程序：对潜在的事件进行分析确认，并采取减缓事件发生的有效措施，如危害辨识、风险评估和监控、制定法规和流程等。
- 准备程序：说明应急行动前所需进行的准备工作，如培训程序、演习程序等。
- 基本应急程序：适用于任何事件的应急行动程序，如报警程序、通信程序、疏散程序等。
- 专项应急程序：针对具体事件危险性的应急程序。
- 恢复程序：事件现场应急行动结束后，所需采取的清理和恢复程序，如事故调查、事故后果评估、现场清理与恢复等。

应急预案的制作不是一个短期、孤立的行动，是整个应急准备工作中相当重要的环节，有效的应急预案应通过实践进行评估，并根据实际情况进行补充、修改和完善。

2.7 应急救援机构与应急救援程序

2.7.1 救援机构

1. 应急组织指挥体系

突发事件的发生大多具有不确定性，发生时，指挥是应对的关键。应对突发事件时一般不需要临时建立指挥体系，应急组织的指挥体系应在突发事件发生前就确定下来了。应急组织指挥体系的建立需要应急部门之间相互协调与配合，是突发事件指挥体系的关键一环。

国务院颁布的《国家海上搜救应急预案》对国家海上搜救应急组织指挥体系进行了规定：国家海上搜救应急组织指挥体系由应急领导机构、运行管理机构、咨询机构、应急指挥机构、现场指挥、应急救助力量等组成。

(1) 应急领导机构

应急领导机构负责建立国家海上搜救联席会议制度，研究、议定海上搜救重要事宜，指导全国海上搜救应急工作，如由交通运输部设立的中国海上搜救中心作为国家海上搜救的应急领导机构，负责国家海上搜救联席会议的日常工作，并承担海上搜救运行管理机构的工作。

(2) 运行管理机构

运行管理机构以交通运输部设立的中国海上搜救中心为主体，承担海上搜救的运行管理工作。

(3) 咨询机构

咨询机构包括海上搜救专家组和其他相关咨询机构。专家组由航运、海事、航空、消防、医疗卫生、环保、海洋工程、海洋地质、气象、安全管理等行业的专家和技术人员组成，负责提供海上搜救技术咨询。

(4) 应急指挥机构

应急指挥机构包括由中国海上搜救中心和地方各级政府建立的海上搜救机构，以及沿海各省（区、市）海事部门和当地驻军组成的海上应急指挥和海上搜救机构。

(5) 现场指挥

现场指挥由负责组织海上突发事件应急响应的应急领导机构指定，负责现场应急行动的指挥、组织、协调工作。

（6）应急救助力量

应急救助力量包括各级政府部门投资建设的专业救助力量，军队、武警救助力量，政府部门所属公务救助力量，以及其他可投入救助行动的民用船舶与航空器，企事业单位、社会团体、个人等社会人力和物力资源，能够服从应急指挥机构的协调、指挥，参加海上应急行动及相关工作。

2. 应急响应组织机构

应急响应组织机构主要包括应急指挥机构、现场指挥机构、支持保障机构、媒体机构及信息管理机构等。各机构的协调配合是高效处理突发事件的基本条件。每一个机构都有各自的结构特点和功能职责，形成既相互独立，又相互联系、相互协调、相互协作的运作模式，如图2.7所示。

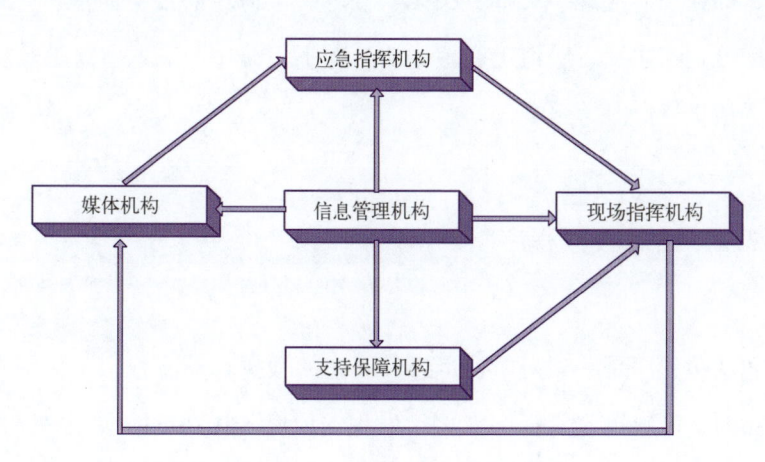

图 2.7 组织机构关系

组织机构的职责见表 2.3。

表 2.3 组织机构的职责

组织机构	职责
应急指挥机构	负责协调应急期间组织机构的运作，统筹安排应急行动，保证行动快速、有效、有序，避免因行动失序或混乱而造成不必要的损失
现场指挥机构	负责现场应急指挥，分配应急任务，调动人员，有效利用各种应急资源，保证在最短时间内完成应急行动
支持保障机构	负责组织、协调、提供应急物资和设备，以及人员支持与技术支持等，全方位保证应急行动顺利完成
媒体机构	负责与新闻媒体联系，处理一切与媒体报道、采访、新闻发布会等相关事务，以保证报道的可信性和真实性，对事故单位、政府部门及广大公众负责
信息管理机构	负责提供各种信息服务，在计算机和网络技术的支持下，实现信息利用的快捷性和资源共享，为应急行动服务

对于海上突发事件的应急响应，目前我国共有三个海上救援中心，即北海海上救援中心、东海海上救援中心和南海海上救援中心，同时在沿海的 11 个省市，即辽宁、河北、天津、山东、江苏、上海、浙江、福建、广东、广西、海南分别建立了省级海上救援中心，并下设分中心。这些海上救援中心均全天候值班待命。

2.7.2 应急救援程序

应急救援程序是一项科学、严谨、周密的救援行动流程，要保证在突发事件发生时，能够迅速掌握突发事件发生的原因，找到危险源，对突发事件做出快速评估，及时调动并合理利用应急资源，包括人力资源和物质资源，针对突发事件的具体情况选择适宜的应急对策和行动方案，从而能及时有效地使危害和损失降到最低。一般而言，应急救援程序如图 2.8 所示。

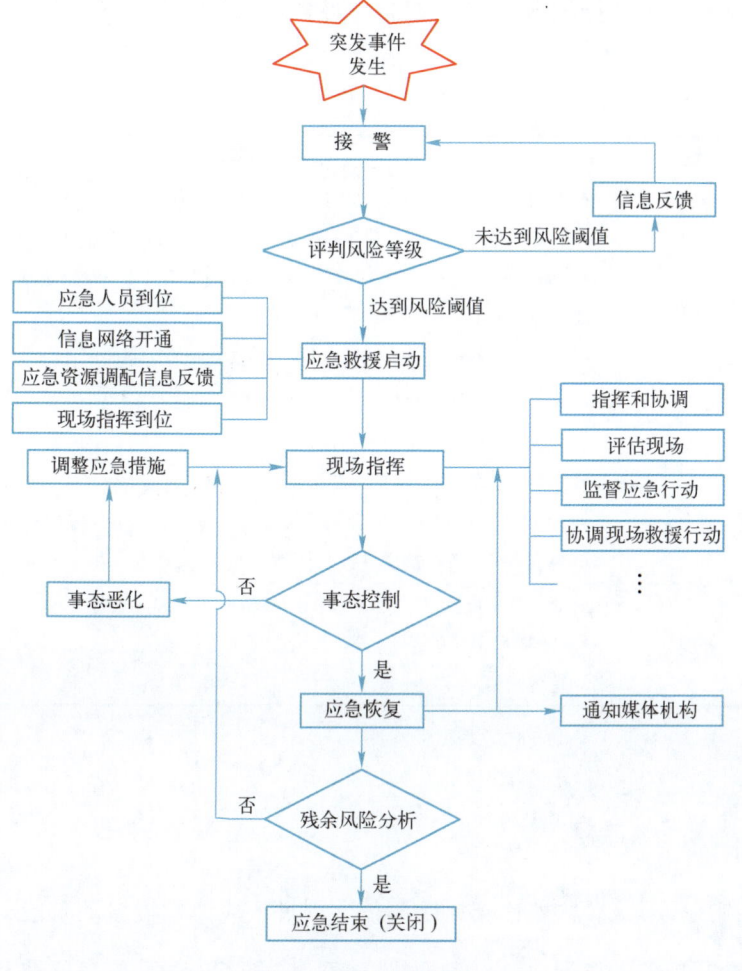

图 2.8　应急救援程序

1. 接警

接警是实施应急救援的第一步。接警人员在接到报警后,应结合海上突发事件的特点及突发事件对人员安全、船舶安全和事态趋势的影响,对突发事件的风险等级进行评判,根据能否达到风险阈值决定是否在第一时间启动应急救援。

不同的风险等级对应不同的响应等级。根据国务院颁布的《国家海上搜救应急预案》，一般可将响应等级划分为四个，见表2.4。

表2.4 响应等级

等级	状况
Ⅰ级（特别重大）	● 船舶发生危及50人以上人员生命安全的事件 ● 客船、危险化学品船发生危及船舶或人员生命安全的事件 ● 10000吨以上的非客船、非危险化学品船发生碰撞，对船舶及人员生命安全造成威胁
Ⅱ级（重大）	● 船舶发生危及30人以上、50人以下人员生命安全的事件 ● 3000吨以上、10000吨以下的非客船、非危险化学品船发生碰撞，对船舶及人员生命安全造成威胁
Ⅲ级（较大）	● 船舶发生危及10（含）人以上、30人以下人员生命安全的事件 ● 500吨以上、3000吨以下的非客船、非危险化学品船发生碰撞，对船舶及人员生命安全造成威胁
Ⅳ级（一般）	● 船舶发生危及10人以下人员生命安全的事件 ● 500吨以下的非客船、非危险化学品船发生碰撞，对船舶及人员生命安全造成威胁

2. 应急救援启动

评判风险等级后，若达到风险阈值，则进入应急救援启动阶段。应急救援启动包括应急人员到位、信息网络开通、应急资源调配信息反馈及现场指挥到位等。

对于不同类型的突发事件，应启动不同的专业应急救援队伍。对于海上突发事件，海上搜救中心的救援队伍是应急救援的专业队伍和骨干力量。同时，地方政府和有关部门也要加强应急救援队伍的培训和演习，建立联动协调机制，动员社会团体、企事业单位及志愿者等社会力量参与到救援工作中。

信息网络开通包括通信、广播、电视等多种手段的开通，是保证应急系统、应急指挥中心、救援力量之间进行通信联系的重要工具。应急救援过程若要快速掌握事态、救援信息,就必须建立完善的公用通信网,建立有线和无线相结合、基础电信网络与机动通信系统相配套的应急通信系统,确保通信畅通。

应急资源包括应急财力保障、应急物资保障、交通运输保障及医疗卫生保障等,以保证突发事件应急准备和救援工作的资金需求;建立健全应急物资监测网络和预警体系,以及应急物资生产、储备、调拨、紧急配送等体系,确保应急所需物资及时供应;保证在紧急情况下应急交通工具优先安排、优先调度、优先放行,确保运输安全通畅;建立医疗卫生应急专业技术队伍,根据需要及时赶赴现场,开展医疗救治等卫生应急工作。

3. 现场指挥

现场指挥必须具有丰富的应急救援经验,主要职责如下:

- 指挥和协调所有突发事件的现场操作。
- 评估现场的突发事件。
- 监督救援人员执行应急行动。
- 控制紧急情况。
- 协调现场的救援行动。
- 与应急指挥中心保持沟通。
- 进行应急恢复、善后处置、事件调查与评估、残余风险分析等。

参考文献

[1] 王文晶. 生物技术投资风险分析 [J]. 时代经贸, 2008, 6 (109): 193.

[2] LOWRANCE W. Acceptable risk-science and the determination of safety [M]. Los Altos, CA: William Kaufmann Inc, 1976.

［3］KAPLAN S, GARRICK B J. On the quantitative definition of risk ［J］. Risk Analysis, 1981, 1（1）：11-27.

［4］黄崇福, 王家鼎. 模糊信息优化处理技术及其应用［M］. 北京：航空航天大学出版社, 1995.

［5］黄崇福. 自然灾害风险分析［M］. 北京：北京师范大学出版社, 2001.

［6］白成祖, 张韧, 洪梅, 等. 基于蚁群算法改进的扩散函数类内集-外集模型及其灾害评估实验［J］. 自然灾害学报, 2014, 23（3）：10-17.

［7］JONE C H. Treatment of uncertainty in performance assessment for complex system ［J］. Risk Analysis, 1994, 14（4）：483-511.

［8］胡国华, 夏军. 风险分析的灰色-随机风险率方法研究［J］. 水利学报, 2001, 4：1-6.

［9］FINK S. Crisis management：planning for the inevitable ［M］. New York, N. Y：American Management association, 1986.

［10］KELLY S. Battling a crisis in advance ［J］. Public Relations Quarterly, 1989, 34（1）：6-8.

［11］魏玖长. 危机事件社会影响分析与评估研究（博士学位论文）［D］. 合肥：中国科学技术大学, 2006.

第 3 章 海上丝绸之路自然环境特征

海上丝绸之路通过海洋将我国与亚洲、欧洲和非洲连接起来，涉及东海、南海、日本海、南太平洋、印度洋、地中海等海域。

海上丝绸之路是我国传统的海上能源运输通道，包括中东航线和西非航线等：中东航线从波斯湾经阿拉伯海、印度洋，绕过印度半岛，穿越马六甲海峡，进入南海，之后抵达我国沿海港口；西非航线经过西非等海域，再经好望角、印度洋、马六甲海峡，进入南海，之后抵达我国沿海港口。

3.1 地理环境特征

基于美国国家海洋和大气管理局（National Oceanic and Atmospheric Administration，NOAA）发布的全球网格化地形数据集（ETOP01）以及相关的地理资料，可对海上丝绸之路沿线的自然环境特征进行分析。该数据集包含陆地地形、海洋水深、冰面数据（包括南极和格陵兰岛的冰面数据）和岩基数据等，是目前国际共享的分辨率较高的全球陆地、海洋、地形高程数据。数据空间范围为 $90°S \sim 90°N$、$180°W \sim 180°E$，空间分辨率为 $1' \times 1'$。本章研究所选空间范围为 $15°S \sim 30°N$、$30°E \sim 135°E$。

3.1.1 地形地貌特征

海上丝绸之路涉及南海、印度洋等重要海域。南海位于东亚大陆南侧，北依中国广东省、海南岛南端一线，南抵加里曼丹岛、苏门答腊岛，西起中南半岛、马来半岛，东至菲律宾。南海自然海域东南深、西北浅。南海的中央海盆位于中沙群岛至南沙群岛之间，向东北伸展。

南海地形主要表现为从周边向中央倾斜，根据水深变化特征：二级地形单元可分为大陆架（岛架）、大陆坡（岛坡）和深海盆地等三类；三级地形单元可分为陆架（岛架）平原、陆架斜坡、深水阶地、陆坡盆地、陆坡海岭、陆坡海台、陆坡海槽、岛坡海脊、海沟、深海平原等；在三级地形的基础上，又可细分出海山、海丘、浅谷、小型台地等多类四级地形单元。

印度洋的东、西、南三面海岸陡峭且平直，无成规模的边缘海或内海。与亚洲濒临的印度洋北部，因被亚洲西部和南部的岛屿、半岛分隔，形成了许多的内海、边缘海、海湾：内海有红海和波斯湾；边缘海有阿拉伯海、安达曼海、帝汶海和阿拉弗拉海等；海湾有亚丁湾、阿曼湾、孟加拉湾、卡奔塔利亚湾和大澳大利亚湾等。孟加拉湾位于北印度洋，西起印度半岛，东抵中南半岛，北依孟加拉国，南至斯里兰卡、苏门答腊岛一线。孟加拉湾的中部和西部水深分布较为均匀，东部受安达曼群岛影响，水深较浅，南部较深。阿拉伯海位于阿拉伯半岛与印度半岛之间，北依巴基斯坦、伊朗，由阿曼湾连接波斯湾，南由索马里海峡至斯里兰卡一线，西起非洲之角和阿拉伯半岛，通过亚丁湾连接红海，东抵印度半岛，位于海域中南部。

3.1.2 海峡地理环境特征

南海-印度洋海域的重要海峡包括马六甲海峡、霍尔木兹海峡、望加锡海峡、巽他海峡、卡里马塔海峡、龙目海峡、曼德海峡、新加坡海峡等。

1. 马六甲海峡

马六甲海峡位于马来半岛和苏门答腊岛之间,因马来半岛南岸古代名城马六甲而得名,是亚洲东南部的重要海峡。马六甲海峡是沟通太平洋和印度洋的天然水道和重要航道。马六甲海峡西连安达曼海、东通南海,呈西北-东南走向,长约1080km,连同出口处的新加坡海峡为1185km,西北宽约370km,东南宽约37km,海峡呈喇叭形,面积约为64000km^2,海底比较平坦,多泥沙质,水深由北向南、由东向西递减,一般为25~115m;东南峡口区域有许多小岛,一些小岛周边有岩礁和沙脊,妨碍船舶航行;主要深水航道偏于海峡东侧,宽度为2.7~3.6km,可通航吃水深度为20m的巨轮;西岸地势低平,多大片沼泽、泥质岛屿和红树林海滩,大船不易靠岸。

马六甲海峡处于赤道无风带上,终年高温多雨,年平均气温为25℃以上。一年中绝大部分时间风力微小,平均风力为1~3级。马六甲海峡是风平浪静的适合航行的海峡。

马六甲海峡的通航历史长达2000多年,是环球航线的重要环节,每年通过10万多艘船舶,成为仅次于英吉利海峡的世界上最繁忙的海峡之一。由于马六甲海峡的宽度较窄,又有沙滩和沙洲,浅于23m的地方就有37处,加上沉船等,因此巨轮搁浅事件时有发生,载重为20万吨以上的巨轮只能多航行2000多千米绕道龙目海峡。

马六甲海峡的南部水深很少超过37m，一般约为27m，越向西北越深，到与安达曼海盆汇合处水深约达200m。

除海峡沿岸国享有12n mile领海和海峡内小岛也享有12n mile领海外，其余均为海峡专属经济区。海峡沿岸国对海峡领海水域享有主权，对海峡专属经济区水域享有管辖权。马六甲海峡是亚洲联系欧洲和中东地区的重要海运通道，控制着全球四分之一的海运贸易。据统计，每年有约5万艘商船经此到达新加坡，全球近一半的油轮都途经马六甲海峡。

马六甲海峡的地位十分重要，素有"东方直布罗陀"之称。该海峡现由新加坡、马来西亚和印度尼西亚三国共管。一直以来，三国对处理马六甲海峡事务遵循三个原则：一是沿岸国家对附属海域拥有主权和维护安全的义务；二是承认相关国家在该区域的利益；三是一切行动必须尊重国家主权和依据国际法。马六甲海峡无论在经济上或军事上，都是很重要的国际水道，重要性足可与苏伊士运河或巴拿马运河相比。马六甲海峡连接世界上人口甚多的三个国家：中国、印度与印度尼西亚。该海峡的海上贸易通过量占世界总份额的1/5～1/4，是中东、非洲石油运输到亚洲、美洲的最重要通道之一。

2. 霍尔木兹海峡

霍尔木兹海峡位于亚洲西南部，介于伊朗与阿拉伯半岛之间，东接阿曼湾，西连波斯湾，是波斯湾通往印度洋的唯一出口。

自古以来，霍尔木兹海峡就是东西方国家之间交通运输、文化交流、贸易往来的枢纽，具有十分重要的作用。从16世纪初开始，该海峡相继成为英国、荷兰、法国等争夺的重要目标，被视为西方国家的生命线。

霍尔木兹海峡因阿曼的穆桑代姆半岛突出海峡水域，所以整个海峡呈弯弓形状。霍尔木兹海峡连接波斯湾一端，以穆桑代姆半岛西侧的谢赫、马苏德角向北延伸至伊朗海岸以南的亨加姆岛，接阿曼湾的一端，穆桑代姆半岛东侧的代巴角延伸至伊朗海岸的达马盖山。霍尔木兹海峡中分布着格什姆岛、霍尔木兹岛、亨加姆岛、赛拉迈岛、埃奈姆岛、穆桑代姆岛等。霍尔木兹海峡不经常涨潮，主要与波斯湾的湾口形状有关。霍尔木兹海峡东西长约150km，最宽处达97km，最狭处只有38.9km，南北宽为56～125km，平均水深为70m，最浅处为10.5m，最深处为219m。霍尔木兹海峡多岛屿、礁石和浅滩。

霍尔木兹海峡地处副热带地区，周边陆地属热带沙漠气候，终年炎热干燥，表层海温年平均为26.6℃，每年8月达31.6℃，2月为21.8℃。海面的能见度良好，很少出雾，有时有沙暴，使得能见度小于0.926km。波斯湾和阿曼湾的海面风力不大，一般为2～4级，冬、春季有时可达6级。霍尔木兹海峡的年降水量仅为300mm，高温、干燥又增强了海水蒸发，因此该海峡的海水蒸发量远远大于降水量，增大了海水盐度（盐度达37‰～38‰，波斯湾的海水盐度达38‰～41‰）。

霍尔木兹海峡是波斯湾通往西欧、美国、日本及其他各地的石油门户。从某种意义上说，该海峡是全球水域中最为重要的一条航道。据美国能源信息署统计，霍尔木兹海峡承担着全球近40%石油的出口供应。海湾地区产油国90%以上的石油都需要通过该海峡向外运输。每天通过霍尔木兹海峡运出的石油可达1340万桶，平均每5min就有一艘油轮进出霍尔木兹海峡。此外，大约每天还有200万桶包括燃油、液化天然气等其他石油产品通过该海峡运输。

3. 望加锡海峡

望加锡海峡位于印度尼西亚群岛中的苏拉威西岛和加里曼丹岛之间，北通苏拉威西海，与太平洋相连，南接爪哇海和弗洛勒斯海，与印度洋相连，长约798km，宽为120～407km，大部分水深为50～2458m，平均深度为

967m。望加锡海峡与龙目海峡相连，不仅是太平洋西部和印度洋东北部之间的重要通道，也是从南海、菲律宾到澳大利亚的重要航道。从一定意义上说，望加锡海峡还是亚洲和欧洲之间的重要洲际海上航道，是东南亚区际间近海航道的捷径，是世界上有重要军事价值和经济价值的八大海峡之一。

望加锡海峡属于热带雨林气候，具有温度高、降水多、风力小、湿度大的特征；5°S以南海域盛行偏西风和偏东风，3°S以北海域盛行偏北风和偏南风；年平均气温为25~27℃，年平均降水量在2000mm以上。雨季与西北季风有关，望加锡海峡11月至翌年3月为雨季，海面很少出雾，但大雨会使海面的能见度降低。

望加锡海峡为深水航道，海峡中多珊瑚礁和岛屿，最大岛屿有劳特岛和塞布库岛。

4. 巽他海峡

巽他海峡位于印度尼西亚的苏门答腊岛和爪哇岛之间，是连接爪哇海与印度洋的通道，是西北太平洋沿岸国家至东非、西非或绕道好望角去欧洲的海上交通枢纽。巽他海峡长约120km，宽为22~110km，平均水深远远超过马六甲海峡，峡底多为泥、沙、石、贝质，非常适于水下航行，航道狭长，最窄处仅有3.3km。

巽他海峡及其邻近海域属于热带季风气候，温度高，湿度大，雨量充沛，近赤道地区的各月降水量差异很小，南部11月至翌年3月是湿季，6月至9月是干季，湿季降水量是干季降水量的3倍。巽他海峡中的风力不大，大风罕见，海面虽然很少出雾，但在接近海岸的平坦海面上，清晨会出现范围不大的辐射雾，日出后会很快消散。

5. 卡里马塔海峡

卡里马塔海峡位于印度尼西亚加里曼丹岛和邦加岛、勿里洞岛之间，南连爪哇海，北接南海，宽约为212.98km，水深为18～37m。海峡中有卡里马塔群岛。卡里马塔海峡是南海通往爪哇海和印度洋的重要通道，也是中南半岛至澳大利亚的常用通道，具有重要的军事价值和经济价值。

在卡里马塔海峡附近海域，夏季，西南季风海流主要从爪哇海经卡里马塔海峡、卡斯帕海峡进入南海，之后大部分海流经巴士海峡和巴林塘海峡流出南海，汇入黑潮主干，小部分海流继续北上，进入台湾海峡；冬季，东北季风海流于10月中旬开始形成，至翌年4月消退，这一时期的海流路径与夏季正好相反，因受东北季风影响，黑潮中的小部分海水经巴士海峡和巴林塘海峡进入南海，并折向西南方向形成东北季风海流，与此同时，来自台湾海峡的浙闽沿岸流与广东沿岸流也汇入东北季风海流，之后绝大部分海流经卡里马塔海峡、卡斯帕海峡流入爪哇海，少部分海流流入马六甲海峡。

6. 龙目海峡

龙目海峡位于印度尼西亚群岛的巴厘岛和龙目岛之间，北接巴厘海，南通印度洋。龙目海峡是因地壳断裂下沉形成的，因而水道幽深、岸壁陡峭，南北长为80.5km，水深为1200m以上，最深处为1306m，无暗礁。由于海流的强烈侵蚀和冲刷，龙目海峡至今仍在继续加深、加宽。上述自然条件使龙目海峡成为印度尼西亚群岛各海峡中最安全的水道，可通行载重为20万吨以上的大型船舶。

龙目海峡属热带季风气候，年平均气温为26～29℃，年降水量为1000～2000mm，海温为26～29℃，盐度为33.5‰～34.5‰，能见度为30～50m。

龙目海峡不仅是印度尼西亚群岛之间的纽带，也是太平洋与印度洋海上航运的重要通道。特别是近年来，由于通过马六甲海峡的大型油轮越来越多，航道拥挤，加之沉船、流沙、淤泥经常使航道改变，许多大型油轮无法通过，日益猖獗的海盗活动也给通过马六甲海峡的大型油轮带来很大的风险,因此许多大型油轮,特别是超级巨型油轮更愿改道龙目海峡。龙目海峡由此逐渐成为世界性的海运门户,地位与日俱增。

7. 曼德海峡

曼德海峡位于亚洲阿拉伯半岛南端和非洲大陆之间,可连接红海和亚丁湾、印度洋。苏伊士运河通航后,曼德海峡成为大西洋穿越苏伊士运河进入地中海、红海,通往印度洋的海上交通必经之地。曼德海峡宽为26~32km,平均水深为150m,其间分散着一些火山岛。丕林岛将曼德海峡分成小峡和大峡,形成东西两条水道。小峡在亚洲一侧,宽约为3.2km,水深为30m,是曼德海峡中的主要航道。大峡在非洲一侧,宽约为25.8km,水深为323m。西水道(大峡)虽宽且深,但其内多暗礁险滩,散布着诸多小火山岛,船舶不便从这里通过,加之早期的航道测量和航标设施落后,有许多船舶触礁沉没。东水道(小峡)虽然干净,但因峡窄流急,有不少途经这里的船舶出事。

曼德海峡周边全年气候干燥、炎热,雨量稀少,尤以6~9月为甚,年平均降水量不足100mm,年平均气温较高,红海南部地区年平均气温可达30℃。因高温增大了海水蒸发,降水稀少,周围很少有河水补给,因此曼德海峡窄浅,阻隔了其与亚丁湾、阿拉伯海之间的海水交换,以致其海水盐度在38‰以上,成为世界上盐度最大的海峡。海峡内的风力不强,一般为2~4级。雾虽不常见,但在西南季风期间,薄雾和霾可使能见度小于9.26km。沿岸附近有时会出现沙暴,红海和亚丁湾常有雷阵雨。

自古以来,曼德海峡就是红海的南大门,是沟通印度洋、亚丁湾和红海的一条繁忙商路。曼德海峡水深适宜,北通红海,南连亚丁湾,是大西洋通往印度洋的最短航道,也是欧、亚、非三洲之间海上交通贸易的重要航道。由于自1869年苏伊士运河通航后，大西洋的船舶可经苏伊士运河、红海、曼德海峡进入印度洋，穿过马六甲海峡进入太平洋，因此曼德海峡成为太平洋、印度洋和大西洋的海上交通要道，被西方称为"世界战略心脏"。

8. 新加坡海峡

新加坡海峡位于马来半岛南部的新加坡与廖内群岛之间，东连南海，西通马六甲海峡至安达曼海，是国际海上航运系统中的重要环节。新加坡海峡东西长约为105km，南北宽度不等，东口窄，为18km，西口宽，为37km，中间最窄处仅为4.6km，水深为22～157m。新加坡海峡内有柔佛海峡、吉宝港和许多岛屿与浅滩，通航水道一般为13.5km，可容4～5艘船舶对开。新加坡海峡是世界上船舶往来最繁忙、航运量最大的商业航道之一。有研究指出，新加坡海峡在不影响通航效率和航行安全的前提下，目前仍具备充分的通航余力，以应对预期的交通流量增长。新加坡港共有250多条航道用来连接世界各主要港口，约有80多个国家与地区的130多家船务公司的各种船舶日夜进出。新加坡港是亚洲最大的修船基地，港口拥有40万吨级的巨型旱船坞，可以维修世界上最大的超级油轮。新加坡著名的吉宝港，南临新加坡海峡北侧，不仅是亚太地区最大的转口港，还是世界上最大的集装箱港口之一。近年来，停靠在吉宝港的船舶总吨位突破了20亿吨，已发展成为国际著名的转口港。

新加坡海峡靠近赤道，属于热带雨林气候，常年气温变化不大，雨量充足，空气湿度高，平均气温在23～34℃之间，年平均降水量为2400mm，湿度介于65%～90%之间，风力微弱，两岸郁郁葱葱，一派热带秀丽景色，是著名的旅游胜地。

3.1.3 群岛地理环境特征

1. 西沙群岛

西沙群岛位于南海西北部，距海南岛东南岸约310km，主体部分位于15°40′N～17°10′N、110°E～113°E，海底为一个水深为1500～2000m的高出南海中央深海平原的海底高原。西沙群岛内由40多个岛、洲、礁、沙滩组成，分布在50多万平方千米的海域。西沙群岛内珊瑚礁林立，有8个环礁、1个台礁、1个暗礁海滩。

2. 南沙群岛

南沙群岛位于南海南部，是南海"四大群岛"中，分布海域最广、岛礁最多、位置最南的群岛。南沙群岛的主体部分位于109°30′E～117°50′E、3°35′N～11°55′N，由200多个岛礁、沙洲、沙滩组成。

南沙群岛西邻越南，东邻菲律宾，北续中沙群岛、西沙群岛，与海南岛相望，南临马来西亚、文莱，自然资源丰富，南部、东部和西部的外缘地区，如曾母盆地、礼乐盆地等都蕴藏着相当可观的油气资源，具有相当大的商业开采价值。

3. 安达曼群岛与尼科巴群岛

印度洋上的安达曼群岛与尼科巴群岛位于安达曼海与孟加拉湾之间，距印度东海岸重镇金奈约1190km。在行政区划上，安达曼群岛与尼科巴群岛共同组成印度中央直辖区。

安达曼群岛共有204个岛屿，以北、中、南、小安达曼岛为主，有些岛屿无常住人口，最大的岛屿为中安达曼岛，岛内多火山与丘陵。安达曼群岛呈长串形，长约467km，全年湿热，年降水量在2000mm以上，盛产红木。

安达曼群岛是从北往南平行排列的一系列的穹隆形丘陵地带，最高峰萨德尔峰高达737m。北安达曼岛中的平地很少，仅限于少数谷地，由第三纪砂岩、石灰岩及页岩构成，切割很深，岩石表面被稠密森林覆盖。北安达曼岛的北部有大片的红树林沼泽，常年性河流很少，供水不足是长期存在的问题。

尼科巴群岛位于印度洋东北部，距离印度半岛很近，介于安达曼群岛和印度尼西亚的苏门答腊岛之间。

尼科巴群岛包括大尼科巴、小尼科巴、卡尔尼科巴等18个大小岛屿，11个岛有人居住，总面积约为1831km^2，人口约为4.2万人。各岛屿的自然状况相差较大，有的地势平坦，有的山峦起伏、崎岖难行，也有一些珊瑚岛。由于地理位置靠近赤道，因此尼科巴群岛终年气候湿热，气温一般在18～33℃之间。岛上随处可见椰子、槟榔、面包树和棕榈树，具有典型的热带气候特征。

安达曼群岛与尼科巴群岛多山，且岛上大部分被茂密树林覆盖。这个由多个岛屿组成的半月形群岛，处在马六甲海峡出口，北靠缅甸，东邻泰国，南接印度尼西亚，是从东亚地区经过马六甲海峡到达印度洋的海上必经之地，战略地位十分重要。

4. 查戈斯群岛

查戈斯群岛是印度洋中部的一个群岛，由7个环礁共60余个岛屿组成，位于马尔代夫正南方约500km处，最早由葡萄牙航海家瓦斯科·达·伽马发现，其主岛迪戈加西亚岛的陆地面积为27.20km^2。查戈斯群岛区域属热带气候，炎热潮湿，风力稳定，少有热带风暴。

5. 马尔代夫共和国

马尔代夫共和国位于南亚，是印度洋上的一个群岛国家，南北长约为820km，东西宽约为130km，距离印度南部约为600km，距离斯里兰卡西南部约为750km。马尔代夫共和国由26个自然环礁、1192个珊瑚岛组成，分布在90000km^{2}的海域内。其中，约200个岛屿有人居住，其余为荒岛，岛屿地势低平，平均面积为1～2km^2，平均海拔高度为1.2m，陆地面积约为298km^2。

马尔代夫共和国位于赤道附近，具有明显的热带雨林气候特征，无四季之分，年平均降水量为2143mm，年平均气温为28℃。马尔代夫共和国因环境原因，无法建设铁路，但设有维拉纳国际机场。

3.1.4 海湾地理环境特征

1. 孟加拉湾

孟加拉湾是印度洋上的一个海湾，介于印度半岛、中南半岛、安达曼群岛和尼科巴群岛之间，西接斯里兰卡，北临印度，东以缅甸和安达曼-尼科巴海脊为界，南以斯里兰卡南端的栋德拉高角与苏门答腊西北端的乌累卢埃角的连线为界，南部边界线长约为1609km，宽约为1600km，面积约为2172000km^2。孟加拉湾的平均水深为2586m，最深处为5258m，是世界上的第一大海湾，近海有大量浮游生物，湾顶有恒河和布拉马普特拉河。流入孟加拉湾的其他河流还有伊洛瓦底江、萨尔温江、克里希纳河等。湾中的著名岛屿有斯里兰卡岛、安达曼群岛、尼科巴群岛、普吉岛等。沿岸国家包括印度、孟加拉国、缅甸、泰国、斯里兰卡、马来西亚和印度尼西亚。环孟加拉湾的主要港口有印度的加尔各答港、金奈港，孟加拉国的吉大港，缅甸的仰光港、毛淡棉港，泰国的普吉港，马来西亚的槟榔屿港，印度尼西亚的班达亚齐港，斯里兰卡的贾夫纳港等。

孟加拉湾具有明显的热带海洋性和季风性气候特征，海温为25～27℃，盐度为30‰～34‰；春、夏季，潮湿的西南风常引起顺时针方向的海流；秋、冬季，受东北风的作用，海流转向逆时针方向。鉴于孟加拉湾的地形效应，导致各种作用力聚焦，因而孟加拉湾的潮差、静振和内波等现象均较为显著。沿岸有多种喜温生物，如恒河口的红树林、斯里兰卡沿海浅滩的珍珠贝等。

孟加拉湾是一个热带风暴频繁发生的地方，每年4～10月，即当地夏季和夏秋之交，猛烈的风暴常伴着海潮掀起滔天巨浪，呼啸着向恒河口和布拉马普特拉河口冲去，从而造成灾害。例如，1970年11月12日，起源于孟加拉湾的一次特大风暴袭击了孟加拉国，导致30万人被夺去生命，100多万人无家可归；2005年9月19日和20日，袭击印度南部的暴雨，致使位于沿海的安得拉邦引发洪水，导致近10万人无家可归。

2. 阿拉伯海

阿拉伯海属于印度洋的一部分，位于亚洲南部的阿拉伯半岛与印度半岛之间。阿拉伯海北临巴基斯坦和伊朗，可经霍尔木兹海峡连接波斯湾，西靠阿拉伯半岛，可经亚丁湾、曼德海峡连通红海，是联系亚洲、欧洲、非洲海上交通的重要水域。阿拉伯海含亚丁湾和阿曼湾在内，总面积约为3860000km^2，最深处为5203m，平均水深为2734m。

阿拉伯海的沿岸国家除印度、伊朗和巴基斯坦外，还有阿曼、也门和索马里等，沿岸重要海港有孟买港、卡拉奇港、亚丁港、吉布提港等。

阿拉伯海靠近印度半岛的海域较为宽阔，孟买以北的沿海宽度达352km，主要岛屿有索科特拉岛、哈拉尼亚特群岛、马西拉岛和拉克沙群岛等。阿拉伯海西部的亚丁湾是一个东西走向的狭长海湾，系由地层断裂形成，属东非大裂谷的一部分。

阿拉伯海地处热带季风气候区，终年气温较高：中部海域6月和11月的表层海温在28℃以上；1月和2月温度转低，为24~25℃，在临近阿拉伯半岛的海面上，由于陆地干热气流的烘烤，最高时海温可达30℃以上；11月至翌年3月，多东北季风，降水稀少，为旱季；4~10月，多西南季风，降水丰沛，为雨季；在夏秋之交，多发生热带气旋，伴有狂风巨浪和暴雨。阿拉伯海的海流随季风风向而变化，夏季受西南季风影响呈顺时针方向，冬季受东北季风作用呈逆时针方向。阿拉伯海的海水盐度一般在雨季时小于35‰，在旱季时大于36‰。沿岸大陆架蕴藏有相当数量的石油和天然气，有大量的砂、砾石和牡蛎壳可用作建筑材料。海中生物资源丰富，主要有鲭鱼、沙丁鱼、比目鱼、金枪鱼及鲨鱼等。

3. 波斯湾

波斯湾也称海湾，位于印度洋西北部边缘海和阿拉伯半岛以东，西北起自阿拉伯河口，通过霍尔木兹海峡与阿曼湾连接，流经阿拉伯海进入印度洋。波斯湾长约为1040km，宽为56~338km，面积约为240000km^2，沿伊朗一侧的海水较深，一般大于80m，湾口处最深可达110m，沿阿拉伯半岛一侧的海水一般浅于35m，东北岸是伊朗，西南岸为伊拉克、科威特、沙特阿拉伯、阿曼、阿拉伯联合酋长国、卡塔尔和巴林等。

波斯湾所在地区是世界上最大的石油产地和供应地，石油资源蕴藏量占全世界总储量的一半以上，年产量约占全世界总产量的三分之一，素有石油宝库、世界油阀之称。所产石油经霍尔木兹海峡运往世界各地。波斯湾所在地区除蕴藏着巨量的石油资源外，还有各种丰富的金属矿藏。

波斯湾呈狭长形，为西北-东南走向，降水稀少，日照强烈，东西两岸多为副热带干旱荒漠，导致湾内海温较高，在浅海区域，夏季海温高达35.6℃。由于强烈的西北风经常将沙漠地区的沙土吹入湾中，故波斯湾中的海水浑浊。波斯湾所在地区的夏季多沙尘暴和霾，秋季常有飑和龙卷风。伊朗沿岸的南段为山地，岸线平直，海岸陡峭；北段为狭长的海岸平原，岸线较曲折，多小港湾。阿拉伯半岛沿岸为沙漠，局部有盐沼，东南端的霍尔木兹海峡为海湾枢纽，湾口多岛屿，大通布、小通布等岛屿处在湾口，构成天然屏障。波斯湾属亚热带气候，终年盛行西北风，风力变化无常。波斯湾地处北回归线高压带，夏季气温炎热，少雨，常有风沙、尘霾，能见度较低，秋季多暴风，冬季多云雾。阿拉伯半岛一侧的年降水量不到125mm，伊朗一侧的年降水量为275mm。东南部的表层海温为24～32℃，西北部的表层海温为16～32℃，夏季表层海温可达30～33℃，边缘地带的表层海温甚至高达36℃。因此，波斯湾是世界上海温最高的海湾，海流为逆时针方向环流，湾口流速为1.5～2.0m/s，其他海域的流速为0.25～0.8m/s，潮差为1.5～3.5m。

4. 亚丁湾

亚丁湾位于印度洋西北部，是印度洋在也门和索马里之间的海域。亚丁湾东连阿拉伯海，西经曼德海峡通往红海，不仅是波斯湾石油输往欧洲和北美洲的重要通道，也是全球海盗活动的活跃区域之一。亚丁湾的北面是阿拉伯半岛，南面是非洲之角，西部渐狭，并逐渐形成塔朱拉湾，东面以瓜达富伊角的子午线，即东经51°16′为界，东西长约为1480km，平均宽度为482km，面积约为530000km²。亚丁湾沿岸的主要港口城市有亚丁、柏培拉、博萨索等。亚丁湾西侧有两个世界驰名的海港，即北岸的亚丁港和南岸的吉布提港，是印度洋通向地中海、大西洋航线的重要燃料港和贸易中转港。

亚丁湾所在地区的气候干燥炎热，因红海、亚丁湾和阿拉伯海之间海水对流、强烈蒸发和季风的影响，所以水体结构十分复杂。亚丁湾湾内的表层海水盐度高，海温在25～31℃之间，是世界上最温暖的热带海域之一。亚丁湾表层海水的流向随季风变换而异，盐度较高，深度层（海面以下100～600m）的海水从阿拉伯海流向红海，盐度较低；600～760m深的海水反向流动，盐度较高；1000m以下又是一层较淡的海水。

5. 金兰湾

金兰湾位于越南庆和省南部，深入内陆17km，群山环抱，东面有岛屿屏障，是不可多得的天然良港。金兰湾是由冲空山和凤凰山两个半岛合抱成葫芦形的内外两个海湾组成的：外港平巴，水深在30m以下，湾口宽为3～4km，湾口外的水深为30m以上；内港金兰，面积约为60km^2，水深约为16m，湾口宽约为1300m，湾长约为20km。

3.2 气候特征

3.2.1 基本气候特征

1. 南海的基本气候特征

南海属于热带海洋性气候。北回归线以南的南海诸岛，有其独特的海洋环境。南海四季皆夏，雨量丰沛，受季风影响显著，属热带海洋性季风气候区域。南海既不同于广东、广西、云南等南方地区的亚热带季风气候，又不同于海南的热带季风气候。由于南海诸岛及其附近海域的海温和含盐量较高，且逐年变化不大，既无泥质海岸，又没有河水注入，因此水质清澈、洁净。南海的基本气候特征如下。

（1）终年高温

南海地处北回归线与赤道之间，一年之中受两次太阳直射，辐射热量大，年平均气温在25℃以上，具有终年高温、四季皆夏的特点。由于纬度不同，南海诸岛的年平均气温存在一定的南北差异：位置靠北的东沙岛的年平均气温为25.3℃，位置居中的永兴岛的年平均气温为26.5℃，位置偏南的太平岛的年平均气温为27.9℃。

从年平均气温的变化情况来看，其总体变化不大，温差仅为2.6℃左右。同样地，由于纬度差异的原因，南海诸岛的南北温差也有所不同，大体是由北向南递减：东沙岛的温差为8.2℃，永兴岛的温差为6℃，太平岛的温差只有2.2℃。靠近赤道的南沙群岛较西沙群岛和东沙群岛，年气温变化平缓。

南海诸岛最冷的时节为1月，不过这个冷是相对于南海自身而言的，平均气温依然很高：东沙岛在1月的平均气温为20.6℃，永兴岛在1月的平均气温为22.9℃，太平岛在1月的平均气温为26.1℃。

南海最热的月份是5月、6月。这两个月正好是南海诸岛经历太阳垂直照射、季风降水季节尚未到来之前。最热月份的平均气温仍以东沙岛、永兴岛和太平岛为例，其气温分别为28.6℃、28.9℃和29℃。其中，永兴岛的绝对最高气温为34.9℃，太平岛的绝对最高气温达35℃。南海气温居高不下，以至于这里不像内陆地区那样有明显的四季之分。西沙群岛和南沙群岛全年皆夏。东沙群岛尽管有春、夏、秋等三季，但春、秋两季加起来也不过3个月的时间，而夏季则长达9个月。

(2) 雨量丰沛

由于南海地处热带海洋季风区，不仅高温，而且多雨。热带海洋的环境，导致南海水汽蒸发旺盛，季风和台风所产生的季风雨和台风雨使得南海降水量十分丰沛。南海诸岛的年平均降水量都在1400mm以上，降水量在空间上由北向南递增：东沙岛的年平均降水量为1459mm，永兴岛的年平均降水量为1545mm，太平岛的年平均降水量为1842mm。

从时间上看，南海诸岛降水量的季节分配也不均匀，位置靠北的东沙岛每年的5～10月为多雨期，降水量可达1260mm，约占全年降水量的87%，月平均降水量在140mm以上，而每年的11月到翌年4月，每月的平均降水量均在45mm以下，为少雨期；位居中部的永兴岛在6～11月的降水量可达1235mm，约占全年降水量的80%，月平均降水量在140mm以上，为多雨期，而每年12月到翌年5月为少雨期，月平均降水量一般在70mm以下；位置靠南的太平岛每年6～12月的降水量集中，共达1454mm，约占全年降水量的79%以上，为多雨期，尤其在9月，降水量很大，为全年降水量的最高峰，而每年1～5月的降水量较少，为少雨期。

(3) 热带气旋频繁

热带海洋上会生成气旋，当气旋风力增大或中心气压降低至一定程度时，便发展为台风。这种剧烈的暖湿空气涡旋以波及范围广、移动速度快为特点，同时伴随有狂风、暴雨、巨浪、大潮，具有极大的破坏力，既是一种巨大且强烈的热带海洋风暴，也是一种极具危害和破坏力的灾害性天气。

南海特有的地理位置以及如下原因，使其成为热带气旋和台风的"理想源地"：

- 南海是一个位于西北太平洋的半封闭陆缘海域，又处于副热带高压南侧的偏东北气流与西南季风气流交汇的辐合带，有利于低层的暖湿气流辐合上升。

- 南海诸岛上众多的珊瑚岛如同陆地一般，具有吸热快的特性，每到夏季，在阳光的强烈照射下，所吸收的太阳能远远超过没有珊瑚岛分布的海域，使得海温明显上升，达到27℃以上。

上述诸多因素的共同作用，使得低气压中心能在南海诸岛及附近海域迅速发展，进而生成热带气旋、台风。

南海诸岛及附近海域的台风，被称为南海台风或土台风，其生成源地主要集中在12°～22°N、112°～118°E的西沙群岛和中沙群岛附近海域。

南海台风具有以下明显的特点：

- 范围较小，台风气旋直径一般只有200km左右。
- 强度较弱，最大风力多在8～11级之间，少数能达到12级以上。
- 活动不规则，移动方向多变，登陆地点难以预测。
- 来势迅急，一旦生成，便可在两天甚至半天之内登陆。

值得一提的是，南海台风的季节变化十分明显。每年的7～10月是南海台风盛行的季节。这个时期生成的台风约占全年台风总数的80%，且大多数发生在15°N以北海域。其中，9月台风最集中，12月到翌年的4月基本没有台风，即使偶有生成，也都是在15°N以南的海域。

南海台风有较规律的运行线路，即在西沙群岛和中沙群岛附近海域生成后，多数向西移动进入北部湾，或者在海南岛、广东西部、广西南部登陆之后减弱并消失。

此外，南海还受到来自西北太平洋（菲律宾以东洋面）的台风影响。该台风被称为客台风，会以每小时10～20km的速度移动，经巴士海峡进入南海。因为南海几乎每年都会多次遭受客台风的影响，所以南海又是最易受台风侵袭的海域之一。据统计，影响南海的台风，大约70%为来自西北太平洋的客台风，30%为南海的土台风。

台风的每一次掠过，都伴随着大风、巨浪、暴雨、风暴潮等剧烈天气甚至灾害。例如，1941年，一次强台风侵袭太平岛，由台风激起的巨浪将岛上的房屋毁坏殆尽；1970年，第13号台风肆虐西沙群岛，12级以上的大风持续40小时，永兴岛的部分堤坡被风浪冲蚀，岛屿面积因此减少，琛航岛的东北岸和东南岸因风浪堆积起宽为10～30m、高为3～5m的珊瑚残骸区域，使岛屿面积增加。每当台风来临时，都会对南海诸岛上的建筑及海上作业、航行的船舶等构成严重威胁，造成损失甚至严重灾难。

（4）季风现象显著

南海诸岛的南部属赤道低气压带，中部和北部属东北信风带。每年11月至翌年3月，东北季风在南海诸岛盛行，称为南海东北季风期，平均风力可达4～5级。每年5～9月，南海诸岛盛行来自南半球的西南季风，即南海西南季风期，平均风力为3级，风力较弱，常有间断。每年的4月和10月，是东北季风与西南季风的交替期，风向零乱，不稳定。

2. 印度洋的基本气候特征

（1）典型的热带海洋气候

印度洋的大部分区域位于热带、亚热带，40°S以北海域的全年平均气温为15～28℃，赤道地区的年平均气温为28℃，个别海域的年平均气温甚至高达30℃。由于印度洋比同纬度的太平洋和大西洋气温高，故被称为热带海洋。正因如此，印度洋具有典型的热带海洋气候。

印度洋气候的主要特征表现为，气温分布随纬度变化：

- 赤道地区全年平均气温约为28℃。
- 印度洋北部，夏季气温为25～27℃，冬季气温为22～23℃，全年平均气温为25℃。其中，阿拉伯半岛东西两侧的波斯湾和红海一带，夏季气温达30℃以上；索马里沿岸一带最热季节的气温一般不到25℃。前者与周围干热陆地的"烘烤效应"有关；后者则可能是由于西南风驱动和搅动表层海水，致使深层冷水上升，进而使得气温下降。

- 印度洋南部，夏季，20°S附近海域的气温为25～27℃，30°S附近海域的气温为20～22℃，40°S附近海域的气温约为15℃，60°S附近海域的气温为0℃左右；冬季，20°S附近海域的气温为22～23℃，30°S附近海域的气温为15～17℃，40°S附近海域的气温为12～13℃，60°S附近海域的气温低至-10℃左右。

印度洋的降水以赤道地区最为丰富，年降水量为2000～3000mm，降水的季节分布也比较均匀；北部，年降水量一般为2000mm左右，2/3的降水集中在西南季风盛行的夏季，东北季风盛行的冬季降水较少。红海和阿拉伯海西部为热带荒漠气候区，全年降水很少，降水量仅有100～200mm。南印度洋的广大海域，全年降水量一般为1000mm左右。

(2) 季风现象显著

季风主要是由于海陆热力差异产生的。印度洋西临非洲大陆，北濒、东接亚洲大陆，广阔的大陆与邻接的海域之间可产生很大的季节性温差，季风现象十分显著。印度洋10°S以北的大部分海域都处在季风控制之下。北印度洋也是全球著名的季风区，冬季盛行东北季风，夏季盛行西南季风，风力、风向稳定。

每年10月下旬，东北季风开始在阿拉伯海中部出现，通常11月至翌年3月为东北季风期；11月，在10°N以北洋面多东北风，在10°N以南洋面多偏西风；12月，东北风的范围向南扩展到赤道大部分海域；1～2月，东北季风达到最强，整个印度洋均被东北季风控制，且可越过赤道，进入10°S附近地区；3月，东北季风减弱，尤以北印度洋东侧海域最明显，阿拉伯海及非洲东部海域继续盛行东北风，但风向频率降低，表现为在印度洋北部弱、南部强。与风向变化相对应，在东北季风期间，印度洋的平均风速一般为4～6m/s，1月最强，非洲东部、赤道以北、哈德角附近海域的平均风速为6m/s，6级以上的大风频率为10%左右，无8级以上大风；12月至翌年2月，印度半岛东南部海域的平均风速为4～5m/s。

4月是东北季风向西南季风的过渡季节，风向多变。北印度洋原来的东北季风已不明显，中印度洋温度上升，"印缅低压"开始建立，所引起的局部环流使得在孟加拉湾西北部开始出现西南风，此后在阿拉伯海也出现西南风。

5～9月为西南季风期：5月，孟加拉湾的西南季风已十分盛行；6～8月，西南季风发展强盛，整个北印度洋均被其控制，风向稳定；9月，西南季风开始减弱，北印度洋60°～80°E之间的海域盛行偏西风，其他海域盛行西南风，赤道附近至10°S盛行东南信风，风向稳定；7月，西南风达到最大，阿拉伯海海域的平均风速为8～10m/s，6级以上大风频率占20%～65%，亚丁湾东部海域的平均风速为10～13m/s，6级以上大风频率占70%～75%。相应地，该海域的风浪也较大，是世界大洋中大浪频率最高的海域。孟加拉湾7月的平均风速为7～8m/s，6级以上大风频率占15%～20%。南部赤道附近海域的风力较大，平均风速为6～8m/s，6级以上大风频率占5%～10%。8月，大风区逐渐缩小，北印度洋中部、亚丁湾东部海域的平均风速为11m/s，6级以上大风频率降低到50%～55%，孟加拉湾海域的风速变化不大。9月，大风区继续缩小，在亚丁湾东部60°E以西椭圆形海域的平均风速为7～8m/s，6级以上大风频率占15%～25%，孟加拉湾平均风速为6～7m/s，6级以上大风频率占5%～10%。

10月为季风转换季节，出现了与4月相似的赤道两侧的"双辐合带"。10°N以北的孟加拉湾和15°N以北的阿拉伯海被偏北风控制，风向多变，稳定度差。10°N 以南至 10°S、60°E 以西盛行偏西风，平均风速较小，仅为 4～5m/s，6 级以上大风频率占比极低。

(3) 能见度较好

北印度洋的能见度较好，月均能见度大于 10km 的频率占比在 95% 以上；6～9 月，北印度洋受西南季风影响，15°N 以北的阿拉伯海、孟加拉湾的能见度大于 10km 的频率占比为 90%，其他海域为 95% 以上；7 月部分海域、8 月孟加拉湾东北部和阿拉伯海北部海域，能见度大于 10km 的频率占比为 85%；10～12 月，北印度洋东北部热带气旋活动频繁，良好能见度的天数减少。北印度洋月均能见度小于 4km 的频率占比低于 2%，孟加拉湾东北部和苏门答腊岛的西部小部分海域，只有 8 月时能见度小于 4km。北印度洋出现海雾的频率占比较低，一般在 5% 以下，对航海作业极为有利。

(4) 热带气旋多，强热带风暴少

北印度洋热带气旋的生成源地主要集中在 5°～20°N 之间的海域。阿拉伯海热带气旋的生成量较孟加拉湾要少得多。1961—1990 年，从北印度洋历年各月热带气旋的生成频数来看，热带气旋生成的月份主要集中在 5 月、10 月、11 月，分别为 30 个、32 个和 43 个，11 月最多，总数为 308 个，年平均为 10.3 个，占全球热带气旋生成总数的 10.5%，其中达到热带风暴、强热带风暴和台风强度的热带气旋只有 168 个，年平均为 5.6 个，全球占比最少。北印度洋的垂直风切变是抑制热带风暴发生的主要控制因素，虽然 7 月、8 月的海面温度较高，但风切变较大。由于强风切变不利于热带气旋暖心结构的形成和潜热能的积累转换，因而抑制了气旋的发展，导致热带风暴发生频率占比较少。10～11 月是季风转换季节，风力较弱，海面大气增温明显，高温、高湿大气的稳定度减弱，热带扰动/低压发生的可能性随之增加。相比而言，北印度洋热带气旋的强度最小，近中心的地面最大风速极值比北大西洋、北太平洋的热带气旋都小,移动速度也较慢。

3.2.2 海面风场时空特征

由美国国家航空航天局（National Aeronautics and Space Administration, NASA）发布的新型卫星遥感资源——CCMP（Cross Calibrated Multi-Platform）风场数据集,以欧洲中期天气预报中心（European Centre for Medium-Range Weather Forecasts, ECMWF）的再分析资料和业务数据为背景场,采用变分同化分析方法,融合多种卫星探测的海面风场资料及船舶、浮标的观测资料,具有较高的时间分辨率、空间分辨率及全球海洋覆盖能力。CCMP风场数据集的变量为距海面10m的经向风速和纬向风速,时间范围为1987年1月至2017年1月（后期不断更新）,空间范围为78.375°S～78.375°N、0.125°～359.875°E,水平分辨率为0.25°×0.25°,时间分辨率为6h。本书选用数据的时间范围为1987年7月至2016年7月,空间范围为15.375°S～30.125°N、30.125°～135.125°E,分别对30年间1月、4月、7月、10月等4个月的数据计算平均值,以该平均值近似代表春、夏、秋、冬的四季数值,得到研究海域在4个季节的气候态分布特征。

1. 冬季风场时空特征

海上丝绸之路沿线部分海域冬季海面风场气候态特征如图3.1所示。

- 南海：除泰国湾以东风为主之外,大部分海域受东北季风影响,海域平均风速为4～11m/s。南海受大风天气控制,两个高值中心分别位于巴士海峡、吕宋岛及其西部海域（平均风速为9～11m/s）、中南半岛东南海域（平均风速为9～11m/s）。此外,苏禄海也存在一个小高值中心（平均风速为7～8m/s）。

第3章　海上丝绸之路自然环境特征

- 孟加拉湾：除安达曼海海域盛行东风、孟加拉湾北部海域盛行北风外，大部分海域受印度洋东北季风控制盛行东北风，平均风速为 2～9m/s，两个明显的高值区域分别位于安达曼群岛西侧海域（平均风速为 6～7m/s）和马纳尔湾海域（平均风速为 7～9m/s）。在马六甲海峡和苏门答腊岛西部海域有两个明显的无风区（平均风速为 1～2m/s）。
- 阿拉伯海：除北部和东部部分海域盛行北风以外，大部分海域受东北风控制，平均风速为 3～9m/s，一个明显的高值中心位于索马里附近海域（平均风速为 8～9m/s）。此外，在马纳尔湾西北部的海域存在一个低值中心，平均风速为 3～4m/s。

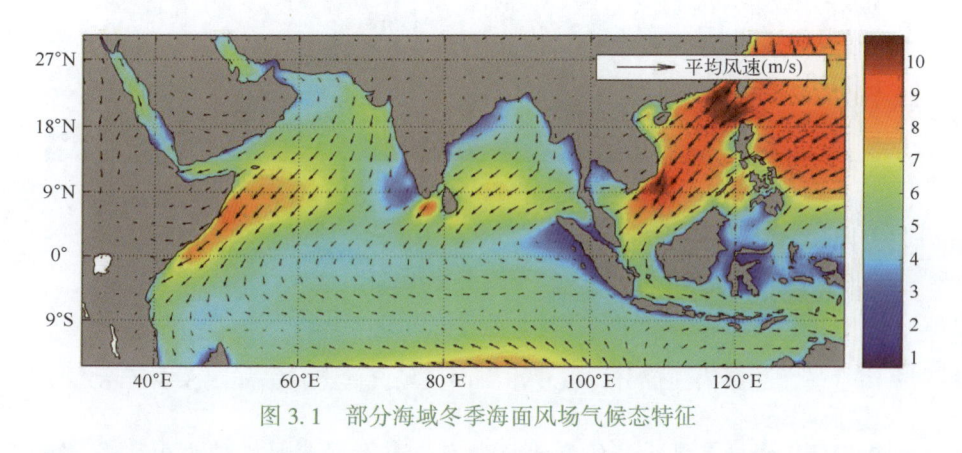

图 3.1　部分海域冬季海面风场气候态特征

2. 春季风场时空特征

海上丝绸之路沿线部分海域春季海面风场气候态特征如图 3.2 所示。

- 南海：进入季风转换期，除台湾海峡附近海域盛行东北风、泰国湾盛行东南风以外，大部分海域受东风控制，平均风速为 2～7m/s，高值区域出现在巴士海峡（平均风速为 6～7m/s）、海南岛东部海域（平均风速为 5～6m/s）。加里曼丹岛西部海域有一低值区域，平均风速为 2～3m/s。
- 孟加拉湾：季风开始转向，风向多变，由于"印缅低压"的建立，孟加拉湾北部最先受西南风控制，平均风速为 3～6m/s，明显的高值中心位于加尔各答南部海域，平均风速约为6m/s，同时存在明显的低值中心，位于安达曼群岛西部，范围较大，平均风速约为3m/s。
- 阿拉伯海：受气旋式环流影响，孟加拉湾北部主要受西到西南风影响，东部受西北风影响，整个海域风力较小，平均风速为2～5m/s，东部风速大于西部，低值中心位于海域西南部，平均风速为2～3m/s，范围较大。

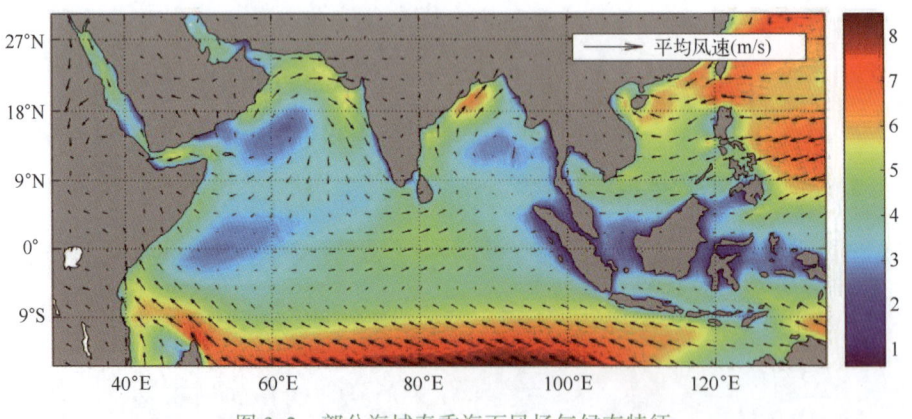

图3.2 部分海域春季海面风场气候态特征

3. 夏季风场时空特征

海上丝绸之路沿线部分海域夏季海面风场气候态特征如图3.3所示。

- 南海：海域呈现明显的夏季风特征，盛行西南风，风力小于冬季风，平均风速为5～8m/s，中北部的平均风速在6m/s以下，南部较大，高值中心位于中南半岛东南部，平均风速约为8m/s。
- 孟加拉湾：海域受印度洋季风影响，盛行西南季风，风力明显强于冬季，平均风速为5～10m/s，南部赤道附近海域的风力较小。
- 阿拉伯海：盛行西南风，受大风天气影响，整个海域的平均风速为8～13m/s，风力明显强于冬季。受索马里越赤道气流的影响，亚丁湾东部海域存在明显的高值中心，最大风速可达13m/s，是世界大洋中大风大浪频率占比最高的海域。

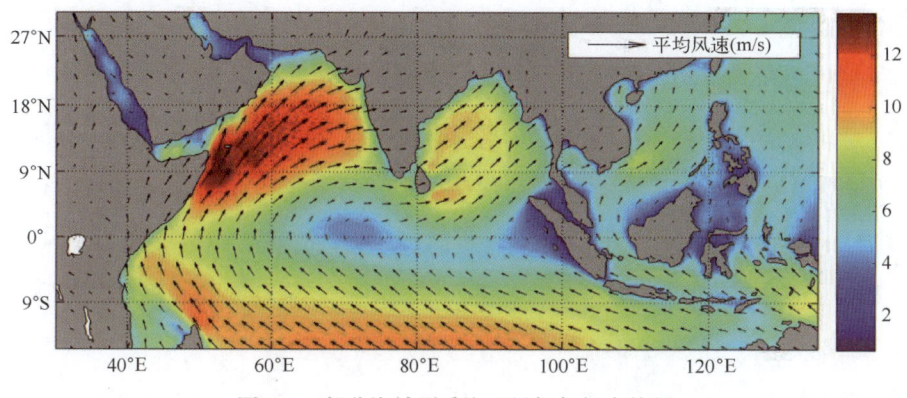

图 3.3　部分海域夏季海面风场气候态特征

4. 秋季风场时空特征

海上丝绸之路沿线部分海域秋季海面风场气候态特征如图 3.4 所示。

- 南海：海域开始进入冬季风时期，北部和中部盛行东北风，南部盛行西到西南风，北部风力较大，南部较小，平均风速为 3~11m/s，高值中心位于台湾海峡（平均风速约为 11m/s）、巴士海峡（平均风速为 9~11m/s）。
- 孟加拉湾：海域进入季风转换期，风力较小，风向不稳定，平均风速为 2~6m/s，南部以西南风为主，北部以东南风为主，高值中心位于斯里兰卡的东南部海域，平均风速为 5~6m/s。
- 阿拉伯海：进入季风转换期，盛行北到西北风，海域风力较小，平均风速为 2~5m/s，东部风力较大，西部较小。

3.2.3　热带气旋时空特征

热带气旋数据选用美国联合台风警报中心（Joint Typhoon Warning Center，JTWC）发布的台风最佳路径集数据。美国联合台风警报中心负责监测太平洋、印度洋及其他海域的热带气旋，预测热带气旋的路径、发展及动向，监测范围覆盖全球九成的热带气旋活动空间。1950—2010 年，南海及北印度洋的热带气旋路径如图 3.5 所示（其中，南海的台风资料从西太平洋的台风资料中提取，并且仅提取在南海生成的台风数据）。孟加拉湾热带气旋出现的频数最高，南海海域次之，阿拉伯海海域受热带气旋影响最小，主要集中在东海岸。南海海域主要以热带低压、热带风暴为主，并伴有少量的强热带风暴、台风，强热带风暴、台风主要集中在广东沿海和海南岛。北印度洋的热带气旋以热带低压、强热带风暴为主，并伴有较多的超强台风，约占北印度洋总热带气旋频数的 10.8%。孟加拉湾的热带气旋主要分布在中部和西部。阿拉伯海海域的热带气旋主要分布在东部。

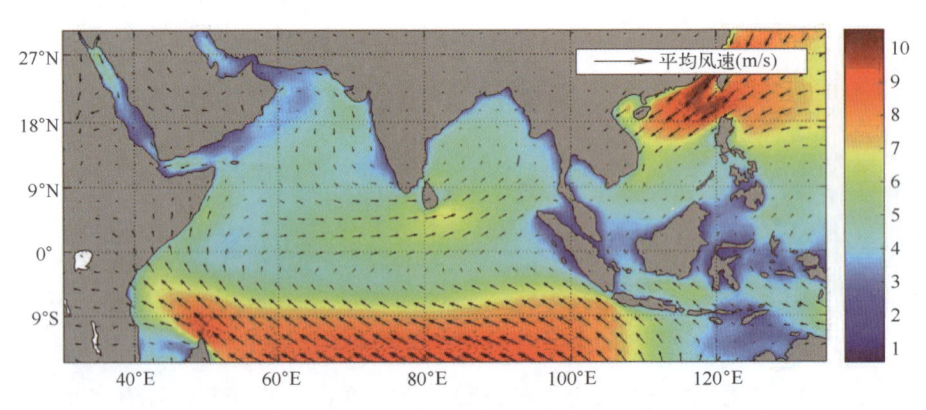

图 3.4 部分海域秋季海面风场气候态特征

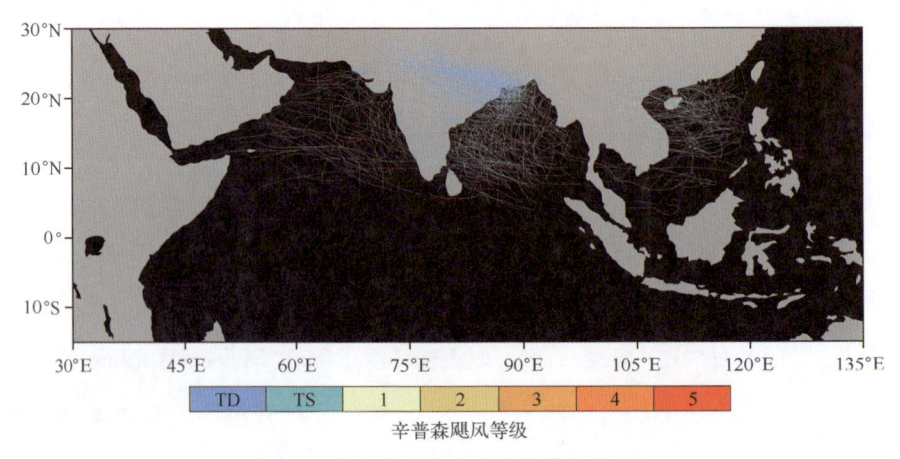

图 3.5 南海及北印度洋的热带气旋路径

第 3 章 海上丝绸之路自然环境特征

海上丝绸之路沿线部分海域的热带气旋生成频数和生命期如图 3.6 所示，频数的月变化如图 3.7 所示。其中，发生在南海海域的热带气旋的生命期较短，最长为 5 天，年平均生命期为 2.8 天，以热带低压、热带风暴为主，多分布在北部。南海海域的热带气旋多在夏秋两季（夏季：48.03%，秋季：35.84%）生成，9 月频数最多，约占全年热带气旋生成总频数的 18%。

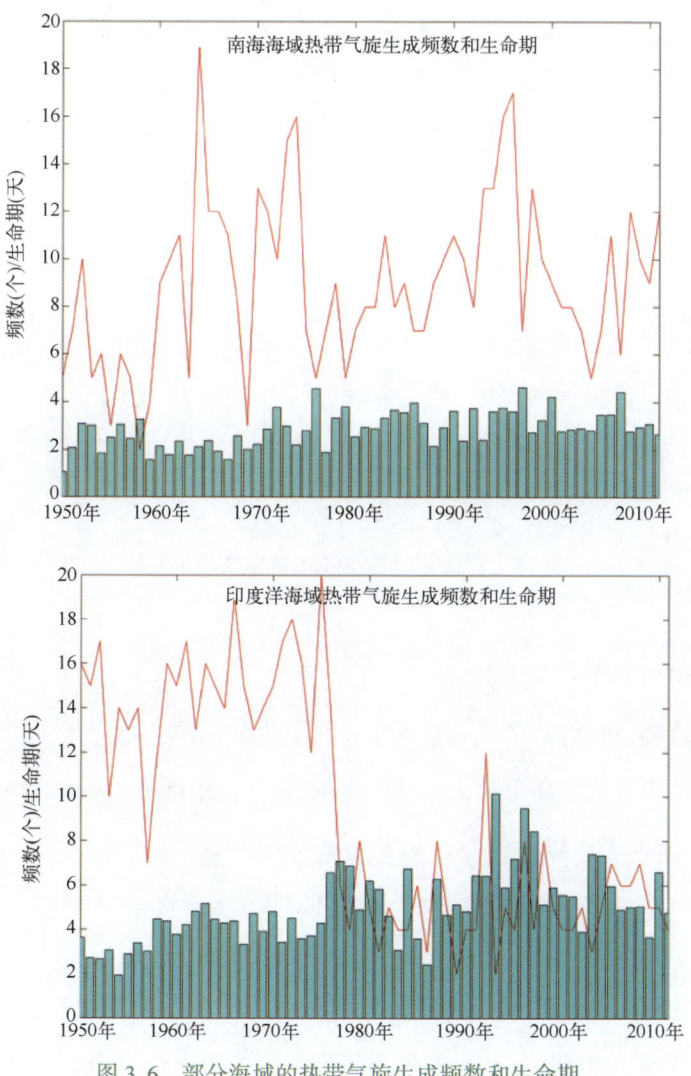

图 3.6 部分海域的热带气旋生成频数和生命期

（曲线：生成频数；柱状：生命期，单位为天）

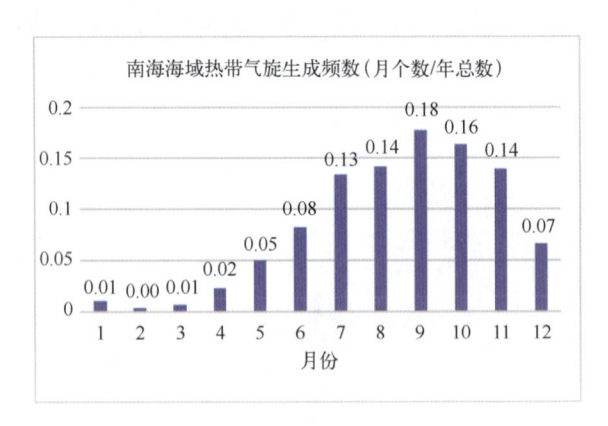

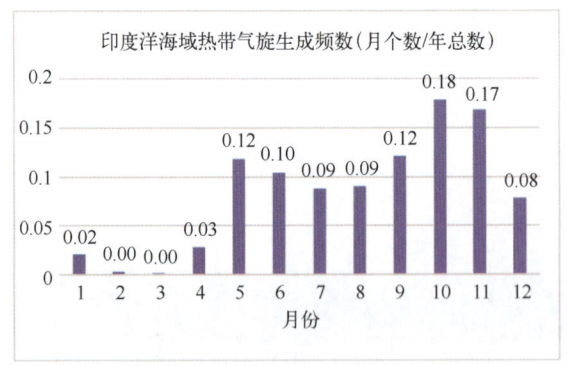

图 3.7　部分海域热带气旋生成频数的月变化

由图 3.7 可知：

- 印度洋海域的热带气旋生成频数在 1976 年后大幅减少。例如，1976 年前热带气旋的年平均生成频数为 14.8 个，1975 年热带气旋的生成频数高达 20 个；1976 年后，热带气旋的年平均生成频数为 5.1 个，但热带气旋的生命期增加，特别是在 1992 年以后，热带气旋的生命期明显增加，最长达 10 天。

- 印度洋海域的热带气旋多在秋季生成，约占全年热带气旋总生成频数的 47%（10 月、11 月生成频数最多，占比分别为 18%、19%），夏季次之，占比为 28%。

3.3 海洋水文特征

3.3.1 海温气候态特征

海温数据资料选用美国国家环境预报中心（National Centers for Environmental Prediction，NCEP）提供的气候预报系统再分析资料 CFSR 和 CFSRv2，时间范围为 1980 年 1 月至 2017 年 1 月（后期不断更新），空间范围为 89.875°S～89.875°N，空间网格分辨率为 0.25°×0.25°。本书选用数据的时间范围为 1985 年 1 月至 2014 年 12 月，空间范围为 15.125°S～30.125°N、30.125°～135.125°E，分别对 30 年间 1 月、4 月、7 月、10 月等 4 个月的数据计算平均值，以该平均值近似代表春、夏、秋、冬的四季数值，得到研究海域在 4 个季节的气候态分布特征。

1. 冬季海温气候态特征

海上丝绸之路沿线部分海域的冬季海温（海水表层温度）气候态特征如图 3.8 所示。

- 南海：海域平均海温为 10～28℃，15°N 以北的等温线呈东北-西南走向，受东北季风、陆地冷高压的影响，福建沿海海温低至 10℃ 左右，等温线分布密集，从福建沿海一带至海南岛和台湾岛之间的温差达 12℃，斜压性较强。菲律宾群岛以北有一暖脊，向北延伸至 22°N 台湾岛东南部附近，中心海温约为 25℃。海温由北向南递增，南海西部及中南半岛的东南部有一"冷舌"，向西南方向延伸至巽他陆架附近，因受其阻挡，西南向沿岸流向北回流，海温较高，等温线呈东北-西南走向，在"冷舌"的东侧形成一暖脊。

- 孟加拉湾：海温较高，平均海温为23～28℃，等温线呈现东-西走向，等温线稀疏，大部分海域的海温达26～28℃。
- 阿拉伯海：海温较高，平均为17～28℃，等温线呈东北-西南分布。除波斯湾以外，大部分海域的等温线分布较为稀疏，年平均海温为24～28℃。波斯湾受地形影响，海温较低，平均为17～23℃，等温线分布密集。

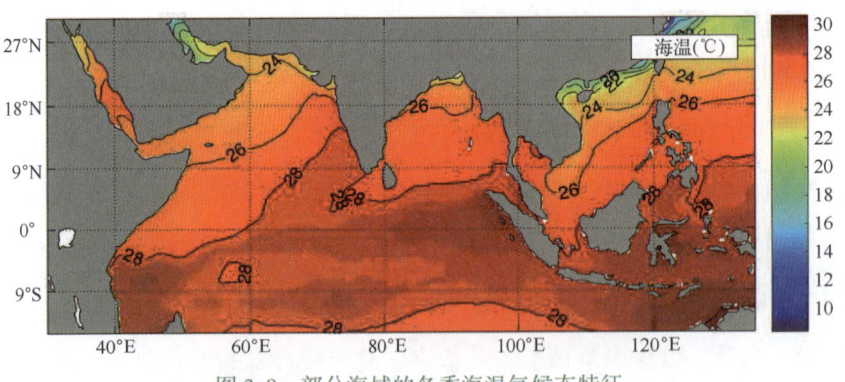

图3.8　部分海域的冬季海温气候态特征

2. 春季海温气候态特征

海上丝绸之路沿线部分海域的春季海温气候态特征如图3.9所示。

- 南海：因太阳辐射加强，气温回升，平均海温为20～29℃，与冬季情况相仿，等温线呈东北-西南走向，与海岸线近似平行。由于东北季风减弱，南海南部海域表层有暖水北上，北部沿岸冷水未及时撤退，因此广东、福建等沿海地区的海温相对较低，约为20℃，沿岸等温线分布密集，从广东沿海一带至海南岛和台湾岛之间的温差高达6℃。中南半岛东南部的"冷舌"已消退，18°N以南的海温较高，为一面积较广的暖水区，平均海温高于28℃。
- 孟加拉湾：海域整体海温都在28℃以上。

- 阿拉伯海：除波斯湾以外，整体海温高于26℃。由于地形原因，波斯湾海温较低（20～24℃），湾内温差较大，等温线呈南北走向，分布密集。

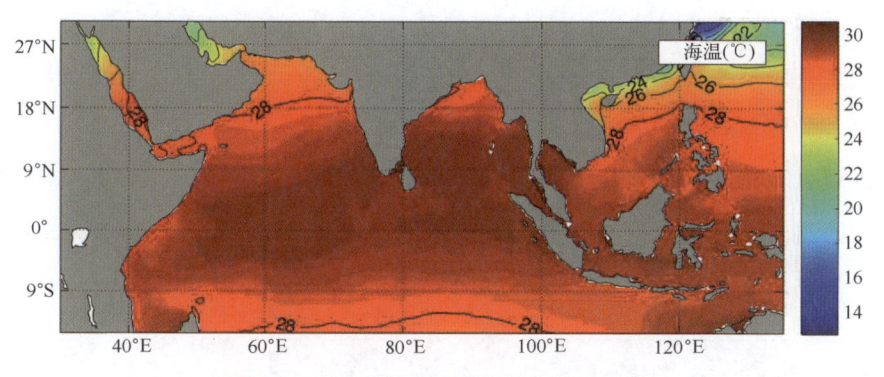

图3.9 部分海域的春季海温气候态特征

3. 夏季海温气候态特征

海上丝绸之路沿线部分海域的夏季海温气候态特征如图3.10所示。

- 南海：受太阳辐射影响，海温升高，整个海域的平均海温为28～30℃，温差极小，相对而言，北部海域和中部海域的海温相对较低，约为28℃，南部海域的马来西亚沿岸及马六甲海峡的海温相对较高，约为30℃。

- 孟加拉湾：海域海温约为28℃，仅在湾西南部7～15°N的印度、斯里兰卡东岸海域有一暖池，海温约为29℃。

- 阿拉伯海：尽管太阳辐射较强，但受印度洋地形及西南季风的影响，海域的海温低于春季，除波斯湾、亚丁湾以外，平均海温为25～29℃，分布呈现东部高、西部低的特征，西部海域的等温线呈东北—西南分布。受地形影响，波斯湾、亚丁湾海域的海温较高，在海湾入口处，等温线分布密集，温差极大（亚丁湾海域的温差达4℃，波斯湾海域的温差达5℃）。

4. 秋季海温气候态特征

海上丝绸之路沿线部分海域的秋季海温气候态特征如图3.11所示。

- 南海：随着西南季风自北向南消退，北部海域海温降低，南部海域尚未受到影响，整个海域的平均海温为 26～30℃，海温分布呈现南部高、北部低的特征，等温线分布稀疏，呈东北-西南走向。
- 孟加拉湾：海域平均海温为 28～29℃，海温分布呈现北部高、南部低的特征。
- 阿拉伯海：海域海温高于夏季，除波斯湾以外，大部分海域的平均海温为 26～29℃，等温线呈南北向分布，海温分布呈现东部高、西部低的特征。波斯湾受地形和气候影响，海温高达 31℃。

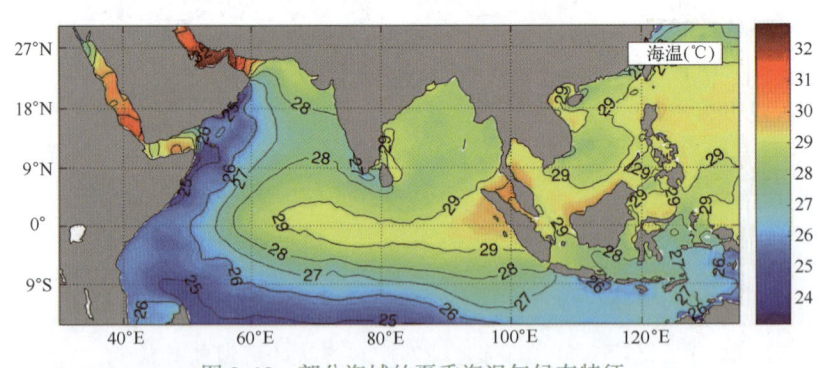

图 3.10 部分海域的夏季海温气候态特征

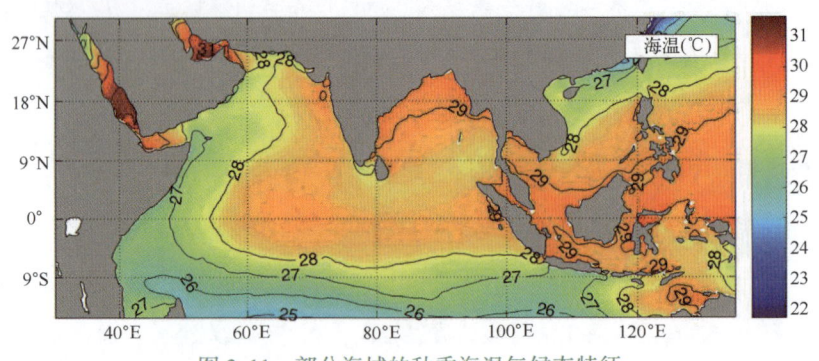

图 3.11 部分海域的秋季海温气候态特征

3.3.2 海浪气候态特征

选用欧洲中期天气预报中心（European Centre for Medium-Range Weather

Forecasts，ECMWF）提供的全球大气再分析产品 ERA-Interim 中的海浪资料进行海浪时空特征分析，空间分辨率为 0.75°×0.75°。与 ERA-40 相比，ERA-Interim 使用分辨率更高的气象模式，在观测资料的应用及方法上有很大改进，空间范围为 90°S～90°N、0°～359.25°E，时间范围为 1980 年 1 月至 2017 年 1 月（后期不断更新），时间间隔为 6h。本书选用数据的时间范围为 1987 年 7 月至 2016 年 7 月，空间范围为 15°S～30°N、30°～135°E，分别对 30 年间 1 月、4 月、7 月、10 月等 4 个月的数据计算平均值，以该平均值近似代表春、夏、秋、冬的四季数值，得到研究海域在 4 个季节的气候态分布特征。

1. 冬季有效波高特征

海上丝绸之路沿线部分海域的冬季海浪场有效波高气候态特征如图 3.12 所示。

- 南海：在频繁且强劲的冷空气影响下，海域有效波高为 0.4～2.2m，为全年最高，除泰国湾、廖内群岛南部海域以外，大部分海域的有效波高达 1.6～2.2m，等值线密集，高值区对应风速大值区域，位于巴士海峡及其西部海域、中南半岛东南海域，两个海域的波高均达到 2.2m。泰国湾受地形和气候影响，有效波高最低，低至 0.4m。

- 孟加拉湾：海域有效波高为 0.6～1.6m，分布呈西南部高、东北部低的特征，等值线向北凸起，高值中心与冬季大风区域对应，位于安达曼群岛西侧海域，约为 1.6m。此外，与大风区域相对应，马纳尔湾有一向北凸起的等值线，有效波高约为 1.4m，低值区域位于马六甲海峡和缅甸海东部海域。

- 阿拉伯海：海域有效波高为 0.8～1.6m，分布呈西南部高、东北部低的特征，高值中心位于索马里东部海域，有效波高达 1.6m。与冬季阿拉伯海风场的低值区域相对应，马纳尔湾的西北部海域有一向南凸起的等值线，中心海域波高仅为 0.9m。

2. 春季有效波高特征

海上丝绸之路沿线部分海域的春季海浪场有效波高气候态特征如图 3.13 所示。

- 南海：伴随着整个海域进入季风转换期，风力明显减弱，与冬季相比，有效波高降低，为 0.3～1.2m。与风场对应，有效波高的分布呈北部高、南部低的特征，等值线向西南方向凸起，高值中心位于巴士海峡，约为 1.2m。
- 孟加拉湾：海域有效波高为 0.6～1.4m，分布特征为南部、北部高（约为 1.4m），西部、东部低（为 0.6～1.2m），东西沿岸海域的波高等值线分布密集，安达曼群岛、尼科巴群岛附近有一低值中心，等值线向东南方向凸起。

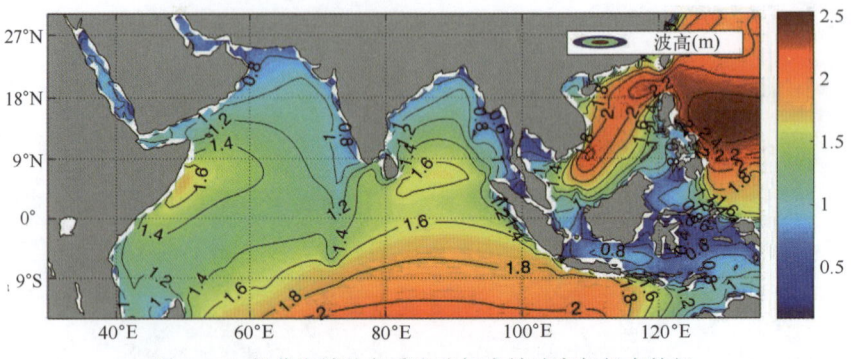

图 3.12　部分海域的冬季海浪场有效波高气候态特征

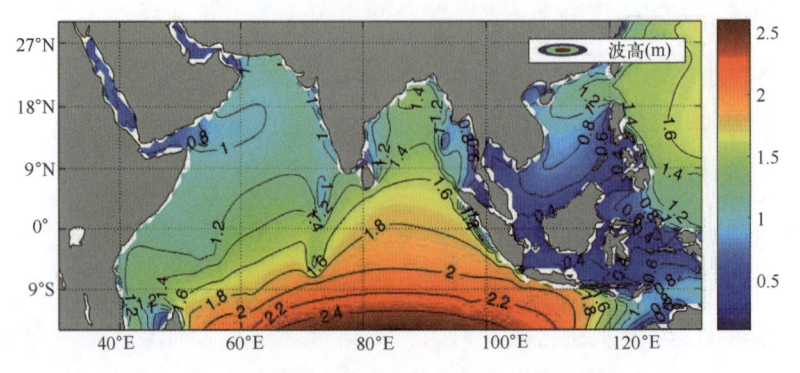

图 3.13　部分海域的春季海浪场有效波高气候态特征

第3章　海上丝绸之路自然环境特征

- 阿拉伯海：海域有效波高分布均匀，除波斯湾和亚丁湾海域的有效波高低至0.8m外，其余海域的有效波高均为1m左右。

3. 夏季有效波高特征

海上丝绸之路沿线部分海域的夏季海浪场有效波高气候态特征如图3.14所示。

- 南海：海域有效波高为0.6～1.2m，与风场对应，高值中心位于中南半岛东南部，达1.2m，分布特征为北部、中部高，南部低。
- 孟加拉湾：海域有效波高为1～2.5m，强于冬季，分布特征为中部、南部高，西部、东部低，等值线由南部向北部凸起，延伸至北部，西部、东部的等值线分布密集，西部的等值线呈南北向分布，近岸等值线较远海等值线密集，东部的安达曼群岛、尼科巴群岛附近有一低值中心，等值线分布密集。
- 阿拉伯海：海域有效波高达到全年最高，为1.5～4m，高值区与风场高值区相对应，位于亚丁湾东部，西部的等值线分布极为密集，东部的等值线分布相对稀疏。这一时期，整个阿拉伯海均受大浪天气影响。

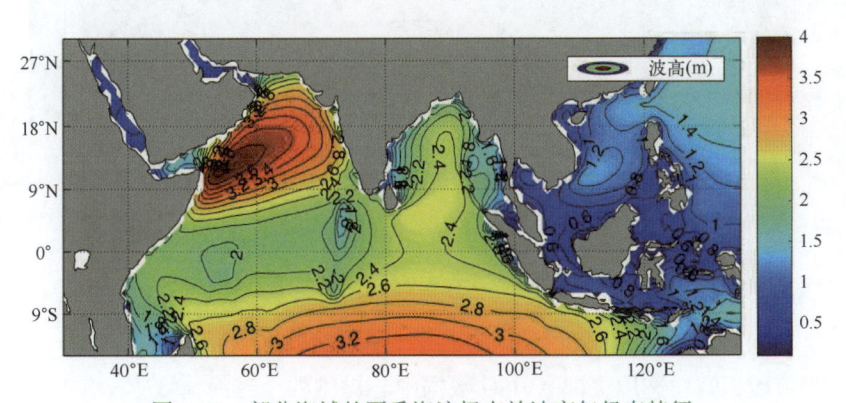

图3.14　部分海域的夏季海浪场有效波高气候态特征

4. 秋季有效波高特征

海上丝绸之路沿线部分海域的秋季海浪场有效波高气候态特征如图3.15

所示。

- 南海：风力明显增强，有效波高增大，为 0.4～2m，高值中心位于巴士海峡，等值线有一个东北-西南向的槽，海域的有效波高随着风力的变化由北向南递减。
- 孟加拉湾：由于进入季风转换期，因此海域风力减弱，有效波高降低，为 0.8～1.7m，等值线有一条向北部延伸的脊，东部、西部的有效波高较小，西部等值线呈南北向分布，东部受安达曼群岛、尼科巴群岛的影响，等值线有一个东北-西南向的槽。
- 阿拉伯海：伴随季风转换期的到来，海域有效波高降低，为 0.8～1.4m，等值线分布均匀，除北部沿海地区以外，大部分海域的有效波高均为 1.2m 左右。

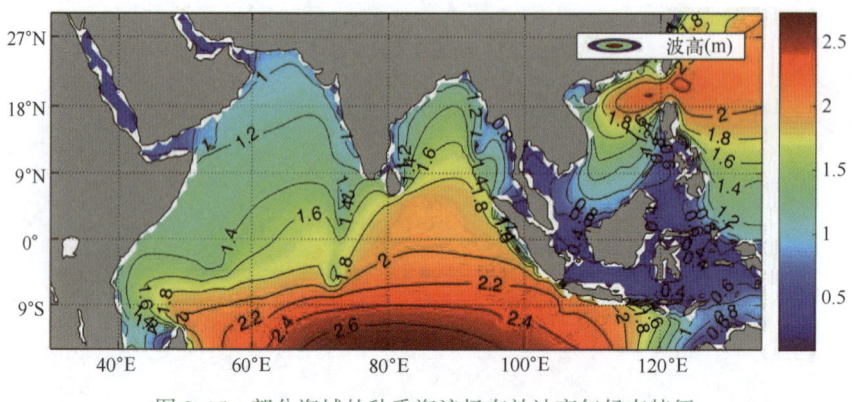

图 3.15 部分海域的秋季海浪场有效波高气候态特征

3.3.3 海流气候态特征

海流数据资料选用法国 AVISO 数据中心提供的全球海流数据，空间范围为 89.875°S～89.875°N、0.125°～359.875°E，时间范围为 1950 年 1 月至 2017 年 1 月（后期不断更新），时间分辨率为 1d，空间分辨率为 0.25°×0.25°。本书选用数据的空间范围为 15.125°S～30.125°N、30.125°～135.125°E，时间范围为 1994 年 1 月至 2014 年 1 月，分别对 20 年间 1 月、4 月、7 月、10 月等 4 个月的数据计算平均值，以该平均值近似代表春、夏、秋、冬的四季数值。

1. 冬季海流气候态特征

海上丝绸之路沿线部分海域的冬季海流气候态特征如图 3.16 所示。

- 南海：受东北季风影响，整个海域被一强大的气旋式环流占据，黑潮中的一部分通过巴士海峡进入南海，在广东沿岸转为西南流，形成一个中尺度的闭合气旋式环流。南海南部的马来半岛沿岸也存在一个较强的中尺度的闭合气旋式环流。中沙群岛以南，在两个闭合气旋式环流之间，存在一个反气旋式环流。

- 孟加拉湾：海域受印度洋冬季风控制，印度洋上层的海洋环流呈现显著的季节循环特征。印度洋沿岸环流较弱，向南流动，在斯里兰卡东南部海域与孟加拉湾湾口南部西向的东北季风漂流一道向阿拉伯海的东南部移动，与北向的西印度洋沿岸流汇合，在孟加拉湾呈现一个气旋式环流，整体较弱。

- 阿拉伯海：海域东北季风漂流跨过孟加拉湾南部向西延伸，至阿拉伯海南部分成两支：一支继续向西；另一支绕过拉克沙群岛，与向北的西印度洋沿岸流汇合。

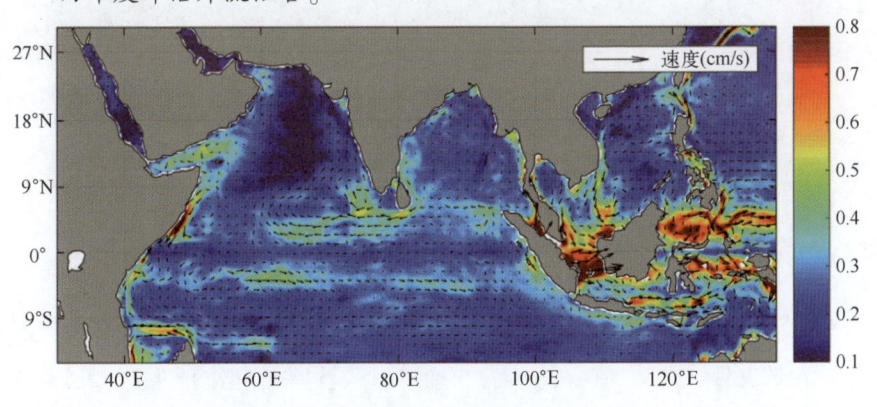

图 3.16 部分海域的冬季海流气候态特征

2. 春季海流气候态特征

海上丝绸之路沿线部分海域的春季海流气候态特征如图 3.17 所示。

- 南海：海域进入季风转换期，表层气旋式环流虽然仍较为完整，但处在衰减期，中部海盆反气旋式环流和北部气旋式环流几乎无变化，南部气旋式环流形态不显著，流速减弱。
- 孟加拉湾：海域进入季风转换期，东北季风开始减弱，东印度洋沿岸流向北流动，至孟加拉湾北部，海域受地形影响，在湾西北部形成一个较强的涡旋。
- 阿拉伯海：海域开始受西南季风影响，向北的索马里沿岸流分为两支：一支受西到西南风影响向东流动；另一支继续北上，与东阿拉伯流汇合。

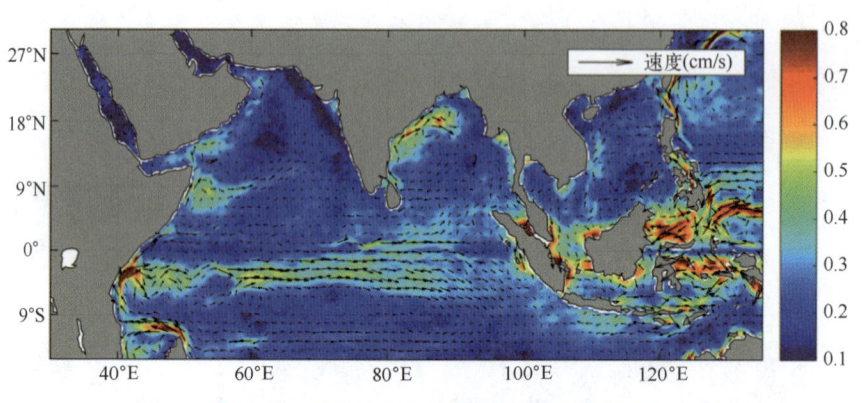

图 3.17 部分海域的春季海流气候态特征

3. 夏季海流气候态特征

海上丝绸之路沿线部分海域的夏季海流气候态特征如图 3.18 所示。

- 南海：海域表层环流与冬季相反，以东北向漂流为主，在越南沿岸存在强流区，流速为 0.6cm/s，中南部、西沙群岛和中沙群岛之间除受东北向漂流的影响外，还存在区域性反气旋式环流。

- 孟加拉湾：海域受西南季风控制，海流较冬季强，受季风影响，季风流转为东北向，在斯里兰卡东部海域分为两支：一支继续向东；另一支北上。北上的一部分汇入北向东印度洋沿岸流，另一部分向西流动，在斯里兰卡东部，受地形影响向南形成一个闭合气旋式环流，中心流速约为 0.6cm/s。
- 阿拉伯海：海域东部的环流仍然较弱，西印度洋沿岸流与西南季风漂流一道向东绕过斯里兰卡进入孟加拉湾，西边界流较强，索马里沿岸的大涡旋进入成熟期，流速大于 0.8cm/s，影响范围广，跨越 3°～12°N，直径约为 900km，沿岸流继续北上，在阿曼沿岸减弱，亚丁湾湾口仍有较强的北向流。

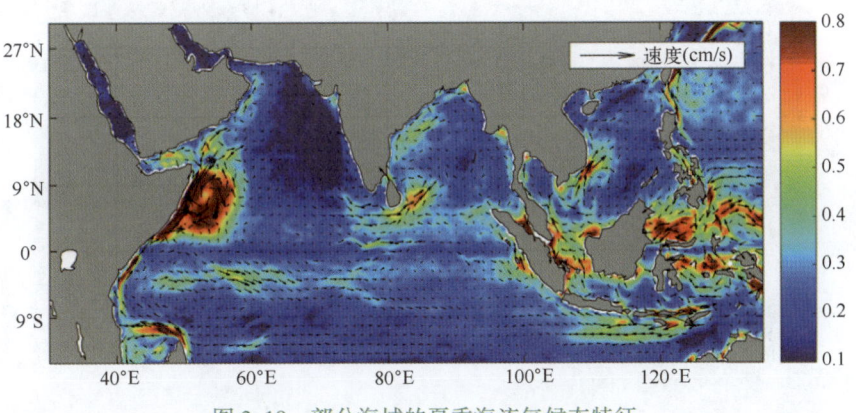

图 3.18　部分海域的夏季海流气候态特征

4. 秋季海流气候态特征

海上丝绸之路沿线部分海域的秋季海流气候态特征如图 3.19 所示。

- 南海：进入季风转换期，受海域北部东北季风流的影响，越南沿岸有一个较强的切变区（沿岸为较强的南向流，外海为较强的北向流），流速为 0.5～0.7cm/s，形成一个尺度较小的气旋式环流。
- 孟加拉湾：进入季风转换期，整个海域受气旋式环流控制，东印度洋沿岸流转为南向，流速为 0.4～0.5cm/s。斯里兰卡东南部较强的气旋式环流被一个较弱的反气旋式环流替代。在反气旋式环流的西北侧、保克海峡入口处存在一个气旋式环流。
- 阿拉伯海：海域环流仍然呈现西强东弱的特征，西印度洋沿岸流北上，与南部的西南季风流一起形成一个气旋式环流，控制了大部分海域，但环流较弱，流速为 0.1～0.2cm/s。索马里沿岸的大涡旋开始衰退，流速略有降低，反气旋式环流结构依然清晰，影响范围未减小。亚丁湾湾口的海流流速仍然较强，为 0.4～0.6cm/s。

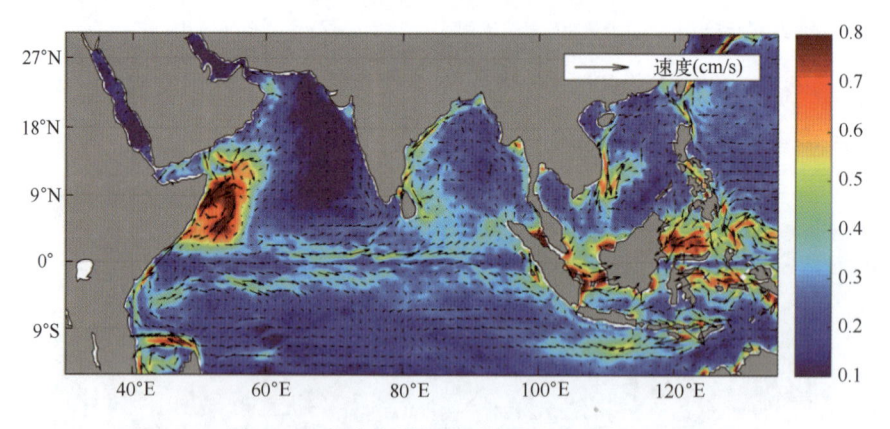

图 3.19　部分海域的秋季海流气候态特征

3.3.4　海平面高度特征

选用法国 AVISO 数据中心提供的网格化海平面高度异常数据，对海上丝绸之路沿线部分海域的海平面高度进行统计分析。该数据集的空间范围为 89.875°S～89.875°N、0.125°～359.875°E，时间范围为 1950 年 1 月至 2017 年 1 月（后期不断更新），时间分辨率为 1d，空间分辨率为 0.25°×0.25°。本书选用数据的时间范围为 1994 年 1 月至 2014 年 1 月，空间范围为 15.125°S～30.125°N、30.125°～135.125°E，对 20 年的数据计算平均值。

海上丝绸之路沿线部分海域的海平面高度异常气候态特征如图 3.20 所示。由图可知，过去 20 年，南海、印度洋的海平面均有上升，且南海海域的

第3章 海上丝绸之路自然环境特征

海平面上升幅度大于印度洋海域。

- 南海海域平均海平面上升3～7cm，增幅较大海域为越南岘港东部和菲律宾群岛西部，增幅为5～7cm。
- 印度洋海域平均海平面上升1～7cm，两个高值中心分别位于马达班湾（约为8cm）和肯帕德湾（约为7cm）。孟加拉湾海平面上升幅度大于阿拉伯海，孟加拉湾、阿拉伯海东部海平面上升幅度（4～6cm）高于西部（1～4cm）。

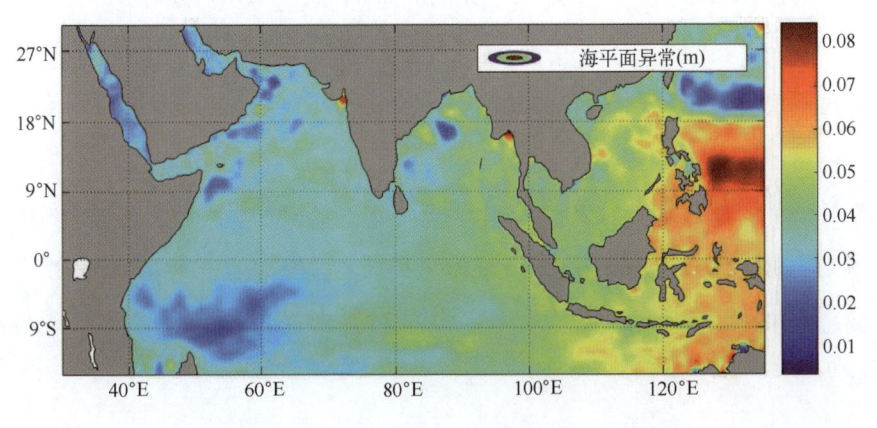

图3.20 部分海域的海平面高度异常气候态特征

3.4 海洋资源分布

3.4.1 南海海洋资源分布

南海海洋资源十分丰富。1969年，联合国的一个调查委员会在南海海域进行过石油资源的预测研究。他们认为，南海海底可能是世界上蕴藏石油和天然气资源最为丰富的地区之一。

除了石油、天然气，南海诸岛还有很多珍贵的矿产资源，如钴、海底热液矿床、锰结核等。调查者认为，在深海矿产资源中，锰结核是最有希望大量开采的矿产之一。根据科学分析，锰结核中含有锰、铁、镍、钴、铜等50多种金属元素、稀土元素及放射性元素。在南海，铁锰微粒主要分布在南海海盆的北部和南部。从分布和富集度上看，在南海北部海域，铁锰微粒的分布范围较大，富集度较高且较稳定。其中，富集度大于0.1%的分布区几乎占据了整个北部深海平原，在海盆的中心是大于0.3%的高值区，近似于东西向分布，海底地形平坦，利于开采。在南海南部海域，铁锰微粒分布零散，海底地形复杂，富集度较低，且变化较大。总体说来，南海北部海域的铁锰微粒的可利用价值明显高于南部海域。

南海还拥有丰富的渔业资源，是世界上渔业资源最丰富的渔场之一。近年来，每年的捕鱼量均为200～250万吨。另有调查显示，整个南海海域的鱼产量约为每年3000万吨。南海海域的鱼类品种众多，在1981年的一次海洋生物考察中，收集到的鱼类标本多达2579种，其中以竹英鱼、绢鱼、金枪鱼和虾为主。

3.4.2　印度洋海洋资源分布

印度洋海洋资源也相当丰富，矿产资源以石油和天然气为主，主要分布在波斯湾。此外，澳大利亚附近的大陆架、孟加拉湾、红海、阿拉伯海、非洲东部海域及马达加斯加岛附近，也发现有石油和天然气等矿产资源。仅在波斯湾海底，已探明的石油储量就达120亿吨，天然气储量达7100亿立方米，油气资源占中东地区探明储量的1/4。20世纪60年代以后，波斯湾所在地区的油气产量大幅上升，年产石油约2亿吨，年产天然气约500亿立方米，石油储量和产量稳居世界首位，使得印度洋成为世界上最大的海洋石油产区，约占世界海洋石油总产量的1/3。

此外，印度洋还拥有丰富的矿产资源，包括澳大利亚西北部的金红石和锆石，印度洋海滩的独居石，厄加勒斯角的金刚石和磷灰岩结核，红海海底的铁、铜、锰等金属矿藏。其中，金属矿以锰结核为主，储量较大的是西澳大利亚海盆和中印度洋海盆。在印度半岛近海、斯里兰卡附近及澳大利亚西部海域还发现了相当数量的重砂矿。20世纪60年代中期，在红海曾发现过含有多种金属的软泥，富含氧化物、碳酸盐和硫化物，包括铁、锌、铜、铅、银、金等多种金属。其中，铁的平均含量为29%，锌的富集度最高可达8.9%。红海金属软泥是目前世界上已发现的最具经济价值的海底含金属的沉积矿藏之一。

印度洋的生物资源主要有各种鱼类、软体动物和海兽（海牛、鲸、海豚、海豹等）。印度洋的年捕鱼量约为500万吨，比太平洋、大西洋少得多。在印度洋中，以印度半岛沿岸的捕鱼量最多，主要捕捞的鱼类有鲭鱼、沙丁鱼和比目鱼，非洲南岸有金枪鱼、飞鱼及海龟等。此外，在波斯湾的巴林群岛、阿拉伯海、斯里兰卡和澳大利亚海域盛产珍珠。

参考文献

[1] 国家发展和改革委员会，国家海洋局. "一带一路"建设海上合作设想［EB/OL］.［2022-09-01］. https://www.yidaiyilu.gov.cn/zchj/jggg/16621.htm.

第4章
海上丝绸之路自然风险概念模型与评价指标

海上丝绸之路西线海域是印度季风和南海季风的活跃海域，热带气旋等极端天气和海洋灾害频发，气象水文要素变化机理和时空特征复杂，自然环境预报和灾害预警困难，此外，还汇聚有诸多岛屿和海峡。就资源而言，南海所蕴藏的自然资源丰富，特别是油气储量巨大。在当前中国能源需求日益增加的情况下，南海的战略价值不言而喻。随着中国经济的快速发展，印度洋对中国未来发展的影响也日渐凸显。

为此，本章将探讨海上丝绸之路的风险机理、风险识别、风险评价体系等，进而构建海上丝绸之路自然风险概念模型，开展自然风险分析。

4.1 风险机理与风险识别

4.1.1 风险机理

海上丝绸之路可能面临的风险具有较多的不确定性。风险源于诸多方面，各方面的影响机理尚不明确。本章将从不同角度，基于既有的研究成果，梳理海上丝绸之路可能面临的风险，按照致险因子的自然属性和社会属性，将风险分为自然环境风险和地缘人文风险。

4.1.2　风险识别

风险的多样性促使人们对风险进行分类，目的是在对风险进行评估时，能够选择合适和恰当的工具。

"21世纪海上丝绸之路"倡议主要涉及项目投资建设、基础设施建设、国内人员海外务工、贸易运输等环节。自然环境风险是指某地区由气候条件、地理特征等自然因素带来的潜在威胁。例如，狭窄的航道可能会导致贸易运输船舶损坏、搁浅甚至倾覆等，轻则延误运输时间，增加运输成本，重则致使货物损毁、船舶破损、人员伤亡，甚至航道关闭；大风天气对贸易运输安全可能造成严重危害；暴雨洪涝会对务工人员的生命安全造成威胁；等等。

对海上丝绸之路沿线海域和沿线国家造成主要威胁的是一些虽发生概率相对较小，但破坏力巨大的灾害性极端天气，如强对流天气会引发强降水，气压/风速骤变或雷暴会导致航行受阻、通信设备瘫痪、港口内货物或船舶损毁等。

除了监测灾害性极端天气，大风天气也应给予关注。例如，冬季的南海受大风侵扰明显，巴士海峡及其西部海域和中南半岛东南海域，月平均风速可达10m/s以上；夏季的阿拉伯海海域同样受到强风影响。

大风会掀起大浪（南海海域冬季的平均浪高可达2.4m以上，夏季的阿拉伯海海域的大浪更加明显，平均浪高可逾3.5m），大浪易使船舶颠簸加剧，给船舶的操控带来极大难度。大浪还蕴藏有巨大的动能，轻则使船舶偏离航向，重则使船舶设备损坏，造成通信系统瘫痪。

海流会直接影响船舶的航行速度，当航行方向与海流流向所呈夹角较大时，可能会使船舶严重偏离既定航线，甚至引发触礁搁浅等事故。

在海陆效应、海水蒸发、辐射冷却等因素的作用下，尤其是冬春季过渡时期，气温逐渐向暖，更容易生成海雾。海雾会严重影响能见度，给海上作业带来诸多不便，甚至引发船舶相互碰撞等事故。海雾中的盐类物质对船舶也有较强的腐蚀作用。

在自然环境风险中最严重的当属热带气旋。热带气旋是世界上公认的给人类社会造成重大损失的自然灾害之一，远超地震、洪水等其他自然灾害。热带气旋蕴含着巨大的能量，通常伴有暴雨天气，能在海面上掀起狂风巨浪，对于岛屿密集、航道狭窄的海域，极易出现巨浪、风暴潮淹没岛礁和能见度骤降等情况，对海外基地的港口设施和过往船舶的航行安全带来严重威胁。

4.1.3 孕险环境与致险因子

孕险环境是孕育致险因子的必要条件，是产生风险的源头，当致险因子的强度或频率超过某一阈值时，便具备了致险能力，即具有了危险性，其变异强度或频率越大，致险能力越强，危险性越高。

致险因子包括气象要素、海洋要素、地理要素等。

1. 气象要素

南海是热带气旋的活跃之地，其不仅易受西北太平洋热带气旋西移的影响，还是热带气旋的主要生成地。南海的热带气旋以夏、秋两季为主要活动季节，9月最活跃，大多在南海中部偏东海面生成，主要影响广东、福建、浙江、海南等沿海地区。一般情况下，南海热带气旋的水平范围较小，垂直伸展高度较低，强度较弱。

北印度洋也是热带气旋的多发海域，并以在5月、10月、11月最盛。其中，孟加拉湾受热带气旋的影响较大，并时常伴有超强台风出现，秋季为台

第4章 海上丝绸之路自然风险概念模型与评价指标

风多发期，以10月、11月最盛。

受到热带气旋等强烈大气扰动的影响，南海和北印度洋海域的风暴潮较为频繁：南海的风暴潮大多发生在雷州半岛东岸、广东省汕头市至珠江口以及海南岛东北部，最大增水在2.0~5.9m之间；孟加拉湾北部沿岸是北印度洋风暴潮的多发区和重灾区。

南海具有显著的季节性天气特征：在冬季的东北季风期间，大风出现的频率高，持续时间较长；在夏季的西南季风期间，大风出现的频率较低，平均风力较小，一般在4级以下。

北印度洋也是世界著名的季风区：在冬季的东北季风期间，大风的出现频率最高，为10%，大多发生在非洲东部；在夏季的西南季风期间，7月出现大风的频率最高，可达70%~75%，在亚丁湾东部海域，最大风速可达10~13m/s。阿拉伯海在夏季受大风天气影响较大，整个海域均会受到恶劣天气影响，是世界上大风大浪出现频率最高的海域。

受到大风、大浪的影响，船舶可控性降低，易偏离航向，在浅水区域甚至可能发生触礁等事故。此外，大风、大浪也会损坏船舶设备，造成通信系统瘫痪，致使船舶上的设备、物件掉落，对工作人员的人身安全造成威胁。

此外，受到南海海面冷热交替、海水蒸发及辐射和地形等的影响，特别是在冬春交替之际，气温回暖，极易生成海雾。海雾天气可带来不良的能见度，对海上航行安全造成严重威胁。据统计，海上船舶之间发生碰撞事故的80%都是因海雾导致能见度不良引起的，除此之外，海雾中的盐类物质对船体的侵蚀也不可忽视。北印度洋的能见度一般较好，全年之中低能见度（小于4km）的发生频率低于2%，大多发生在西南季风期间，以8月发生频率最高，约为5%。南海、印度洋还具有高温、高盐、高湿的特征，极端高温天气会严重影响海上航运安全，原因如下：

- 一是在高温环境下，船舶设备易发生故障。
- 二是在高温环境下，甲板或船舱温度都高于体感温度，有时甚至超过60℃。由于集装箱的密封性较好，散热效果较差，因此箱内温度可能达到50～60℃，会对部分物资造成一定程度的影响。

另外，高温天气还会对海上作业人员的身心健康造成影响，高盐、高湿天气容易腐蚀设备，造成元器件失灵等。

2. 海洋要素

南海海域在夏季、秋季的月平均海温为28～30℃，个别海湾受地形影响，月平均海温达31℃。

大浪天气同样会影响船舶的航行安全，使船舶的可控性降低。

伴随着大风天气，冬季，南海海域常有大浪，浪高有时可超过2.2m。北印度洋海域也表现出明显的季节性气候特征：冬季，平均浪高较小，为0.7～1.5m，一般情况下，大浪出现的频率低于10%，浪高为1.0～4.0m；夏季，平均浪高较大，从5月开始发展，7月达到极值，如亚丁湾部分海域平均浪高可达2.9～3.5m，出现的频率高达80%，最大浪高可达8.0m。北印度洋的涌浪分布虽与风浪类似，但强度和频率更高。

3. 地理要素

南海地形较为复杂，特别是南部的南沙群岛附近海域，岛屿、暗礁、沙滩众多。此外，马六甲海峡、安达曼群岛、尼科巴群岛、保克海峡等海域的海水深度较浅，地形复杂，船舶航行时需特别注意地形和海水深度，避免发生船舶搁浅、破损等事故。

此外，在全球气候变暖的背景下，全球海平面上升，使原本水面之上的岩礁被淹没，增加了航行的危险性。

4.2 自然风险概念模型

基于对自然环境及其致险因子的分类与分析，海上丝绸之路自然风险是指，受气象、海洋、地形等自然因素的影响而受到威胁的可能性和不利后果。海上丝绸之路沿线的海域辽阔，自然环境变化具有明显的动态性和不确定性，特别是在气候变化的背景下，海平面上升和极端天气的发生增加了自然环境的不确定性。根据孕险环境的不同，梳理风险源、承险体和可能的后果，构建海上丝绸之路自然风险体系，见表4.1。

表 4.1 海上丝绸之路自然风险体系

孕险环境	风险源	承险体	可能的后果
气象环境	热带气旋、大风、暴雨、雷暴、高温、海雾	港口、船舶基础设施、人员	航道堵塞或航行中断，港口设施损毁，岛、礁淹没，船舶倾覆、触礁、受损，船舶推迟航行、改变航线，航道基础设施损毁，人员伤亡，物资受损
海洋环境	风暴潮、大浪、海流、水深	海峡、岛、礁、船舶、人员	
地理环境	暗礁、浅滩、海平面高度变化	船舶、人员、航线	

通过对海上丝绸之路自然风险的识别，梳理海上丝绸之路自然风险的致险因子，分析致险因子的影响范围、影响程度、产生频率，以及承险体的暴露性和可能遭受的损失，构建海上丝绸之路自然风险概念模型，如图4.1所示。

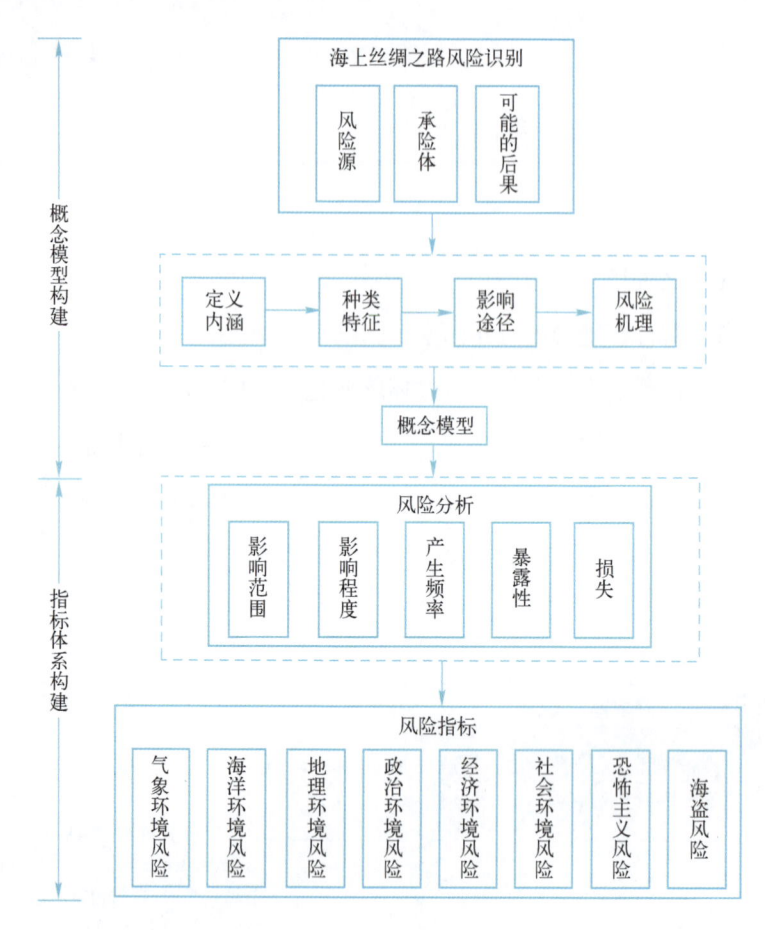

图 4.1　自然风险概念模型

4.3　自然风险评价指标

基于海上丝绸之路自然风险概念模型，构建海上丝绸之路自然风险评价指标体系，见表 4.2，分别对气象环境风险、海洋环境风险和地理环境风险等要素指标进行定义，并阐述相应的风险机理。

第 4 章　海上丝绸之路自然风险概念模型与评价指标

表 4.2　海上丝绸之路自然风险评价指标体系

目标层（A）	判别层（D）
气象环境风险（A1）	热带气旋危险指数（d11）
	大风危险指数（d12）
	降水危险指数（d13）
	雷暴危险指数（d14）
	高温危险指数（d15）
海洋环境风险（A2）	海浪危险指数（d21）
	海雾危险指数（d22）
地理环境风险（A3）	地形水深危险指数（d31）
	海峡宽度危险指数（d32）
	海平面高度异常危险指数（d33）

1. d11——热带气旋危险指数

定义：热带气旋危险指数是指，目标海域热带气旋的发生频率和强度对航行船舶和沿海地区社会经济的威胁程度。

风险机制：在热带气旋活动期间，往往伴随着狂风暴雨，在海面上掀起巨浪或风暴潮，可能淹没岛礁、降低能见度等。热带气旋发生频率越高，海上贸易运输和沿海地区社会经济遭受热带气旋袭击的概率越大。热带气旋发生强度越大，海上贸易运输和沿海地区社会经济遭受热带气旋袭击时受到的损失越大。

表 4.3 为热带气旋等级划分（GB/T 19201—2006）。

2. d12——大风危险指数

定义：大风危险指数是指，目标海域大风天气的发生频率和强度对航行船舶的威胁程度。

表 4.3 热带气旋等级划分

热带气旋等级（TC）	底层中心附近最大风速（m/s）	底层中心附近最大风级
热带低压（TD）	10.8～17.1	6、7
热带风暴（TS）	17.2～24.4	8、9
强热带风暴（STS）	24.5～32.6	10、11
台风（TY）	32.7～41.4	12、13
强台风（STY）	41.5～50.9	14、15
超强台风（SuperTY）	≥51.0	16 或以上

风险机制：在大风期间，船舶可控性降低，易偏离航向，在浅水区域甚至会发生触礁等事故。大风会损坏船舶设备，造成通信系统瘫痪，对工作人员的人身安全造成威胁。大风发生频率越高，海上贸易运输遭受大风袭击的概率越大。大风强度越大，海上贸易运输遭受大风袭击时受到的损失越大。

蒲福风力等级划分见表 4.4。

表 4.4 蒲福风力等级划分

等级	风速（m/s）	风级	等级	风速（m/s）	风级	等级	风速（m/s）	风级
无风	0～0.2	0	强风	10.8～13.8	6	飓风	32.7～36.9	12
软风	0.3～1.5	1	疾风	13.9～17.1	7	台风	37～41.4	13
轻风	1.6～3.3	2	大风	17.2～20.7	8	强台风	41.5～46.1	14
微风	3.4～5.4	3	烈风	20.8～24.4	9	强台风	46.2～50.9	15
和风	5.5～7.9	4	狂风	24.5～28.4	10	超强台风	51～56	16
清劲风	8～10.7	5	暴风	28.5～32.6	11	超强台风	≥56.1	17

3. d13——降水危险指数

定义：降水危险指数是指，目标海域强降水天气发生频率和强度对航行船舶的威胁程度。

风险机制：强降水天气会影响船舶设备，导致通信、导航设备故障，对航行观察和航线能见度有严重影响，甚至导致触礁、碰撞等事故。强降水天气发生频率越高，海上贸易运输遭受暴雨影响的概率越大。强降水天气强度越大，海上贸易运输遭受暴雨袭击时受到的损失越大。

中国气象局规定的降水等级见表4.5。

表4.5 中国气象局规定的降水等级

指　　数	小雨	中雨	大雨	暴雨	大暴雨	特大暴雨
12h降水量（mm）	0.1～4.9	5.0～14.9	15.0～29.9	30.0～69.9	70.0～139.9	≥140

4. d14——雷暴危险指数

定义：雷暴危险指数是指，目标海域雷暴天气发生频率和强度对航行船舶的威胁程度。

风险机制：雷暴天气会损坏船舶的电气设备，造成通信、导航设备故障，甚至危及船员生命安全。雷暴天气发生频率越高，海上贸易运输遭受雷暴影响的概率越大。雷暴天气强度越大，海上贸易运输遭受雷暴袭击时受到的损失越大。

5. d15——高温危险指数

定义：高温危险指数是指，目标海域高温天气发生频率和强度对航行船舶的威胁程度。

风险机制：高温天气对海上贸易运输的主要威胁是导致船舶上的电子元器件损坏、货物变质及船员身心健康受到影响。高温天气发生频率越高，海上贸易运输遭受高温影响的概率越大。高温天气强度越大，海上贸易运输遭受高温袭击时受到的损失越大。

中国气象局高温预警天气分为三级，见表4.6。

表4.6　中国气象局高温预警天气分为三级

指　　数	黄色	橙色	红色
24h内最高气温	>35℃，≤37℃（连续三日）	>37℃，≤40℃	>40℃

6. d21——海浪危险指数

定义：海浪危险指数是指，目标海域海浪发生频率和强度对航行船舶的威胁程度。

风险机制：海浪可使船舶摇摆、偏航、搁浅，损坏船舶上的设备，造成人员严重不适。极端海浪甚至会造成船舶损毁或倾覆。海浪发生频率越高，海上贸易运输遭受海浪影响的概率越大。海浪强度越大，海上贸易运输遭受海浪袭击时受到的损失越大。

蒲福风级对应的海浪等级划分见表4.7。

表4.7　蒲福风力等级对应的海浪等级划分

海浪等级	浪高（m）	海浪等级	浪高（m）	海浪等级	浪高（m）
无浪	0	中浪	>1.25～2.5	狂涛	>9～14
微浪	0～0.1	大浪	>2.5～4	怒涛	>14
小浪	>0.1～0.5	巨浪	>4～6		
轻浪	>0.5～1.25	狂浪	>6～9		

7. d22——海雾危险指数

定义：海雾危险指数是指，目标海域海雾发生频率和强度对航行船舶的威胁程度。

风险机制：海雾主要是降低能见度，从而影响船舶的航行安全。低能见度对海上航行将造成严重威胁，会导致船舶相撞、触礁、搁浅等严重后果。

低能见度发生频率越高,海上贸易运输遭受影响的概率越大。低能见度强度越大,海上贸易运输遭受的损失越大。

ICOADS 能见度资料记录格式见表 4.8。

表 4.8 ICOADS 能见度资料记录格式

ICOADS 记录格式	能见度（km）	ICOADS 记录格式	能见度（km）
90	0.02	95	2
91	0.05	96	4
92	0.2	97	10
93	0.5	98	20
94	1	99	50

根据水平能见度划分的海雾等级,见表 4.9。

表 4.9 海雾等级划分

能见度（m）	海雾等级	能见度（m）	海雾等级
>1000	轻雾	50～200	浓雾
>500～1000	雾	<50	强浓雾
>200～500	大雾		

8. d31——地形水深危险指数

定义:地形水深危险指数是指,目标海域的地形、海水深度、暗礁、浅滩等分布对航行船舶等承险体的威胁程度。

风险机制:地形水深反映了目标海域的海水深度及暗礁、浅滩的分布。暗礁、浅滩可能导致船舶搁浅、损坏、倾覆等。地形水深越浅,船舶触礁的可能性越大,风险越大。

9. d32——海峡宽度危险指数

定义:海峡宽度危险指数是指,目标海域海峡的宽度对航行船舶的威胁程度。

风险机制：海峡宽度过窄，在危险天气或发生紧急情况时，船舶发生触碰的可能性大大增加，航行安全风险也随之增加。

10. d33——海平面高度异常危险指数

定义：海平面高度异常危险指数是指，目标海域海平面变化导致地形、地貌或地理形态的改变对航行船舶的威胁程度。

风险机制：海平面升高，一是会使原有暗礁的危险性降低，二是会使原有露出海面的岩石、海滩被淹没，形成新的未知暗礁和浅滩，进而危及航行船舶的安全。

4.4 自然风险评估地理信息系统平台

对风险的评估信息，尤其是对自然风险的评估信息通常与空间坐标的位置密切相关。对区域风险的分析与评估大多建立在地理信息系统平台之上。下面将从地理信息系统及其产品的任务功能出发，综述性地说明地理信息系统在风险评估中的应用，进而构建自然风险评估地理信息系统平台。

4.4.1 地理信息系统及其产品概述

地理信息系统（Geographic Information System 或 Geo-Information System，GIS）又称地学信息系统或资源与环境信息系统，是一种特定的、十分重要的空间信息系统，是在计算机硬件与软件系统的支持下，能对整个或部分地球表层（包括大气层）空间的地理分布数据进行采集、存储、管理、运算、分析、显示和描述的技术系统。

第4章 海上丝绸之路自然风险概念模型与评价指标

近年来，地理信息系统在自然风险评估中得到了广泛应用。李军玲等人[1]提出了基于GIS的洪灾风险评价指标模型，以降雨、地形和区域社会经济易损性为主要评价指标，得出洪灾风险综合区划图。李兰等人[2]建立了基于GIS的暴雨洪涝淹没模型，能计算不同"重现期"降水量的淹没范围和水深，并对漳河流域暴雨洪涝灾害进行了风险区划。汪旻琦等人[3]基于时空地理信息云服务、三维GIS等技术搭建了多灾种风险研判GIS云，研发了多灾种风险分析与研判三维辅助决策系统，可智能分析暴雨、积涝、大风、雷电等多灾种风险的等级与影响范围。申欣凯等人[4]利用层次分析法和专家打分法，构建了山西省暴雨风险评价指标模型，并基于山西省气象资料和GIS对山西省的暴雨风险进行了评估。邴磊[5]将自然风险理论引入溢油风险管理领域，提出了基于遥感和GIS对海上溢油风险进行遥感识别和风险区划方法。

随着信息化时代的到来，各行各业对地理信息系统的需求日益增加，国内外GIS软件产品迅猛发展。比较有名的GIS软件厂商及其产品有美国ESRI公司开发的ArcGIS系列产品、美国MapInfo公司开发的MapInfo系列产品、美国Autodesk公司开发的MapGuide系列产品、美国Caliper公司开发的Maptitude、中国地质大学开发的MapGIS、北京超图软件股份有限公司开发的SuperMap、武汉大学开发的GeoStar等。其中，ArcGIS是目前世界上应用比较广泛的全系列产品之一，全面整合了GIS与数据库、软件工程、人工智能、网络技术及其他方面的计算机主流技术，是一个全面的、完善的、可伸缩的GIS软件平台，为用户构建了一个完善的GIS，提供了完整的解决方案。ArcGIS包含4个主要部署GIS的框架，即桌面GIS、服务器GIS、移动GIS及开发GIS。图4.2是ArcGIS的基本框架图。

ArcGIS的主要任务包括数据的输入、处理、管理、查询、分析及可视化。对应以上任务，ArcGIS提供了非常强大的功能。

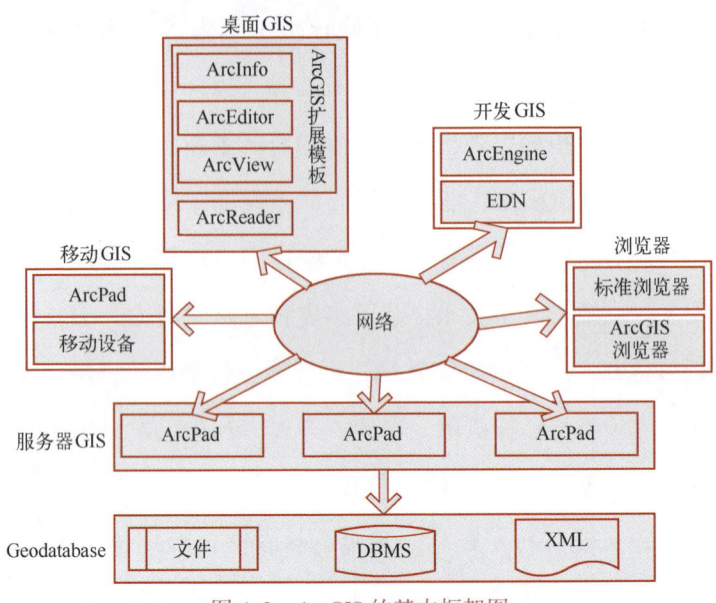

```
                    桌面GIS
              ┌──────────────┐
              │   ArcInfo    │ A
              ├──────────────┤ r
              │  ArcEditor   │ c  扩
              ├──────────────┤ G  展
              │   ArcView    │ I  模
              ├──────────────┤ S  板
              │  ArcReader   │
              └──────────────┘        开发GIS
                                   ┌──────────┐
                                   │ArcEngine │
                                   ├──────────┤
                                   │   EDN    │
                                   └──────────┘
   移动GIS                                              浏览器
  ┌────────┐                                        ┌──────────┐
  │ ArcPad │                                        │标准浏览器│
  ├────────┤              ┌──────┐                  ├──────────┤
  │移动设备│              │ 网络 │                  │ ArcGIS   │
  └────────┘              └──────┘                  │ 浏览器   │
                                                    └──────────┘

  服务器GIS    ┌────────┐  ┌────────┐  ┌────────┐
               │ ArcPad │  │ ArcPad │  │ ArcPad │
               └────────┘  └────────┘  └────────┘

  Geodatabase    文件        DBMS         XML
```

图 4.2 ArcGIS 的基本框架图

1. 快捷高效的查询功能和强大的空间分析功能

ArcGIS 具有快捷高效的查询功能，包括条件查询、鼠标点击查询和几何图形查询等。强大的空间分析功能更是 ArcGIS 的一大特征，主要包括矢量数据空间分析、栅格数据空间分析、多变量分析、空间插值及数学、地图代数运算等。

2. 海量多元数据的统一存储和管理

ArcGIS 支持海量多元数据的统一存储和管理，包括矢量数据、属性数据、栅格数据（遥感影像、航摄影像、图片、数字高程模型数据）、三维地形数据等，应用效果良好。

3. 高度一体化的制图编辑功能

ArcGIS 提供了高度一体化的完整地图绘制、显示、编辑和输出的集成环境，可以按照要素的属性编辑和表现图形、直接绘制和生成要素数据、在数据视图中按照特定的符号浏览地理要素、在版面视图中生成并输出打印地图、支持多种输出格式、自动生成坐标网格或经纬网、进行多种方式的地图标注等，应用前景广阔。

4. 较好的辅助决策功能

ArcGIS 不仅可以通过对信息的查询和分析处理进行辅助决策，如为计划或调查提供信息、帮助实现最优路径规划等，还可以以地图和附加报告的方式简洁清晰地提供直观信息，使决策者能够集中精力考虑实际问题，而不用花时间去研究原始数据。

5. 强大的三维分析功能

ArcGIS 9 系列产品在三维分析功能上已经实现了三维符号化、三维动画创建、三维球体浏览及三维分析空间处理等，可以生动、逼真地描绘事物和信息。ArcGIS 10 系列产品更是在三维分析功能的基础上进行了扩展：增加了 CityEngine，能够更容易地创建和设计三维模型；增加了 Lidar 数据支持模块，可以管理、可视化、分析和共享由激光雷达产生的海量点云数据集；增加了新的空间分析工具，可开展剖面分析、三维缓冲区、日照分析等；增强了可视化技术，能更加流畅地加载三维模型、自动优化建筑物图层性能等。

4.4.2　基于 C#/ArcEngine 的自然风险评估地理信息系统平台

尽管 ArcGIS 的桌面产品能提供比较全面且强大的功能，但在具体应用时还是存在很多问题：

- 第一，桌面产品操作复杂、专业性强，对用户的要求较高，不能直接面向决策者。
- 第二，气象数据必须通过读取、转换和加载才能在桌面产品中分析并显示，增加了多余的操作步骤，占用了更多的时间和空间。

为了克服桌面产品的上述不足，基于 C#与 ArcGIS 的开发组件——ArcEngine 对 ArcGIS 进行了二次开发，构建了符合研究需求的自然风险评估地理信息系统平台。大体的设计思路和实现流程如下：

第一步，建立基础地理信息系统数据库，包括行政区划地图的数字化和高程数据的读取、处理。

第二步，有针对性地搜集所需数据，建立属性数据库（包括描述人文地理和自然地理的特征数据）。

第三步，根据各种评估模型，建立相应的模型库，为一体化评估做准备。

第四步，将上述三大数据库进行有效集成。

第五步，在C#开发环境下，利用 ArcEngine 组件提供的各种接口，实现研究所需的功能，包括图形和文件的操作，信息的查询、显示，数据的读取、分析，区划图的制作等。

自然风险评估地理信息系统平台的技术框架如图 4.3 所示。

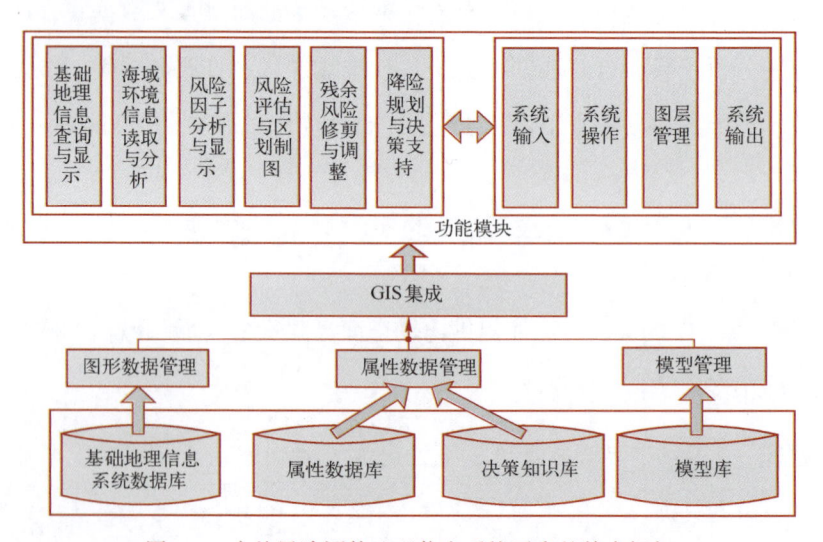

图 4.3　自然风险评估地理信息系统平台的技术框架

第 4 章　海上丝绸之路自然风险概念模型与评价指标

4.5　自然风险分析

海上丝绸之路沿线国家和地区的热带气旋、干旱、洪水等自然风险频发，风险种类多、分布地域广、危害程度大，严重制约了沿线国家和地区的基础设施建设及经济发展。为了全面了解海上丝绸之路沿线国家和地区的气象水文灾害风险，有效规避投资风险，提高对自然风险的管控能力，为决策者提供风险防范依据，本书采用由世界卫生组织和比利时政府支持创建的紧急灾难数据库（Emergency Events Database，EM-DAT），系统分析了海上丝绸之路沿线国家和地区的热带气旋、洪水、干旱、塌方、极端气温等自然风险的发生频次和损失情况，并在此基础上，基于海上丝绸之路沿线国家和地区应对自然风险的脆弱性和防范能力，构建了对应的自然风险评价指标体系及其定量模型，进而能够系统地对海上丝绸之路沿线国家和地区的自然风险进行评估。

4.5.1　自然风险特征

1. 热带气旋

海上丝绸之路沿线国家和地区受热带气旋的影响严重。根据 EM-DAT 的统计，1990 年 1 月至 2020 年 5 月，海上丝绸之路沿线国家和地区共发生了 1224 次热带气旋灾害事件，特别是东亚国家的沿海地区，是全球受热带气旋影响最严重的地区。

2. 洪水

洪水是海上丝绸之路沿线国家和地区面临的主要灾害之一。根据 EM-DAT 的统计,1990 年 1 月至 2020 年 5 月,海上丝绸之路沿线国家和地区共遭受 2236 次洪水袭击。

3. 干旱

干旱属于气候态灾害,持续时间从几个月到几年不等。根据 EM-DAT 的统计,1990 年 1 月至 2020 年 5 月,海上丝绸之路沿线国家和地区共遭受 148 次干旱灾害,主要影响区域为亚洲。

4. 塌方

塌方包括山体滑坡、泥石流、雪崩等。根据 EM-DAT 的统计,1990 年 1 月至 2020 年 5 月,海上丝绸之路沿线共有 38 个国家遭受了 353 次的塌方灾害。

5. 极端气温

极端气温主要包括极端高温和极端低温。其中,极端高温的影响要素包括高温和热浪;极端低温的影响要素包括寒潮和严冬。根据 EM-DAT 的统计,1990 年 1 月至 2020 年 5 月,海上丝绸之路沿线的 50 个国家共遭受了 400 次极端气象灾害。其中,寒潮灾害 202 次,严冬灾害 59 次,高温和热浪灾害 139 次。

4.5.2 指标体系

风险是可能受到灾害的不确定性度量,由致险因子的危险性、承险体的脆弱性及系统的防范能力构成。海上丝绸之路沿线国家和地区的自然风险来源于热带气旋、洪水、干旱等，评价指标体系见表4.10。

表4.10　海上丝绸之路沿线国家和地区的自然风险评价指标体系

目标层	准则层	属性层	次级指标
自然风险（R）	危险性（A）	频次（A1）	发生频次（A11）
		强度（A2）	经济损失（A21）
			受灾人口（A22）
			持续时间（A23）
	脆弱性（B）	敏感性（B1）	城镇化（B11）
			能源使用量（B12）
		暴露性（B2）	国民净收入（B21）
			人均GDP（B22）
			人口密度（B23）
	防范能力（C）	基础设施水平（C1）	电力供应（C11）
			固定电话总量（C12）
			移动电话用户数量（C13）
			交通运输能力（C14）

4.5.3　仿真实验

1. 量化分级

海上丝绸之路沿线国家和地区的自然风险评价指标量化分级标准见表4.11。

2. 指标评语

根据分级标准，将评价指标转化为对应的评语，以"发生频次"指标为例，对72个国家进行了评价，各国编号从X1~X72，评语见表4.12。

表 4.11　海上丝绸之路沿线国家和地区的自然风险评价指标量化分级标准

风险级别	A11(次)	A21(美元)	A22(人)	A23(h)	B11(人/km²)
极低风险	0～10	0～100000	0～100	0～50	0～20
较低风险	11～50	100001～1000000	101～500	51～100	21～40
中等风险	51～100	1000001～10000000	501～1000	101～200	41～60
较高风险	101～200	10000001～500000000	1001～5000	201～500	61～80
极高风险	>200	>500000000	>5000	>500	81～100

风险级别	B12(kW·h/人·年)	B21(美元)	B22(美元)	B23(人/km²)	C11(kW·h/人)
极低风险	0～1000	0～10×10⁹	0～3000	0～25	>80～100
较低风险	>1000～2000	>10×10⁹～50×10⁹	>3000～6000	>25～50	>60～80
中等风险	>2000～3000	>50×10⁹～100×10⁹	>6000～9000	>50～75	>40～60
较高风险	>3000～4000	>100×10⁹～1000×10⁹	>9000～12000	>75～100	>20～40
极高风险	>4000	>1000×10⁹	>12000	>100	0～20

风险级别	C12(台)	C13(部)	C14 航空运输(人)	C14 班轮运输(人)	C14 铁路线长度(km)
极低风险	>40	>100	>500000	>80～100	>15000
较低风险	>30～40	>75～100	>300000～500000	>60～80	>10000～15000
中等风险	>20～30	>50～75	>100000～300000	>40～60	>5000～10000
较高风险	>10～20	>25～50	>10000～100000	>20～40	>2500～5000
极高风险	0～10	0～25	0～10000	0～20	0～2500

表 4.12　对 72 个国家 "发生频次" 的评语

国家	评语	国家	评语	国家	评语	国家	评语	国家	评语
X1	较高	X16	中等	X31	极低	X46	较低	X61	较低
X2	较低	X17	较低	X32	较低	X47	较高	X62	中等
X3	极低	X18	较低	X33	较低	X48	极高	X63	较低
X4	较低	X19	极低	X34	极低	X49	较低	X64	极低
X5	较低	X20	极高	X35	较低	X50	较低	X65	中等
X6	极高	X21	极高	X36	较低	X51	较低	X66	极低
X7	较低	X22	中等	X37	中等	X52	中等	X67	较低
X8	较低	X23	较低	X38	极低	X53	较高	X68	极低
X9	较低	X24	较低	X39	较低	X54	较低	X69	中等
X10	极高	X25	较低	X40	较低	X55	较低	X70	极低
X11	较低	X26	中等	X41	极低	X56	较低	X71	较高
X12	较低	X27	较高	X42	较低	X57	极低	X72	较低
X13	极低	X28	较低	X43	中等	X58	中等		
X14	较高	X29	较低	X44	较低	X59	中等		
X15	较低	X30	中等	X45	较低	X60	极低		

3. 评语量化表达

得到评语集后，需要对评语进行量化表达，设定评语集 V = {极高,较高,中等,较低,极低} 对应的取值区间分别为 [80,100) [60,80) [40,60) [20,40) [0,20)，基于区间进行综合风险云计算，可得到综合风险云数值，最终映射回评语集。

对于较低、中等、较高等双边约束评语，可用式（4.1）来表达。其中，a 为约束下边界；b 为约束上边界；k 为常数，取值一般通过反复实验确定，反映的是某几个因素的不均衡性，即对评价对象偏离正态分布程度的度量。对于极低、极高这类单边约束评语，可将其单边界作为默认期望值，用半降半升云，即式（4.2）来表达。

$$\begin{cases} Ex = (a+b)/2 \\ En = (b-a)/6 \\ He = k \end{cases} \quad (4.1)$$

$$\begin{cases} Ex = a \text{ or } b \\ En = (b-a)/3 \\ He = k \end{cases} \quad (4.2)$$

通过试验得到 $He = 0.1$ 最符合评价指标分布特征，由此得到各国指标评语云模型表达 SC(Ex,En,He)，以"发生频次"为例，见表 4.13。

表 4.13 72 个国家"发生频次"评语云模型表达

国家	评语云模型表达	国家	评语云模型表达	国家	评语云模型表达
X1	(70,3.33,0.1)	X7	(30,3.33,0.1)	X13	(0,6.67,0.1)
X2	(30,3.33,0.1)	X8	(30,3.33,0.1)	X14	(70,3.33,0.1)
X3	(0,6.67,0.1)	X9	(30,3.33,0.1)	X15	(30,3.33,0.1)
X4	(30,3.33,0.1)	X10	(100,6.67,0.1)	X16	(50,3.33,0.1)
X5	(30,3.33,0.1)	X11	(30,3.33,0.1)	X17	(30,3.33,0.1)
X6	(100,6.67,0.1)	X12	(30,3.33,0.1)	X18	(30,3.33,0.1)

续表

国家	评语云模型表达	国家	评语云模型表达	国家	评语云模型表达
X19	(0,6.67,0.1)	X37	(50,3.33,0.1)	X55	(30,3.33,0.1)
X20	(100,6.67,0.1)	X38	(0,6.67,0.1)	X56	(30,3.33,0.1)
X21	(100,6.67,0.1)	X39	(30,3.33,0.1)	X57	(0,6.67,0.1)
X22	(50,3.33,0.1)	X40	(30,3.33,0.1)	X58	(50,3.33,0.1)
X23	(30,3.33,0.1)	X41	(0,6.67,0.1)	X59	(50,3.33,0.1)
X24	(30,3.33,0.1)	X42	(30,3.33,0.1)	X60	(0,6.67,0.1)
X25	(30,3.33,0.1)	X43	(50,3.33,0.1)	X61	(30,3.33,0.1)
X26	(50,3.33,0.1)	X44	(30,3.33,0.1)	X62	(50,3.33,0.1)
X27	(70,3.33,0.1)	X45	(30,3.33,0.1)	X63	(70,3.33,0.1)
X28	(30,3.33,0.1)	X46	(30,3.33,0.1)	X64	(0,6.67,0.1)
X29	(30,3.33,0.1)	X47	(70,3.33,0.1)	X65	(50,3.33,0.1)
X30	(50,3.33,0.1)	X48	(100,6.67,0.1)	X66	(0,6.67,0.1)
X31	(0,6.67,0.1)	X49	(30,3.33,0.1)	X67	(30,3.33,0.1)
X32	(30,3.33,0.1)	X50	(30,3.33,0.1)	X68	(0,6.67,0.1)
X33	(30,3.33,0.1)	X51	(0,6.67,0.1)	X69	(50,3.33,0.1)
X34	(0,6.67,0.1)	X52	(50,3.33,0.1)	X70	(0,6.67,0.1)
X35	(30,3.33,0.1)	X53	(70,3.33,0.1)	X71	(70,3.33,0.1)
X36	(30,3.33,0.1)	X54	(30,3.33,0.1)	X72	(30,3.33,0.1)

4. 综合风险特征值的虚拟云计算

虚拟云主要分为浮动云、分解云、综合云等。其中,浮动云能在两朵基云之间未覆盖的空白区生成虚拟语言值,适用于两两相对独立的评价指标。基于指标之间相对独立的特征,在对分指标进行指标融合时,选用浮动云算法进行综合云数值特征计算,见式(4.3)。根据所得指标评语云模型的数值特征,可分别得到各国危险性、脆弱性、防范能力、综合风险等云模型数值特征,见表4.14。

第4章 海上丝绸之路自然风险概念模型与评价指标

表 4.14　72 个国家危险性、脆弱性、防范能力、综合风险等云模型数值特征

准则层	X1	X2	X3	X4	X5	X6	X7	X8	X9
危险性	(74.5,4.56,0.1)	(22.5,4.56,0.1)	(9,5.79,0.1)	(30,4.12,0.1)	(24,4.12,0.1)	(92.5,6.23,0.1)	(24,4.12,0.1)	(43.5,3.77,0.1)	(51.5,3.77,0.1)
脆弱性	(22.5,3.86,0.1)	(43,4.03,0.1)	(45.5,4.47,0.1)	(73.5,4.6,0.1)	(47.5,3.77,0.1)	(36,4.82,0.1)	(50.5,3.59,0.1)	(57,3.33,0.1)	(25.5,4.38,0.1)
防范能力	(58,4.28,0.1)	(60,6.67,0.1)	(54,6.19,0.1)	(20,4.76,0.1)	(42,4.28,0.1)	(60,3.81,0.1)	(50,6.19,0.1)	(42,4.28,0.1)	(54,4.28,0.1)
综合风险	(55.6,4.36,0.1)	(36.1,4.66,0.1)	(28.9,5.52,0.1)	(41.1,4.2,0.1)	(34.6,4.05,0.1)	(69.1,5.64,0.1)	(37.1,4.21,0.1)	(47.2,3.72,0.1)	(44.2,3.97,0.1)

准则层	X10	X11	X12	X13	X14	X15	X16	X17	X18
危险性	(100,6.67,0.1)	(40,3.33,0.1)	(40,3.33,0.1)	(0,6.67,0.1)	(76,4.12,0.1)	(30,4.12,0.1)	(52,3.33,0.1)	(36,3.33,0.1)	(43,3.33,0.1)
脆弱性	(69,4.21,0.1)	(57,4.12,0.1)	(85,4.82,0.1)	(80.5,6.2,0.1)	(95.5,6.41,0.1)	(35.5,3.07,0.1)	(85,5,0.1)	(73,4.12,0.1)	(77.5,4.56,0.1)
防范能力	(14,6.19,0.1)	(34,4.28,0.1)	(34,4.28,0.1)	(40,4.76,0.1)	(0,6.67,0.1)	(54,6.19,0.1)	(0,6.67,0.1)	(20,4.76,0.1)	(26,4.28,0.1)
综合风险	(73.5,6.04,0.1)	(43.9,3.62,0.1)	(52.3,3.78,0.1)	(32.1,6.4,0.1)	(66.6,4.93,0.1)	(36.4,4.09,0.1)	(51.5,4.08,0.1)	(43.9,3.67,0.1)	(50,3.72,0.1)

准则层	X19	X20	X21	X22	X23	X24	X25	X26	X27
危险性	(0,6.67,0.1)	(95.5,6.23,0.1)	(92.5,6.23,0.1)	(57,3.33,0.1)	(36,4.21,0.1)	(19.5,4.56,0.1)	(19.5,4.56,0.1)	(52,3.33,0.1)	(79,4.21,0.1)
脆弱性	(74.5,6.23,0.1)	(40.5,5.26,0.1)	(49,4.03,0.1)	(53,3.33,0.1)	(56,3.33,0.1)	(70,4.12,0.1)	(88,5.97,0.1)	(82,5,0.1)	(95.5,6.41,0.1)
防范能力	(28,4.76,0.1)	(26,6.19,0.1)	(32,4.76,0.1)	(26,4.28,0.1)	(66,6.19,0.1)	(46,6.19,0.1)	(34,4.28,0.1)	(18,4.28,0.1)	(0,6.67,0.1)
综合风险	(27.9,6.36,0.1)	(65.1,5.99,0.1)	(67.3,5.55,0.1)	(49,6.3,4,0.1)	(48,4.21,0.1)	(40,0.4,63,0.1)	(43,0.4,86,0.1)	(54.2,3.83,0.1)	(68.1,4.99,0.1)

准则层	X28	X29	X30	X31	X32	X33	X34	X35	X36
危险性	(15,5,0.1)	(33,3.33,0.1)	(57,3.33,0.1)	(0,6.67,0.1)	(25.5,3.77,0.1)	(40.5,3.77,0.1)	(4.5,6.23,0.1)	(33,3.33,0.1)	(21,4.21,0.1)
脆弱性	(60.5,5.44,0.1)	(57,4.03,0.1)	(100,6.67,0.1)	(95.5,6.2,0.1)	(57,4.03,0.1)	(19.5,3.86,0.1)	(69,5.18,0.1)	(61,4.12,0.1)	(89.5,6.23,0.1)
防范能力	(48,4.76,0.1)	(22,4.28,0.1)	(12,4.76,0.1)	(42,4.28,0.1)	(30,4.28,0.1)	(52,3.81,0.1)	(52,3.81,0.1)	(54,6.19,0.1)	(40,6.67,0.1)
综合风险	(35.2,5.08,0.1)	(38,3.6,0.1)	(60.9,4.27,0.1)	(37.1,6.3,0.1)	(35.8,3.89,0.1)	(36.5,3.8,0.1)	(33.3,5.73,0.1)	(45.6,3.82,0.1)	(45.3,4.95,0.1)

续表

准则层	X37	X38	X39	X40	X41	X42	X43	X44	X45
危险性	(53,3.33,0.1)	(0,6.67,0.1)	(27,4.12,0.1)	(40,3.77,0.1)	(0,6.67,0.1)	(53,4.12,0.1)	(67.5,4.56,0.1)	(41,3.33,0.1)	(19.5,4.56,0.1)
脆弱性	(67,3.33,0.1)	(39.5,4.0,0.1)	(38.5,3.77,0.1)	(35,4.21,0.1)	(43.5,3.77,0.1)	(28.5,4.38,0.1)	(19.5,6.23,0.1)	(95.5,6.23,0.1)	(80.5,6.23,0.1)
防范能力	(14,6.19,0.1)	(48,4.76,0.1)	(56,5.72,0.1)	(60,6.67,0.1)	(50,6.19,0.1)	(54,4.28,0.1)	(48,4.76,0.1)	(6,6.19,0.1)	(54,6.19,0.1)
综合风险	(49.4,3.63,0.1)	(21.4,5.83,0.1)	(36.25,4.2,0.1)	(42.8,4.2,0.1)	(23.05,5.9,0.1)	(45.85,4.2,0.1)	(49.2,4.9,0.1)	(50.3,4.32,0.1)	(44.7,5.13,0.1)

准则层	X46	X47	X48	X49	X50	X51	X52	X53	X54
危险性	(28.5,3.77,0.1)	(77.5,4.56,0.1)	(95.5,6.23,0.1)	(51.5,3.8,0.1)	(47,3.33,0.1)	(0,6.67,0.1)	(57.5,3.77,0.1)	(71.5,3.77,0.1)	(33,3.33,0.1)
脆弱性	(74.5,6.23,0.1)	(36,4.82,0.1)	(49,4.03,0.1)	(77.5,4.6,0.1)	(77.5,4.56,0.1)	(95.5,6.23,0.1)	(57,3.33,0.1)	(68.5,4.47,0.1)	(80.5,6.23,0.1)
防范能力	(34,4.28,0.1)	(64,3.81,0.1)	(48,4.76,0.1)	(30,4.28,0.1)	(20,4.76,0.1)	(34,4.28,0.1)	(34,4.28,0.1)	(22,4.28,0.1)	(34,4.28,0.1)
综合风险	(43,4.4.41,0.1)	(62.3,4.54,0.1)	(72.1,5.55,0.1)	(55,4.01,0.1)	(50.8,3.77,0.1)	(35.4,6.31,0.1)	(52.7,3.72,0.1)	(60.7,3.99,0.1)	(47.4,4.12,0.1)

准则层	X55	X56	X57	X58	X59	X60	X61	X62	X63
危险性	(24,4.12,0.1)	(36,3.33,0.1)	(10.5,5.44,0.1)	(46,3.33,0.1)	(61.5,3.77,0.1)	(7.5,6.23,0.1)	(30,4.12,0.1)	(58.5,3.77,0.1)	(71.5,3.77,0.1)
脆弱性	(50,3.33,0.1)	(70.5,4.56,0.1)	(67.5,4.56,0.1)	(53,3.15,0.1)	(28.5,5.44,0.1)	(80.5,6.23,0.1)	(80.5,4.56,0.1)	(18,4.82,0.1)	(57.5,3.77,0.1)
防范能力	(44,3.81,0.1)	(42,4.28,0.1)	(34,4.28,0.1)	(0,6.67,0.1)	(42,2.38,0.1)	(30,4.28,0.1)	(20,4.76,0.1)	(60,6.67,0.1)	(32,4.76,0.1)
综合风险	(35.8,3.9,0.1)	(47.5,3.72,0.1)	(32.3,5.11,0.1)	(38.9,3.64,0.1)	(47.7,4.02,0.1)	(33.9,6.02,0.1)	(43.1,4.29,0.1)	(46.6,4.32,0.1)	(59.4,3.88,0.1)

准则层	X64	X65	X66	X67	X68	X69	X70	X71	X72
危险性	(7.5,6.23,0.1)	(53,3.33,0.1)	(0,6.67,0.1)	(47,3.33,0.1)	(0,6.67,0.1)	(60,3.33,0.1)	(10.5,6.23,0.1)	(80.5,4.56,0.1)	(37,3.33,0.1)
脆弱性	(21,4.3,0.1)	(64,3.51,0.1)	(42.5,3.59,0.1)	(50,4.12,0.1)	(80.5,5.71,0.1)	(85,6.15,0.1)	(37,4.12,0.1)	(36,4.82,0.1)	(22.5,4.38,0.1)
防范能力	(66,6.19,0.1)	(32,3.81,0.1)	(34,4.28,0.1)	(34,4.28,0.1)	(22,4.28,0.1)	(0,6.67,0.1)	(48,3.81,0.1)	(40,4.76,0.1)	(76,5.72,0.1)
综合风险	(23.2,5.77,0.1)	(52.1,3.42,0.1)	(19.5,5.69,0.1)	(45.3,3.62,0.1)	(28.6,6.19,0.1)	(55.5,4.35,0.1)	(25.9,5.47,0.1)	(59.0,4.64,0.1)	(40.4,3.83,0.1)

$$\begin{cases} \text{Ex} = \dfrac{\text{Ex}_1 W_1 + \text{Ex}_2 W_2 + \cdots + \text{Ex}_n W_n}{W_1 + W_2 + \cdots + W_n} \\[2mm] \text{En} = \dfrac{W_1^2}{W_1^2 + W_2^2 + \cdots + W_n^2} \cdot \text{En}_1 + \cdots + \dfrac{W_n^2}{W_1^2 + W_2^2 + \cdots + W_n^2} \cdot \text{En}_n \\[2mm] \text{He} = \dfrac{W_1^2}{W_1^2 + W_2^2 + \cdots + W_n^2} \cdot \text{He}_1 + \cdots + \dfrac{W_n^2}{W_1^2 + W_2^2 + \cdots + W_n^2} \cdot \text{He}_n \end{cases} \quad (4.3)$$

5. 综合风险评语映射

运用正向正态云发生器可生成综合风险评语概念云图。正向正态云模型生成 n 个云滴，构成不同的云滴群。不同的云滴群对定性概念的贡献不同，通常将云滴群分为 4 类元素，如图 4.4 所示。

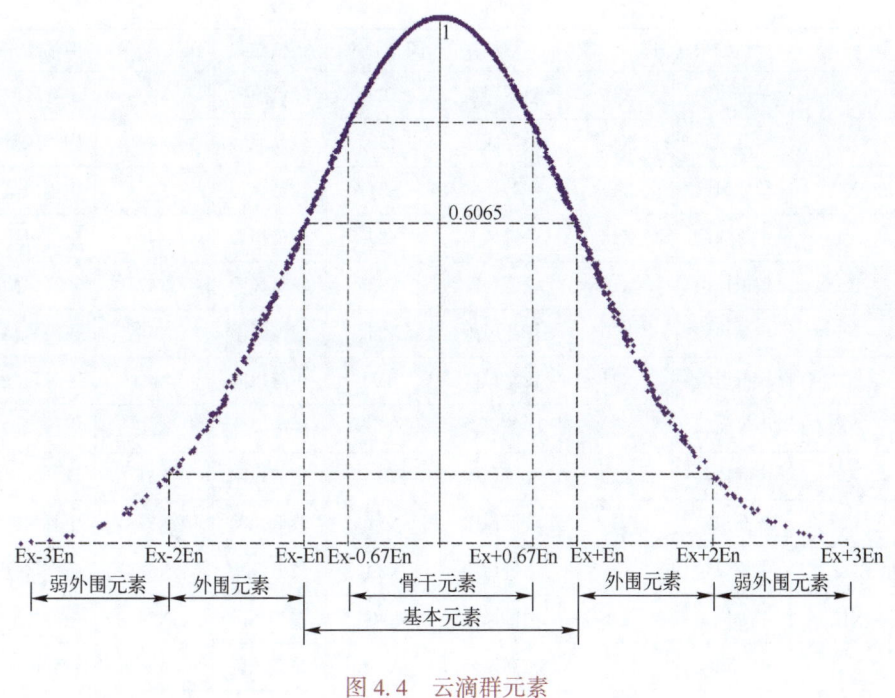

图 4.4　云滴群元素

- 骨干元素。云滴位于区间[Ex-0.67En, Ex+0.67En]，占全部元素的 22.33%，对定性概念的贡献为 50%。
- 基本元素。云滴位于区间[Ex-En, Ex+En]，占全部元素的 33.33%，对定性概念的贡献为 68.26%。
- 外围元素。云滴位于区间[Ex-2En, Ex-En)和(Ex+En, Ex+2En]，占全部元素的 33.33%，对定性概念的贡献为 27.18%。
- 弱外围元素。云滴位于区间[Ex-3En, Ex-2En)和(Ex+2En, Ex+3En]，占全部元素的 33.33%，对定性概念的贡献为 4.3%。

根据评估实验的不同目的和精度要求，选取相应的概念云元素，观察其落入的区间，即可得到 72 个国家的自然风险综合评估结果，见表 4.15。

表 4.15 72 个国家的自然风险综合评估结果

国家	评估结果	国家	评估结果	国家	评估结果	国家	评估结果
X1	中等风险	X15	较低风险	X29	较低风险	X43	中等风险
X2	较低风险	X16	中等风险	X30	较高风险	X44	中等风险
X3	较低风险	X17	中等风险	X31	较低风险	X45	中等风险
X4	中等风险	X18	中等风险	X32	中等风险	X46	中等风险
X5	较低风险	X19	较低风险	X33	较低风险	X47	较高风险
X6	较高风险	X20	较高风险	X34	较低风险	X48	较高风险
X7	较低风险	X21	较高风险	X35	中等风险	X49	中等风险
X8	中等风险	X22	中等风险	X36	中等风险	X50	中等风险
X9	中等风险	X23	中等风险	X37	中等风险	X51	较低风险
X10	较高风险	X24	较低风险	X38	较低风险	X52	中等风险
X11	中等风险	X25	中等风险	X39	较低风险	X53	较高风险
X12	中等风险	X26	中等风险	X40	中等风险	X54	中等风险
X13	较低风险	X27	较高风险	X41	较低风险	X55	较低风险
X14	较高风险	X28	较低风险	X42	中等风险	X56	中等风险

续表

国家	评估结果	国家	评估结果	国家	评估结果	国家	评估结果
X57	较低风险	X61	中等风险	X65	中等风险	X69	中等风险
X58	较低风险	X62	中等风险	X66	极低风险	X70	较低风险
X59	中等风险	X63	中等风险	X67	中等风险	X71	中等风险
X60	较低风险	X64	较低风险	X68	较低风险	X72	中等风险

4.5.4 风险分析

根据72个国家的自然风险综合评估结果，可得到不同国家的自然风险等级。

有些国家的自然风险危险性高、防范能力较弱，虽脆弱性较低，但综合风险较高。

有些国家虽防范能力较强，但危险性高，且由于经济实力强、人口密度高，因此脆弱性高，综合风险较高。

有些国家虽脆弱性处于中等水平，防范能力处于中等或较高水平，但过高的危险性使其综合风险较高。

极少数国家虽危险性不高，但由于具有极高的敏感性和暴露性，使其脆弱性处于极高水平，因此综合风险较高。

参考文献

[1] 李军玲，刘忠阳，邹春辉．基于GIS的河南省洪涝灾害风险评估与区划研究[J]．气象，2010，36（2）：87-92．

［2］李兰，周月华，叶丽梅，等. 基于GIS淹没模型的流域暴雨洪涝风险区划方法［J］. 气象，2013，39（1）：112-117.

［3］汪旻琦，毛炜青，曹维. 基于GIS云的气象多灾种风险分析方法研究［J］. 城市勘测，2018（04）：13-20.

［4］申欣凯，吕义清，张静，等. 基于ArcGIS的山西省暴雨灾害风险评估［J］. 国土资源科技管理，2020，37（01）：61-73.

［5］邴磊. 基于遥感和GIS的海上溢油风险识别及区划研究［D］. 烟台：中国科学院大学（中国科学院烟台海岸带研究所），2019.

第 5 章
海上丝绸之路自然风险评估

5.1 概述

　　海上丝绸之路的特殊地理位置、海陆分布、海洋气象、海洋水文环境等均孕育了多种自然风险。多种致险因子的共同作用使风险机理和风险过程表现出了明显的多元性和非规律性，例如，在恶劣天气和复杂地形状况下，在海峡通道航行的船舶遭遇的自然风险可能更具复杂性和不确定性。

　　海上丝绸之路沿线具有热带季风气候特征，受印度季风和南海季风控制，热带气旋、台风活动频繁，强风、暴雨、雷暴、海雾、大浪、风暴潮等危险天气多发，加之复杂的地形、地貌以及纵横交错的岛屿、海峡、水道等，导致海上丝绸之路沿线海域的多源自然风险频发。

　　实践表明，防灾、减灾的三大对策体系——风险监测预警体系、风险防御体系和应急响应体系，在时间域和空间域上的优化配置和有序建设，需要以正确的风险评估为基本依据。科学、准确的自然风险评估是海上丝绸之路沿线海域风险防范、灾害救援和应急响应的重要前提。

　　本章重点开展海上丝绸之路沿线海域的自然风险评估，包括孕险环境敏感性分析、致险因子危险性分析、承险体脆弱性和易损性分析，以及在此基础之上的自然风险区划。

5.2 自然风险分析

5.2.1 基本内容

在由联合国提出的"国际减灾十年"计划中提到的自然灾害风险评估，是对可能给生命、财产、生计及人类依赖的环境等，带来潜在威胁或伤害的致险因子危险性、承灾体脆弱性和易损性所进行的分析，在一定意义上规范了风险评估的内容。此后，国内外学者进一步界定和拓展了风险评估的内容。张业成[1]将地质灾害风险评价分为地质灾害危险性评价、易损性评价、破坏损失评价及防治工程效益评价等四个方面。任鲁川[2]依据区域灾害系统论观点，将区域自然灾害风险分析的主要内容概括为区域自然灾害风险模型、综合自然灾害风险模型、灾害风险值估算及估算结果评估等四个内容。本章参考史培军[3]的研究和联合国[4-5]发布的灾害风险概念模型，以及谢梦莉[6]和葛全胜[7]的自然风险评估流程，结合海上丝绸之路沿线海域的环境特性和评估目标要求，进行如下自然风险分析。

（1）海上丝绸之路沿线海域的孕险环境分析，包括自然地理孕险环境分析、气象水文孕险环境分析及孕险环境敏感性分析。

（2）海上丝绸之路沿线海域的致险因子分析，以致险因子的自然属性分析为起点，通过统计致险因子气候态的活动频率和强度，分析和评估目标海域各类致险因子可能导致的风险。

（3）海上丝绸之路沿线海域的承险体脆弱性和易损性分析，即对承险体受到灾害袭击时的暴露程度和易损程度进行分析和评估，主要内容如下：

- 承险体暴露程度分析和评估，即对处在某种风险中，承险体的数量（包括价值）和分布进行分析和评估，一般用量化统计指标来表示。
- 承险体易损程度分析和评估，即评估各种承险体对不同自然灾害及其强度的响应能力，一般与承险体的结构、质量、性能等因素有关。
- 区域综合应灾能力评估，即对灾害区域的救灾能力（包括工程技术能力、预报预警能力、应急救援能力等）进行分析和评估。

(4) 海上丝绸之路沿线海域自然风险评估和风险区划，即在上述分析和评估的基础之上，建立海上丝绸之路海域的自然风险评估模型，并进行自然风险区划。

5.2.2　方法和途径

风险评估方法大致可分为定性风险评估、定量风险评估以及定性和定量综合风险评估等三大类。定性风险评估方法包括因素分析法、逻辑分析法、历史比较法、德尔菲法等。定量风险评估方法包括概率-统计法、风险指数法、层次分析法、模糊综合评估法、人工神经网络评估法、灰色关联度法等。对于风险事件样本稀少，甚至无样本且仅有定性描述和经验知识等情况，可采用在经验知识、保障规范、信息扩散等信息不完备条件下的综合风险评估方法。

基于对海上丝绸之路沿线海域自然风险内涵、自然风险内容的认识和理解，给出海上丝绸之路沿线海域自然风险评估体系与技术框架，如图 5.1 所示。

海上丝绸之路沿线海域自然风险评估与应急响应流程如图 5.2 所示。

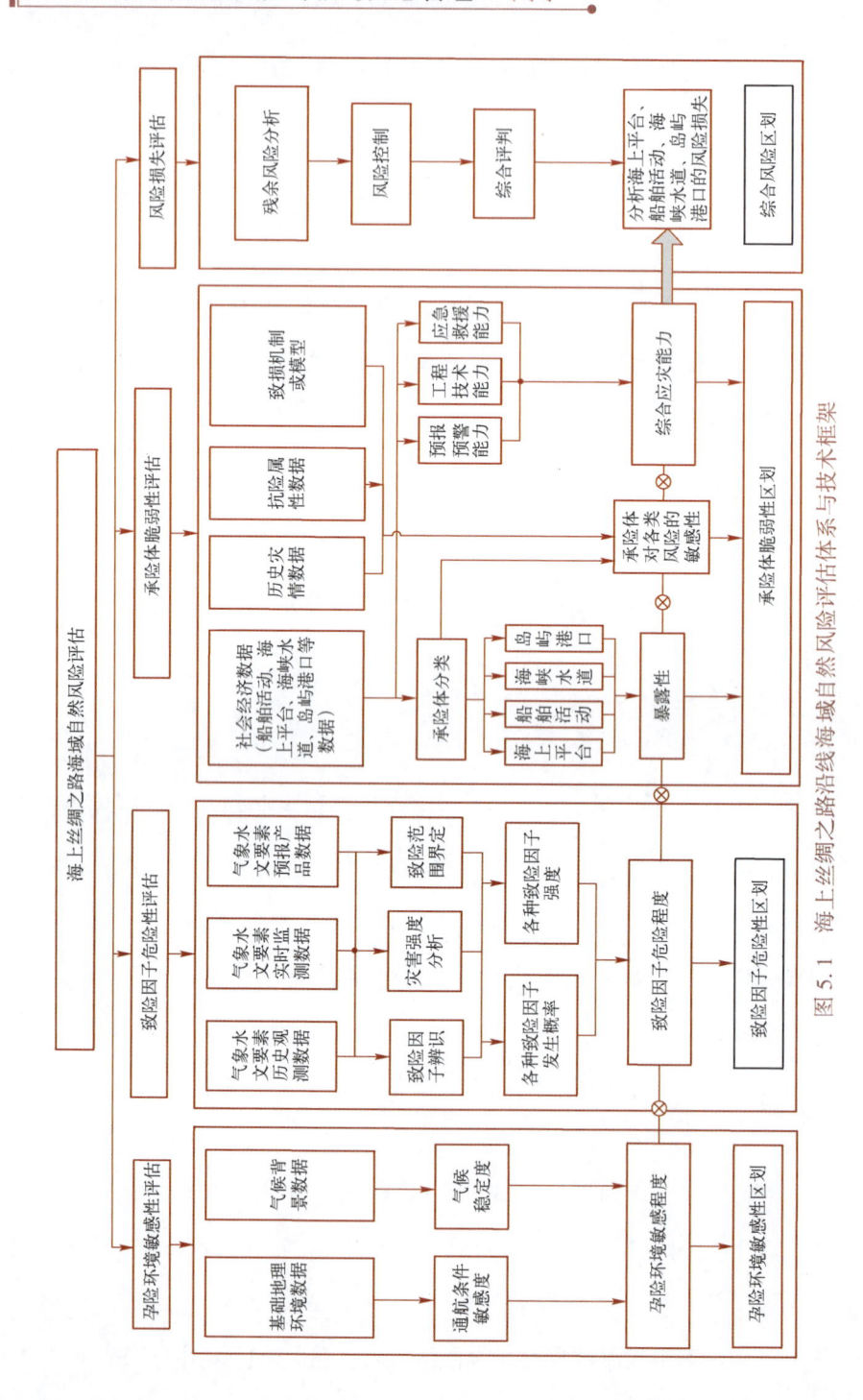

图 5.1 海上丝绸之路沿线海域自然风险评估体系与技术框架

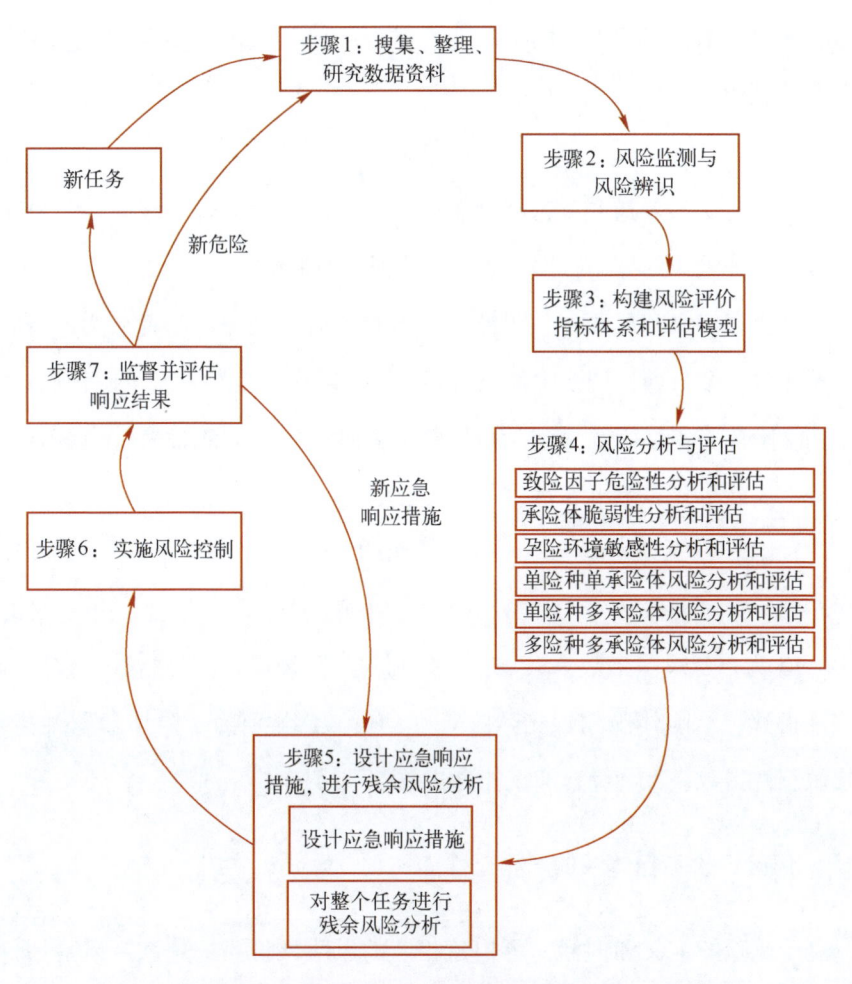

图 5.2 海上丝绸之路沿线海域自然风险评估与应急响应流程

5.3 自然风险评价指标定义与计算

1. 风险评价指标的定义

联合国对风险的表达和阐述：风险是危害事件发生的可能性与严重程度

131

的综合度量。衡量风险大小的指标是风险度 R，可表示为危害事件的危险性 T 与承险体脆弱性 V 的乘积，即

$$R = T \cdot V \tag{5.1}$$

式中，危险性 T 表示遭受危害事件袭击的概率和强度；脆弱性 V 表示危害事件导致承险体损失的概率，即由袭击导致损失的期望。

基于上述定义和风险评估思路，参考相关研究文献，笔者认为，自然风险因素包含三个方面，即孕险环境敏感性、致险因子危险性及承险体脆弱性。其中，承险体脆弱性因素又包括承险体暴露性、灾损敏感性及社会综合应灾能力等。风险量化思想可表示为

$$IG = S \cdot H \cdot V \tag{5.2}$$

$$V = VS \cdot VH \cdot (1-VF) \tag{5.3}$$

式中，IG 为自然风险指数；S、H、V 分别为孕险环境敏感性指数、致险因子危险性指数、承险体脆弱性指数；VS、VH、VF 分别为承险体暴露性指数、灾损敏感性指数、社会综合应灾能力指数。

2. 风险评价指标体系的结构

基于风险的定义和内涵，可构建相应的风险评价指标体系。风险评价指标体系的结构不仅要科学、准确，还要具有代表性和简约性，以及在量化分析时具有可操作性。海上丝绸之路沿线海域风险评价指标体系的结构如图 5.3 所示。

图 5.3 只是体现了风险评估的层次结构，在实际工作中，还需要根据具体的风险及其承险体有针对性地细化评价指标。

3. 风险评价指标的量化与标准化

由于风险评价指标是一个庞大的体系，既包含自然环境风险评价指标，

也包含社会和人文风险评价指标，因此对风险评价指标的量化和标准化是一个非常复杂的过程。

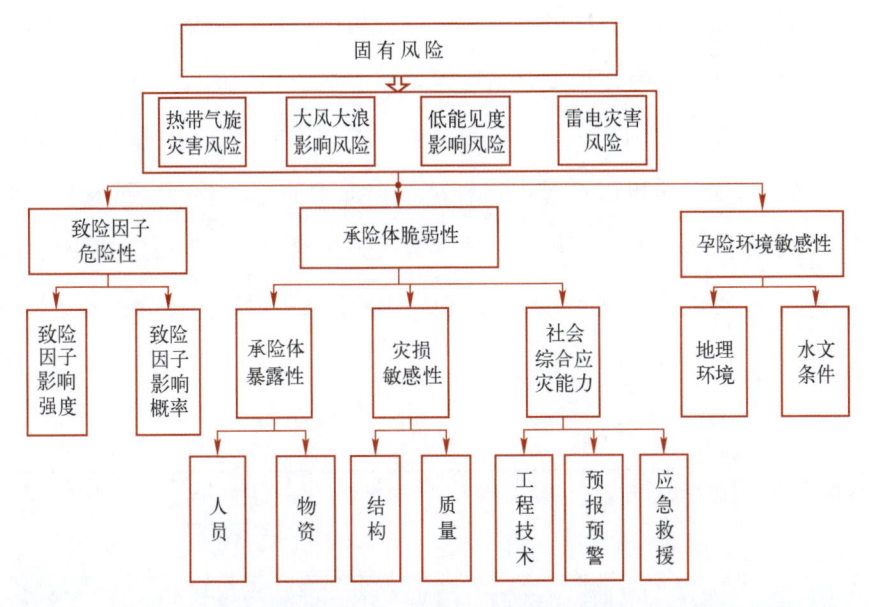

图 5.3 海上丝绸之路沿线海域风险评价指标体系的结构

(1) 自然环境风险评价指标

对于自然环境风险评价指标，一般可基于大气、海洋科学知识与实况、历史观测资料，采用解析公式或统计方法进行定量计算，如热带气旋危险性包括发生概率和强度两个指标，可通过历史台风资料计算区域内月平均（或年平均、旬平均等）热带气旋的发生概率和强度。其中，强度既可直接用风速、热带气旋中心气压的大小来衡量，也可通过热力-动力机制进行预报。

(2) 社会和人文风险评价指标

对于社会和人文风险评价指标，应优先进行指标量化。例如，评估某海域在某种灾害下的暴露性时，可粗略地用区域船舶密度来度量，船舶密度越大，暴露性越大；评估某海域的自然灾害应急救援能力时，可用其与最近救援中心的距离来衡量，救援能力与距离成反比。在对孕险环境敏感性、承险体脆弱性及防灾、减灾能力的评估过程中，还有很多指标没有具体数值，当无法给出量化表达式时，可借鉴灰色关联分析中设定评语集的方法对指标进行量化分析，即先给指标拟定合适的评语集并赋予相应的等级值，然后借鉴德尔菲法进行专家评估。例如，在对海峡水道的脆弱性进行计算时，海峡沿线人口密度和通航量可以通过人口经济数据库中的相关数据进行直接计算，通航条件和避险条件可借鉴灰色关联等分析方法给出：首先设定相应的评语集和等级值，见表 5.1；然后请专家（或根据专家知识库）评分，分值越高，表示承险体可能遭受的损失越大。

表 5.1 通航条件和避险条件的等级值

等级值	通航条件	避险条件	等级值	通航条件	避险条件
1	很好	很好	4	较差	较差
2	较好	较好	5	极差	极差
3	一般	一般			

4. 风险评价指标的合成

完成上述操作后，需要对指标进行合成。指标合成的步骤如下：

第一步，对各指标进行标准化处理（或归一化处理）。由于各指标的量纲各不相同，因此在整体评估（指标合成）前，应对指标进行标准化或归一化处理，统一为[0,1]的区间值。标准化的计算方法很多，本书针对实际情况，选用如下标准化或归一化计算方法，即

$$V' = \frac{V - V_{\min}}{V_{\max} - V_{\min}} \tag{5.4}$$

式中，V' 为某单元内某指标进行归一化后的值；V 为某单元内某指标的原

始值；V_{min} 为在研究范围内某指标的最小值；V_{max} 为在研究范围内某指标的最大值。

第二步，根据指标之间的关系确定指标合成方法。常见的指标合成方法大致归纳如下。

线性加权法，即

$$V_j = \sum_{i=1}^{m} \omega_{ij} v_{ij} (j = 1, 2, \cdots, n) \tag{5.5}$$

乘幂加权法，即

$$V_j = \prod_{i=1}^{m} v_{ij}^{\omega_{ij}} (j = 1, 2, \cdots, n) \tag{5.6}$$

代换法，即

$$V_j = 1 - \prod_{i=1}^{m} (1 - v_{ij})^{\omega_{ij}} (j = 1, 2, \cdots, n) \tag{5.7}$$

模糊取大取小法，即

$$V_j = \bigvee_{i=1}^{m} (\omega_{ij} \wedge v_{ij})(j = 1, 2, \cdots, n) \tag{5.8}$$

式中，V_j 为合成指标；v_{ij} 为次级指标；ω_{ij} 为对应权重；$\vee$、$\wedge$ 分别表示取大、取小运算。

以上四种指标合成方法所反映的指标之间相互关系和补偿作用各不相同，合成原则也不一样，见表 5.2。不同指标合成方法各具优缺点，应针对具体问题和指标之间的相互关系来选用。例如，在对自然风险的一级指标（准则层指标）进行合成时，由于考虑到危险性、脆弱性、敏感性这几个指标是并列的、缺一不可的，并且相互之间很少有补偿，因此采用乘幂加权法比较恰当；在对综合应灾能力的几个次级指标进行合成时，由于预报预警能力、工程技术能力、应急救援能力之间存在线性补偿作用，因此应采用线性加权法更为有效。

表5.2 指标合成方法的比较分析

方　法	指标间补偿作用	合　成　原　则	方　法	指标间补偿作用	合　成　原　则
线性加权法	线性补偿	主指标突出	代换法	完全补偿	由主指标决定
乘幂加权法	很少补偿	指标并列	模糊取大取小法	非补偿	关注次要指标

第三步，确定各指标的权重，可运用 AHP 主观赋权法、变异系数客观赋权法及主、客观综合赋权法来确定。

（1）AHP 主观赋权法

利用 AHP 主观赋权法进行权重计算时，标度问题一直是研究的焦点之一。目前，市面中已有近 10 种标度法，如 1～9 标度法、指数标度法、9/9～9/1 标度法、10/10～18/2 标度法、$9^{n/9}$ 标度法、0.1～0.9 标度法、0～2 三标度法等。这里采用 1～9 标度法来比较指标之间的相对重要性，将专家的定性思维过程量化。1～9 标度法的含义见表 5.3。

表5.3　1～9 标度法的含义

标　度	含　义
1	表示两个指标一样重要
3	表示前一个指标比后一个指标重要一些（略微重要）
5	表示前一个指标比后一个指标重要（比较重要）
7	表示前一个指标比后一个指标重要得多（非常重要）
9	表示前一个指标比后一个指标极端重要（极为重要）
2, 4, 6, 8	表示上述相邻判断的中间值
1, 1/3, 1/5, 1/7, 1/9	上述情况的相反情况

以综合应灾能力的三个二级指标为例，即预报预警能力、应急救援能力和工程技术能力，将这三个指标进行成对比较，可获得准则层三个指标之间

的定性比较结果。依据表 5.3 中的标度，将定性比较结果转化为标度，可构建判别矩阵 A。

$$A = \begin{bmatrix} 1 & 3 & 5 \\ 1/3 & 1 & 3 \\ 1/5 & 1/3 & 1 \end{bmatrix}$$

元素 a_{ij} 表示第 i 个和第 j 个指标相比，标度为 n。例如，判别矩阵 A 中的 $a_{12}=3$，即预报预警能力与应急救援能力相比，标度为 3，说明预报预警能力比应急救援能力略微重要。

判别矩阵 A 的最大特征根 $\lambda_{\max}=3.0385$，归一化特征向量 $W=(0.637,0.2583,0.1047)^T$，对所得结果进行一致性检验。一致性指标 $CI=\dfrac{\lambda_{\max}-n}{n-1}=0.0192$。对照表 5.4，在 $n=3$ 时，随机一致性指标

$$RI = 0.58$$

$$CR = CI/RI \approx 0.0331 < 0.1$$

表 5.4 随机一致性指标

n	RI	n	RI	n	RI	n	RI	n	RI	n	RI	n	RI
3	0.58	4	0.91	5	1.12	6	1.24	7	1.32	8	1.41	9	1.45

在通过一致性检验后，归一化特征向量值可作为上述三个指标的权重。采用同样方法可计算出其余指标的权重。

（2）变异系数客观赋权法

在进行综合评估时，如果某指标的数值能明确区分评估对象，则说明该指标的分辨信息丰富，应有较大权重；反之，若评估对象在某指标上的数值

差异较小，则表明该指标对评估对象的区分能力较弱，应占较小权重。计算指标变异系数的公式为

$$v_i = s_i / |\bar{x}_i|$$

式中，$\bar{x}_i = \dfrac{1}{n}\sum_{j=1}^{n} a_{ij}$ 为第 i 项指标的平均值；$s_i^2 = \dfrac{1}{n-1}\sum_{j=1}^{n}(a_{ij}-\bar{x}_i)^2$ 是第 i 项指标值的方差。对 v_i 归一化，可得到各指标的权重，即

$$\omega_i = \dfrac{v_i}{\sum_{i=1}^{m} v_i}$$

（3）主、客观综合赋权法

由上述分析可知，主、客观赋权法各有优点和不足，因而通常将两者结合，使指标赋权趋于合理化。

设指标主观权重向量为 $(\alpha_1,\alpha_2,\cdots,\alpha_m)$，客观权重向量为 $(\beta_1,\beta_2,\cdots,\beta_m)$，组合权重可表示为

$$\omega_i = \lambda\alpha_i + (1-\lambda)\beta_i$$

式中，$0<\lambda<1$，为偏好系数。

5.4 自然风险评估模型

基于上述风险量化思想、层次结构及指标合成方法，可构建海上丝绸之路沿线海域的自然风险评估模型。

各类孕险环境和致险因子风险评估模型的数学表达式为

$$\text{IG}_i = 100 \sum_{j=1}^{J} \omega_{ij} S_{ij} \prod_{k=1}^{K} H_{ik}^{\omega_{ik}} \prod_{l=1}^{L} V_{il}^{\omega_{il}} \qquad (5.9)$$

式中，IG_i 为第 i 种灾害的风险指数；S_{ij} 为第 i 种灾害敏感性的第 j 项亚级指标，ω_{ij} 为对应的权重；H_{ik} 为第 i 种灾害危险性的第 k 项亚级指标，ω_{ik} 为对应的权重；V_{il} 为第 i 种灾害脆弱性的第 l 项亚级指标，ω_{il} 为对应的权重；J、K、L 分别为敏感性、危险性和脆弱性亚级指标的个数。需要说明的是，式（5.9）中所有指标的值都经过了标准化处理。通常情况下，式（5.9）中第二项、第三项的展开式分别为

$$\prod_{k=1}^{K} H_{ik}^{\omega_{ik}} = P_i^{\omega_{i1}} \cdot \text{Int}_i^{\omega_{i2}} \tag{5.10}$$

$$\prod_{l=1}^{L} V_{il}^{\omega_{il}} = VS^{\omega_{i1}} \cdot VH^{\omega_{i2}} \cdot (1-VF)^{\omega_{i3}} \tag{5.11}$$

式中，P_i 为第 i 种灾害发生的概率，Int_i 为对应的强度；VS、VH、VF 分别为承险体暴露性、灾损敏感性和社会综合应灾能力指数。

若考虑多类致险因子，则综合自然风险评估模型的数学表达式为

$$IG = 100 \sum_{i=1}^{M} \left(\omega_i \sum_{j=1}^{J} \omega_{ij} S_{ij} \prod_{k=1}^{K} H_{ik}^{\omega_{ik}} \prod_{l=1}^{L} V_{il}^{\omega_{il}} \right) \tag{5.12}$$

式中，IG 为综合自然风险指数；ω_i 为第 i 种灾害对应的权重；M 为灾害种数，这里 $M=4$。需要注意的是，对综合自然风险的评估除采用式（5.12）以外，还可以采用其他的综合自然风险评估方法。

5.5 孕险环境和致险因子

海上丝绸之路沿线海域的海峡水道、群岛和海湾众多。这些海峡水道、群岛、海湾构成了连接东亚-中东-欧洲-非洲的航运通道。海上丝绸之路沿线海域特殊的地理位置、地形、地貌，复杂的气象水文环境及重要的地位孕育出了多种风险，如重要的海峡水道，不仅可能遭遇自然风险，还可能遭遇到

潜在的地缘安全风险。地理环境孕险能力表现为如下两方面：一方面是地形、地貌对自然风险的敏感程度，即当遭受台风袭击时，平坦低洼的沿海地区极可能遭遇涝灾，狭窄的港湾和起伏剧烈的海岸带有可能遭遇强烈的风暴潮漫滩；另一方面是特殊地理位置对风险有放大或缩小效应，如强热带风暴对普通海域的袭击也许不会造成太大的损失，但一次横扫马六甲海峡的强热带风暴可能会造成全球能源短缺甚至能源危机。

5.5.1 孕险环境敏感性

在风险分析领域，目前学术界对孕险环境的定义还存在争议和不同的解读，对孕险环境敏感性的分析和应用也不尽相同。参考相关文献并结合海上丝绸之路沿线海域的实际情况得出，孕险环境是一种孕育风险的背景条件，包含两方面含义：一方面是能促进、诱发致险因子；另一方面是对灾情有放大或缩小效应。事实上，孕险环境既有致险因子的某些特点，又有承险体的某些属性，针对不同的研究对象和不同的研究方法，可根据需要，侧重或倾向于其中的一种属性。下面选取多个指标对孕险环境的敏感性进行简要分析。

1. 航道宽度和航道水深

对于船舶来说，在面临同等灾害强度时，航道的宽度和水深将对灾害程度产生重要影响：航道宽度越窄、航道水深越浅、水下暗礁浅滩越多，发生船舶碰撞、搁浅、触礁等事故的可能性越大，造成的损失越严重。为此，航道宽度和航道水深的敏感性可表示为

$$S_{\text{length}} = \begin{cases} \dfrac{L}{k_1}, & L \leq k_1 \\ 1, & L > k_1 \end{cases}, \quad S_{\text{depth}} = \begin{cases} \dfrac{k_2}{D}, & D \geq k_2 \\ 1, & D < k_2 \end{cases}$$

式中，S_{length}、S_{depth} 分别为航道宽度和航道水深的敏感性；L、D 分别为评估单元的航道宽度和航道水深；k_1、k_2 分别为航道宽度和航道水深的 1 级敏感性临界值。以航道水深的敏感性为例，若取 $k_2 = 6$，即当航道水深小于 6m 时，就认为达到 1 级敏感性，利用公式和分级原则，通过计算可得到海上丝绸之路沿线部分海域的航道水深敏感性，如图 5.4 所示。

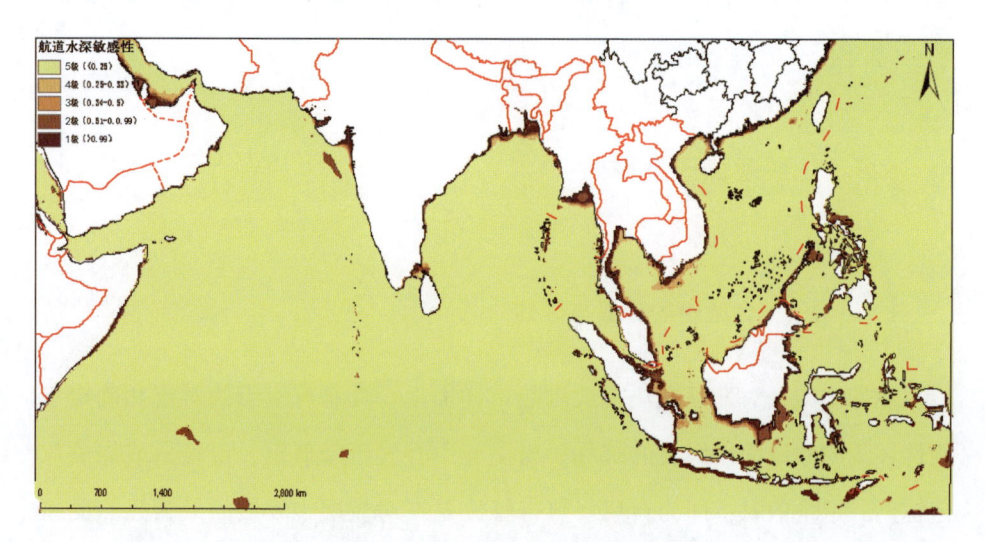

图 5.4　部分海域航道水深敏感性

2. 港口和海湾的地形

港口和海湾的地形主要是指港口和海湾的形状及水深变化，若港口和海湾呈喇叭口形状，则当遭遇大风、大浪或热带气旋时，易使海湾里的海水堆积、暴涨，致使风暴潮灾害增强。同样，若水深由湾口向湾顶变浅，也会使风暴潮的振幅增大。如果同时存在以上两种情况，则可能使风暴潮灾害的放大效应显著。对于具体的定量计算公式和实验结果，可参考叶安乐等人[8]的研究。

3. 岛屿的地形和地貌

岛屿的地形和地貌对热带气旋等灾害的反应比较敏感，如土质疏松且无植被的山地在受台风、暴雨袭击时，更易产生滑坡、泥石流等灾害。此外，若岛屿的海拔过低，则当遭遇台风或大风、大浪时，更易带来海水倒灌等灾害。对于地形和地貌的敏感性计算问题，可参考罗培[9]基于冰雹灾害和白利平[10]基于泥石流灾害给出的评估方法。

5.5.2 致险因子危险性

1. 热带气旋危险性的计算与区划

热带气旋是对发生在热带或副热带洋面上，具有有组织的对流和确定气旋性环流的非锋面性涡旋的统称。当涡旋中心气压降低至一定量值或涡旋风速达到一定量值时，即为台风。热带气旋是在对流层中发展的最为强烈的风暴，往往伴随着狂风、暴雨，海面常产生巨浪和风暴潮，进而严重威胁海上航行安全。热带气旋是严重危及海上航行安全和海峡水道、岛屿等承险体的致险因子。一般而言，热带气旋发生的概率、强度、历时和范围直接与灾害的损失程度密切相关，发生概率越大、强度越强、历时越长、范围越广，所带来的风险和造成的危害越大。

热带气旋的强度可用气旋底层风速、降水强度及风暴潮强度等指标来刻画。根据《热带气旋等级》国家标准（GB/T 19201—2006），按底层中心附近最大风速对热带气旋进行等级划分，见表4.3。

从能量学的角度出发，由于热带气旋的破坏能量与风速的平方成正比，因此选取热带气旋临界风速（10.8m/s）的二次方作为参考值，与实际热带气

旋中心附近最大风速的二次方相比,可得到热带气旋的强度为

$$\text{Int}_{\text{Cyclone}} = \frac{v_{\text{Cyclone}}^2}{10.8^2} \tag{5.13}$$

在实际计算过程中,由于采用的是历史台风资料,因此热带气旋的发生频率 P_{Cyclone} 是所有等级热带气旋发生的频率之和,在实际应用时采用某月发生热带气旋频率的平均值。同样,热带气旋的实际强度为某月所有级别热带气旋强度的平均值,在计算得到各月评估单元的危险性后,还要对其进行标准化处理。

根据上述方法对统计资料进行计算,可得到危险性的原始值,求出所有单元所有月的最大值为 28.976,最小值为 0。在计算过程中,由于考虑到热带气旋的强度和频率同等重要,因此在式(5.10)中,取 $\omega_{i1} = \omega_{i2} = 0.5$,之后利用式(5.4)求得各月热带气旋危险性的标准化值,利用自然断点法,并结合总体的分级标准得到分级结果,见表 5.5。

表 5.5 热带气旋危险性等级

等级标记	等级描述	危险性值
1	热带气旋危险性极高	≥0.7
2	热带气旋危险性较高	0.5~<0.7
3	热带气旋危险性中等	0.3~<0.5
4	热带气旋危险性较低	>0.1~<0.3
5	热带气旋危险性极低	≤0.1

根据分级结果,即可在地理信息系统平台上绘制热带气旋危险性分布区划,如图 5.5 所示。

分析表明,1~3 月,海上丝绸之路沿线海域的热带气旋危险性最小,危险性值一般都在 0.1 以下;4、5 月,海上丝绸之路沿线海域的热带气旋危险

性开始升高,尤其是5月,孟加拉湾的热带气旋危险性显著升高,部分海域达到3级左右;6月,南海的热带气旋危险性明显升高,部分海域达到3级以上,孟加拉湾的热带气旋危险性显著减弱;7~10月,南海的热带气旋危险性较高,9月达到最高,南海北部大部分海域的热带气旋危险性都在3级以上,19°N~21°N一带以及我国台湾地区以东洋面,热带气旋危险性几乎都在2级以上,甚至可达到1级;9月,孟加拉湾和阿拉伯海开始有4级危险性区域出现,10月,4级危险性区域明显扩大,有3级危险性区域出现,孟加拉湾北部小块区域达到2级危险性;11月,孟加拉湾的3级和2级危险性区域进一步扩大,南海和阿拉伯海的热带气旋危险性明显降低,菲律宾以东洋面的热带气旋危险性较10月有所升高;12月,除了孟加拉湾西南部、南沙群岛北部及菲律宾以东部分洋面的热带气旋危险性达到3级,其余海域的热带气旋危险性均在3级以下。

2. 风和浪危险性的计算与区划

大风(风力≥6级)和大浪(海况≥5级)将严重影响船舶航行和海上活动安全。在大风和大浪中航行时,船舶可能会严重失速、停滞不前,甚至可能使螺旋桨露出水面空转,并使主机因负荷骤变而受损,船舶的剧烈颠簸还会引起舵效降低,船舶难以保持航向。若在浅水区,船舶可能会触及海底,导致船体发生严重损伤,出现中垂或中拱,结构变形,严重时甚至会造成船体断裂。当船舶的摇摆周期与波浪周期相同时,由大风引起的风压差和流压差会使船舶偏航,还会发生共振,致使船舶的摇摆幅度越来越大,甚至发生倾覆。根据调查统计,6级大风(对应5级海况)能对500吨级以下的船舶产生较为严重的影响;7~8级大风(对应6~7级海况)不仅能对大多数船舶的航行造成不利影响,还能严重威胁1000吨级以下船舶的航行安全。显然,大风和大浪致险因子的强度主要取决于风和浪的强度、持续时间及影响范围。

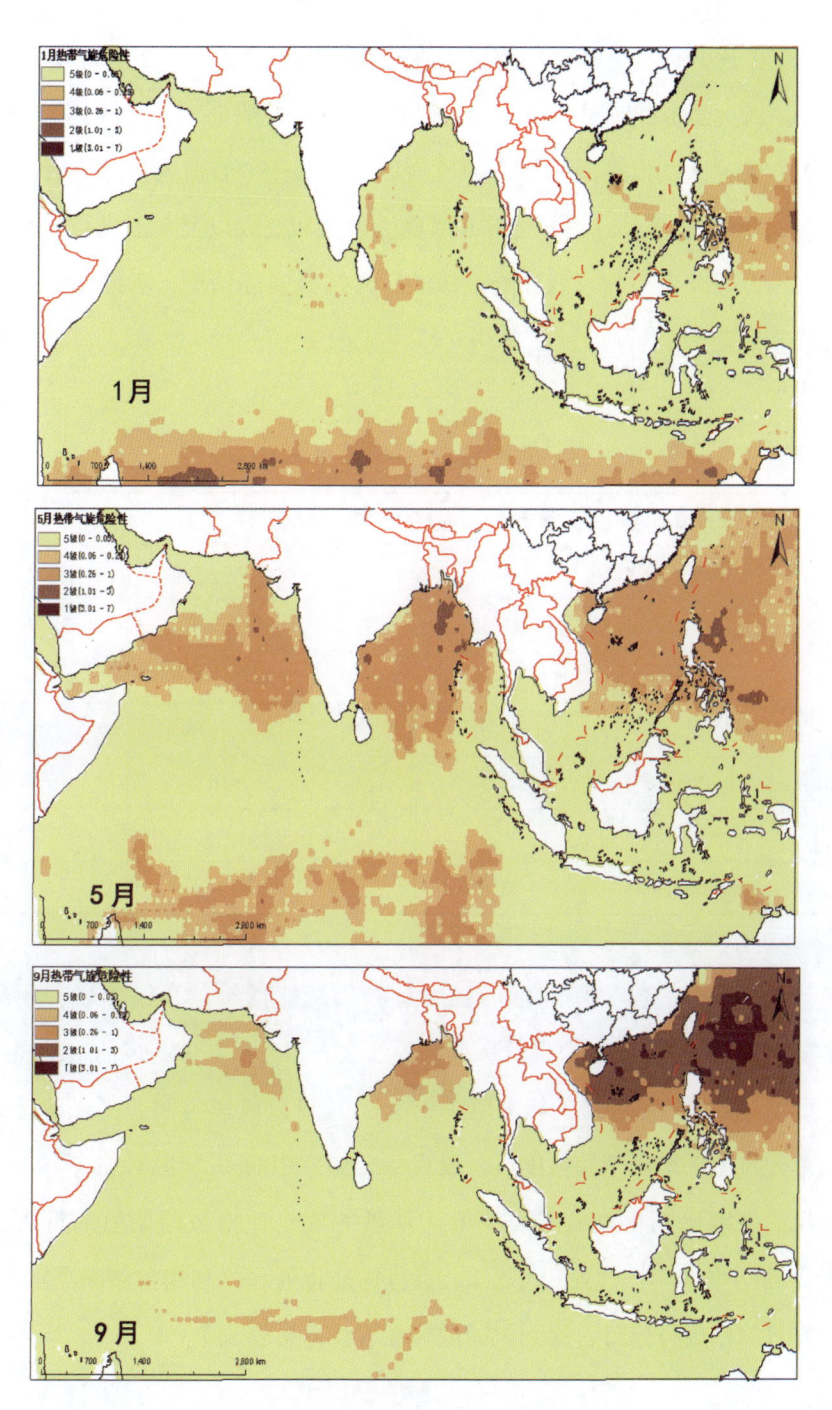

图 5.5　部分海域热带气旋危险性分布区划

根据上述分析，风和浪的致险程度至少应同时考虑发生的频率和强度两个指标。风（浪）的强度取决于风速（浪高），一般而言，与风速（浪高）的二次方成正比。根据国际通用的风力评测标准——蒲福风力等级表，可以将风力划分为12级。这里只选取6级以上大风和5级以上大浪进行计算。依据蒲福风力等级表和国家海洋局浪级表，并结合实际情况，对风和浪进行等级划分，见表5.6。

表 5.6 风和浪等级划分

风级	风速范围（m/s）	风速中数（m/s）	浪级	浪高范围（m）	浪高中数（m）
6	10.8～13.8	12.3	5	2.0～<4.0	3.0
7	13.9～17.1	15.5	6	4.0～<6.0	5.0
8	17.2～20.7	19.0	7	6.0～<9.0	7.5
9	20.8～26.4	23.6	8	9.0～<16.0	12.5
10	26.5～28.4	27.5	9	≥16.0	16.0
11	28.5～32.5	30.6			
12	>32.5	33.0			

与热带气旋一样，风和浪的强度计算仍从能量学的角度出发，用风速（浪高）的二次方与风、浪最低标准值的二次方相比。其中，风的最低风速标准值取10.8m/s，浪的最低标准值取2.0m。这里以风速为例，在统计得到各栅格单元风的平均频率和强度后，取式（5.10）中的$\omega_{21}=0.4$、$\omega_{22}=0.6$，并认为风的强度比频率略微重要，可计算风的危险性指数原始值的最大值为258.1，最小值为0，代入式（5.4）进行标准化处理，利用自然断点法分级，结合修订原则进行修订，得到风的危险性等级，见表5.7。

第5章 海上丝绸之路自然风险评估

表 5.7 风的危险性等级

等级标记	等级描述	危险性指数
1	危险性极高	≥0.5
2	危险性较高	0.3～<0.5
3	危险性中等	0.15～<0.3
4	危险性较低	0.1～<0.15
5	危险性极低	≤0.1

根据等级即可对海上丝绸之路沿线部分海域冬季（1月）和夏季（7月）风的危险性进行区划，如图 5.6 所示。

3. 低能见度危险性的计算与区划

能见度在应用和统计上可划分为4个等级：1级是指能见度≤1km，被称为恶劣能见度，属于航行时的危险气象条件；2级是指能见度≤4km、>1km，被称为低能见度；3级是指能见度≥10km、<20km，被称为良好能见度；4级是指能见度≥20km，被称为最佳能见度。

能见度越低，船舶发生碰撞或搁浅的可能性越大。根据国际雾级规定，凡能见度低于4km的即可称为"低能见度"。依据国际气象能见度分级编码及我国地面观测规范，低能见度等级见表5.8。

表 5.8 低能见度等级

等级标记	等级描述	水平能见度（km）	水平能见度中间值（km）
1	能见度较差	1～4	2.5
2	能见度差	0.5～<1	0.75
3	能见度极差	<0.5	0.3

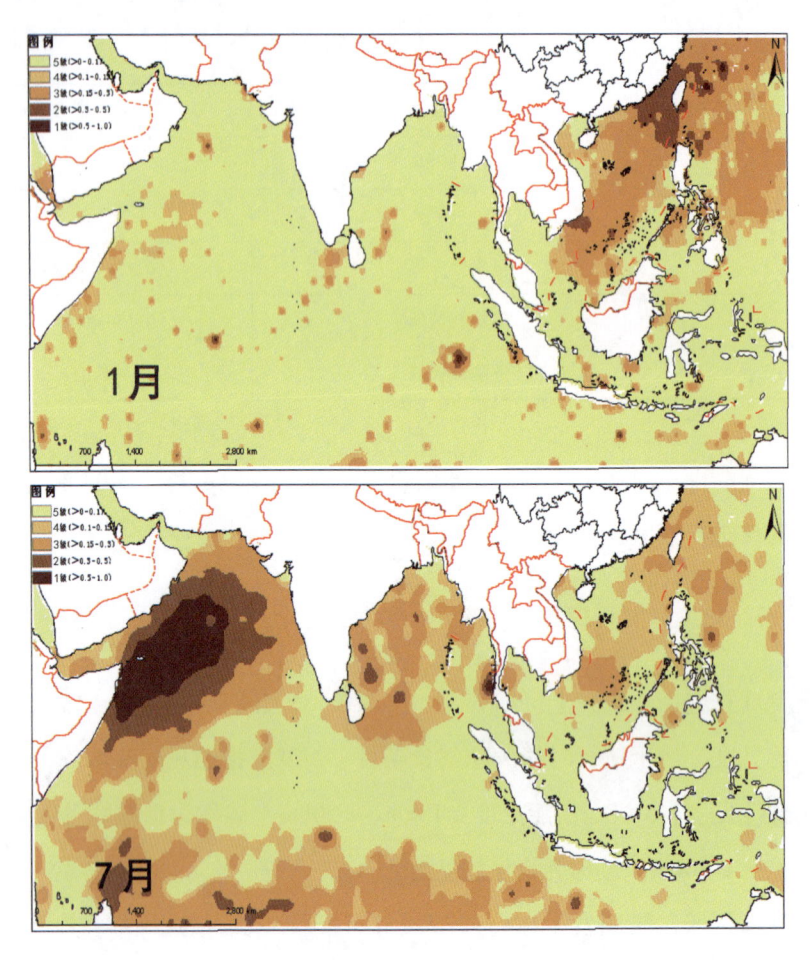

图5.6 部分海域冬季（1月）和夏季（7月）风的危险性区划

无论在海上还是在港口，雾、降水和低云等低能见度天气对船舶的航行都有直接影响，即大气透明度降低，限制了水平能见距离。低能见度天气对航行的安全，特别是对两船相会、机动航行及船舶的工作效能均有显著的制约作用。在运输繁忙的海上丝绸之路沿线海域，尤其是马六甲海峡、巴士海峡等重要的海峡水道，低能见度是海上航行事故的主要致险因子之一。

在使能见度变差的所有因素中，雾的影响最大，不论在海上还是在港口，其对航行都有直接影响，特别是浓雾，可使能见度变得十分恶劣，即使运用雷达等先进的导航仪器，仍有可能发生偏航、搁浅、触礁或碰撞等事件。例如：

- 英国伦敦的一所航海学校在研究了从1958年到1974年间发生在海上的约2000次碰撞事件后发现，有70%以上的事件发生在有雾和能见度不足1.852km的情况之下。
- 在英吉利海峡和多佛尔海峡水域发生的碰撞事件中，有2/3是由于浓雾天气造成的。
- 日本从1953年到1978年间共发生910次海损事故，其中有60%是由于浓雾且伴有低气压的恶劣天气造成的。

根据对ICOADS数据的统计分析，海上丝绸之路沿线海域的能见度一般较好，尤其是在远离陆地的开阔洋面上，全年能见度几乎都在10km以上。能见度低于4km的天气主要出现在南海北部、孟加拉湾、苏门答腊岛和加里曼丹岛附近海域。

- 南海北部主要在2～4月出现雾，1月和9月次之。其中，2月，南海北部的低能见度天气出现的频率占比超过20%。
- 孟加拉湾主要在5～7月和11月出现雾，个别海域的低能见度天气出现的频率占比最高可达20%。
- 苏门答腊岛和加里曼丹岛附近海域主要在6月、7月、10月出现雾，低能见度天气出现的频率占比在5%～10%之间。其中，望加锡海峡在1月也可能出现频率占比约为10%的低能见度天气。

低能见度的致险程度同样与其发生的频率和强度有关。低能见度天气出现频率的统计虽然与前面两个致险因子的统计方法相同，但在计算强度时有所不同。目前，虽然能见度与船舶碰撞事件发生概率之间的具体函数关系并不十分明确，但有一点可以肯定，那就是两者为负相关（能见度越高/低，碰撞事件的发生概率越低/高），为此可近似地取反比关系，将能见度的强度表示为

$$\mathrm{Int}_{\mathrm{Visibility}} = \frac{k}{l} \tag{5.14}$$

式中，$\mathrm{Int}_{\mathrm{Visibility}}$ 为能见度的强度指数；l 为能见度；k 为标准参数，一般 $k=6.0$。

在计算低能见度发生的频率和强度后，即可对两者的权重进行计算。一般认为，强度比频率略微重要，故两者权重分别取 0.6 和 0.4，代入式（5.10）和式（5.4），将计算结果标准化，并用自然断点法为低能见度危险性等级分级，见表 5.9。

表 5.9 低能见度危险性等级

等级标记	等级描述	危险性指数
1	危险性极高	≥0.5
2	危险性较高	0.3～<0.5
3	危险性中等	0.1～<0.3
4	危险性较低	0.02～<0.1
5	危险性极低	<0.02

按分级标准即可分别绘制各月低能见度危险性区划。图 5.7 为海上丝绸之路沿线部分海域 2 月和 7 月的低能见度危险性区划。

由图 5.7 可知，在海上丝绸之路沿线部分海域，无论冬季还是夏季，低能见度的危险性等级总体较低：2 月，南海北部、孟加拉湾北部小块海域及望加锡海峡的危险性等级较高，约为 3 级，尤以南海北部的危险性等级最高，

可达2级；7月，海上丝绸之路沿线大部分海域的低能见度危险性等级都在4级或5级，只有孟加拉湾北部明显高于其他海域，危险性等级可达3级。此外，在孟买的西北近海、苏门答腊岛西部沿海及望加锡海峡也有零星的3级危险性等级区域。

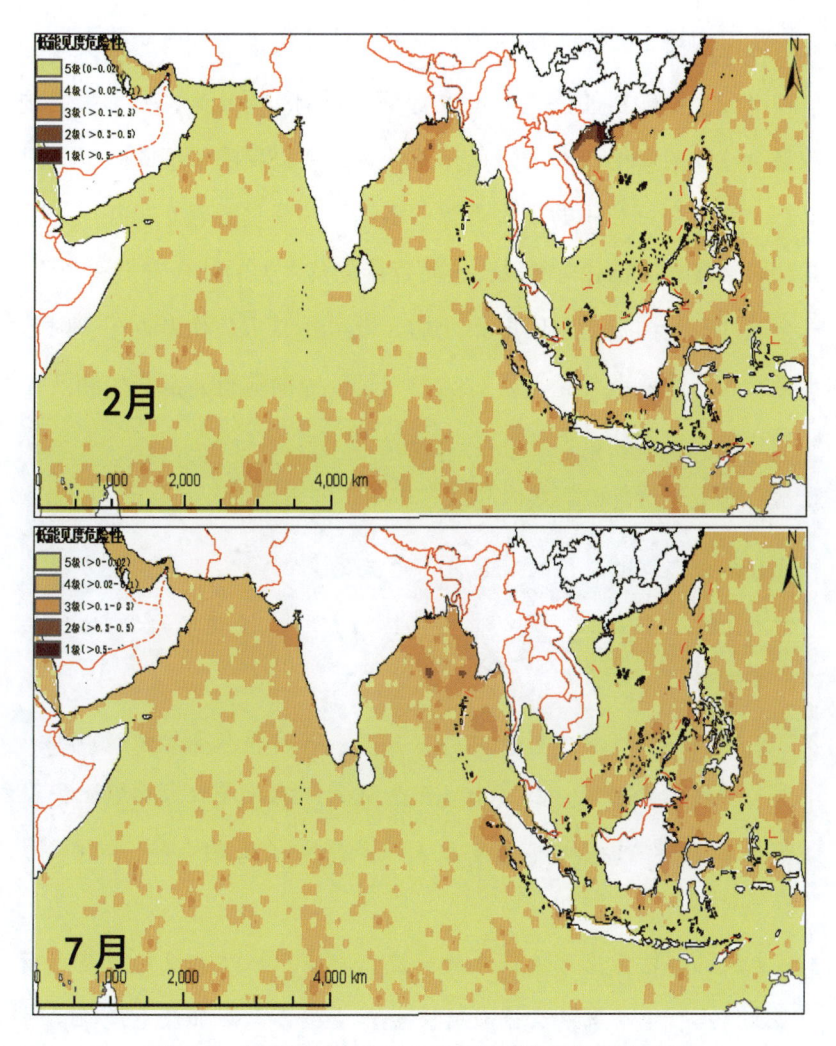

图5.7 部分海域2月和7月的低能见度危险性区划

4. 雷暴危险性的计算与区划

雷暴是由积雨云强烈发展所产生的大气放电现象。由于地球上每时每刻都有约 2000 个雷暴云存在，因此随时会有雷暴产生。Orville 等人[11]提出用雷暴发生率来估算全球闪电事件。统计分析表明，全球每秒可发生约 100 次闪电现象。闪电现象与地球物理（大气电场、地球磁场等）有密切关系，对全球主要降水和水汽输送的能量平衡也有重要影响。近年来，科学家发现，闪电频数与全球气温变化和水汽分布有关。雷暴现象反映了不同的天气过程和气候形态，是人类可利用的重要资源。雷暴区往往乌云密布、狂风暴雨、电闪雷鸣，时常伴有冰雹和龙卷风，进而直接危及人类的社会安全和经济安全。据不完全统计，我国每年因闪电致死的人数可达百人，伤者近千，财产损失达数十亿元人民币。此外，雷暴对航空飞行、舰船航行、雷达探测及无线通信的影响和危害也十分显著。

雷暴对海上航行的破坏效应和致灾作用主要表现为：

- 可直接击中海上航行的舰船，雷电流的高压效应可产生数万伏甚至数十万伏的冲击电压，足以击穿绝缘防护体，使舰船的设备发生短路，造成燃烧、爆炸等直接危害。

- 可通过电线、天线等进入舱内，雷电流的高热效应会释放出几十至上千安培的强大电流，在雷击点产生巨大热能，导致金属熔化，引发火灾和爆炸。雷电流的机械效应主要表现为被击物爆炸、扭曲、崩溃、撕裂等。

- 雷电流的静电感应可使被击物感应出与雷暴性质相反的大量电荷，当雷暴消失、电荷来不及流散时，会产生极高电压和放电现象，进而导致火灾。雷暴波的侵入和防雷装置上的高电压对建筑物的反击作用也会导致配电装置或电气线路发生短路和火灾。

● 雷电流的电磁感应会在雷击点周围产生强大的交变磁场，所感应出的电流可引起变电器局部过热，甚至导致火灾，将严重干扰和危及通信、导航设备及其他电子设备的正常工作。

根据监测统计，全球闪电现象的发生主要集中在 8～12 月：8 月在北半球发生；9 月在南海和印度洋发生；11 月、12 月在南半球发生。

对全球年均雷暴日数的统计分析表明，雷暴日数最多的区域位于 0°～10°N，闪电最密集的区域位于 1°～10°N。由此可以看出，海上丝绸之路沿线海域是闪电发生次数较多的区域，年均雷暴日数在 40 天以上。其中，苏门答腊岛和加里曼丹岛附近的闪电发生得最频繁，年均在 100 天以上。

北印度洋海域终年都有雷暴发生，尤以 4 月最多，分布规律为北部多、南部多、西部少、东部多。阿拉伯海较少发生雷暴（频率占比在 0.5% 以下）。苏门答腊岛西部海域是雷暴的高发区。每年 12 月至翌年 2 月，北印度洋 10°N 以北海域，发生雷暴的频率占比为 0.5%～1.0%；苏门答腊岛以西海域发生雷暴的频率占比为 3.0%。3 月，印度半岛南部海域发生雷暴的频率占比为 3.0%；苏门答腊岛西部及赤道附近海域发生雷暴的频率占比为 4.0%～5.0%。4 月，印度半岛南部附近海域是雷暴高发区，频率占比在 5.0% 以上；另一雷暴高发区为苏门答腊岛西部海域，频率占比为 5.0%～7.0%，其他海域为 1.0%～3.0%。5 月，印度半岛西南部有一频率占比为 4.0% 的椭圆形雷暴发生区域，苏门答腊岛西部海域发生雷暴的频率占比为 3.0%～6.0%，其他海域为 1.0%～3.0%。7 月、8 月，雷暴高发区的范围缩小，北印度洋南部和赤道附近海域发生雷暴的频率占比为 2.0%，苏门答腊岛西部海域发生雷暴的频率占比为 2.0%～4.0%，其他海域为 0.5%～1.0%。10 月、11 月，印度半岛西南部海域发生雷暴的频率占比为 2.0%～3.0%，雷暴高发区仍为苏门答腊岛西部海域，发生频率占比可达 3.0%～6.0%。

南海雷暴的发生有较明显的季节变化和地域变化特征，发生频率占比一般为夏季高于冬季，沿岸、岛屿高于开阔的海面；在东北季风期间，雷暴一般多出现在南海南部和暹罗湾；在西南季风期间，雷暴一般多出现在菲律宾西岸海域、北部湾和暹罗湾。

由于在目前的海洋观测资料中尚无有关雷暴强度的记录，因此在雷暴的危险性计算中只考虑雷暴发生的频率占比，即

$$H_{\text{thunder}} = P_t = \frac{N_{\text{thunder}}}{N_{\text{total}}} \tag{5.15}$$

式中，P_t 为评估单元中雷暴的月平均发生频率；N_{thunder} 为评估单元中多年某月发生雷暴的总次数；N_{total} 为评估单元中多年某月观测雷暴的总次数。将频率统计值标准化后，可得到雷暴的危险性指数及等级，见表 5.10，区划结果如图 5.8 所示（以 1 月为例）。

表 5.10 雷暴危险性指数及等级

等级标记	等级描述	危险性指数
1	危险性极高	≥0.4
2	危险性较高	0.2～<0.4
3	危险性中等	0.1～<0.2
4	危险性较低	0.05～<0.1
5	危险性极低	<0.05

由图 5.8 可知，海上丝绸之路沿线部分海域的雷暴危险性总体较低，南海、孟加拉湾、阿拉伯海几乎都为最低等级（5 级），3 级以上的危险性均零散地分布在 6°N 以南的广大海域，尤以苏门答腊岛以西海域最为明显。

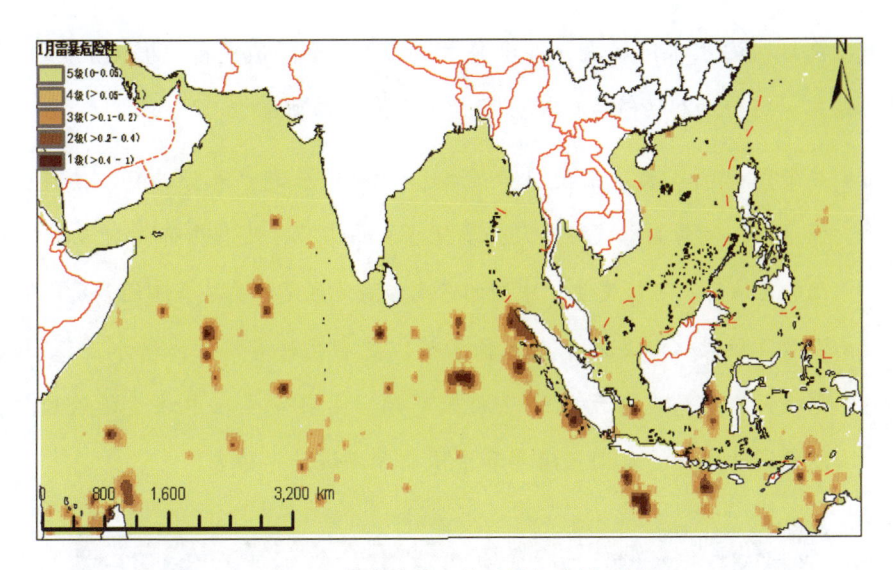

图 5.8 部分海域 1 月雷暴危险性区划

5. 风暴潮

风暴潮是自然界中的一种巨大海洋灾害现象，是由剧烈的大气扰动，如强风和气压骤变（通常指台风、温带气旋、寒潮大风等灾害性天气）所导致的海水异常抬升现象，受影响海域的潮位会大大超越正常潮位。风暴潮又可称为风暴增水、风暴海啸或气象海啸（见图 5.9）。若在风暴潮期间正好赶上天文大潮，则其叠加效应的影响更为剧烈，海水会更加强烈地冲击港口、码头，越过海堤，涌进内陆，酿成巨灾。

（1）风暴潮的基本特征

风暴潮的空间范围一般为几十至上千千米，时间长度为 1～100h，介于地震海啸和低频天文潮之间。有时风暴潮的影响区域会随大气扰动的移动而移动，一次风暴潮过程可影响 1000～2000km 的海岸区域，影响时间达数天。

风暴增水高度与台风中心气压和外围气压差成正比，台风中心气压每降低 1hPa，海平面可上升约 1cm。较强的风暴潮，特别是与天文潮叠加时，会引起沿海地区海水水位暴涨，甚至海水倒灌，从而酿成灾害。根据成因，风暴潮通常又可分为热带气旋风暴潮和温带气旋风暴潮。

- 热带气旋风暴潮是指由热带气旋引起的风暴潮，来势凶猛、速度快、强度大、潮位高、破坏力大，多见于夏秋季节，凡有热带气旋活动或登陆的区域皆有可能发生。中国的东南沿海地区是此类风暴潮的多发地带。
- 温带气旋风暴潮多发生在春秋季节，夏季也时有发生，增水过程比较平缓，增水高度低于热带气旋风暴潮，主要发生在中纬度沿海地区，以欧洲北海岸、美国东海岸和中国北方海域沿岸居多。

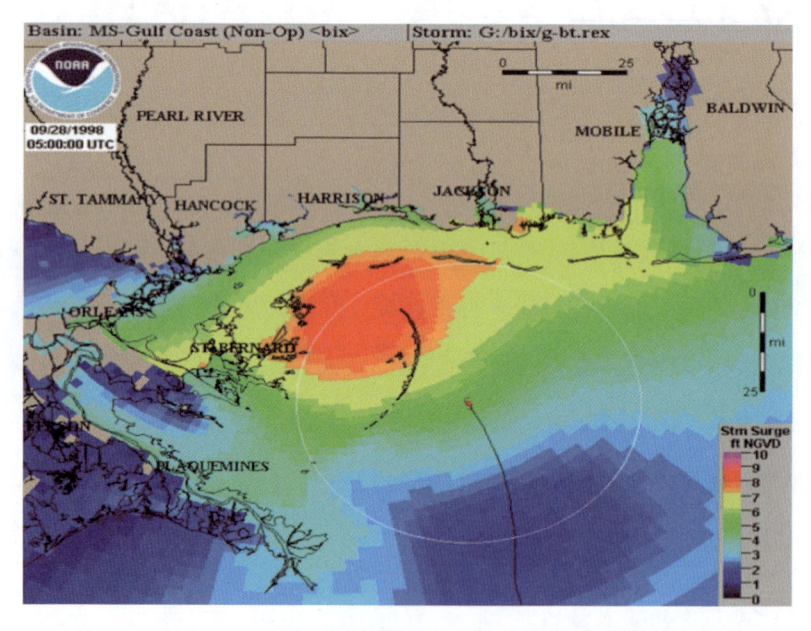

图 5.9　美国南部因一次飓风登陆所造成的风暴增水

（2）风暴潮的影响和破坏

历史上，由风暴潮造成的严重事件很多，例如，日本大阪湾于 1934 年 9 月 21 日遭受的一次台风潮（由台风引起的风暴潮），毁坏房屋 16793 间，夺去 1888 人的生命；1959 年 9 月 26 日，日本伊势湾遭受的台风潮夺去约 5200 人的生命，毁坏房屋 35025 间；1953 年 1 月 31 日至 2 月 1 日，欧洲北海发生的强风暴潮，冲毁许多堤坝，淹没 25000 平方千米土地，夺去约 2000 人的生命，使 60 余万人流离失所；墨西哥湾沿岸的加尔维斯敦于 1900 年 9 月 8 日发生的风暴潮，风速达 60m/s，海水平均高出海面 5m，冲毁城市，夺去约 6000 人的生命；孟加拉湾也是风暴潮肆虐的区域，1864 年和 1876 年的两次风暴潮，使 25 万人丧生，1970 年 11 月 13 日，震惊世界的毁灭性风暴潮，一次就夺去了恒河三角洲一带 30 万人的生命。

由风暴潮造成的灾害一般可划分为四个等级，即特大潮灾、严重潮灾、较大潮灾和轻度潮灾。

风暴潮是否成灾，在很大程度上取决于风暴潮是否与天文潮相叠，尤其是是否与天文大潮相叠，以及受灾地区的地理位置、海岸形状、岸上和海底地形、影响对象（承险体）的情况等。如果风暴潮恰与天文大潮相叠，则会导致特大潮灾的发生。例如，1992 年 8 月 28 日至 9 月 1 日，受第 16 号强热带风暴和天文大潮的共同影响，我国东部沿海发生了自 1949 年以来影响范围最广、损失最为严重的一次风暴潮灾害。

若风暴潮的潮位非常高，则即便其未与天文大潮相叠，也会造成严重灾害。8007 号台风（1980 年第 07 号台风，简称 8007 号台风）风暴潮就属于这种情况，虽然当时正逢天文潮的平潮，但因出现了 5.94m 的特大潮位，故仍造成了严重损失。

风暴潮对于海峡水道、岛屿和沿海地区都是一个强烈的致险因子。风暴潮的致险强度主要与风暴或气旋的强度、与天文大潮的相遇时刻及受灾地区的地理位置、海岸形状、海底地形等因素相关。

(3) 风暴潮的类型和时空分布

风暴潮是一种重力长波，周期从几小时到几天不等，振幅可达数米，影响范围达几十千米到上千千米。较大风暴潮的形成条件主要有如下三个方面：

- 强劲而持久的向岸或离岸大风。
- 有利的海岸地形和广阔的海域。
- 与天文大潮的重合、叠加。

产生风暴潮的剧烈大气扰动主要有热带气旋、温带气旋、寒潮或冷空气等。影响南海和印度洋地区的风暴潮主要为热带气旋风暴潮。

由于海上丝绸之路沿线海域的风暴潮主要是由热带气旋、台风等引发的，因此风暴潮的时空分布特征与热带气旋、台风的时空分布特征相似，在此不再单独列出。

5.6 承险体的脆弱性和易损性

5.6.1 承险体

在自然风险分析的过程中，承受自然风险的对象被称为承险体。本书中的承险体泛指遭受海域环境灾害和人为主观侵害（如海盗劫掠、恐怖袭击等）的对象，主要包括远洋船舶、石油平台、重要海峡水道和岛屿等。

对承险体的分析主要包括对承险体脆弱性和易损性的分析。

- 承险体的脆弱性表示因袭击而导致的毁坏程度。这里的脆弱性表示承险体对灾害的敏感程度和承受能力，包括固有脆弱性和现实脆弱性两个特征指标。固有脆弱性是指承险体受自然环境和自然因素影响的脆弱性。现实脆弱性是指遭遇恐怖袭击等人为因素侵袭时，承险体对事件的敏感程度和承受能力。
- 在不同的文献中，有学者将部分承险体的脆弱性称为承险体的易损性，如将气象灾害承险体的易损性定义为：承险体遭受气象灾害事件时，承受危害的难易程度；将洪水灾害承险体的易损性定义为：在一定的社会经济条件下，及在特定区域内，各类承险体在遭受不同强度的洪水后，可能造成的损失程度。

综合前面的孕险环境和致险因子分析，海上丝绸之路沿线海域的承险体可归纳为以下几类。

1. 远洋船舶

远洋船舶由于自身防卫条件有限，往往又在远离船舶属国或属地的远洋海域航行，抵抗各种灾害和袭击的能力较为薄弱，因此当遭受自然灾害或人为袭击时，易产生较严重的损害，即具有较高的脆弱性。对于固有威胁，远洋船舶的脆弱性主要与航行的船舶密度（可根据统计数据得出）、船舶排水量、船舶装载物的经济价值及船上人员数量有关。一般来说，船舶密度越大、船舶排水量越小、船舶装载物的经济价值越高、船上人员数量越多，脆弱性越高。

2. 岛礁

南海共有大大小小的岛礁200多个，其中，大多数岛礁的面积很小，没有植被和淡水，生存条件极为恶劣，且远离陆地。例如，南沙群岛，位于我国最南端，距海南岛1000km以上，无论面对固有风险还是突发风险，岛礁的脆弱性都很高。对于自然环境风险，其脆弱性主要与岛上居住人口、岛上设施价值及与陆地的距离相关。一般而言，岛上居住人口越多、岛上设施价值越高、与陆地的距离越远，脆弱性越高。分析表明，对于自然环境风险，南沙群岛的脆弱性最高，中沙群岛次之，东沙群岛最低。

3. 海峡水道

南海的海峡水道众多，包括巴士海峡、巴林塘海峡、巴布延海峡、巴拉巴克海峡、龙目海峡、巽他海峡、望加锡海峡、马六甲海峡、新加坡海峡等，当遭受自然风险袭击时，往往会产生较大的损失，即具有较高的脆弱性。对自然环境风险，其脆弱性主要取决于海峡水道两岸人口、经济状况、通航状况及避灾条件等。海峡水道两岸人口密度越大、通航量越大、通航条件越差、避灾条件越差，脆弱性越高。

4. 海上平台

海上平台（例如油气开采平台）按功能和用途不同，可分为钻井采油平台、储油平台、油气处理平台、作业人员生活平台等；按材料不同，又可分为木质平台、钢质平台、混凝土平台、混合材料平台等。

海上平台由于长期处在无遮掩的海域，相对于近岸工程而言，更易遭受恶劣和复杂的自然环境风险。热带风暴、台风和暴雨等恶劣天气及极端海况下的大浪、海流，均可对海上平台造成巨大的破坏。例如，英国的 Piper Alpha 平台灾难致使 167 人丧命；巴西的 P-36 号平台（是巴西最大的海上平台，也是世界上最大的半浮动式海上油井平台之一）沉没，造成巨大经济损失，仅事件造成的油井停产，每天损失就达 300 多万美元，迫使巴西增加石油进口，从而增加了贸易赤字。这些海上平台灾难的发生震惊了整个世界，也引起了人们对海上平台安全的极大关注，加速了人们对海上平台安全评估工作的研究。

对于自然环境风险，海上平台的脆弱性主要取决于平台的功能和结构、平台的经济价值和人员数量、平台的自我防护能力、平台与海岸的距离等因素。一般而言，若海上平台的结构越复杂、经济价值越高、驻守人员越多、环境条件越差、离海岸距离越远，则脆弱性越高。

5. 海上活动

这里的海上活动主要是指海洋调查、资源勘探、科学实验等。由于海上活动的成本代价高，且涉及高精尖仪器装备及大量的科研人员，恶劣的海洋环境不仅会严重妨碍任务的成功完成，还会造成较大的人员伤亡和财产损失，因此其脆弱性主要取决于海上活动的自身价值（科学价值、经济价值等）、海上活动中的仪器装备对自然环境风险的敏感程度、参与海上活动的人员数量、仪器装备的总价值及海上活动区域与海岸的距离等。一般而言，海上活动中仪器装备对自然环境风险的敏感程度越高、参与海上活动的人员数量越多、仪器装备的总价值越高、海上活动区域与最近救援点的距离越远，脆弱性越高。以海上军事演习为例，演习的战略（战术）目的越强、演习中使用的武器装备价值越高、对环境越敏感、参与演习的人员数量越多、演习海域距离军事基地越远，脆弱性越大，在同样强度的自然环境条件或灾害威胁下，演习失败的风险越高，造成的损失也越大。

5.6.2 脆弱性和易损性的评估

关于承险体的脆弱性和易损性，国外已有 30 余年的研究历史。美国自 20 世纪 80 年代初期就开始对各类承险体相对不同致险因子的脆弱性和易损性进行了系统的讨论，给出了多种形式的致险因子强度与承险体损失率的关系曲线，如地震烈度、洪水（河道洪水、风暴潮等）淹没深度、风力与各类建筑物损失率之间的关系曲线等。20 世纪 90 年代以来，在对不同类别承险体的自然灾害脆弱性和易损性研究的推动下，各国对各种形式的承险体脆弱性和易损性的研究方兴未艾，如城市地震的易损性研究、自然灾害的社会易损性研究、经济易损性和社区易损性研究、大城市自然灾害的脆弱性研究、人类相对于自然灾害的脆弱性研究、岛屿国家海平面上升的脆弱性研究等。上述研究在理论和方法层面上促进了对承险体脆弱性和易损性研究的深入。

根据上述对脆弱性和易损性的理解及对承险体的分析可知,脆弱性和易损性指标体系应是综合性的,既要考虑承险体的自身因素,也要考虑对社会经济的影响,同时还要体现对风险的前瞻性思考,有利于国家的发展和减灾决策的制定。基于上述指导思想,参考风险热点地区研究计划所提出的通用脆弱性评价指标体系,可从以下三方面评估承险体的脆弱性和易损性,即承险体的暴露程度、承险体的灾损敏感性及与社会经济文化背景相关的综合应灾能力。

1. 承险体的暴露程度

承险体的暴露程度是指暴露在致险要素影响范围内或受灾区域内的承险体数目或价值,是风险存在的必要条件。严格地说,承险体的暴露程度取决于致险因子的危险性和区域内的承险体数目。由于在风险表达中单独考虑了各评估单元的危险性,即对暴露程度的评估是在一定致险因子危险性的条件下进行的,因此暴露程度只需要考虑评估单元中的承险体总量(数目或价值),即

$$\mathrm{Exp} = \sum_{i=1}^{N} W_e(i) V_e(i) \tag{5.16}$$

式中,Exp 为区域内承险体的暴露程度;$V_e(i)$ 为区域内第 i 类承险体总量;$W_e(i)$ 为第 i 类承险体对应的权重。

值得注意的是,对暴露程度的评估要视承险体的具体类型和特征确定,可分为数量价值型和效应价值型,如船舶、海上平台等一般为数量价值型,可以用具体的数目和经济价值衡量。这里的价值包括广泛的含义,既包括承险体经济意义上的价值和使用价值,也包括承险体在人类社会经济活动中体现出来(或担负)的作用和功能,还包括承险体的政治意义及影响等多个层面。

第5章 海上丝绸之路自然风险评估

对于海上船舶这类承险体，经过分析认为，其暴露程度主要由评估单元中的船舶数量、经济价值及船上人员数量决定。评估时，由于在目前的统计资料中只含有船舶的分布信息，不包含具体每一艘船舶的价值信息，因此一般粗略地用船舶密度作为评估海上船舶暴露程度的指标。

对于海峡水道这类承险体，一般是以单个海峡水道作为一个评估单元，根据分析，其暴露程度主要与海峡水道中的船舶数量和战略价值有关。其中，战略价值主要是指海峡水道的战略意义（包括战略地位和军事价值），通过专家评分得到，也可以粗略地采用近年来船舶经过海峡水道的年平均通航量进行评估。海峡水道暴露程度的表达式为

$$\mathrm{Exp}(\mathrm{strait}) = W_e(1)V_e(1) + W_e(2)V_e(2) \tag{5.17}$$

对于港口、岛屿这类承险体，同样也可用单个岛屿或港口作为一个评估单元。由分析可知，岛屿或港口的暴露程度与其上的常住人口数量、常驻船舶数量、设施价值及战略价值有关。岛屿的战略价值可用岛屿的主权价值、防御价值、开发价值等指标衡量。港口的战略价值包括军用价值和民用价值两个方面。军用价值一般用驻港舰艇的总吨位衡量。民用价值一般用港口的最大吞吐量来衡量。

对于海上平台这类承险体，其暴露程度可用单个海上平台作为评估单元，结合前文的分析可知，与自身价值、开发能力及常住人口数量有关。对于采油平台来说，开发能力可用日产油量来衡量。

对于海上活动（包括科学实验、海洋调查及资源勘探等）这类承险体，其暴露程度与其他承险体不同，评估范围为活动所涉及的范围，评价指标包括参与活动的人员数量、仪器装备的总价值及活动意义等。其中，活动意义一般通过专家或决策者评分得出。在其他条件一定的情况下，参与活动（行动）的人数越多、仪器装备的总价值越高、活动（行动）意义越重大，暴露程度越高。

2. 承险体的灾损敏感性

承险体的灾损敏感性是指由承险体自身特性决定的，在遭到一定强度的风险侵袭后受到损伤的程度，反映的是承险体自身抵御致险因子侵袭的能力。当然，承险体受到损伤的过程不仅取决于承险体的自身特性，还取决于灾害类型。例如，大风、大浪对船舶的损伤主要是使船体严重摇摆或倾覆，雷暴主要是干扰船舶的通信设备、导航设备及其他电子设备的正常工作。因此，不能脱离灾害类型，单独分析承险体的灾损敏感性。灾损敏感性的取值范围通常为 0～1。值越大，灾损敏感性越高。

（1）船舶

对于热带气旋和大风、大浪，船舶的灾损敏感性主要与船舶的抗风浪能力及坚固程度有关。根据黄衍顺等人[12]对船舶倾覆概率的计算可知，在一定的海况等级下，船舶的倾覆概率与船舶的排水量、重心高度及水面以上投影面积等参数有关。通常情况下，可采用船舶的排水量作为船舶的灾损敏感性指标。一般情况下，排水量越小，发生倾覆的可能性越大，灾损敏感性越高。灾损敏感性等级见表 5.11。

表 5.11　灾损敏感性等级

排水量（吨）	抗风浪能力	敏感性描述	敏感性赋值
<200	5～6	极高	0.9
≥200～500	>6～8	较高	0.7
>500～1000	>8～9	一般	0.5
>1000～3000	>9～11	较低	0.3
>3000	>11～12	极低	0.1

当然，如果船舶的抗风浪能力已知，则不需要根据排水量进行计算。

对于雷暴，船舶的灾损敏感性主要取决于输电线路的安全性、易燃易爆物的数量及通信设备的抗干扰能力等。

对于低能见度，船舶的灾损敏感性主要与船舶探照灯的穿透能力、航向稳定性、操纵性及船体的坚固程度有关。

（2）海上平台

海上平台容易遭受热带气旋、大风、大浪的侵袭，可带来船舶碰撞、海水浸泡，甚至平台整体倾覆的风险。对于此类风险，海上平台的灾损敏感性与平台的高度、坚固程度及平台的体积和质量有关。此外，海上平台在面临雷暴灾害时，其灾损敏感性主要取决于平台的易燃性。

（3）海峡水道

海峡水道的灾损敏感性主要与航道水深、航道宽度等因素及地理环境的复杂程度有关。

（4）岛屿、港口

岛屿的灾损敏感性包括岛上人口和岛上设施的灾损敏感性。人口的灾损敏感性可用人口体能指数和自救技术指数衡量。其中，人口体能指数与人口的年龄结构有关；自救技术指数与受教育程度及自救训练有关。其表达式分别为

$$S_{\text{pop(age)}} = 1 - \frac{\text{POP}_{\text{elder}} + \text{POP}_{\text{child}}}{\text{POP}} \quad (5.18)$$

$$S_{\text{pop(edu)}} = \frac{\text{POP}_{\text{edu}}}{\text{POP}} \quad (5.19)$$

式中，$S_{\text{pop(age)}}$、$S_{\text{pop(edu)}}$分别为人口体能指数和自救技术指数；$\text{POP}_{\text{elder}}$、$\text{POP}_{\text{child}}$、$\text{POP}_{\text{edu}}$、POP 分别为岛上老年（≥65岁）人口数、儿童（≤14岁）人口数、掌握灾害自救能力的人口数、总人口数。岛上设施的灾损敏感性主要与设施的结构、质量等指标有关。港口的灾损敏感性主要与停泊在港口的船舶的锚定能力、抗损能力，码头设施的抗损能力，以及港口的防灾设施和抗灾能力等有关。

（5）海上活动

海上活动的灾损敏感性同样也可以分为人口、载体（通常为船舶）及仪器设备的灾损敏感性。仪器设备的灾损敏感性主要与其防护措施、性能稳定性、老化程度及精密程度等相关。

3. 综合应灾能力

综合应灾能力是指人类社会为保障承险体免受或少受某种灾害威胁而采取的基础和专项防范措施，反映的是人类社会应对灾害的主观能动性。灾损敏感性是承险体自身在遭受灾害袭击时被动反应的一种内在属性。一般而言，在其他条件一定时，综合应灾能力越强，承险体遭受灾害袭击的可能性越小，遭受的损失也越小。

目前，综合应灾能力的量化评估还是一件非常困难的事，因为它涉及社会经济的诸多方面，非常复杂，所以本节结合研究对象的实际情况，参照区域综合减灾系统构成（见图5.10），借鉴葛全胜关于应灾能力的评估思想，建立了海上丝绸之路沿线海域综合应灾能力评价指标体系（见图5.11）和部分相应的评价指数。

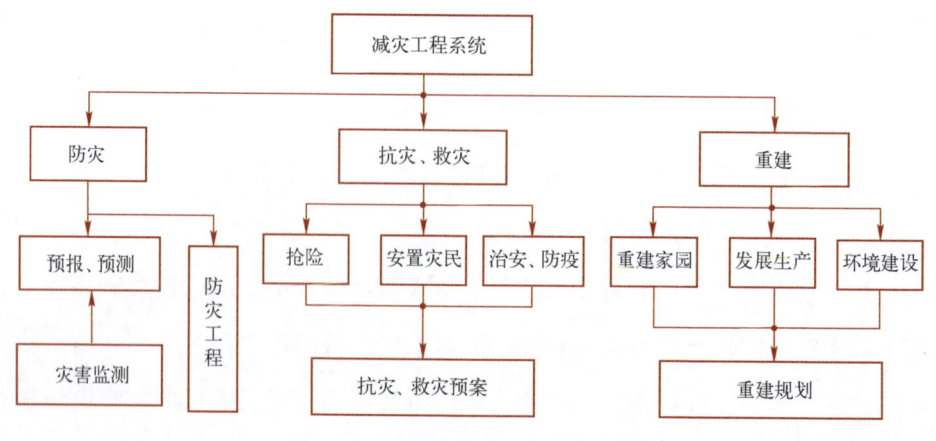

图 5.10　区域综合减灾系统构成[13]

第5章 海上丝绸之路自然风险评估

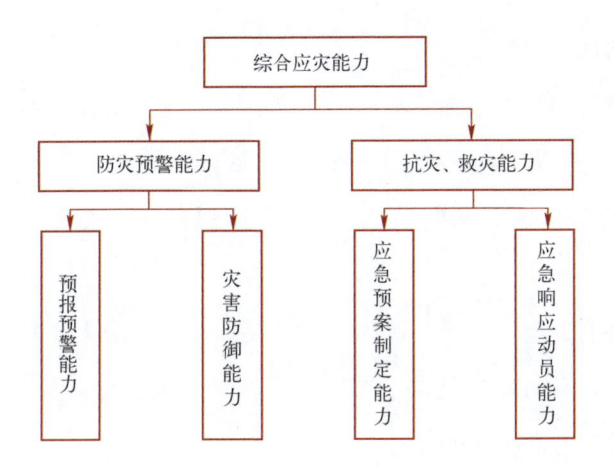

图 5.11 海上丝绸之路沿线海域综合应灾能力评价指标体系

在二级指标中，防灾预警能力可分为预报预警能力和灾害防御能力；抗灾、救灾能力可分为应急预案制定能力和应急响应动员能力。二级指标还可以进一步划分为三级指标，如预报预警能力可分为预报能力和预警能力。预警能力是对灾害警报的发布和信息的接收能力。以热带气旋灾害为例，对于船舶这一承险体来说，预警能力可用船舶接收传真报文成功率及船员识别危险警报的能力来表示。预报能力可以用制作危险天气或海况预报准确率作为评价指标。目前，气象预报的准确率主要有三种计算方式，即 TS 评分、PO 评分和 FAR 评分。本书采用 TS 评分来计算预报的准确率，表达式为

$$TS = \frac{Na}{Na+Nb+Nc} \times 100\% \tag{5.20}$$

式中，TS 为预报的准确率；Na、Nb、Nc 分别为预报正确、空报和漏报的次数。

当无法获取预报的准确率时，可用区域附近观测站点（设备）的密集程度表示预报能力。对于海洋预报，可用 Argo 浮标、自动气象站及船舶分布密

度来近似评估预报能力。

对于灾害防御能力指标，不同的灾害有不同的承险体和不同的指标。以港口为例，抗击台风的防御能力指标应包括以下方面：一是港口防风设备（主要是锚系设备）建设标准；二是港口救生、打捞设备数量；三是防潮大堤的建筑标准（多少年一遇）。

应急预案制定能力主要是指为了应对灾害而制定防灾、减灾行动方案的效率，以及该行动方案在防灾、减灾时发挥的效能，即应急预案的成功率，可用类似于预报的准确率进行定义和计算。

应急响应动员能力主要与应急救援力量、救援距离及动员号召响应等因素相关。

综上分析，这里以热带气旋和大风、大浪为例，构建海上丝绸之路沿线海域自然风险脆弱性评价指标体系，见表5.12。

表5.12 海上丝绸之路沿线海域自然风险脆弱性评价指标体系

承险体类型	一级指标	二级指标	三级指标
船舶	暴露程度	船舶数量	
		货运价值	
		船员人数	
	灾损敏感性	抗风浪能力	
		仪器设备先进性	
	综合应灾能力	预报预警能力	
		救灾能力	
海上平台	暴露程度	平台自身价值	
		生产开发能力	
		常住人口数量	
	灾损敏感性	抗风浪能力	
		设备先进性	
	综合应灾能力	救生设备完好性	
		机构救援力量	

续表

承险体类型	一级指标	二级指标	三级指标
海峡水道	暴露程度	船舶数量	
		战略价值	能源通道价值
			货运通道价值
			军事战略价值
	灾损敏感性	海峡水道水深	
		海峡水道宽度	
	综合应灾能力	救援工程设施	
		应急救援力量	
岛屿	暴露程度	常住人口数量	
		建筑设施价值	
		战略价值	主权归属
			军事防御
			经济开发
	灾损敏感性	人口敏感性	人口体能指数
			自救技术指数
		建筑设施敏感性	
	综合应灾能力	防灾能力	预报预警能力
			防灾工程质量
		应急救援力量	
海上活动	暴露程度	参与人数	
		仪器装备价值	
		活动科学/经济价值	
	灾损敏感性	人员敏感性	
		仪器装备敏感性	
	综合应灾能力	预报预警能力	
		应急救援力量	

5.6.3　脆弱性和易损性的评价指标融合与区划

在确定各类承险体的脆弱性、易损性的评估内容和评价指标后，还需要选择一定的方法把相关的指标逐级耦合起来，以综合反映某区域承险体针对某一风险的脆弱性和易损性。对于特定区域的某一风险而言，一般多以层次分析法、主成分分析法、灰色聚类分析法及模糊综合评判法等将指标加以融合。下面以层次分析法为例阐述指标融合的步骤：

第一步，根据评估范围和对象，确定评估单元。

第二步，参考评估单元，整理基础资料，统计评估单元中各类承险体脆弱性和易损性的底层评价指标，并进行标准化处理，消除量纲差异。标准化处理可采用归一化方法，用评估要素属性的最大值除以该属性的实际数据，取值范围为 0～1。

第三步，对评估单元中各类承险体脆弱性和易损性的一级指标（暴露性、灾损敏感性及综合应灾能力）进行评估和计算，主要采用加权求和形式对二级指标进行加权求和，得到暴露程度指数、灾损敏感性指数和综合应灾能力指数，各指标的权重可以通过专家打分方式或经验知识予以确定。

第四步，根据专家意见或实际情况确定一级指标权重，将一级指标代入脆弱性和易损性的计算公式，得到脆弱性和易损性的评估指数。

在计算各评估单元中承险体的脆弱性和易损性后，利用等级划分方法对评估指数分级，即可在地理信息系统平台上绘制脆弱性和易损性的评估指数区划。例如，图 5.12 为根据 30 年的统计资料得到的海上丝绸之路沿线部分海域年平均船舶暴露程度区划。由图可知，暴露程度最高的海域为南海北部、南沙群岛以西海域、马六甲海峡、马六甲海峡以西到科摩林角、红海、亚丁湾、波斯湾和霍尔木兹海峡，暴露程度达到最强的1级，其他一些重要航运海域的暴露程度可达到2级左右。相对而言，暴露程度较小的海域为印度洋西南部海域、印度尼西亚与澳大利亚之间的海域等，一般在4级以下。

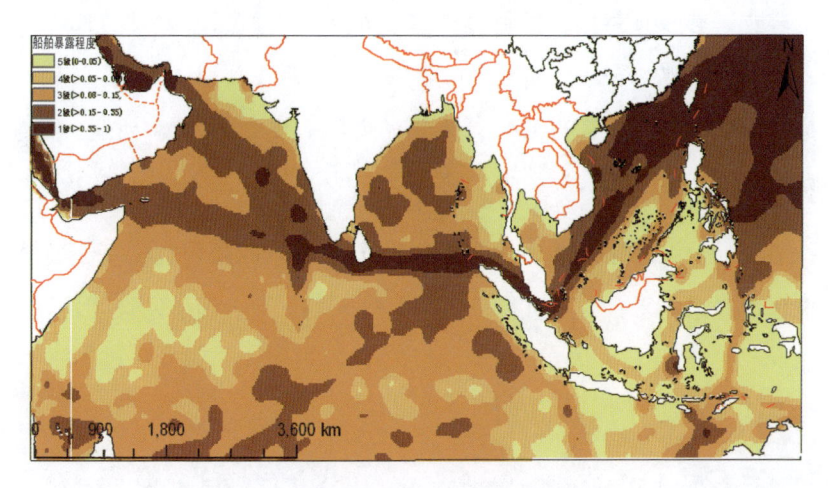

图5.12　部分海域年平均船舶暴露程度区划

5.7　自然风险区划

　　海上丝绸之路沿线海域自然风险评估是一个区域性的灾前评估，是对区域内孕险环境和致险因子可能导致的潜在风险事件，以及可能造成的损失程度和防范工程效益进行的预测性评估。自然风险评估的基本步骤：

　　第一步，建立基于自然风险评估地理信息系统平台的基础地理、气象水文、政治经济、社会历史、资源分布等风险分析数据库。

　　第二步，在此基础之上，建立孕险环境、致险因子的评估模型和指标体系，并进行相应的敏感性和危险性分析。

　　第三步，利用自然风险评估地理信息系统平台的风险分析信息，建立承险体的评估模型并进行脆弱性分析，随后，用层次分析等方法将建立的评估模型进行层次分解，将复杂因子的关系简化，计算出孕险环境、致险因子的危险性和承险体的脆弱性，以及自然风险值和现实风险值。

第四步，利用自然风险评估地理信息系统平台的空间分析功能进行图层叠加、分割、萃取、合并，划分风险等级，得到风险区划。

第五步，根据风险区划结果，为海洋灾害和突发事件的防范与应急响应提供辅助决策支持。

针对海上丝绸之路沿线海域自然风险显著的空间差异性，基于自然风险评估地理信息系统平台，可进行单因子风险区划、综合因子风险区划等。

5.7.1 单因子风险区划

单因子风险也称单灾种风险，是指考虑在某单一灾种致险因子的危险性、承险体的脆弱性和孕险环境的敏感性等三个方面共同作用下产生的综合风险。

根据三个方面的计算结果，结合风险指数模型，可评估单灾种风险。这里以大风（浪）致险因子为例进行简要说明。

第一步，比较大风（浪）的三要素（危险性、脆弱性、敏感性）对单灾种风险的贡献，并以此确定相应的权重，根据指标合成的乘法原则，某个指标的变化所引起的综合指标变化越明显，相应的权重就越大。

第二步，在历史灾情资料不足的情况下，这里根据专家经验，用两两比较法粗略地计算权重，建立如下判别矩阵

$$A = \begin{bmatrix} 1 & 2 & 3 \\ \frac{1}{2} & 1 & 2 \\ \frac{1}{3} & \frac{1}{2} & 1 \end{bmatrix}$$

得到权重向量 $W=(0.54,0.3,0.16)^T$，CR=0.008<0.1，满足一致性检验条件，即致险因子的危险性、承险体的脆弱性和孕险环境的敏感性相应的权重分别为0.54、0.3和0.16。

第三步，将以上结果代入式（5.9），即可计算出大风（浪）的风险评估模型。

图5.13为基于多年平均气候资料的海上丝绸之路沿线部分海域1月和7月的大风（浪）综合风险区划。

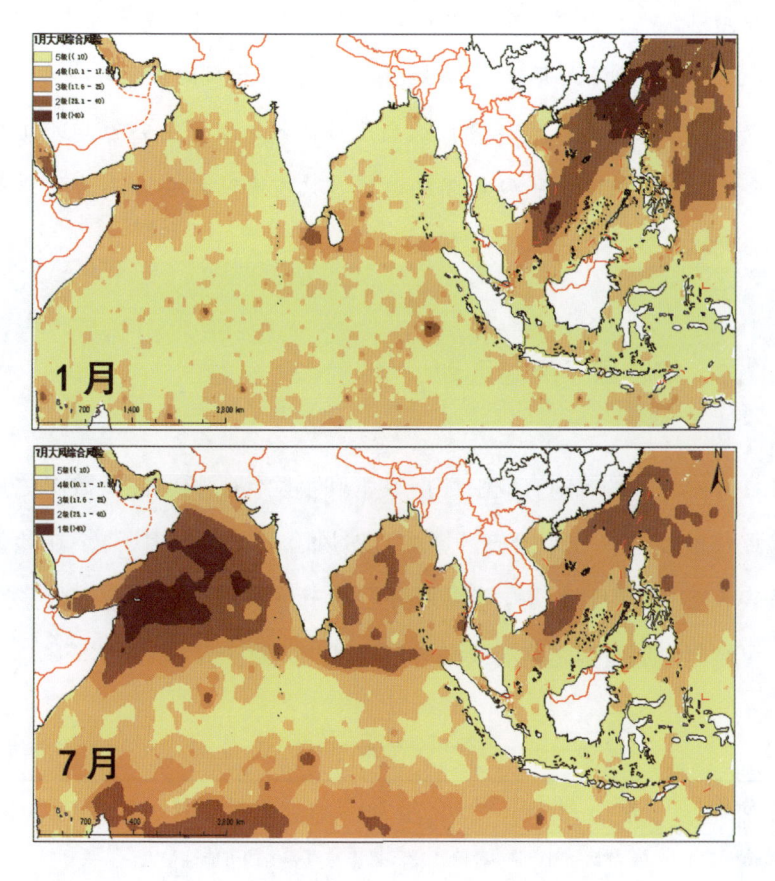

图5.13 部分海域1月和7月的大风（浪）综合风险区划

将大风（浪）综合风险与大风的危险性、承险体的脆弱性和孕险环境的敏感性相比较可以发现，在大风（浪）综合风险区划与风险三要素区划之间，既有相似的地方，也有一些不同之处。海上丝绸之路沿线部分海域的大风（浪）综合风险具有以下特征：

- 1月，南海的大风（浪）综合风险明显高于其他海域，普遍在2级左右，其中，巴士海峡和台湾海峡的大风（浪）综合风险最大，达到1级，印度洋海域的大风（浪）综合风险较小，普遍在4级以下，只有风力偏大、船舶通过量较大的海域，如索马里东北部、阿拉伯海西南部海域，以及斯里兰卡附近海域，大风（浪）综合风险可达3级。
- 7月，阿拉伯海大部分海域的大风（浪）综合风险在2级左右，亚丁湾以东部分海域的大风（浪）综合风险达到1级，南海的大风（浪）综合风险相对较小，一般在3级以下，只有南沙群岛和南海东北部海域的大风（浪）综合风险达到2级。

5.7.2 综合因子风险区划

在计算得到各区域固有危险性指数 T 和承险体的脆弱性指数 V 之后，代入风险评估模型，即可得到各区域的自然风险值（综合因子）。在此基础之上，按表5.13进行自然风险等级划分，基于自然风险评估地理信息系统平台，即可绘制海上丝绸之路沿线海域自然风险区划。

表 5.13　自然风险等级

评估分值	等级	特征描述
≥80	1级	危险，受环境影响或袭击的可能性很大，损失严重
60～<80	2级	较危险，受环境影响或袭击的可能性较大，损失较严重
40～<60	3级	临界态，受环境影响或袭击的可能性和损失不明朗

第5章 海上丝绸之路自然风险评估

续表

评估分值	等级	特征描述
20～<40	4级	较安全，受环境影响或袭击的可能性和损失较小
<20	5级	安全，受环境影响或袭击的可能性和损失很小

基于多年平均气候资料，以冬季（1月为代表）、夏季（7月为代表）为例，计算并绘制海上丝绸之路沿线部分海域冬、夏季自然风险区划，如图5.14所示。

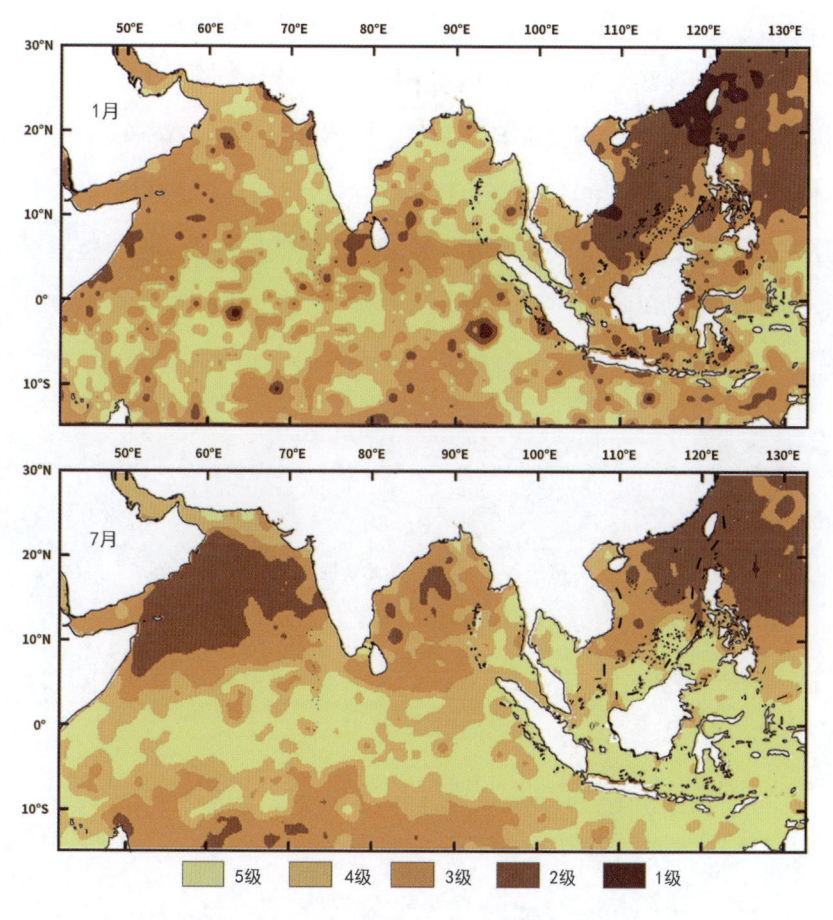

图5.14 部分海域冬、夏季自然风险区划

由图 5.14 可知，冬季（1 月），海上丝绸之路沿线部分海域自然风险等级在 3 级以上的区域主要分布在南海海域、印度半岛东南和索马里东北侧至亚丁湾的部分海域，导致这些海域出现较高自然风险的原因大致可归结为北半球冬季盛行的东北季风和冬季风潮所致的大风、大浪天气。相比较而言，由于青藏高原和伊朗高原的阻挡，高纬度地区的冷空气侵袭印度洋海域的强度较南海要弱得多，因此冬季的自然风险主要集中在南海海域（可达到 2 级以上），尤其是南海中部、北部部分海域的自然风险可达到 1 级。这些海域除大风、大浪等恶劣海况外，还常受回流低云、海雾、蒙雨等低能见度的影响。

夏季，自然风险等级可达 2 级的区域主要分布在南海海域、阿拉伯半岛以东海域、北印度洋海域。其中，南海海域的自然风险等级与在南海盛行的西南季风、季风天气（西南大风、雷暴、降水等），以及逐渐增多的热带气旋、台风等天气有关；北印度洋的自然风险等级与来自南半球的越赤道气流、赤道反气旋扰动，以及季风云团降水频繁、季风低压气旋活跃，特别是在东非沿岸强劲的索马里急流有关。

参考文献

［1］张业成. 论地质灾害风险评价［J］. 地质灾害与环境保护，1996，7（3）.

［2］任鲁川. 区域自然灾害风险分析研究进展［J］. 地球科学进展，1999，14（3）.

［3］史培军. 论灾害研究的理论与实践［J］. 南京大学学报：自然科学版，1991，11（3）：37-42.

［4］United Nations, Department of Humanitarian Affairs. Mitigating natural disasters: phenomena effects and options—a manual for policy makers and plannersp［M］. New York: United Nations, 1991, 1-164.

［5］United Nations, Department of Humanitarian Affairs. Internationally agreed glossary of basic terms ralated to disaster management［R］.1992.

［6］谢梦莉.气象灾害风险因素分析与风险评估思路［J］.气象与减灾研究,2007：30（2），57-59.

［7］葛全胜.中国自然灾害风险综合评估初步研究［M］.北京：科学出版社,2008.

［8］叶安乐,李凤岐.物理海洋学［M］.青岛：青岛海洋大学出版社,1992.

［9］罗培.GIS 支持下气象灾害风险评估模型-以重庆冰雹灾害为例［J］.自然灾害学报,2007,16（1）.

［10］白利平.基于 GIS 的北京地区泥石流区划［J］.中国地质灾害与防治学报,2008,19（2）.

［11］ORVILLE R E, SPENCER D W. Global lighetning flash frequency［J］. Mon Wearher Rev, 1979：107, 934-943.

［12］黄衍顺,李红涛,王震.随机横浪中船舶倾覆概率计算［J］.船舶力学,2001,5（5）.

［13］科技部,国家计委,国家经贸委灾害综合研究组.灾害·社会·减灾·发展—中国百年自然灾害态势与 21 世纪减灾策略分析［M］.北京：气象出版社,2000.

第 6 章
全球气候变化与海上丝绸之路自然风险响应

自然风险是一个宽泛的概念。本章阐述的自然风险特指因气象、海洋、地形等自然环境因子的影响，导致港口基地、海上航运及海上丝绸之路沿线国家和地区之间的合作或投资项目可能遭遇不利事件，使国家和地区的人员和财产遭受损失。本章基于构建的海上丝绸之路沿线海域自然风险评价指标体系，引入 CCMP 风场数据、CMAP 降水数据等，构建一种同时考虑自然风险的发生强度和发生频率的风险区划方法；基于 IPCC 全球气候变化情景，引入不同温室气体排放情景下的气象与海洋要素响应特征指标及气候变化的多模式预测产品，探讨气候变化对海上丝绸之路沿线海域自然风险的影响。

6.1 气候风险区划

6.1.1 数据来源及处理

根据数据的可获取性，自然风险评估要素主要选取热带气旋、风速、降水、海温、海浪、地形、海平面高度异常、能见度等。本节选用的自然

第6章 全球气候变化与海上丝绸之路自然风险响应

风险评估要素名称及精度见表6.1。其中,海平面高度异常数据在长时间序列上可以表征风险意义,在情景分析中将配合地形数据使用,对海域的短期自然环境风险影响不大。

表6.1 自然风险评估要素的名称及精度

要素	名称	精度	要素	名称	精度
热带气旋	JTWC	散点	海浪	ERA-Interim	0.75°×0.75°
风速	CCMP	0.25°×0.25°	地形	ETOPO1	1'×1'
降水	CMAP	2.5°×2.5°	海平面高度异常	AVISO	0.25°×0.25°
海温	CFSRv2	0.25°×0.25°	能见度	ICAODS	散点

由表6.1可知,若进行计算,则需要先统一精度:对于格点数据,运用双线性插值算法将细网格数据插到粗网格上;对于散点数据,运用双线性插值算法将散点数据插到最近的网格上,精度统一为2.5°×2.5°。

双线性插值又称一阶插值,利用点(x,y)周围四个邻点的值在x、y两个方向上进行线性内插,其核心思想是在两个方向上分别进行一次线性插值。

假如想得到未知函数f在点$P(x,y)$的值,则先利用相邻4个点$Q_{11}(x_1,y_1)$、$Q_{12}(x_1,y_2)$、$Q_{21}(x_2,y_1)$、$Q_{22}(x_2,y_2)$在x方向上进行线性插值,得到

$$f(R_1) \approx \frac{x_2-x}{x_2-x_1}f(Q_{11})+\frac{x-x_1}{x_2-x_1}f(Q_{21}) \quad R_1=(x,y_1)$$
$$f(R_2) \approx \frac{x_2-x}{x_2-x_1}f(Q_{12})+\frac{x-x_1}{x_2-x_1}f(Q_{22}) \quad R_2=(x,y_2) \tag{6.1}$$

然后在y方向上进行线性插值,得到

$$f(P) \approx \frac{y_2-y}{y_2-y_1}f(R_1)+\frac{y-y_1}{y_2-y_1}f(R_2) \tag{6.2}$$

得到所要的结果

$$f(x,y) \approx \frac{f(Q_{11})}{(x_2-x_1)(y_2-y_1)}(x_2-x)(y_2-y)$$

$$+\frac{f(Q_{21})}{(x_2-x_1)(y_2-y_1)}(x-x_1)(y_2-y)+\frac{f(Q_{12})}{(x_2-x_1)(y_2-y_1)}(x_2-x)(y-y_1)$$

$$+\frac{f(Q_{22})}{(x_2-x_1)(y_2-y_1)}(x-x_1)(y-y_1) \tag{6.3}$$

6.1.2　自然风险评估要素风险等级划分

鉴于考虑的是长时间序列问题,并非对某一要素风险进行评估,因此在划分风险等级时,除了需要考虑采用通用标准划分发生强度的等级,还需要考虑危险天气的发生频率,构建一种同时考虑危险天气的发生强度和发生频率的风险等级划分标准。目前,针对长时间序列自然风险评估要素,学术界并没有统一有效的风险等级划分方法。因此,本书提出一种同时考虑发生强度和发生频率的长时间序列自然风险评估要素风险等级划分方法。

1. 确定要素发生强度的风险等级

基于自然风险评估要素的通用等级(承险体选取万吨级远洋轮船,吃水深度约为10m)划分要素发生强度的风险等级,见表6.2。

表6.2　要素发生强度的风险等级

等级	热带气旋	风速	海浪	降水	能见度	海温	地形和水深
极低	—	无风、软风、轻风	无浪、轻浪	小雨	>20km	<32℃	地形>4m,水深>20m
较低	—	微风、和风、轻劲风	中浪	中雨	10～20km	≥32～35℃	地形3～4m,水深15～20m

第6章 全球气候变化与海上丝绸之路自然风险响应

续表

等级	热带气旋	风速	海浪	降水	能见度	海温	地形和水深
中等	热带低压	强风、疾风、大风	大浪、巨浪	大雨	1～<10km	黄色预警	地形2～<3m，水深10～<15m
较高	热带风暴、强热带风暴	烈风、狂风、暴风	狂浪	暴雨	0.5～<1km	橙色预警	地形1～<2m，水深5～<10m
极高	台风及以上	台风及以上	狂涛及以上	大暴雨及以上	<0.5km	红色预警	地形<1m，水深<5m

2. 确定要素发生频率的风险等级

基于自然风险评估要素的通用等级，划分要素发生频率的风险等级，见表6.3。

表6.3 要素发生频率的风险等级

等级	发生频率占比	等级	发生频率占比	等级	发生频率占比	等级	发生频率占比	等级	发生频率占比
极低	0	较低	1/6	中等	1/3	较高	1/2	极高	2/3

3. 确定发生强度和发生频率相结合的风险等级

假设在理想情况下，除危险性天气以外，其余时间均处于极低风险等级，取极低风险中等水平值，即同时考虑要素发生强度和发生频率的风险值范围为$(a^-+\beta, a^++\beta)$。其中，$a^- = a_0^- \cdot p$，$a^+ = a_0^+ \cdot p$，$\beta = \overline{\beta_0} \cdot (1-p)$，$a_0^-$为相应等级风险取值的下限，$a_0^+$为相应等级风险取值的上限，$p$为相应等级风险的发生频率，$\overline{\beta_0}$为极低风险等级平均值。

由于热带气旋数据、能见度数据为散点数据，不具有格点数据的统计意义，地形数据随时间变化不大，因此只计算风速、海浪、降水、海温等要素在不同发生强度风险等级和发生频率风险等级下的取值范围，分别见表6.4至表6.7。

181

表6.4 风速在不同发生强度风险等级和发生频率风险等级下的取值范围（单位：m/s）

发生强度风险等级 \ 发生频率风险等级	极低	较低	中等	较高	极高
极低	0	0	0	0	0
较低	0~1.925	>1.925~3.45	>3.45~4.225	>4.225~6.81	>6.81
中等	0~2.2	>2.2~4.7	>4.7~6.8	>6.8~11.97	>11.97
较高	0~2.475	>2.475~6.225	>6.225~9.375	>9.375~17.127	>17.127
极高	0~2.75	>2.75~7.75	>7.75~11.95	>11.95~22.26	>22.26

表6.5 海浪在不同发生强度风险等级和发生频率风险等级下的取值范围（单位：m）

发生强度风险等级 \ 发生频率风险等级	极低	较低	中等	较高	极高
极低	0	0	0	0	0
较低	0~0.73	>0.73~0.94	>0.94~1.52	>1.52~2.02	>2.02
中等	0~0.83	>0.83~1.25	>1.25~2.42	>2.42~3.42	>3.42
较高	0~0.94	>0.94~1.56	>1.56~3.31	>3.31~4.81	>4.81
极高	0~1.04	>1.04~1.875	>1.875~4.21	>4.21~6.21	>6.21

表6.6 降水在不同发生强度风险等级和发生频率风险等级下的取值范围（单位：mm）

发生强度风险等级 \ 发生频率风险等级	极低	较低	中等	较高	极高
极低	0	0	0	0	0
较低	0~5.84	>5.84~8.33	>8.33~12.5	>12.5~20.8	>20.8
中等	0~6.67	>6.67~11.67	>11.67~20	>20~36.67	>36.67
较高	0~7.5	>7.5~15	>15~27.5	>27.5~52.5	>52.5
极高	0~8.33	>8.33~18.33	>18.33~35	>35~68.33	>68.33

表 6.7 海温在不同发生强度风险等级和发生频率风险等级下的取值范围（单位：℃）

发生强度风险等级＼发生频率风险等级	极低	较低	中等	较高	极高
极低	0	0	0	0	0
较低	0～18.67	>18.67～19.1	>19.1～19.5	>19.5～20	>20
中等	0～21.33	>21.33～22.33	>22.33～23	>23～24	>24
较高	0～24	>24～25.5	>25.5～26.5	>26.5～28	>28
极高	0～26.67	>26.67～28.67	>28.67～30	>30～32	>32

4. 基于发生强度和发生频率的逻辑推理风险等级

基于发生强度和发生频率的逻辑推理风险等级，见表 6.8。

表 6.8 基于发生强度和发生频率的逻辑推理风险等级

发生强度	发生频率	逻辑推理风险等级	发生强度	发生频率	逻辑推理风险等级	发生强度	发生频率	逻辑推理风险等级
极低	极低	极低	较低	极高	中等	较高	中等	较高
极低	较低	极低	中等	极低	较低	较高	较高	较高
极低	中等	较低	中等	较低	较低	较高	极高	极高
极低	较高	较低	中等	中等	中等	极高	极低	较低
极低	极高	中等	中等	较高	较高	极高	较低	中等
较低	极低	极低	中等	极高	较高	极高	中等	较高
较低	较低	较低	较高	极低	较低	极高	较高	极高
较低	中等	较低	较高	较低	中等	极高	极高	极高
较低	较高	中等	较高	中等	较高			

由表 6.8 可知，若发生强度极低、发生频率极低，则逻辑推理风险等级为极低；若发生强度较低、发生频率极高，则逻辑推理风险等级为中等。

5. 确定要素风险等级

基于要素发生强度和发生频率的风险取值范围、要素发生强度和发生频率关联性的逻辑推理风险等级，提取要素风险对应的取值区间。若中间等级遇零值，则选取除零值以外的最小值。若不同等级的取值区间存在交叠，则取交叠区域的中间值作为两个等级的分界，由此得到要素风险等级对应的取值区间，见表6.9。其中，热带气旋、能见度、地形等要素的风险等级按发生强度划分。

表6.9 风险等级对应的取值区间

等级	风速（m/s）	海浪（m）	降水（mm）	海温（℃）	热带气旋（m/s）	能见度（km）	地形（m）
极低	<1.925	<0.73	<5.84	<18.67	—	>20	>4，<-20
较低	1.925~3.59	0.73~1.23	5.84~10	18.67~21.75	—	10~20	3~4，-20~-15
中等	>3.59~6.99	>1.23~1.99	>10~17.9	>21.75~25.84	10.8~17.1	1~<10	2~<3，>-15~-10
较高	>6.99~14.54	>1.99~4.51	>17.9~43.75	>25.84~29	>17.1~32.4	0.5~<1	1~<2，>-10~-5
极高	>14.54	>4.51	>43.75	>29	>32.4	<0.5	>-5~1

6.2 气候变化情景与自然风险响应

联合国政府间气候变化专门委员会（Intergovernmental Panel on Climate Change，IPCC）对未来气候变化的预估是建立在一系列气候模式之上的，包括简单气候模式、中等复杂气候模式、综合气候模式和地球系统模式。这些气候模式采用一系列"强迫情景"来模拟气候变化，即未来温室气体的排放和浓度等信息是气候驱动因子。IPCC 在其发布的第五次评估报告中利用第五次耦合模式比较计划（CMIP-5）框架下的一套新的情景——典型浓度路径（RCPs），及 2100 年总辐射强迫（相对于 1750 年工业革命时期）来表征气候变化情景。新的情景能够代表一系列 21 世纪的气候政策，见表 6.10。

表 6.10　气候变化情景

典型浓度路径	2100 年总辐射强迫（W·m^{-2}）	对应情景
RCP2.6	2.6	极低强迫水平的减缓情景
RCP4.5	4.5	中等稳定化情景一
RCP6.0	6.0	中等稳定化情景二
RCP8.5	8.5	温室气体排放高的情景

本节选择 RCP2.6 和 RCP8.5 两种极端排放情景，以美国国家海洋和大气管理局提供的 GFDL-ESM2M 模式预估的气象海洋要素为基础，探讨 2050 年至 2100 年的气候变化对海上丝绸之路产生的自然风险及其响应。

6.2.1　RCP2.6 情景下的自然风险预估

据 IPCC 的评估报告，在 RCP2.6 情景下，辐射强迫将在 2100 年前达到峰值，而后下降。这是在国际社会通力合作、大力节能减排措施下的模拟情景。即便如此，至 21 世纪末，CO_2 浓度仍将达到 421ppm，全球地表温度变化控制在 4℃以内（与 1850—1900 年的平均值相比），海水上层 100m 以内海水变暖幅度的最大估计值为 0.6℃，北极海冰范围全年都会减少，9 月减少 43%，2 月减少 8%，南极周边地区冰川的体积减少 15%~55%，2081—2100 年全球平均海平面上升为 0.26~0.55m（与 1986—2005 年相比），到 2300 年，全球平均海平面相对全球工业化前将有小于 1m 的上升。

这里选取在 GFDL-ESM2M 模式、RCP2.6 情景下，2050 年海平面的风速、降水、高度异常、海温等数据，其中，海平面高度异常数据叠加在当前地形高程数据上，按地形风险等级的划分方法确定风险等级。

GFDL-ESM2M 模式分为气象模式和海洋模式，空间范围为覆盖全球。其中：

- 气象模式数据的实际空间范围为 89.4944°S～89.4944°N、1.25°～358.75°E，这里选取空间范围为 15.1685°S～31.3483°N、28.75°～136.25°E。

- 海洋模式数据的实际空间范围为 89.4944°S～89.4944°N、279.5°W～79.5°E，这里选取空间范围为 15.1685°S～31.3483°N、224.5°～279.5°W、30.5°～79.5°E。

由于海平面高度异常导致的地形风险季节差异小，因此先对在 RCP2.6 情景下 2050 年海上丝绸之路沿线部分海域的地形风险进行预估，如图 6.1 所示。

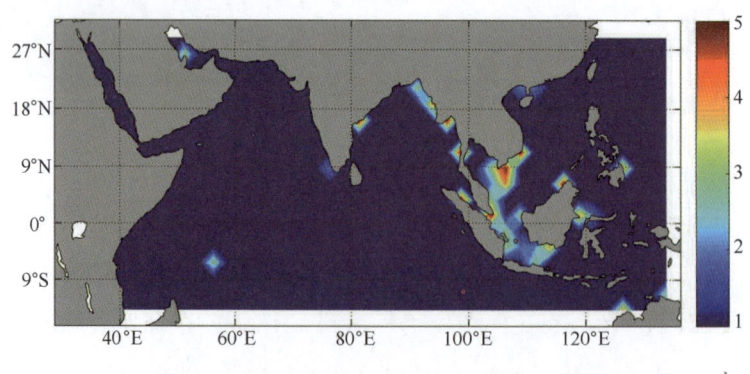

图 6.1 部分海域的地形风险

对比当前地形风险可知，阿拉伯海海域的地形风险变化不大；科摩林角的地形风险略有增加；孟加拉国至缅甸沿岸的地形风险明显增加，从较低风险等级跃至中等风险等级，特别值得关注的是，孟加拉国的主要港口吉大港

第6章 全球气候变化与海上丝绸之路自然风险响应

正处在该海域；南海海域的地形风险明显增加，中南半岛东南沿岸的地形风险扩大，特别是金瓯角南侧海域，高风险的区域较多，金瓯角至邦加岛海域均处于中等以上风险；大巽他群岛的地形风险升高，特别是爪哇海的地形风险增加；望加锡海峡入口处有中等偏高的地形风险。通过以上分析可知，海平面上升并没有降低原有的地形风险，反而扩大了地形风险的范围。

下面分季节对海上丝绸之路沿线部分海域的自然风险进行预估。

1. 冬季，RCP2.6 情景下的自然风险预估

在 RCP2.6 情景下，2050 年海上丝绸之路沿线部分海域的冬季自然风险预估如图 6.2 所示。

(a) 风速　　　　　　　　　　　　(b) 海温

(c) 降水　　　　　　　　　　　　(d) 综合自然风险

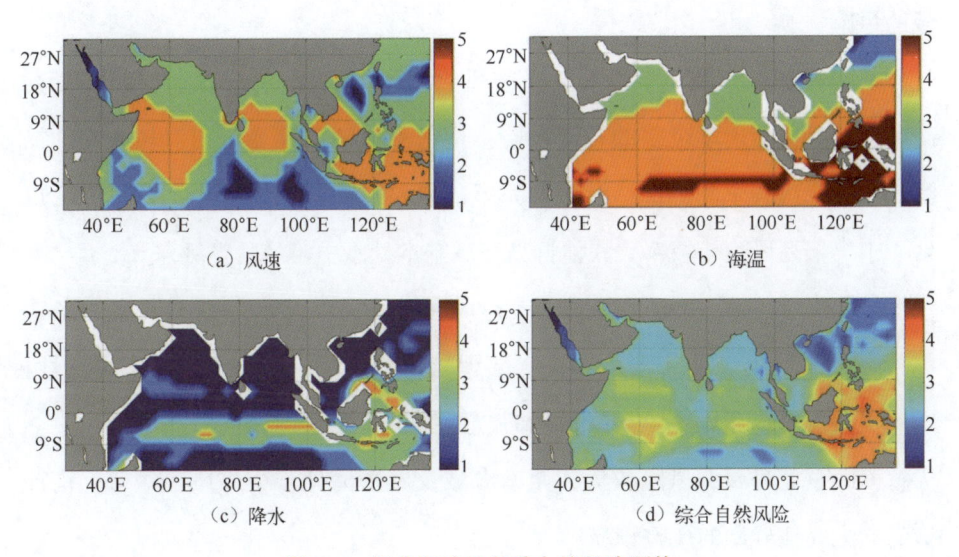

图 6.2　部分海域的冬季自然风险预估

如图 6.2（a）所示，在气候变化的背景下，2050 年海上丝绸之路部分海域的风速较高，风险区域明显扩大：东非沿岸的较高风险区域扩大，向东扩大至马尔代夫，向南延伸至塞舌尔群岛以南，并向北扩大，亚丁湾湾内处于较高风险等级；孟加拉湾南部有一大片较高风险区域，北起安达曼群岛，南

至赤道，西至马纳尔湾，使科摩林角沿岸均处于较高风险等级，东沿十度海峡向南延伸，格雷特海峡也处于较高风险等级；马六甲海峡的风险有所增加，由原来的极低风险等级跃升至中等甚至中等偏高风险等级；南海海域的风险区域减少，西沙、中沙群岛附近海域的风险大幅降低，巴士海峡的风险也极低，高风险区域向西、向南移动；泰国湾出口处的风险较高；整个大巽他群岛的风险都较高。

如图6.2（b）所示：北半球的风险略有降低，阿拉伯海除东南部海域以外，基本处于中等风险等级；科摩林角、马纳尔湾的风险较高；孟加拉湾在斯里兰卡以北区域均处于中等风险等级；南海相较于当前风险，中等风险区域向东南扩大，较高风险海域集中在马来西亚沿岸；大巽他群岛海域的风险极高。

如图6.2（c）所示：相较于当前风险，评估目标区域的风险变化不大，南印度洋区域出现小范围的较高风险；南海海域的风险变化相对较大；苏禄海、苏拉威西海东侧、班达海南侧海域的风险升高至较高风险；龙目海峡也处于中等偏高风险等级；大巽他群岛海域基本处于中等风险等级。

如图6.2（d）所示：在同时考虑风速、海温、降水等三类要素的冬季综合自然风险时，由于要素不全，缺少与当前海域综合自然风险的可比性，因此仅分析自然环境风险：阿拉伯海、孟加拉湾海域均处于中等偏低风险等级；南海东北海域的风险较低，西南海域及泰国湾处于中等风险等级，南沙群岛、大巽他群岛的风险较高。

2. 春季，RCP2.6情景下的自然风险预估

在RCP2.6情景下，2050年海上丝绸之路沿线部分海域的春季自然风险预估如图6.3所示。

如图6.3（a）所示，在气候变化的背景下，2050年海上丝绸之路沿线部

第6章 全球气候变化与海上丝绸之路自然风险响应

分海域的春季风速风险变化为：阿拉伯海海域的风险降低，基本处于较低风险等级；孟加拉湾东侧海域的风险提高至中等风险；南海北部海域的风险极低，特别是巴士海峡。

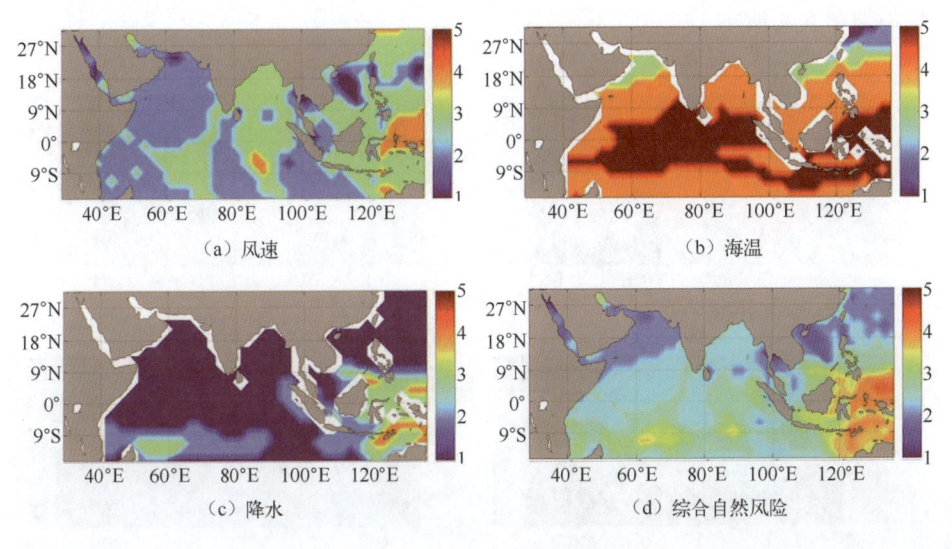

图6.3 部分海域的春季自然风险预估

如图6.3（b）所示，大部分海域的春季海温风险均有所降低：阿拉伯海西北海域的风险降低至中等风险；孟加拉湾的风险虽有所降低，但仍处于较高风险等级；南海南部海域、爪哇海、苏禄海的风险虽然降低，但仍处于较高风险等级；苏拉威西海的风险升高。

如图6.3（c）所示：阿拉伯海、孟加拉湾在气候变化的背景下，风险变化不明显；南沙群岛附近海域的风险增加，接近中等风险等级；苏禄海西南海域有一较高风险区域；苏拉威西海、望加锡海峡均处于中等风险等级。

2050年，同时考虑风速、海温、降水等三类要素的春季综合自然风险预估，如图6.3（d）所示：阿拉伯海的风险较低；孟加拉湾的风险处于中等偏低风险等级；南海东北海域的风险较低；南沙群岛附近海域处于中等偏高风险等级；苏禄海、望加锡海峡以东海域的风险较高，基本处于较高风险等级。

3. 夏季，RCP2.6 情景下自然风险预估

在 RCP2.6 情景下，2050 年海上丝绸之路沿线部分海域的夏季自然风险预估如图 6.4 所示。

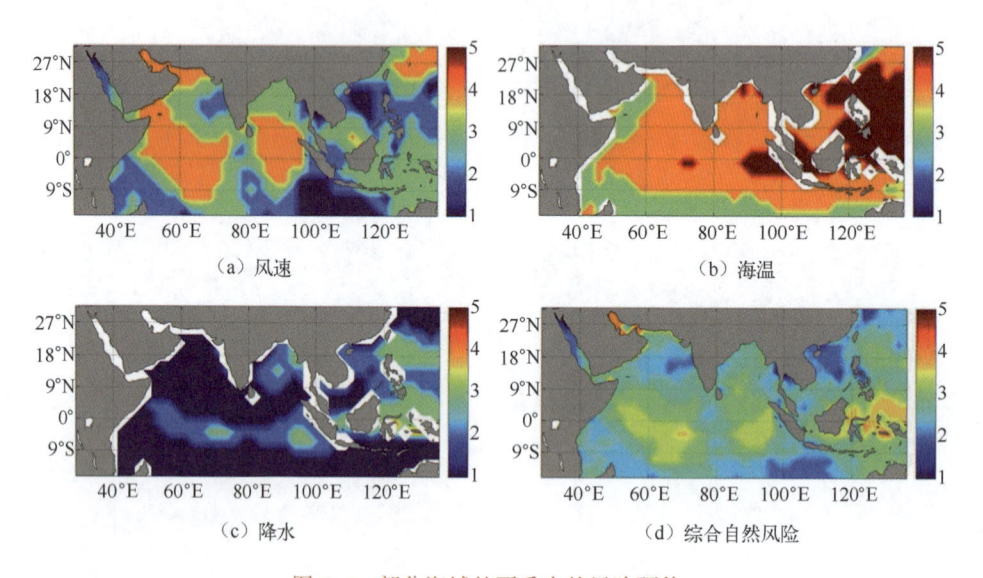

(a) 风速

(b) 海温

(c) 降水

(d) 综合自然风险

图 6.4　部分海域的夏季自然风险预估

如图 6.4（a）所示，在气候变化的背景下，2050 年海上丝绸之路沿线部分海域的风速风险降低：阿拉伯海海域的风险降低，特别是东部海域，降至较低风险等级；阿曼湾、波斯湾升至较高风险等级；亚丁湾入口处的风险较高；孟加拉湾的风险降低，仅南部海域处于较高风险等级；斯里兰卡沿岸的风险降低；南海海域的风险大幅降低，南海北部处于极低风险等级，位于太平岛、南沙群岛附近海域的较高风险区域缩小，向西南移动至文莱沿岸。

如图 6.4（b）所示，部分海域海温风险变化不大：孟加拉国沿岸的风险增加；南海南部海域的极高风险区域缩小，北部海域的极高风险区域扩大，特别是巴士海峡入口处，极高风险区域延伸至西沙群岛；受西太平洋影响，

第 6 章 全球气候变化与海上丝绸之路自然风险响应

苏禄海海域也达到极高风险等级。

如图 6.4（c）所示，部分海域的降水风险降低，处于低风险等级，但孟加拉湾仅缅甸沿岸处于中等偏低风险等级；南海海域的巴士海峡处于中等风险等级；苏拉威西海海域由原来的较低风险、极低风险等级，上升至中等风险等级。

2050 年，同时考虑风速、海温、降水等三类要素的夏季综合自然风险预估，如图 6.4（d）所示：阿拉伯海的风险中等偏低，部分海域接近较低风险等级；孟加拉湾北部海域处于中等偏低风险等级，南部海域处于中等偏高风险等级；南海东北海域的风险较低，西南海域也处于中等风险等级；大巽他群岛的部分海域，如望加锡海峡处于中等偏高风险等级。

4. 秋季，RCP2.6 情景下的自然风险预估

在 RCP2.6 情景下，2050 年海上丝绸之路沿线部分海域的秋季自然风险预估如图 6.5 所示。

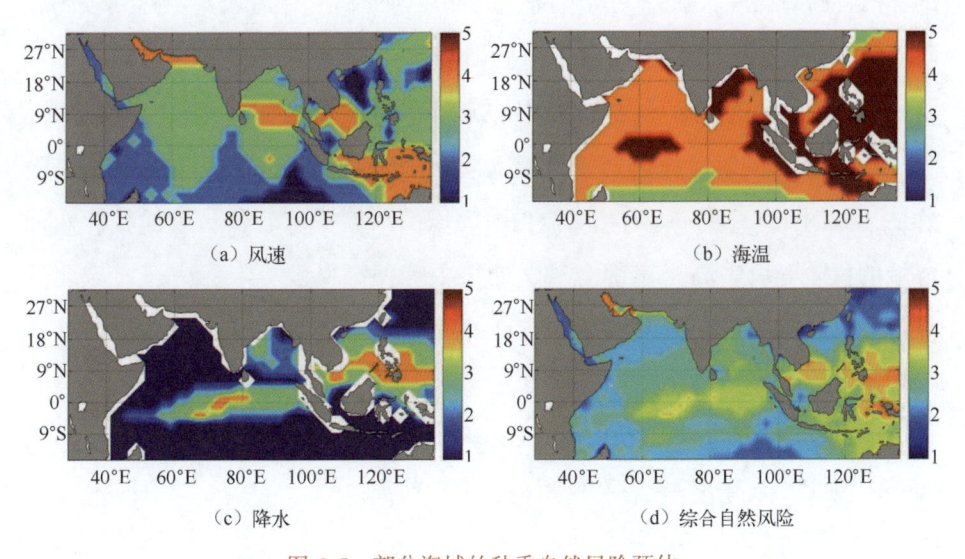

图 6.5 部分海域的秋季自然风险预估

如图 6.5（a）所示，2050 年海上丝绸之路沿线部分海域的风速风险变化较大：巴基斯坦沿线海域、阿曼湾、波斯湾均处于较高风险等级；亚丁湾的风险等级也升至中等；安达曼群岛、尼科巴群岛附近海域有一范围较大的较高风险区域，向西延伸至印度洋东岸，向东延伸至马六甲海峡出口的安达曼海南部；南海东北部海域的风险大幅降低，从较高风险等级降至极低风险等级，西南部海域的风险等级增至较高风险等级；大巽他群岛的爪哇海、班达海均处于较高风险等级。

如图 6.5（b）所示：马尔代夫西侧海域、塞舌尔群岛北部海域处于极高风险等级；孟加拉湾的西部、北部海域均处于极高风险等级；保克海峡处于极高风险等级；马六甲海峡出口、格雷特海峡也处于极高风险等级；南海大部分海域处于极高风险等级；泰国湾也处于极高风险等级，即大部分极高风险等级区域北起巴士海峡，南至爪哇海，西临西沙群岛，东向西太平洋扩散。

如图 6.5（c）所示：阿拉伯海海域的降水量变化不大，在南侧5°S～5°N赤道附近有一较大的中等风险等级区域，西起塞舌尔群岛，东至印度尼西亚的苏门答腊岛西岸，在查戈斯群岛、迪戈加西亚岛附近海域甚至达到较高风险等级；孟加拉湾西侧海域处于中等风险等级；南海海域的中部有较高的风险区域；金瓯角南部海域也有小范围的较高风险区域。

2050 年，同时考虑风速、海温、降水等三类要素的秋季综合自然风险预估，如图 6.5（d）所示：阿拉伯海海域的风险等级较低；孟加拉湾西部海域的风险等级略高于东部海域，处于中等偏高风险等级；南海海域北部接近较低风险等级；中南半岛的东南部海域至南沙群岛及泰国湾出口处接近较高风险等级。

6.2.2　RCP8.5 情景下的自然风险预估

RCP8.5 情景为人类不采取减排措施的情景，预计辐射强迫在 2100 年仍

第6章　全球气候变化与海上丝绸之路自然风险响应

将继续增长，CO_2 浓度达到 936ppm，全球地表温度变化可能超过 4℃（与 1850—1900 年的平均值相比），高纬度地区和赤道太平洋地区年平均降水可能增加，海水上层 100m 以内海水变暖幅度的最大估计值约为 2.0℃，北极海冰范围全年都会减少，9月减少 94%，2月减少 34%，南极周边地区冰川的体积减少 35%～85%，2081—2100 年全球平均海平面上升为 0.45～0.82m（与 1986—2005 年相比）。

这里选取在 GFDL-ESM2M 模式、RCP8.5 情景下，2050 年海平面的风速、降水、高度异常、海温等数据，其中，海平面高度异常数据叠加在当前的地形高程数据上，按地形风险等级的划分方法确定风险等级。

由于海平面高度异常导致的地形风险季节差异小，因此先对地形风险进行预估。在 RCP8.5 情景下，2050 年海上丝绸之路沿线部分海域的地形风险预估如图 6.6 所示。

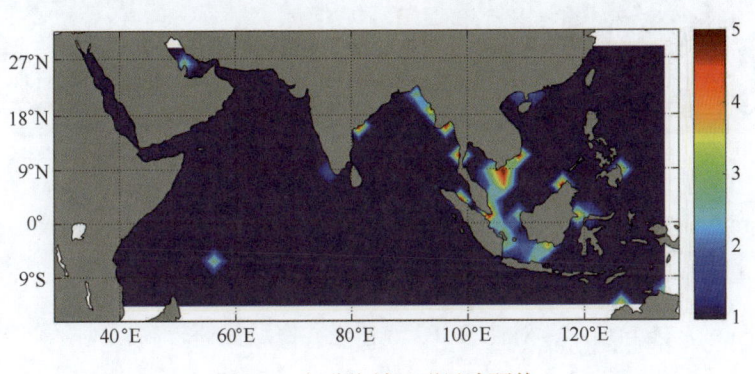

图 6.6　部分海域地形风险预估

对比 RCP2.6 情景下的地形风险，在 2.5°×2.5° 粗格点下，风险等级一致，即主要风险集中在南海海域，中南半岛东南沿岸的地形风险扩大，特别是金瓯角南侧海域，大面积都为高风险等级，从金瓯角至邦加岛海域均处于中等以上风险等级；大巽他群岛的地形风险等级升高，特别是爪哇海的地形风险等级升

193

高,望加锡海峡的入口处有中等偏高等级的地形风险。通过以上分析可知,海平面上升并没有降低原有的地形风险,反而扩大了地形风险的范围。

下面分季节对海上丝绸之路沿线部分海域的自然风险进行预估。

1. 冬季,RCP8.5 情景下的自然风险预估

在 RCP8.5 情景下,2050 年海上丝绸之路沿线部分海域冬季自然风险预估如图 6.7 所示。

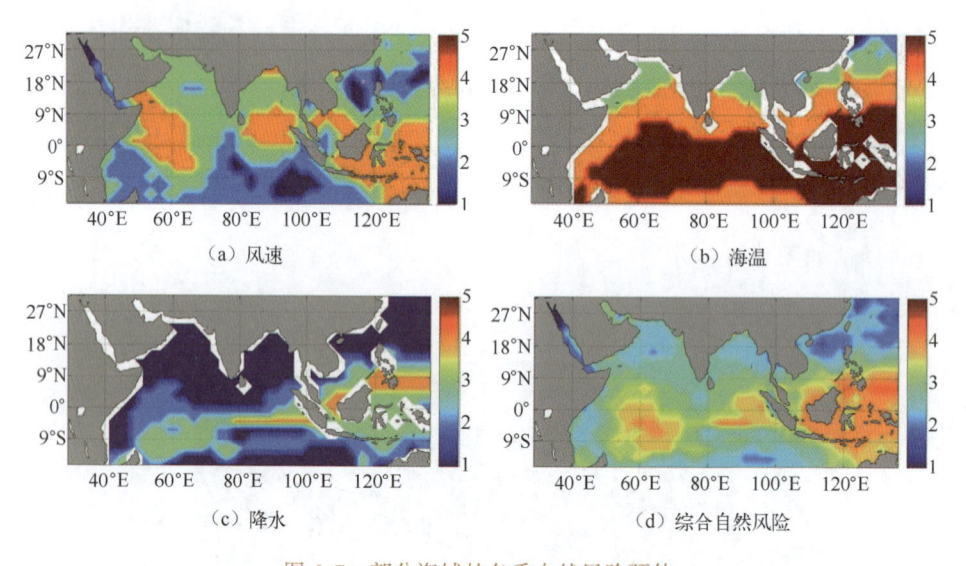

(a) 风速

(b) 海温

(c) 降水

(d) 综合自然风险

图 6.7 部分海域的冬季自然风险预估

如图 6.7 (a) 所示,对比 RCP2.6 情景,海域风速较高,风险等级范围大致相同,影响范围略小:阿拉伯海海域中部出现一片低风险区域,科摩林角沿岸的较高风险等级区域缩小至斯里兰卡以东;孟加拉国沿岸风险等级较高。

如图 6.7 (b) 所示,对比 RCP2.6 情景,海域海温风险较高,较高风险等级范围扩大:阿拉伯海东南海域处于较高风险等级;孟加拉湾西南海域处于较高风险等级;斯里兰卡南部海域处于极高风险等级;南海海域较高风险等级区域扩大至 18°N;整个大巽他群岛均处于极高风险等级。

第6章 全球气候变化与海上丝绸之路自然风险响应

如图6.7（c）所示，对比RCP2.6情景：阿拉伯海、孟加拉湾海域风险等级变化较小；南海南部海域风险等级升高，中沙群岛以南海域基本处于中等风险等级；纳土纳群岛东南海域至马来西亚、印度尼西亚的加里曼丹岛沿岸均处于较高风险等级；苏禄海整个海域均处于较高风险等级。

2050年，同时考虑风速、海温、降水等三类要素的冬季综合自然风险，如图6.7（d）所示，与RCP2.6情景下冬季综合自然风险相比，在研究目标区域：阿拉伯海、孟加拉湾海域风险等级变化不大；苏门答腊岛西侧海域的风险升高至较高等级；南海海域风险等级升高，原处于较低风险等级的北部海域等级略有升高，南部海域基本处于中等、中等偏高风险等级；特别是马来西亚东沿岸、印度尼西亚的加里曼丹岛沿岸，风险等级较高。

2. 春季，RCP8.5情景下的自然风险预估

在RCP8.5情景下，2050年海上丝绸之路沿线部分海域的春季自然风险预估如图6.8所示。

（a）风速　　　　　　　　　　　（b）海温

（c）降水　　　　　　　　　　　（d）综合自然风险

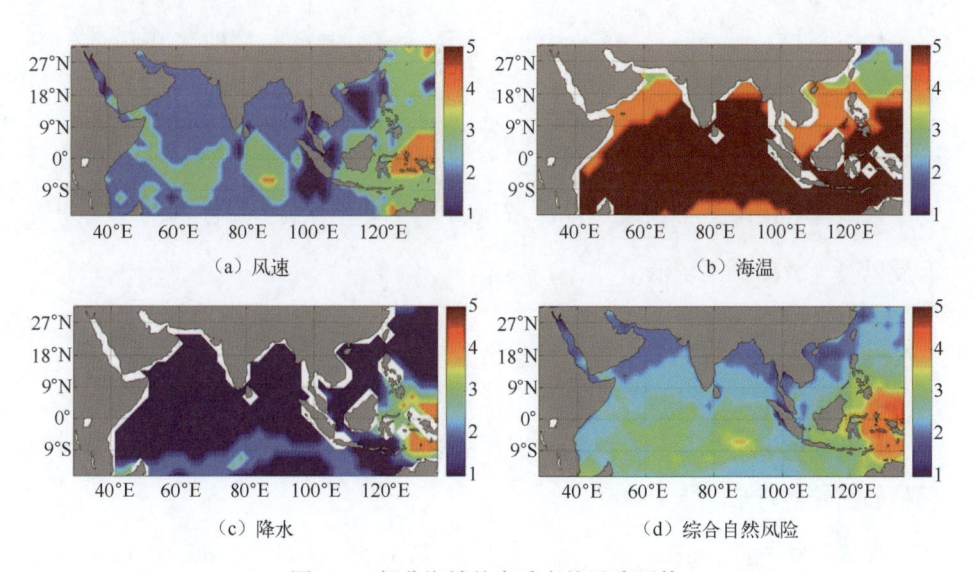

图6.8　部分海域的春季自然风险预估

195

如图 6.8（a）所示，对比 RCP2.6 情景：阿拉伯海海域风险等级变化不大；孟加拉湾风险等级降低至较低；南海东北部海域处于极低风险等级，西南部海域也几乎处于较低风险等级，仅南沙群岛附近海域处于中等风险等级。

如图 6.8（b）所示，对比 RCP2.6 情景，海域风险升高较多，高风险范围扩大，阿拉伯海海域仅阿曼湾处于中等风险等级，其余海域均处于较高风险等级，并向东南方向延伸，至阿明迪维群岛以北海域，达到极高风险等级；孟加拉湾除维沙卡帕特南以北海域处于较高风险等级以外，其余海域风险等级均为极高；南海海域的情况相对乐观，东沙群岛至西沙群岛西北海域的中等风险区域缩至东沙群岛以北；马六甲海峡入口处达极高风险等级。

如图 6.8（c）所示：阿拉伯海、孟加拉湾、南海海域风险等级均不变，苏拉威西海以东海域风险等级逐渐升高。对比 RCP2.6 情景，阿拉伯海、孟加拉湾海域风险等级变化较小，南海南部海域风险等级也降低，整个研究区域均处于极低风险等级。

如图 6.8（d）所示，在 RCP8.5 情景下，2050 年，同时考虑风速、海温、降水等三类要素的春季综合自然风险，与 RCP2.6 情景下春季综合自然风险相比，在研究目标区域：阿拉伯海海域的风险等级变化不大；孟加拉湾东北海域风险等级降低；南海北部海域风险等级略有升高，南沙群岛中部附近海域风险等级降低至较低。

3. 夏季，RCP8.5 情景下的自然风险预估

在 RCP8.5 情景下，2050 年海上丝绸之路沿线部分海域的夏季自然风险预估如图 6.9 所示。

如图 6.9（a）所示：波斯湾、阿曼湾风险等级升高；阿拉伯海中部海域风险等级降低；孟加拉湾较高风险区域向南移动，主要影响南部海域；十度

第6章 全球气候变化与海上丝绸之路自然风险响应

海峡、格雷特海峡均处于较高风险等级；南海东北部海域风险等级降低；文莱附近有一片较大的较高风险区域。对比RCP2.6情景，印度第乌西北方向海域风险等级升高，位于10°～18°N之间较大范围的较低风险区域消失，整个海域处于中等风险等级；孟加拉湾较高风险等级区域略向北移3°左右；南海海域风险等级变化不大，仅文莱附近海域的风险升高至较高风险等级，且扩大了范围。

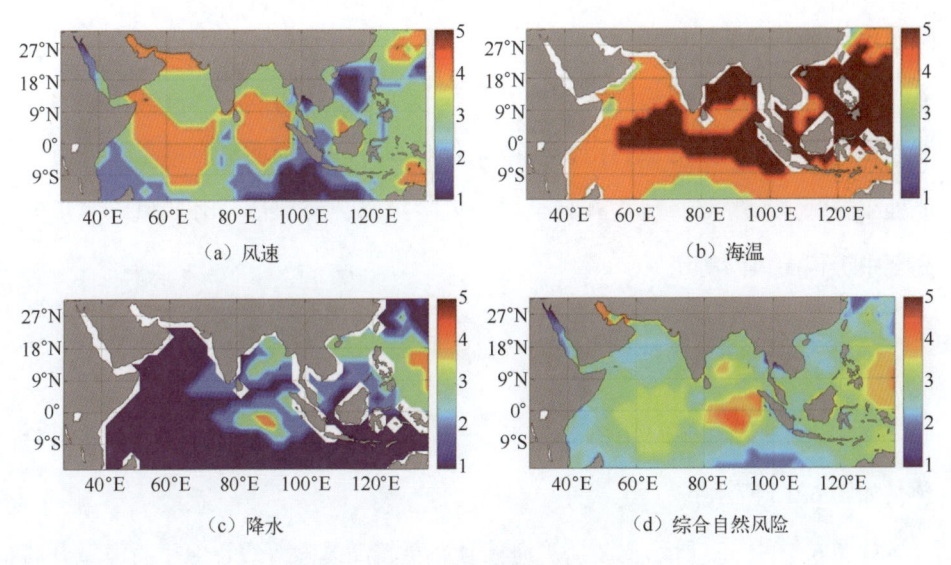

图6.9 部分海域的夏季自然风险预估

如图6.9 (b) 所示，相对于RCP2.6情景：海域风险等级升高较多，高风险等级的范围扩大，阿拉伯海西岸中等风险等级的海域缩减至沿海一带，整个海域处于较高风险等级，拉克沙群岛附近达极高风险等级；孟加拉湾出现大面积极高风险等级的海域，仅十度海峡以南、格雷特海峡以北的小面积海域出现较高风险等级；马六甲海峡出口处处于极高风险等级；南海海域处于极高风险等级。

如图 6.9（c）所示：阿拉伯东岸风险等级降低；孟加拉湾海域风险等级降低；南海海域风险等级变化不大，中等风险等级区域向北移动。对比 RCP2.6 情景，阿拉伯海海域风险等级变化较小；孟加拉湾大部分海域风险等级升高至中等；南海海域风险等级均有升高，特别是太平岛以北海域，升高至中等风险等级。

如图 6.9（d）所示，在 RCP8.5 情景下，2050 年，同时考虑风速、海温、降水等三类要素的夏季综合自然风险，与 RCP2.6 情景下夏季综合自然风险相比，在研究目标区域：阿拉伯海海域风险等级升高，基本处于中等风险等级；孟加拉湾西北海域风险等级升高较为显著，接近较高风险等级，周边海域也处于中等风险等级；南海海域风险等级升高较为明显，整个北部海域原处于较低风险等级，现均升高至中等风险等级，南部部分海域风险等级升高至中等偏高风险等级。

4. 秋季，RCP8.5 情景下的自然风险预估

在 RCP8.5 情景下，2050 年海上丝绸之路沿线部分海域的秋季自然风险预估如图 6.10 所示。

如图 6.10（a）所示：波斯湾海域升高至较高风险等级；亚丁湾海域升高至中等风险等级；阿拉伯海、孟加拉湾沿岸海域升高至中等风险等级；南海东北海域降低至极低风险等级；马来西亚东南部海域有一较高风险等级区域，并向南沙群岛蔓延。对比 RCP2.6 情景，阿拉伯海海域风险等级变化不大，北部较高风险等级的区域缩小；孟加拉湾海域风险等级降低，整个海域处于中等风险等级，在格雷特海峡以西有一较高风险等级海域；南海西南部原处于较高风险等级的海域，现降至中等风险等级；马来西亚东沿岸有小范围的较高风险等级区域。

如图 6.10（b）所示，相对于 RCP2.6 情景：阿拉伯海东部海域处于极高

风险等级，马尔代夫也处于该区域内；孟加拉湾湾内风险等级变化不大，十度海峡以南均处于极高风险等级；南海海域风险等级变化不大，北部海域风险等级略有降低。

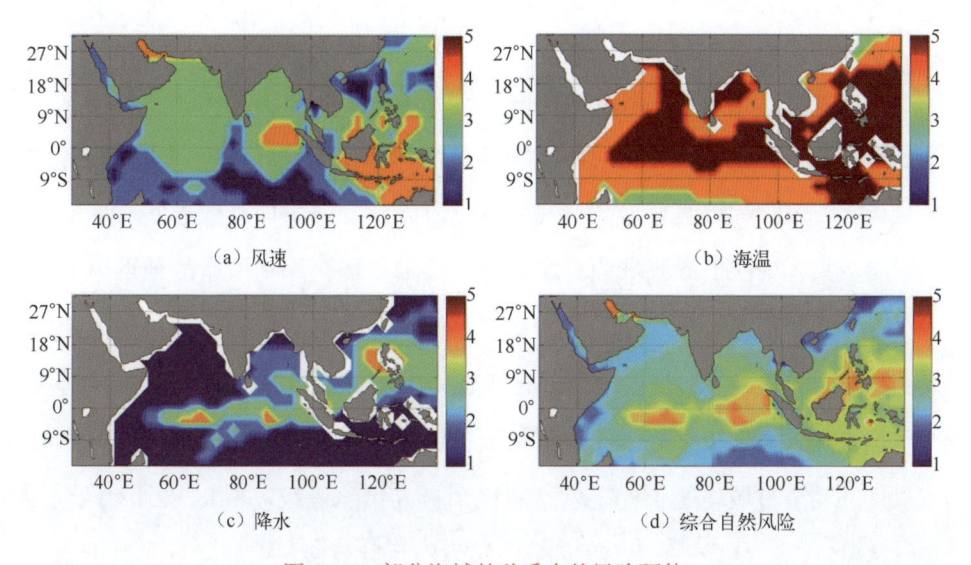

图 6.10　部分海域的秋季自然风险预估

如图 6.10（c）所示：阿拉伯海、孟加拉湾海域风险等级变化不大；南海东部海域的中沙群岛至巴拉望岛之间，风险等级升高至较高风险等级。相对于 RCP2.6 情景，阿拉伯海风险等级变化较小；孟加拉湾风险等级降低，基本处于较低风险等级；南海海域风险等级也有所降低，整个海域除中沙群岛附近海域处于较高风险等级以外，其余海域基本处于较低风险等级和中等风险等级。

如图 6.10（d）所示，在 RCP8.5 情景下，2050 年，同时考虑风速、海温、降水等三类要素的秋季综合自然风险，与 RCP2.6 情景下秋季综合自然风险相比，在研究目标区域：阿拉伯海、孟加拉湾海域风险等级变化不大，仅孟加拉湾南部的格雷特海峡以西海域，风险等级有所升高；南海海域风险等级降低，整个海域，除菲律宾、马来西亚东沿岸海域处于中等偏高风险等级以外，其余海域均处于较低风险等级、中等风险等级。

6.2.3　海洋环境对气候变化的响应风险

综上分析，气候变化对地形风险、海温风险影响较大，风险等级明显升高。在区域方面，气候变化对南海海域及苏禄海、苏拉威西海、大巽他群岛影响较大，风险等级明显升高。气候变化所导致的海平面高度异常对地形风险影响较大，阿拉伯海海域的科摩林角、孟加拉国至缅甸沿岸的地形风险等级明显升高，南海海域地形风险等级升高最显著，高风险等级范围扩大。气候变化导致海温升高，风险等级升高明显。在RCP8.5情景下，海温风险等级全年均升高，极高风险等级的范围扩大，除冬季阿拉伯海和孟加拉湾北部海域以外，其余海域均处于较高风险等级和极高风险等级。在RCP2.6情景下，整体情况较好，春季、冬季，大部分海域海温风险等级虽略有降低，但仍处于较高风险等级；夏季，大部分海域风险等级变化不大，仅孟加拉国沿岸、南海北部海域风险等级升高；秋季，海域风险等级大面积升高。值得注意的是，相较于当前风险等级，苏拉威西海、苏禄海海温风险等级明显升高，全年均处于极高风险等级。对于其余要素，冬季，气候变化对风速风险影响较大，阿拉伯海、孟加拉湾海域风速较高风险等级的范围扩大，在RCP2.6情景下，风速风险等级高于RCP8.5情景下的风速风险等级。

冬季，气候变化对降水风险等级的改变主要体现在，南印度洋中等风险等级区域出现了小范围的较高风险等级区域；南海南部海域降水风险升至较高风险等级；苏禄海、苏拉威西海、班达海及大巽他群岛海域的风速风险和降水风险均升高至中等或较高风险等级。

春季，气候变化使大部分海域的风速风险等级降低，南海部分海域的降

第6章　全球气候变化与海上丝绸之路自然风险响应

水风险等级升高，在 RCP8.5 情景下的降水风险等级低于 RCP2.6 情景下的降水风险等级。苏禄海、苏拉威西海及望加锡海峡的降水风险等级变化较大，升至较高、中等风险等级。

夏季，在 RCP8.5 情景下，大部分海域风速风险等级升高，阿拉伯海中部海域、南海东北部海域风险等级降低；在 RCP2.6 情景下，大部分海域风速风险等级降低，是比较理想的情景。在气候变化的背景下，大部分海域虽降水风险等级降低，但苏拉威西海海域的风险等级却有所升高。

秋季，气候变化使海域风速风险等级升高，仅南海东北部海域风速风险等级大幅降低，从较高风险等级降至极低风险等级，而西南部海域风险等级却升至较高风险等级，大巽他群岛的爪哇海、班达海均处于较高风险等级。在气候变化的背景下，孟加拉湾、南海东部海域降水风险等级均有所升高，苏禄海、大巽他群岛风速风险等级和降水风险等级大幅升高。

6.3 气候变化情景风险分析

在实际评估分析过程中，传统的指标量化方法往往表现出主观性较强的缺点，且通常要求指标具有充分的观测数据。鉴于海上丝绸之路安全风险问题，除自然风险中的部分指标具有客观观测数据以外，大部分指标只有定性描述资料，缺少观测数据，并且海上丝绸之路自然环境风险和人文环境风险具有较大的突发性，因此传统的指标量化方法不能实现对风险的快速高效评估。针对海上丝绸之路安全风险的突发性和指标观测数据缺失等特点，在进行自然环境和人文环境评估时引入贝叶斯网络（Bayesian Network，BN）方法和云模型理论。

6.3.1　贝叶斯网络方法

1. 贝叶斯网络概述

贝叶斯网络又称信度网络、概率网络、因果网络，于 1988 年由 Pearl 给出了明确的定义，它以概率论和图论为数学理论基础，并多方位结合人工智能技术和决策理论，基于主观贝叶斯方法概率推理模型发展而来，贝叶斯网络以坚实的数学基础成功规避了主观贝叶斯方法概率分配的主观性、概率分配前后的不一致性、先验和条件概率获取的困难性等，能够有效解决复杂系统决策过程中的不确定性问题，目前已广泛应用于信息融合与数据挖掘等多个领域。

一个完整的贝叶斯网络如图 6.11 所示。

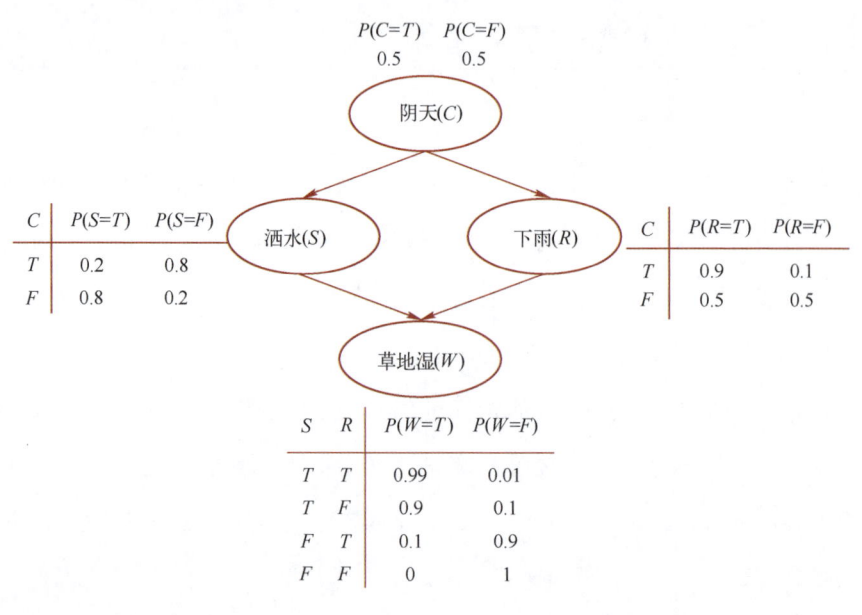

$P(C=T)$　$P(C=F)$
　0.5　　　　0.5

阴天(C)

C	$P(S=T)$	$P(S=F)$
T	0.2	0.8
F	0.8	0.2

洒水(S)　　下雨(R)

C	$P(R=T)$	$P(R=F)$
T	0.9	0.1
F	0.5	0.5

草地湿(W)

S	R	$P(W=T)$	$P(W=F)$
T	T	0.99	0.01
T	F	0.9	0.1
F	T	0.1	0.9
F	F	0	1

图 6.11　一个完整的贝叶斯网络

第6章　全球气候变化与海上丝绸之路自然风险响应

一个完整的贝叶斯网络 $B=<G,\theta>$ 通过两个组成部分表达信息：

- 网络结构 G 中的节点及节点之间的连接（有向线段）用于表达各个信息要素及要素之间可能的因果关系，体现域知识定性方面的特征。
- 由网络参数 θ 构成的条件概率表（CPT）用于表达要素之间的影响程度，体现域知识定量方面的特征。

在贝叶斯网络中，网络结构 G 为一有向无环图，包含条件独立性的假设，即假设有节点 v_i，$N(v_i)$ 表示非 v_i 后代节点的子集，$P_{\text{arents}}(v_i)$ 表示 v_i 的直接双亲节点，则 $P(v_i|N(v_i),P_{\text{arents}}(v_i))=P(v_i|P_{\text{arents}}(v_i))$。以图6.11中的网络结构为例，网络结构的条件独立性假设可表示为 $P(W|C,S,R)=P(W|S,R)$。

在贝叶斯网络中，没有有向线段连接的节点之间也是相互独立的，以图6.11中的变量为例，贝叶斯网络的这种特性能够表示为

$$P(C,S,R,W)=P(C)\cdot P(S|C)\cdot P(R|C,S)\cdot P(W|C,S,R)$$

贝叶斯网络结构特征和节点条件独立性之间的关系符合马尔可夫条件。在掌握节点之间的相互关系和条件概率表后，贝叶斯网络就可以表达网络中全部节点的联合概率，即

$$P(v_1,v_2,\cdots,v_n)=\prod_{i=1}^{n}P(v_i|P_{\text{arents}}(v_i))$$

通过贝叶斯网络的结构特征可达到简化计算的目的，即结合网络结构及变量之间的特征，图6.11中的联合概率可表示为

$$P(C,S,R,W)=P(C)\cdot P(S|C)\cdot P(R|C)\cdot P(W|S,R)$$

2. 贝叶斯网络的适用性

本书研究的自然环境、人文环境等问题，由于观测条件受各类背景环境的限制，因此实测数据往往有部分缺失，尤其是针对人文环境而言，大部分

资料仅局限于定性描述，定量数据匮乏。自然环境、人文环境所带来的灾害往往具有突发性，如何利用有限的资料快速高效地进行风险评估，为风险管理提供理论依据，是目前亟待解决的问题。

根据贝叶斯网络的基本理论和特征，可以总结贝叶斯网络的适用性：

- 贝叶斯网络在参数完备和数据缺失时，都有能够依据客观数据对网络结构和网络参数进行学习的较为成熟的算法，数学基础坚实，所得结果客观可靠，可解决研究过程中部分数据缺失的问题。
- 根据历史数据构建的贝叶斯网络，可在引入新的证据时，通过严密的推理算法对网络节点参数进行概率更新，且节点的信息输入、输出灵活便捷，适用于实时评估一些突发性的风险，如极端天气风险、海盗袭击风险等，以便能够及时启用应急预案，最大程度地降低损失。
- 贝叶斯网络用图形方式描述变量关系，推理结果直观、科学，语义清晰，可理解性强，便于决策者在短时间内迅速掌握主要风险源，高效快速地调整应急方案。

6.3.2 贝叶斯网络建模

贝叶斯网络建模包含两个部分：网络结构的构建和网络参数的学习。两个部分既可通过专家先验知识确定，也可通过客观观测数据拟合给出。

1. 网络结构的构建

在贝叶斯网络中，网络结构的构建是网络参数学习、数据推理计算的前提和基础。网络结构的构建主要包含三个部分：初始网络结构的构建、网络结构的评估、网络结构的优化学习。

第6章 全球气候变化与海上丝绸之路自然风险响应

（1）初始网络结构的构建

初始网络结构的构建方法是，由相关领域专家根据现有资料和对事件之间关系的认知理解，依据经验判断给出模型。虽然这种网络结构的可解释性较强，但客观性和可靠性难以得到保证。因此，研究人员将其与客观数据结合起来，通过后两步的度量机制和搜索过程得到了更加合理的、完善的网络结构。

（2）网络结构的评估

网络结构的评估是指通过一定的数学度量手段，依据客观数据对已有的网络结构进行的评估。在网络结构得分满足度量方法预设条件时，认为网络结构可接受，即接受评估的网络结构是合理的、完善的，可用于贝叶斯网络的推理运算。目前主要的评估函数有 χ^2 度量、信息熵度量、贝叶斯度量、最小描述长度度量等。

（3）网络结构的优化学习

网络结构的优化学习是贝叶斯网络结构学习的核心。根据现实事件中有可能存在的参数不完整性，网络结构的优化学习包括两类：完整参数的网络结构学习和缺失数据的网络结构学习。

- 完整参数的网络结构学习：根据已有客观数据对训练样本进行测试，通过统计、搜索等方法确定一个全局最优结构，即挑选最能够体现客观数据特征和数据之间依赖性的网络结构。
- 缺失数据的网络结构学习：在缺失数据的情况下，在对网络结构进行学习之前，需要补充缺失的数据，即根据已知数据，利用某些数学方法近似填充缺失的观测值，同时，需要对网络算法进行必要的近似替代，以便能够根据现有缺失数据集得到全局最优结构。

常用的贝叶斯网络结构学习方法如图 6.12 所示。

由于各层指标之间定性的因果关系明确,特征显著,通过人工构建网络方法,将判别层指标作为根节点,指标层、准则层、目标层作为对应根节点的子节点,构建海上丝绸之路沿线海域自然风险贝叶斯网络,如图 6.13 所示。

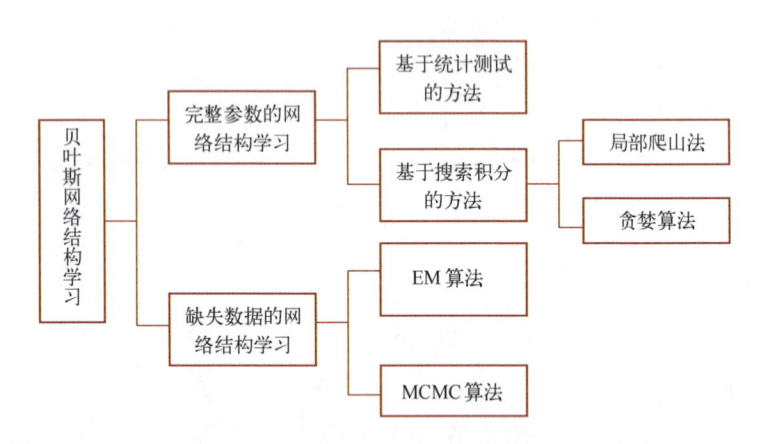

图 6.12 常用的贝叶斯网络结构学习方法

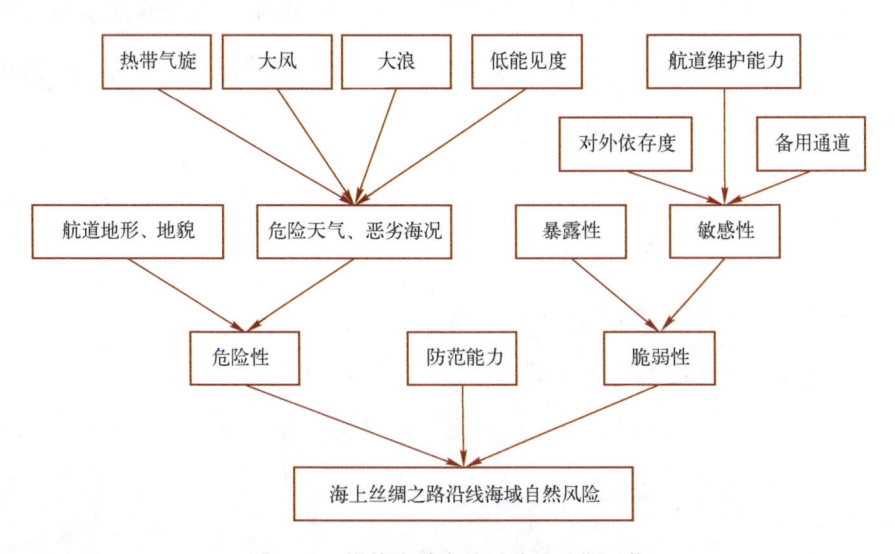

图 6.13 沿线海域自然风险贝叶斯网络

2. 网络参数的学习

贝叶斯网络参数的学习是在已知网络结构的基础上，对各节点的条件概率分布表进行学习，从而避免专家知识指定概率分布表的主观性，与客观数据保持一致。贝叶斯网络参数的学习将直接影响到贝叶斯网络推理的速度和精度，通常分为离散变量的参数学习和连续变量的参数学习，常用的学习方法如图 6.14 所示。

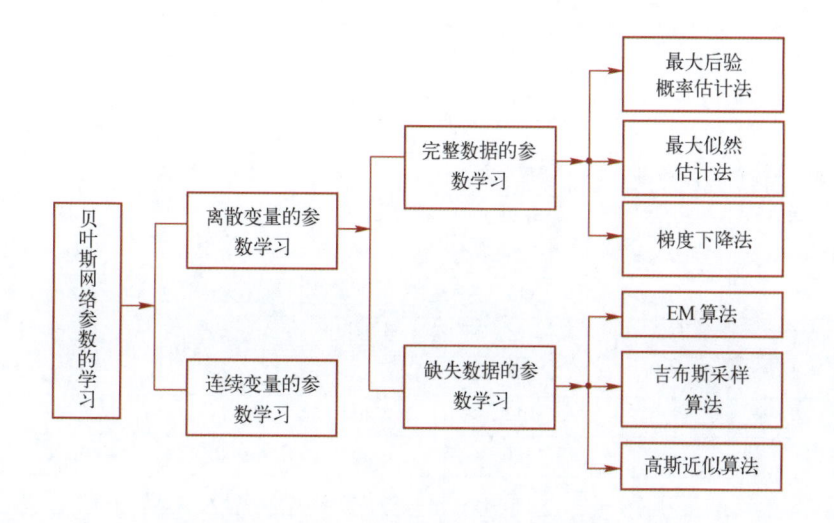

图 6.14　常用贝叶斯网络参数的学习方法

贝叶斯网络参数的设定包括根节点的先验概率和非根节点的条件概率。根节点中的 10 个节点依据统计资料获取先验概率，由于部分节点的数据为定性资料，因此难以用 EM 等方法进行参数学习，此时可使用概率统计与模糊数学结合的方法，通过专家打分设定条件概率分布。

蒙特卡罗方法又称随机模拟或统计实验法，是一种利用随机数发生器模拟实际情况的方法，在按一定概率分布对输入变量进行取值时，先利用一个随机数发生器生成一个按已知概率分布的数值，再将数值赋值给输入变量，反复迭代运行，通过模拟实验，即可得到模拟结果。由此，经过大量的重复实验，最终得到无限接近于真实的分布。运用蒙特卡罗方法，可模拟风险的实际情况，得到子节点与父节点的概率依附关系。

设定网络参数：根据所获取的数据及对数据的分级处理，得到根节点对其相应风险等级的隶属程度；运用蒙特卡罗方法，模拟风险实际情况，进行100次重复迭代实验，随机生成各子节点的条件概率分布表，以自然环境风险节点为例，赋予其父节点危险性、脆弱性、防范能力的指标权重分别为0.45、0.3、0.25，得到节点条件概率分布表，见表6.11。

表 6.11 节点条件概率分布表

危险性	脆弱性	防范能力	风 险 等 级		
0.45	**0.3**	**0.25**	高	中	低
高	高	弱	0.97	0.02	0.02
高	高	中等	0.75	0.22	0.04
高	高	高	0.76	0.03	0.21
高	中	弱	0.58	0.40	0.02
高	中	中等	0.40	0.59	0.01
高	中	高	0.40	0.40	0.20
高	低	弱	0.60	0.01	0.40
高	低	中等	0.39	0.22	0.39
高	低	高	0.39	0.04	0.57
中	高	弱	0.58	0.39	0.03
中	高	中等	0.40	0.59	0.02
中	高	高	0.39	0.39	0.21
中	中	弱	0.21	0.76	0.03
中	中	中等	0.03	0.93	0.03
中	中	高	0.01	0.78	0.21
中	低	弱	0.21	0.39	0.39
中	低	中等	0.04	0.57	0.39
中	低	高	0.04	0.39	0.57
低	高	弱	0.57	0.03	0.39

续表

危险性	脆弱性	防范能力	风险等级		
0.45	0.3	0.25	高	中	低
低	高	中等	0.39	0.21	0.39
低	高	高	0.39	0.04	0.57
低	中	弱	0.20	0.40	0.40
低	中	中等	0.01	0.59	0.40
低	中	高	0.04	0.39	0.57
低	低	弱	0.21	0.02	0.77
低	低	中等	0.04	0.22	0.74
低	低	高	0.03	0.03	0.94

6.3.3 气候变化情景推理

海上丝绸之路沿线海域自然风险评估流程如图6.15所示：首先对数据进行预处理；其次基于贝叶斯网络建模步骤构建网络模型；最后运用联合树算法计算风险值。自然风险评估实验重点采用了IPCC在其发布的第五次评估报告中给出的情景预估模式实验数据，对情景预估模式下的自然风险进行评估，通过对比分析，可得出在不同情景模式下，气候变化对海上丝绸之路沿线海域自然风险的影响。

1. 历史资料背景下的贝叶斯网络推理

（1）数据说明及处理

本书旨在评估自然环境对航道安全航行的综合风险，不针对具体船舶，因此d113、d114指标不纳入此次评估范围，B13指标用d115指标表征，依据指标定义和数据的可获取性，选择部分具有代表性的指标进行量化评估，见表 6.12。

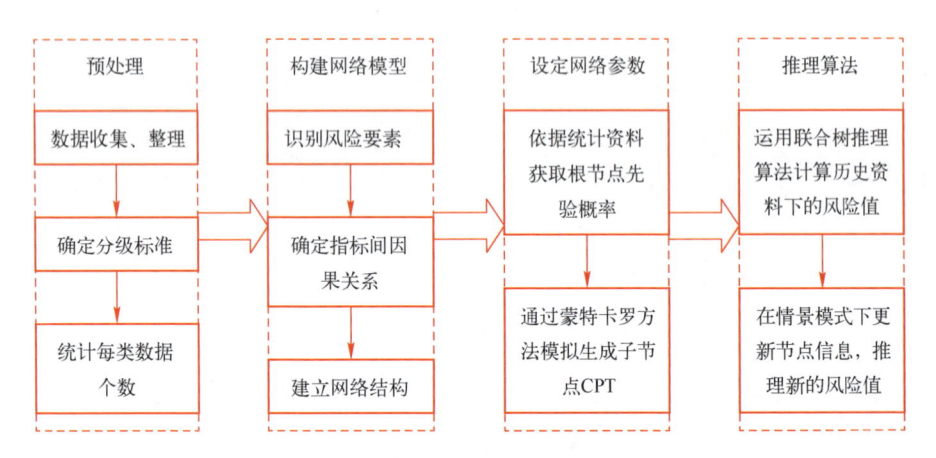

```
预处理 → 构建网络模型 → 设定网络参数 → 推理算法

预处理：
  数据收集、整理
  确定分级标准
  统计每类数据个数

构建网络模型：
  识别风险要素
  确定指标间因果关系
  建立网络结构

设定网络参数：
  依据统计资料获取根节点先验概率
  通过蒙特卡罗方法模拟生成子节点CPT

推理算法：
  运用联合树推理算法计算历史资料下的风险值
  在情景模式下更新节点信息，推理新的风险值
```

图 6.15　沿线海域自然风险评估流程

表 6.12　自然风险评价指标及数据来源

指　标	数　据　来　源	备　　注
C11	CMA-STI 热带气旋最佳路径数据集，由联合台风警报中心（JTWC）发布的历史资料，ICOADS（国际综合海洋大气数据集）、近实时船舶数据	选用指标 d101～d104 表征
C12	SRTM30 高程数据	选用指标 d106、d107 表征
C13	《世界海洋军事地理》《海上战略通道论》等图书	选用指标 d108、d109 表征
C14	由工业和信息化部发布的我国主要能源对外依存度相关数据，由中国地图出版社出版的《世界地图》	选用指标 d111、d112 表征
B13	相关国际政策、区域合作制度及进展、周边国家政策、专家意见等资料（将海上丝绸之路所在海域划分为索马里沿岸及亚丁湾、波斯湾及阿拉伯海、孟加拉湾、马六甲海峡、南海等五大海域）	选用指标 d113～d115 表征

将所选取的指标划分为高风险、中等风险及低风险等三个等级，统计数

据落在三个等级的频率，指标等级划分标准见表 6.13。

表 6.13 指标等级划分标准

指标	高风险	中等风险	低风险
d101	强热带风暴以上级别热带气旋	热带低压、热带风暴	无
d102	20.8m/s 以上风速	10.8～20.7m/s 风速	小于 10.8m/s 风速
d103	7m 以上浪高	3～7m 浪高	3m 以下浪高
d104	1km 以下能见度	1～4km 能见度	4km 以上能见度
d110	能力较弱	能力中等	能力较强
d111	40% 以上	20%～40%	0～20%
d112	3 条以下	3～5 条	5 条以上
C12	航道宽度较窄/航道水深较浅/复杂程度高	航道宽度适中/航道水深适中/复杂程度中等	航道宽度较宽/航道水深较深/复杂程度低
C13	航道通航量为 120 艘/天以上，通航船舶平均吨位为 16 万吨以上	航道通航量为 50～120 艘/天，通航船舶平均吨位为 3.6～16 万吨	航道通航量为 50 艘/天以下，通航船舶平均吨位为 3.6 万吨以下
B13	海域应急救援能力较弱	海域应急救援能力中等	海域应急救援能力较强

(2) 贝叶斯网络推理

基于贝叶斯网络模型，根据所采集的证据、知识，针对所研究的问题，可得到所求要素的先验概率、后验概率。这一过程可通过贝叶斯网络推理实现。

贝叶斯网络推理是将给定的网络结构、已知证据代入联合概率分布公式，计算某一事件发生的后验概率分布。由于这种推理机制对前向推理、后向推理不加以特殊区分，在每个节点都可以获取并传递信息，因此贝叶斯网络推理机制可分为自上而下的递归推理、自下而上的诊断推理及将两者相结合的混合推理。

贝叶斯网络推理算法分为精确推理算法和近似推理算法。精确推理算法仅适用于结构较为简单的网络，对于复杂网络结构的精确推理计算是一个难题。对于大规模贝叶斯网络，精确推理算法的时空复杂度较高，效率较低，需要采用近似推理算法来提高推理效率。常用的贝叶斯网络推理算法如图 6.16 所示。

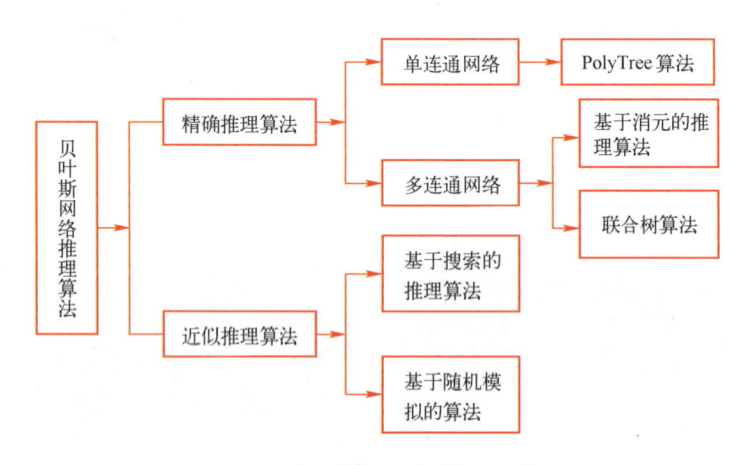

图 6.16　常用的贝叶斯网络推理算法

在大部分情况下，由于所研究的问题都是一个变量通过多个因果机制影响另一个或另一些变量，因此通常贝叶斯网络并不仅仅是一棵树，而是一个有向无环图，即一般至少有两个节点通过两条及两条以上的路径连接，因此适用于多连通网络的联合树算法在实际运用中使用最为广泛。它既可以解决单连通网络下的推理，又可以解决多连通网络下的推理，目前已有较为成熟的贝叶斯网络软件包。譬如，Netica 软件以联合树算法作为技术平台，基于用户输入的数据信息，即先验概率和条件概率进行推理计算，计算结果可展示在可视化界面上，功能强大，易于使用。

基于数据处理方法对所获取的 10 年（2000—2009 年）历史资料进行分类

第6章 全球气候变化与海上丝绸之路自然风险响应

统计，将网络结构、根节点概率分布及子节点的条件概率分布表输入贝叶斯网络推理技术平台，运用联合树算法得到基于历史资料背景的海上丝绸之路沿线海域自然风险值，如图6.17所示。

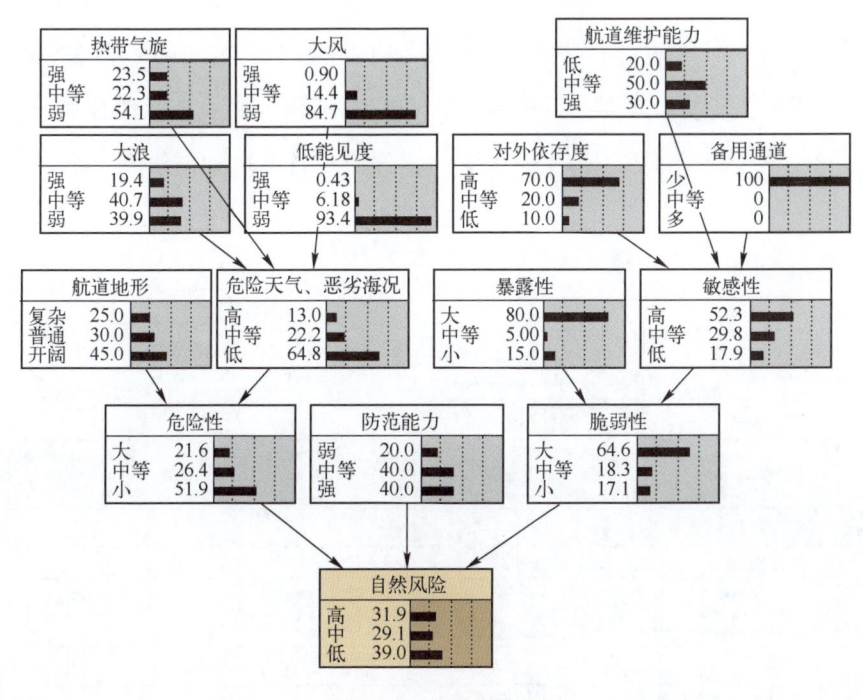

热带气旋		大风	
强	23.5	强	0.90
中等	22.3	中等	14.4
弱	54.1	弱	84.7

大浪		低能见度	
强	19.4	强	0.43
中等	40.7	中等	6.18
弱	39.9	弱	93.4

航道维护能力	
低	20.0
中等	50.0
强	30.0

对外依存度		备用通道	
高	70.0	少	100
中等	20.0	中等	0
低	10.0	多	0

航道地形		危险天气、恶劣海况	
复杂	25.0	高	13.0
普通	30.0	中等	22.2
开阔	45.0	低	64.8

暴露性		敏感性	
大	80.0	高	52.3
中等	5.00	中等	29.8
小	15.0	低	17.9

危险性		防范能力		脆弱性	
大	21.6	弱	20.0	大	64.6
中等	26.4	中等	40.0	中等	18.3
小	51.9	强	40.0	低	17.1

自然风险	
高	31.9
中	29.1
低	39.0

图6.17 自然风险值

2. 情景模式下的贝叶斯网络推理

这里选取RCP2.6、RCP8.5两种区别较大的极端情景模式，以GISS-E2-R模式预估的气候要素变化结果为基础，探讨在现有基础设施、防范能力不变的情况下，到21世纪末不同情景模式下气候变化对海上丝绸之路沿线海域自然风险的影响。

(1) RCP2.6情景模式下自然风险预估值

这里选取在GISS-E2-R模式下2076—2100年间风速及相对湿度（表征低能见度）数据；依据IPCC发布的第五次评估报告中的预估结果，4级、5级热带气旋发生频率将会增加；大浪由于数据缺失，假定维持现有水平不变；海平面上升和海水的腐蚀性将增加航道地形的复杂程度；随着时间的推移，假设能源对外依存度增加，其余条件（备用通道数量等）维持现有水平，得到在RCP2.6情景模式下海上丝绸之路沿线海域自然风险预估值，如图6.18所示。

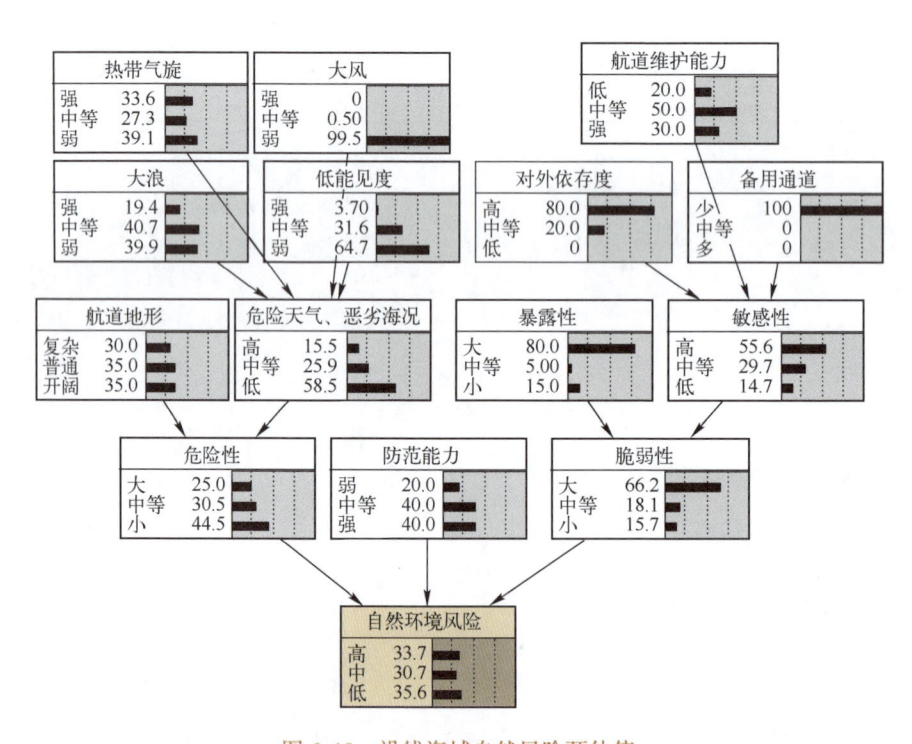

热带气旋		大风		航道维护能力	
强	33.6	强	0	低	20.0
中等	27.3	中等	0.50	中等	50.0
弱	39.1	弱	99.5	强	30.0

大浪		低能见度		对外依存度		备用通道	
强	19.4	强	3.70	高	80.0	少	100
中等	40.7	中等	31.6	中等	20.0	中等	0
弱	39.9	弱	64.7	低	0	多	0

航道地形		危险天气、恶劣海况		暴露性		敏感性	
复杂	30.0	高	15.5	大	80.0	高	55.6
普通	35.0	中等	25.9	中等	5.00	中等	29.7
开阔	35.0	低	58.5	小	15.0	低	14.7

危险性		防范能力		脆弱性	
大	25.0	弱	20.0	大	66.2
中等	30.5	中等	40.0	中等	18.1
小	44.5	强	40.0	小	15.7

自然环境风险	
高	33.7
中	30.7
低	35.6

图6.18 沿线海域自然风险预估值

(2) RCP8.5情景模式下自然风险预估值

同样，这里选取在GISS-E2-R模式下2076—2100年间风速及相对湿度的数据,以及热带气旋发生频率将进一步增加的预估结果。RCP8.5情景模式与RCP2.6情景模式相比,全球海平面上升的平均值增加了0.23cm,地形复杂程度进一步加强。在RCP8.5情景模式下,海上丝绸之路沿线海域自然风险预估值如图6.19所示。

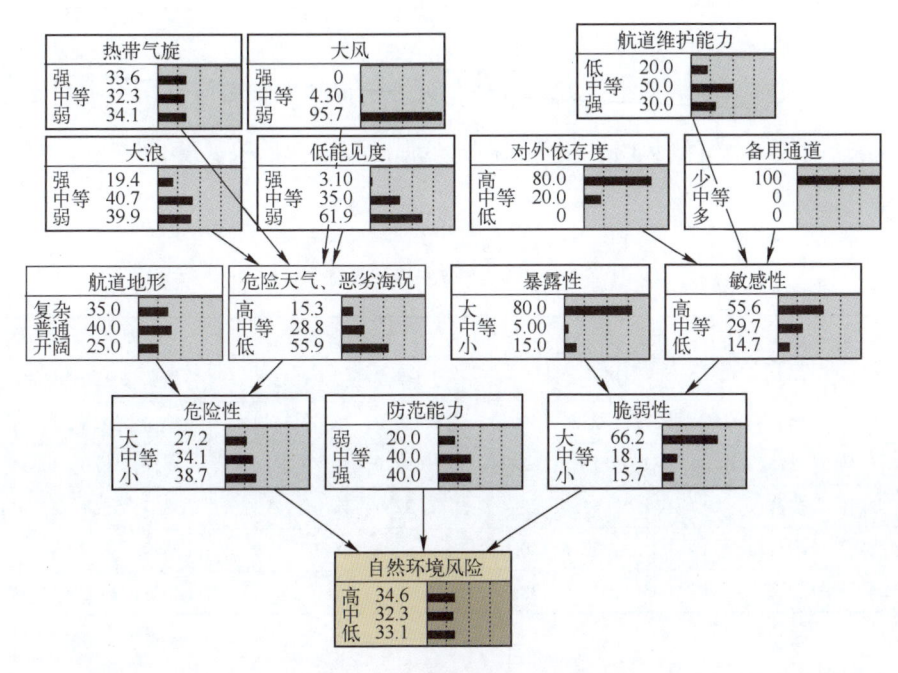

```
热带气旋                大风                           航道维护能力
强   33.6              强    0                        低   20.0
中等 32.3              中等  4.30                      中等 50.0
弱   34.1              弱    95.7                     强   30.0

大浪                   低能见度              对外依存度              备用通道
强   19.4              强    3.10            高   80.0              少   100
中等 40.7              中等  35.0            中等 20.0              中等 0
弱   39.9              弱    61.9            低   0                 多   0

航道地形               危险天气、恶劣海况    暴露性                  敏感性
复杂 35.0              高   15.3             大   80.0              高   55.6
普通 40.0              中等 28.8             中等 5.00              中等 29.7
开阔 25.0              低   55.9             小   15.0              低   14.7

          危险性                 防范能力                脆弱性
          大   27.2              弱   20.0              大   66.2
          中等 34.1              中等 40.0              中等 18.1
          小   38.7              强   40.0              小   15.7

                         自然环境风险
                         高   34.6
                         中   32.3
                         低   33.1
```

图6.19 沿线海域自然风险预估值

6.3.4 气候变化风险区划

海上丝绸之路沿线部分海域的气候变化风险区划见表6.14。

表6.14 海上丝绸之路沿线部分海域的气候变化风险区划

海 域	经度（°E）	纬度（°N）
南海	105～118	4～21
马六甲海峡	95～105	0～23.5

续表

海　域	经度（°E）	纬度（°N）
孟加拉湾	75～95	0～23.5
波斯湾及阿拉伯海	18～30	15～23.5
索马里沿岸及亚丁湾	45～75	0～15

运用贝叶斯网络模型及推理方法，可分别得到五大海域在历史资料和不同情景模式下对（高风险，中等风险，低风险）的风险隶属度，见表6.15。

表6.15　五大海域风险隶属度

海　域	数据背景		
	历史资料	情景模式 RCP2.6	情景模式 RCP8.5
南海	(37.3, 23.6, 39.1)	(39.0, 25.6, 35.4)	(40.4, 24.6, 35.0)
马六甲海峡	(32.3, 15.4, 52.3)	(34.9, 14.7, 50.5)	(36.7, 13.0, 50.3)
孟加拉湾	(31.2, 43.4, 25.4)	(32.7, 45.0, 22.3)	(33.7, 45.4, 20.9)
波斯湾及阿拉伯海	(22.5, 37.5, 40.0)	(24.8, 38.3, 36.9)	(26.9, 38.7, 34.4)
索马里沿岸及亚丁湾	(45.3, 15.9, 38.8)	(45.9, 17.0, 37.1)	(46.3, 20.2, 33.5)

气候变化风险区划的横向对比表明，南海、马六甲海峡、波斯湾及阿拉伯海等三大海域的自然风险处于低风险等级，孟加拉湾海域的自然风险处于中等风险等级，索马里沿岸及亚丁湾海域处于高风险等级。

气候变化风险区划的纵向对比表明，气候变化对各海域的自然风险均有一定程度的影响。随着温室气体排放量的增加，各海域的风险等级均有一定程度的升高。其中，南海受气候变化影响最强烈，风险等级升至高风险；波斯湾及阿拉伯海受气候变化影响次之，风险等级由低风险升至中等风险；马六甲海峡、孟加拉湾、索马里沿岸及亚丁湾海域的风险等级虽不变，但对高风险的隶属度均有增大。将上述推理分析结果投影到自然风险评估地理信息系统平台，可得到海上丝绸之路沿线部分海域受气候变化影响的自然风险区划,如图 6.20 所示。

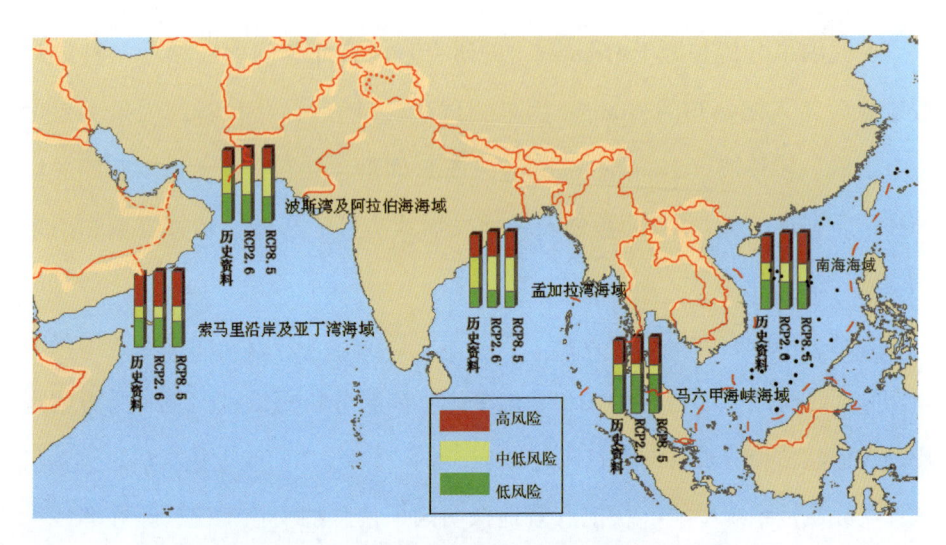

图 6.20　部分海域受气候变化影响的自然风险区划

6.4　基于信息流的气候预报因子辨识

预报问题是地球科学和信息科学等领域高度关注的问题,如何科学合理地选取气候预报因子对于提升预报精度至关重要。当前,选取气候预报因子的主要方法可归结为两类:统计方法和机器学习算法。对于复杂的动力系统而言,统计方法只能反映待验因子之间统计意义上的关联程度,难以揭示要素之间的内在关联和因果关系,更无法衡量相互之间孰因孰果;机器学习算法的性能发挥和参数拟合依赖于充足的数据和标签样本以及训练误差收敛,不适宜极端天气、强地震和核泄漏等小概率事件的预报,需引入因果关联研究思想和方法模型进行创新探索和实践应用。

6.4.1 信息流原理与基本思想

现代因果分析起源于 Granger[1] 的研究。他将此类问题归结为一种统计假设检验（人们熟知的 Granger 因果测试法）。随后，一种新的因果关系度量方法——转移熵（Transfer Entropy，TE）问世，并获得了前所未有的关注和多门学科的应用。TE 还被创新性地发展为直接因果熵、转移零熵和因果熵等。

有别于以往的因果分析方法，近年来，Liang[2-4] 突破性地证明了因果分析实际上具有严格的物理意义和理论基础：因果分析可以被规范动力方程运用最大似然估计法推得的信息流（Information Flow，IF）来度量。信息流不仅被证实在线性系统中能够快捷有效地探明因果信息的交换情况，还在非线性系统的因果分析中具有明显优于 Granger 因果测试法和转移熵的表现。

信息流的基本思想：针对时间序列 X_2 和 X_1，Liang 运用最大似然估计法推得从 X_2 向 X_1 传输的信息流可用如下公式计算，即

$$T_{2\to 1} = \frac{C_{11}C_{12}C_{2,d_1} - C_{12}^2 C_{1,d_2}}{C_{11}^2 C_{22} - C_{11}C_{12}^2} \tag{6.4}$$

式中，C_{ij} 为 X_i 和 X_j 之间的协方差；C_{i,d_j} 由如下算法得到，即令 $\dot{X}_j$ 是 $\dfrac{\mathrm{d}X_j}{\mathrm{d}t}$ 的欧拉前项有限差分项（一般情况下，$k=1$，只有在高度混沌和极端密集时，$k=2$），即

$$\dot{X}_j = \frac{X_{j,n+k} - X_{j,n}}{k\Delta t} \tag{6.5}$$

式中，Δt 是时间步长，C_{i,d_j} 实际上也是序列 X_i 和 $\dot{X}_j$ 之间的协方差。在理论意义（实际应用时结合假设检验）上，如果 $T_{2\to 1}=0$，则表明 X_2 不能引起 X_1，

或者说 X_2 不是 X_1 的因，否则说明 X_2 有作用于 X_1，或者说 X_2 是 X_1 的因。

6.4.2 信息流标准化改进算法

为了准确衡量、检测因果关系之间的相对大小，Liang 提出了一种信息流标准化方法。由于这种方法在一些情景模式下得到的结果非常小（0.001 量级），因此导致互相对比不明显，也不符合标准化数值范围的一般直观理解。为此，Bai 等人[5]引入信息流的思想和原理，通过寻求一种新的闭合公式来改进并优化上述问题，进而推导出新的标准化信息流算法模型。

1. 信息流标准化的改进

信息流标准化的改进需要从最初的微分方程出发并进行如下数学推导，即假设二维动力系统的一般形式为

$$\frac{dX}{dt} = F(X,t) + B(X,t)\dot{W} \tag{6.6}$$

式中，$\dot{W}$ 为二维白噪声项；F 和 B 为 X 的任意非线性函数。时间序列 X_1 的边缘熵 H_1 随时间的变化可用下式求得，即

$$\frac{dH_1}{dt} = -E\left(F_1 \frac{\partial \ln \rho_1}{\partial x_1}\right) - \frac{1}{2} E\left(g_{11} \frac{\partial^2 \ln \rho_1}{\partial x_1^2}\right) \tag{6.7}$$

式中，E 为数学期望；ρ_1 为 X_1 的边缘密度；x_1 为边缘密度 ρ_1 在 X_1 方向的变率；$g_{ij} = \sum_k b_{ik}(x,t) b_{jk}(x,t)$。将式（6.7）右端第一项继续分解得

$$\begin{aligned} -E\left(F_1 \frac{\partial \ln \rho_1}{\partial x_1}\right) &= -E\left[\frac{1}{\rho_1} \frac{\partial (F_1 \rho_1)}{\partial x_1} - \frac{\partial F_1}{\partial x_1}\right] \\ &= E\left(\frac{\partial F_1}{\partial x_1}\right) - E\left[\frac{1}{\rho_1} \frac{\partial (F_1 \rho_1)}{\partial x_1}\right] \end{aligned} \tag{6.8}$$

从 X_2 向 X_1 传输的信息流为

$$T_{2\to1} = -E\left[\frac{1}{\rho_1}\frac{\partial(F_1\rho_1)}{\partial x_1}\right] + \frac{1}{2}E\left(\frac{1}{\rho_1}\frac{\partial^2 g_{11}\rho_1}{\partial x_1^2}\right) \tag{6.9}$$

将式（6.9）与式（6.8）一起代入式（6.7），得

$$\frac{dH_1}{dt} = E\left(\frac{\partial F_1}{\partial x_1}\right) + T_{2\to1} + \left[-\frac{1}{2}E\left(\frac{1}{\rho_1}\frac{\partial^2 g_{11}\rho_1}{\partial x_1^2}\right) - \frac{1}{2}E\left(g_{11}\frac{\partial^2 \ln\rho_1}{\partial x_1^2}\right)\right] \tag{6.10}$$

式中，右端三项分别表示由 X_1 自身引起的 H_1 变化、从 X_2 向 X_1 传输的信息流和随机噪声 H_1^{noise} 的作用（随时间的变化项），即

$$-\frac{1}{2}E\left(\frac{1}{\rho_1}\frac{\partial^2 g_{11}\rho_1}{\partial x_1^2}\right) - \frac{1}{2}E\left(g_{11}\frac{\partial^2 \ln\rho_1}{\partial x_1^2}\right) = \frac{dH_1^{\text{noise}}}{dt} \tag{6.11}$$

一般情况下，$F=f+XA+CC^{\text{T}}$，$f=(f_1,f_2)^{\text{T}}$，$A=(a_{ij})_{i,j=1,2}$，$C=(c_{ij})_{i,j=1,2}$，假设变量之间独立同分布，并且具有有限数学期望（μ_1）和方差（σ_1），根据中心极限定理，它们近似服从高斯分布，即

$$\rho_1 = \frac{1}{\sqrt{2\pi}\sigma_1}\exp\left[-\frac{(x_1-\mu_1)^2}{2\sigma_1^2}\right] \tag{6.12}$$

代入式（6.11），可得

$$\frac{dH_1^{\text{noise}}}{dt} = \frac{1}{2}\frac{g_{11}}{\sigma_1^2} \tag{6.13}$$

得到改进的信息流标准化公式为

$$\tau_{2\to1}^B = \frac{\text{abs}(T_{2\to1})}{\text{abs}(T_{2\to1}) + \text{abs}\left(\dfrac{dH_1^{\text{noise}}}{dt}\right)} \tag{6.14}$$

式中，abs 指代绝对值函数。由式（6.13）可知，$\tau_{2\to1}^B$ 实际衡量的是从 X_2 向

X_1 传输的信息流相对于其他随机过程对 X_1 的重要性，取值范围为 $[0,1]$，数值越大，说明 X_2 对 X_1 的作用越明显，因果关联驱动（注意方向性）越显著；反之，说明 X_2 不是 X_1 变化的重要因子，之间的因果关联非常薄弱。为了便于理解，新的信息流标准化方案见算法 6.1。

算法 6.1：信息流标准化

输入：时间序列，X_2 和 X_1

1：运用式（6.4）计算从 X_2 向 X_1 传输的信息流 $T_{2 \to 1}$；

2：估计二维动力系统参数

$$a_{11} \approx \frac{C_{22}C_{1,d1} - C_{12}C_{2,d1}}{\det C}, \quad a_{12} \approx \frac{-C_{12}C_{2,d1} + C_{11}C_{2,d1}}{\det C}$$

$$f_1 \approx E(\dot{X}_1) - a_{11}E(X_1) - a_{12}E(X_2)$$

3：运用最大似然估计法求

$$g_{11} \approx \Delta t \cdot E[(\dot{X}_1 - f_1 - a_{11}X_1 - a_{12}X_2)^2]$$

4：用 C_{11} 替换 σ_1^2；

5：将 C_{11} 和 g_{11} 的估计值代入式（6.13），计算 $\dfrac{\mathrm{d}H_1^{\mathrm{noise}}}{\mathrm{d}t}$；

6：运用式（6.14）标准化 $T_{2 \to 1}$。

输出：$\tau_{2 \to 1}^B$

---

2. 算法应用与对比实验

为了验证改进信息流标准化方案（Normalized Information Flow，NIF）的准确性，这里设计了两组数值仿真实验，即将传统的信息流标准化方案（用 $\tau_{2 \to 1}^L$ 或 NIF1、$\tau_{1 \to 2}^L$ 或 NIF2 表示）和转移熵标准化方案（Normalized Transfer Entropy，NTE）纳入线性方程实验中作为比较对象。

(1) 线性方程

$$\begin{cases} z_{k+1}=0.8x_k+0.2z_k+v_{1k} \\ y_{k+1}=0.6z_k+v_{2k} \end{cases} \quad (6.15)$$

式中，$x_k \sim N(0,1)$；v_{1k}、$v_{2k} \sim N(0,1)$；取 $z_{k=0}=3.2$（初始值）；k 表示时间。

由式（6.15）可知，左边是由右边的变量决定的，凸显了直观的相互作用关系和方向性，继而可测试改进的信息流标准化方案能否侦测出这种显而易见的因果关联，取时间为 6000 个单位，丢弃前 3000 个以保证序列的稳定性，将 x、y、z 的时间序列运用算法 6.1 进行信息流标准化，时间步长为 3000，结果见表 6.16。由表 6.16 不难发现，因为 $\tau^B_{x \to z}=0.698$ 和 $\tau^B_{z \to y}=0.975$ 远远大于 0，所以 x 引发 z，z 引起 y，与式（6.15）实际情况相符，即 x 前一时间状态（方程右边）引起 z 下一时刻（方程左边）的变化，z 前一时间状态（方程右边）又引起 y 下一时刻（方程左边）的变化。与其他因果关联标准化方案对比，虽然由 $\tau^L_{z \to y}=0.172$ 可以判断出关于 z 和 y 之间准确的因果关系和方向性，但是 x 和 z 之间的信息流取值仅为 $\tau^L_{x \to z}=0.006$，所以很难反映实际方程中两种变量之间的关系。

表 6.16 线性方程实验中不同的信息流计算方案对比

信 息 流	NTE	NIF1	NIF2
$x \to y$	0.348	0.000	0.002
$y \to x$	0.055	0.000	0.000
$x \to z$	0.409	0.006	0.698
$z \to x$	0.058	0.000	0.000
$z \to y$	0.393	0.172	0.975
$y \to z$	0.044	0.001	0.005

转移熵标准化方案虽然在大多数情况下能够获得与算法 6.1 一样令人接受的合理结果，但主要区别体现在 $\text{NTE}_{x\to y} = 0.348$、$\tau_{z\to y}^{B} = 0.000$，通过对比转移熵标准化方案，并不能明确衡量因果关联是直接的还是间接的（实际情况是，往往关心的是直接作用源自哪里）。信息流标准化方案（$\tau_{2\to 1}^{B}$ 和 $\tau_{2\to 1}^{L}$）明确判断的是直接因果关联，更贴近实际应用。转移熵标准化方案的计算复杂度为 $O(N^{2}(k_{1}+l_{1})^{2})$。其中，$k_{1}$ 和 l_{1} 是计算 NTE 时的差分格点数，式（6.4）中最复杂的就是计算协方差，因此新算法的复杂度仅为 $O(N)$，效率远远高于 NTE 算法。

（2）非线性方程

$$\begin{cases} z_{k+1} = 1 - 2\left|0.5 - (0.8x_{k} + 0.4\sqrt{z_{k}}) + v_{1k}\right| \\ y_{k+1} = 5(z_{k} + 7.2)^{2} + 10\sqrt{|x_{k}|} + v_{2k} \end{cases} \quad (6.16)$$

式中，$x_{k} \sim U(4,5)$；v_{1k}、$v_{2k} \sim N(0,0.05)$；取 $z_{k=0} = 0.2$。与线性方程实验一样，取时间为 6000 个单位，丢弃前 3000 个以保证序列的稳定性，将通过信息流标准化方案和转移熵标准化方案计算的 x、y、z 因果结果列于表 6.17。

表 6.17　非线性方程实验中不同的信息流计算方案对比

信　息　流	NTE	NIF1	NIF2
$x \to y$	0.274	0.009	0.707
$y \to x$	0.000	0.000	0.003
$x \to z$	0.623	0.011	0.998
$z \to x$	0.000	0.000	0.000
$z \to y$	0.308	0.109	0.437
$y \to z$	0.048	0.015	0.059

很明显，改进的标准化方案依然能够准确探明 x 引发 z 并且引起 y，z 之所以引起 y，是因为 $\tau^B_{x\to z}=0.998$、$\tau^B_{z\to y}=0.437$ 明显大于 0。$\tau^L_{2\to 1}$ 所得结果不能明确表明 x 和 y 之间的关系。

6.4.3　模型应用与实验仿真

热带气旋是目前公认的能够给人类社会带来巨大损失的自然灾害之一。仅在 2006—2015 年间，全球因热带气旋而造成的直接经济损失就高达 550 亿美元，远超地震、洪水等其他自然灾害，因此建立热带气旋预报模型具有重要现实意义，以图形化方式概括预报流程（见图 6.21）如下。

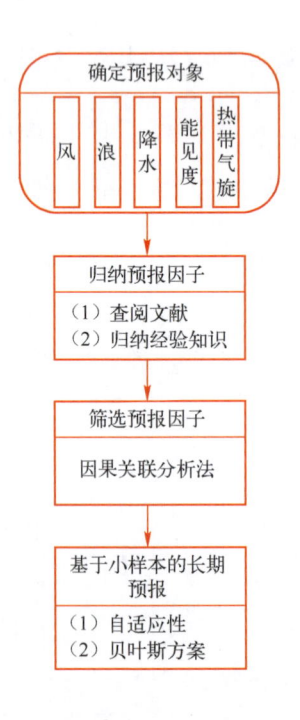

图 6.21　预报流程

第一步，确定预报对象：因为海上丝绸之路沿线各海域的危险天气、恶劣海况等并不相同，所带来的风险也不同，所以需要梳理最值得关注的要素进行精细化预报。

第二步，归纳气候预报因子：气候预报因子是指影响预报对象生成、发展和消亡的气候态气象海洋物理要素，对于预报精度具有重要意义，可通过查阅文献、归纳经验知识进行气候预报因子的筛选和案例样本的收集。

第三步，筛选气候预报因子：预报模型中并非气候预报因子越多，预报效果越好，而应当运用合适的数学、物理方法找寻对预报对象作用最显著的气候预报因子集合，拟采用相比传统气象预报相关分析方法更为合理和有效的因果关联分析法。

第四步，基于小样本的长期预报：对于气候态尺度的预报，整理、搜集的数据长度往往限于50～100年以内（逐年数据），无法满足常规统计方法对样本容量的要求，拟采用针对稀疏数据的自适应贝叶斯方案完成危险天气的长期（5～10年）预报。

6.4.4 基于信息流因果关联筛选气候预报因子

本书以西北太平洋热带气旋（热带风暴以上）生成次数预报为例，阐明如何运用信息流标准化方案开展预报建模，将NIF2应用到真实气象海洋数据中，以便提取西北太平洋热带气旋的主要气候预报因子，并且以气候学中常用的时滞相关系数进行对比分析。

1. 热带气旋数据

考虑到1970年之前因缺乏卫星资料的支持，数据质量欠佳，故选取联合台风预警中心发布的热带气旋最佳路径数据集，时间跨度为1970—2016年的6～10月（主要台风季），海域范围是0°～45°N、100°～180°E。在数据集中，将热带气旋等级在热带风暴以上（中心最大持续平均风速≥17m/s）且生命周期长于48h的样本纳入预报实验，将西北太平洋以东经145°E为界划分为东西两个区域（热带气旋活动呈现不同的特征），分别用EC（Eastern Cluster）和WC（Western Cluster）代表两个区域热带气旋的生成个数。西北太平洋1970—2016年6～10月热带气旋生成位置示意图如图6.22所示。

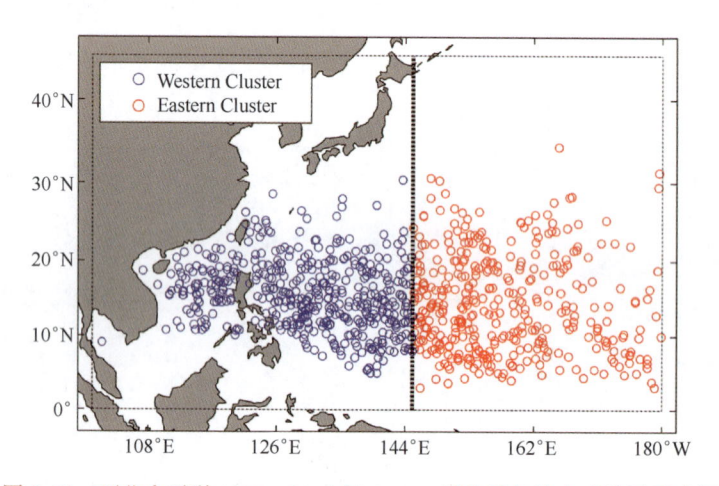

图6.22 西北太平洋1970—2016年6～10月热带气旋生成位置示意图

2. 气候数据

影响西北太平洋热带气旋生成的主要气候态物理因子：ENSO（厄尔尼诺和南方涛动）指数利用NCEP（美国国家环境预报中心）在Niño 3.4区（58°S～58°N、120°～70°W）集成的指数来表征；PDO指数（太平洋年代际涛动指数）直接采集于NOAA地球系统研究实验室；西北太平洋海温（0°～45°N、100°～180°E，WNP SST）和东印度洋的海温（10°S～22.5°N、75°～100°E，EIO SST）取自NCEP/NCAR（美国国家环境预报中心/美国国家大气

第6章 全球气候变化与海上丝绸之路自然风险响应

研究中心）的再分析资料；西太平洋副热带高压（WPSH）指数是指西太平洋海域（10°～90°N、110°～180°E）在500hPa高度层上位势高度大于588gpm的等值线所包含的区域格点数；纬向垂直风切变（ZVWS）指数由200hPa和850hPa高度层上的纬向风偏差决定；季风指数由850hPa高度层上的矢量风表征，相应的风场数据来自NCEP/NCAR的再分析资料；准双周期振荡（QBO）指数取自柏林大学发布的指数集，由位于坎顿岛、马尔代夫甘岛和新加坡的三个无线电通信站在30hPa高度层上的纬向风数据融合而成。

所有气候数据（见图6.23）的覆盖时间周期均为1970—2016年的6～10月，选取其中2007—2016年10年间的数据作为预报样本。

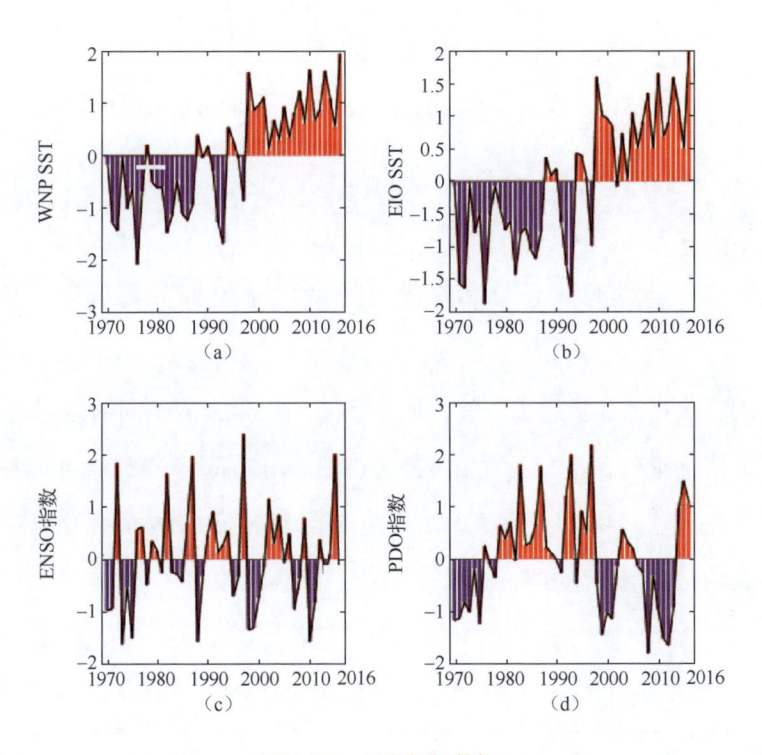

图6.23 所有气候数据

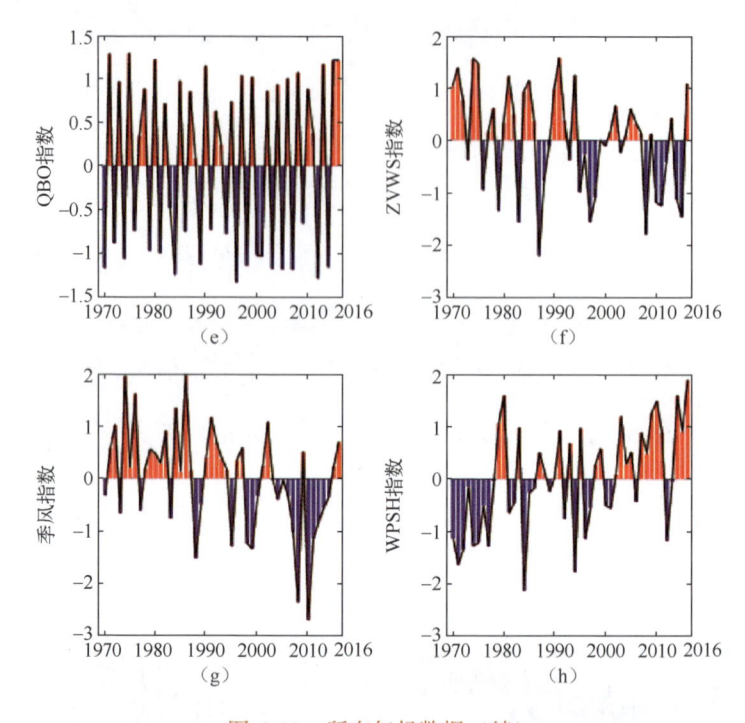

图 6.23 所有气候数据（续）

6.4.5 生成西北太平洋热带气旋的主要气候预报因子

利用算法 6.1 衡量热带气旋生成个数与气候预报因子间的因果关系，标准化后的信息流见表 6.18。置信度检验规则沿用 Liang[6] 的观点：如果标准化后的信息流 $\tau_{\text{Col}\to\text{Row}}^{B} \geqslant 1\%$，则说明结果经过了置信度为 95% 的统计检验。需要特别强调的是，信息流方向是从列指标向行指标传输的。

表 6.18 标准化后的信息流

个 数	WNP SST	EIO SST	ENSO	PDO	QBO	ZVWS	WPSH	Monsoon
WC	8.743%	9.626%	21.187%	13.604%	2.603%	26.187%	13.949%	1.887%

第6章 全球气候变化与海上丝绸之路自然风险响应

续表

个　　数	WNP SST	EIO SST	ENSO	PDO	QBO	ZVWS	WPSH	Monsoon
EC	**7.089%**	**13.1887%**	**16.237%**	1.212%	0.306%	**7.553%**	**5.297%**	**11.304%**

注：黑粗体表明通过了置信度为95%的统计检验。

由表6.18可知，除QBO以外，其余大部分气候预报因子都在信息流统计检验中作用显著。具体而言，由表6.18第1行可知，对于西侧海域的热带气旋，信息流标准化后的数值范围为2.603%～26.187%。其中，最大数值对应的是ZVWS的影响力，即ZVWS是决定季节性热带气旋生成个数的重要气候预报因子；数值次之对应的是ENSO的影响力，这也与事实和相关研究描述相符。

由表6.18第2行可知，除了ENSO的作用明显，西太平洋副热带高压和季风对东侧海域生成的热带气旋也具有重要影响。西太平洋副热带高压一般从6月开始北抬，在8月或9月到达40°N，从10月开始逐渐消退。当回撤到南海附近时，恰巧引导西南季风从印度洋渗透至此，经过菲律宾海进入西北太平洋，有利于热带气旋的生成。

最有趣的现象发生在表6.18中的最后两列，当强（弱）西太平洋副热带高压和强（弱）季风位于菲律宾海时，会导致原有热带气旋生成模态向东（向西）转移。这也是ENSO在局地海域的一种混合作用。上述信息流标准化后的方案恰好反映了这些现象。

运用同样的数据，导入气候学中常用的相关系数分析方法进行对比实验，除了ENSO和PDO，大部分结果都不能通过显著性检验，即相关系数分析方法虽然能够通过最大数值确定个别气候预报因子，但不能有效反映其余气候预报因子对西北太平洋热带气旋生成的作用。比如，西北太平洋海温虽然是热带气旋生成的重要环境要素，在NIF2算法中，该项气候预报因子通过了显著性检验，但相关系数分析方法却不能对其进行准确检测和识别，相关系数见表6.19。

表 6.19　相关系数

个 数	WNP SST	EIO SST	ENSO	PDO	QBO	ZVWS	WPSH	Monsoon
WC	16.632%	18.654%	**−62.906%**	**−52.519%**	3.237%	**34.182%**	−23.249%	**−41.529%**
EC	−23.100%	**−29.206%**	**50.441%**	**49.199%**	−3.415%	11.733%	**44.555%**	−11.082%

注：黑粗体表明通过置信度为95%的统计检验。

为了验证改进算法（NIF2），将 ENSO 和 PDO（两个信息流数值较为显著的气候预报因子）以及 QBO（信息流数值最不显著的气候预报因子）与有利于西北太平洋热带气旋生成的环境要素（影响西北太平洋热带气旋生成的主要是动力因子）进行回归分析实验，图 6.24、图 6.25、图 6.26 分别显示了台风季的长波辐射、涡度、垂向速度和涡动能等物理诊断参数与 ENSO、PDO 和 QBO 等气候预报因子的相关回归场。涡动能的计算公式参考 Seiki 等人[7]的线性化涡动能趋势方程，即

$$\frac{\partial K'}{\partial t} = -\overline{V'_h \cdot (V' \cdot \nabla) \overline{V}_h} - \overline{V} \cdot \nabla \overline{K'} - \overline{V' \cdot \nabla K'} - \frac{R}{p}\overline{\omega' T'} - \nabla \cdot \overline{(V' \Phi')} + D \tag{6.17}$$

式中

$$K' = \frac{1}{2}(\overline{u'^2} + \overline{v'^2}) \tag{6.18}$$

为涡动能；u'、v' 分别为 850hPa 高度层上的纬向风速和经向风速；V 为三维风矢量；V'_h 为水平风矢量；R 为干空气的气体常数；p 为压力；ω 为垂向 p 矢量；T' 为气温；Φ' 为位势；D 为涡动能的耗散率。

上述回归场诊断结果也印证了由信息流标准化改进算法揭示的特征。譬如，图 6.24 和图 6.25 分别揭示了涡度和垂向速度在 ENSO 和 PDO 负位相（正位相）有利于西北太平洋热带气旋生成个数的增加（减少）。

第6章 全球气候变化与海上丝绸之路自然风险响应

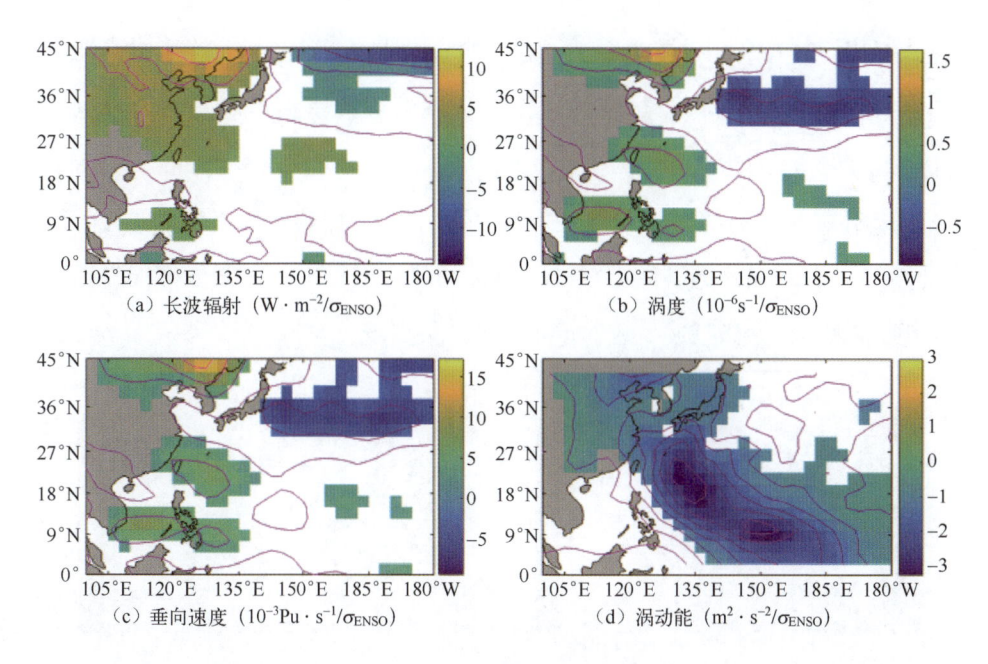

(a) 长波辐射 (W·m^{-2}/σ_{ENSO})

(b) 涡度 (10^{-6}s^{-1}/σ_{ENSO})

(c) 垂向速度 (10^{-3}Pu·s^{-1}/σ_{ENSO})

(d) 涡动能 (m^2·s^{-2}/σ_{ENSO})

图 6.24 台风季 ENSO 指数
(有颜色的区域表明回归系数通过置信度为95%的统计检验)

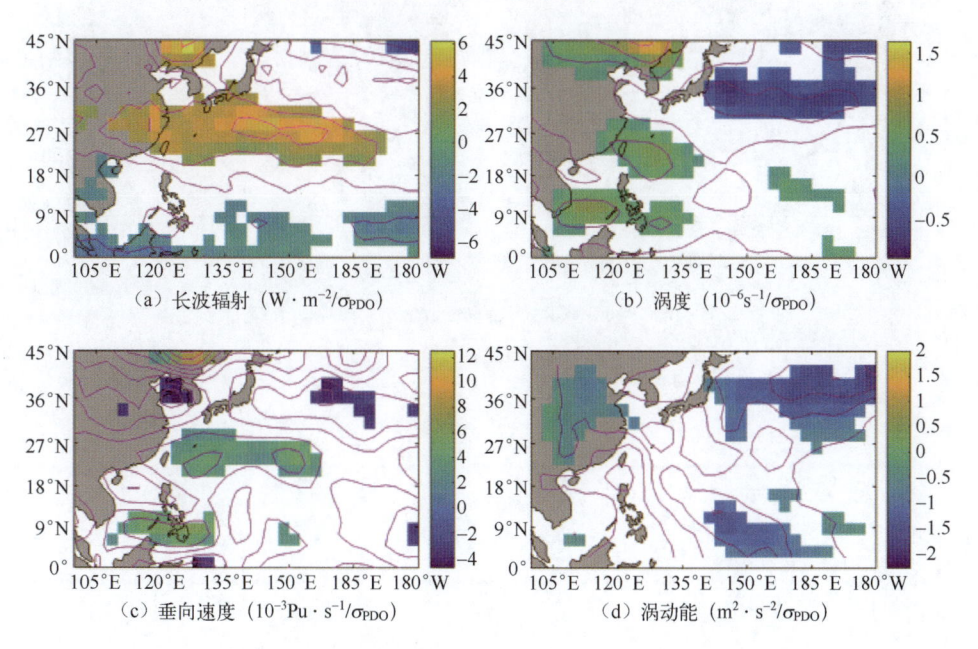

(a) 长波辐射 (W·m^{-2}/σ_{PDO})

(b) 涡度 (10^{-6}s^{-1}/σ_{PDO})

(c) 垂向速度 (10^{-3}Pu·s^{-1}/σ_{PDO})

(d) 涡动能 (m^2·s^{-2}/σ_{PDO})

图 6.25 台风季 PDO 指数
(有颜色的区域表明回归系数通过置信度为95%的统计检验)

在图6.24中，涡动能负距平占据了西北太平洋的大部分区域，并且距平中心位于菲律宾以东，与热带气旋生成位置的最大密度区域重合。台风季QBO指数见图6.26。在图6.26中，无论涡度、垂向速度还是涡动能，只有非常有限的回归关系显著区域，说明QBO对西北太平洋热带气旋生成的贡献微薄，甚至可以忽略不计。综上可知，改进的信息流标准化方案能够准确揭示影响西北太平洋热带气旋生成的重要气候预报因子。

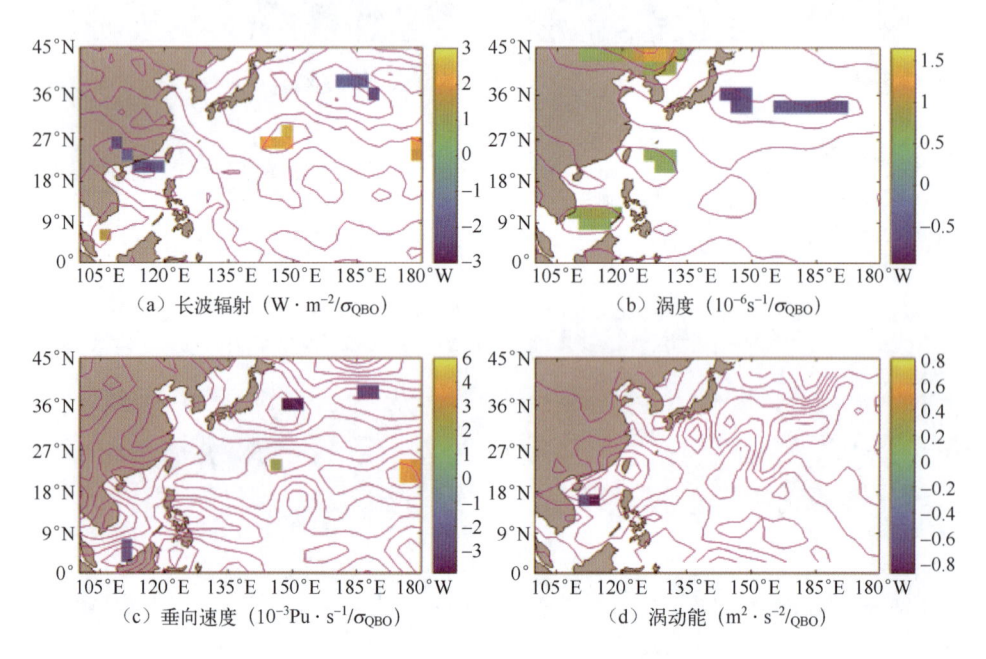

(a) 长波辐射（$W \cdot m^{-2}/\sigma_{QBO}$）

(b) 涡度（$10^{-6}s^{-1}/\sigma_{QBO}$）

(c) 垂向速度（$10^{-3}Pu \cdot s^{-1}/\sigma_{QBO}$）

(d) 涡动能（$m^2 \cdot s^{-2}/\sigma_{QBO}$）

图6.26　台风季QBO指数
（灰度区域表明回归系数通过置信度为95%的统计检验）

参考文献

[1] GRANGER C W J. Investigating causal relations by econometric models and cross-spec-

tral methods [J]. Econometrica: Journal of the Econometric Society, 1969, 5 (1): 424-438.

[2] LIANG X S. Information flow within stochastic dynamical systems [J]. Physical Review E, 2008, 78 (3): 031113.

[3] LIANG X S. Unraveling the cause-effect relation between time series [J]. Physical Review E, 2014, 90 (5): 052150.

[4] LIANG X S. Information flow and causality as rigorous notions ab initio [J]. Physical Review E, 2016, 94 (5): 052201.

[5] BAI C Z, ZHANG R, BAO S, et al. Forecasting the tropical cyclone genesis over the northwest Pacific through identifying the causal factors in cyclone-climate interactions [J]. Journal of Atmospheric and Oceanic Technology, 2018, 35 (2): 247-259.

[6] LIANG X S. Normalizing the causality between time series [J]. Physical Review E, 2015, 92 (2): 022126.

[7] SEIKI A, TAKAYABU Y N. Westerly wind bursts and their relationship with intraseasonal variations and ENSO. Part II: Energetics over the western and central Pacific [J]. Monthly Weather Review, 2007, 135 (10): 3346-3361.

第 7 章
海上丝绸之路沿线港口自然风险评估

海上丝绸之路沿线国家和地区复杂的地理环境、地形地貌和气象水文要素，影响和制约了海上贸易的运输安全及沿线港口的安全。自然风险评估的目的是为海上丝绸之路建设提供风险监测预警和风险管理的科学依据和决策支持。

南海与印度洋海域广阔，环境复杂，沿线港口众多。在近岸地区，城市分布密集，统计资料相对丰富，自然环境和社会人文因素的影响都较为显著；在远海地区，环境资料匮乏，人文因素影响相对较小。鉴于评估条件和可用数据信息的差异，本章将针对南海与印度洋近岸和远海的环境特征及其差异，运用改进的贝叶斯网络和云模型等不确定性人工智能技术进行自然风险评估建模，构建近岸和远海的自然风险评估模型，并开展仿真实验。

7.1 环境特征分析

海上丝绸之路沿线海域环境复杂，热带气旋、风暴潮、大浪、雷暴等灾害频发，海峡水道和海底地形复杂，会对船舶、港口、航运、船上人员的安全造成威胁，并给沿岸居民的生活带来不利影响。近岸地区的人口和城市密集、承险体复杂，不可避免地会受到各种社会因素的

第7章 海上丝绸之路沿线港口自然风险评估

影响。远海地区由于远离人口和城市，社会因素影响较小，面临的风险基本上为自然环境风险。本节将基于海上丝绸之路沿线海域的环境特征，选取显著的风险评价指标，对指标的空间分布特征和季节变化规律进行分析。

7.1.1 指标选取和数据来源

本节基于风险形成机理，通过分析海上丝绸之路沿线海域的地理环境、气象水文要素和人文社会特征，进行自然风险辨识，明确孕险环境、承险体、致险因子对风险的作用机理以及风险后果，见表7.1。

表7.1 海上丝绸之路沿线海域自然风险辨识

孕险环境	致险因子	承险体	风险后果
气象环境	大风、暴雨、高温、雷暴	港口、基础设施、人员	海峡、航道堵塞或中断，港口设施损毁，船舶倾覆、触礁、受损，航道基础设施损毁，人员伤亡
海洋环境	大浪、急流、海雾、海平面高度变化	港口、基础设施、船舶、人员	

在风险辨识的基础上，提取可能对海上航运、沿岸基础设施、人员安全构成潜在威胁的气象水文要素，依据海上丝绸之路沿线海域人文环境的特点，选取显著的社会风险要素，共同组成海上丝绸之路沿线海域风险评价指标体系，包括6个自然指标、3个人文指标，评价指标及数据来源见表7.2。

235

表7.2 海上丝绸之路沿线海域风险评价指标及数据来源

分 类	评价指标	数 据 来 源
自然指标	风速 W_s(m/s)	选用CCMP 10m风场数据集，该数据集以欧洲中期天气预报中心ECMWF的再分析和业务资料为背景场，将卫星探测海面风场资料以及船舶、浮标观测资料进行了同化融合。 格点数据，时间范围为1987年7月至2016年12月，空间范围为78.375°S～78.375°N、0.125°～359.875°E，水平分辨率为0.25°×0.25°，时间分辨率为6h
	浪高 W_h(m)	选用ECMWF提供的气候再分析数据集ERA-Interim中的海浪资料，该数据集与ERA-40相比，使用了分辨率更高的气象模式，在观测资料的应用及同化方法上有很大改进。 格点数据，空间范围为90°S～90°N、0°～359.25°E，时间范围为1979年1月至今，空间分辨率为0.125°×0.125°，时间分辨率为6h
	流速 F_s(m/s)	选用全球简单海洋资料同化分析系统产生的与大气再分析资料相匹配的SODA数据集。该数据集采用基于海洋模式MOM2、POP数值方法和SODA程序的全球海洋环流模式。 格点数据，水平覆盖范围为0.25°～359.75°E、75.25°S～89.25°N，分辨率为0.5°×0.5°，时间范围为1958年1月至今
	海平面高度异常 S_h(m)	选用法国AVISO数据中心提供的融合卫星测高数据中UTD产品的网格化海平面高度异常数据。 格点数据，空间范围为82.00°N～82.00°S、0°～359.667°E，时间范围为1994年至2014年，空间分辨率为(1/3)°×(1/3)°，时间分辨率为1d
	海温 S_t(℃)	选用美国国家环境预报中心（NCEP）提供的全球大气再分析产品CFSR和CFSv2，两者均为气候预报系统的高分辨率资料。 格点数据，空间覆盖范围为90°N～90°S，时间范围为1980年1月至2014年12月，空间格网分辨率为0.25°×0.25°，时间分辨率为1d
	能见度 V_i(km)	选用海洋大气综合数据集（COADS）中的站点数据。该数据来源于由全球海洋随机船计划和全球志愿观测船计划获取的海面观测资料

续表

分　类	评价指标	数　据　来　源
人文指标	经济密度 E_d(亿美元/km²) 人口密度 P_d(人/km²) 人口老龄化程度 P_a(%)	数据来源包括IFS数据库、中国–东盟国家统计手册、外交部网站相关文件资料、国家统计局数据、商务部统计数据、由世界银行公布的世界各国营商便利指数等

7.1.2　指标分析

本章所选研究区域为30°~135°E、15°S~30°N。为了更加准确、直观地描述和分析该区域的环境风险特征，这里对所选取的评价指标进行了系统分析和可视化。由于自然指标的数据集在时间和空间上较为规则、完备，因此可在整个研究区域进行定量化统计分析。鉴于人文指标仅在海上丝绸之路沿线国家和地区有不完全的统计数据，且数据相对缺乏，因此只能进行定性阐述。

1. 自然指标的气候态特征分析

不同自然指标的数据类型和时空分辨率不同，为了计算、显示和分析，首先对数据进行规则化处理，读取1990—2014年间各指标的数据，采用双线性插值法，将数据插到0.25°×0.25°的规则经纬度网格点上，统一数据的分辨率。

基于规则化格点数据，分别计算各指标在25年间的1月（代表冬季）、7月（代表夏季）的平均值，并分析指标在冬、夏两个季节时的气候态时空分布特征，得到海上丝绸之路沿线部分海域冬季（1月）自然指标的气候态分布特征，如图7.1所示。

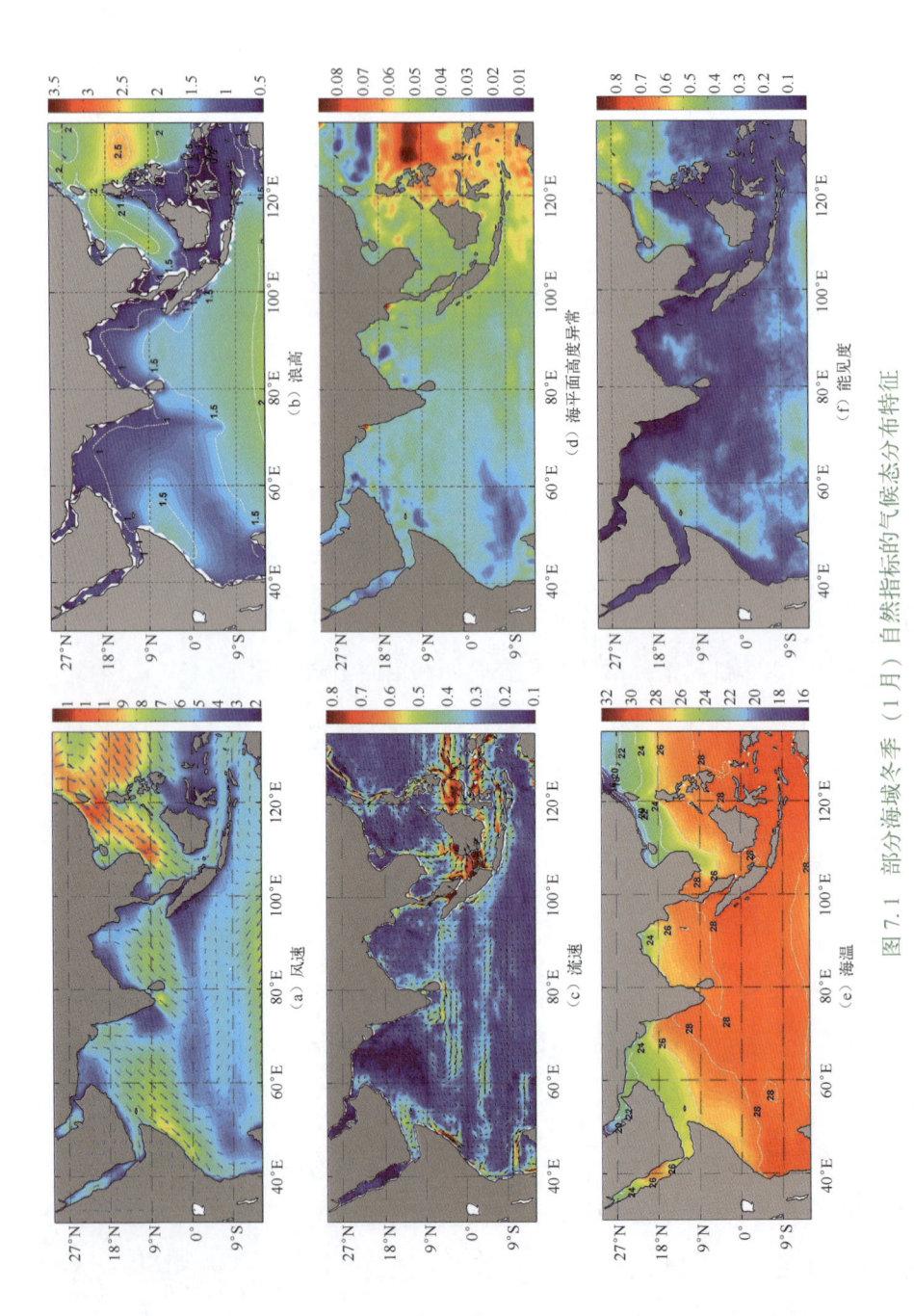

图 7.1 部分海域冬季（1月）自然指标的气候态分布特征

第7章　海上丝绸之路沿线港口自然风险评估

由图7.1可知，对于风速，大值区位于南海，普遍大于8.5m/s，其中我国台湾岛南端和中南半岛东南沿岸的风速大于10.5m/s；印度洋海域的风速较小，大部分海域的风速在6m/s以下；东非沿岸、马纳尔湾南部及尼科巴群岛附近海域的风速相对较大，大于8.5m/s。对于浪高，我国的中沙群岛至西沙群岛海域及中南半岛东南海域的浪高较高，大于2.1m；阿拉伯海、孟加拉湾海域的浪高较低；苏禄海、马六甲海峡入口处的浪高极低，小于0.7m。对于流速，南海大部分海域的流速较低；苏禄海、爪哇海和马六甲海峡的流速相对较大；印度洋海域的流速整体较低；阿拉伯海海域的流速极低，仅在东非沿岸流速达到0.6m/s。对于海平面高度异常，南海海域的异常情况明显大于印度洋，尤其在西沙群岛、中沙群岛及菲律宾群岛西海岸，有较明显的异常情况；印度洋海平面高度异常整体较低，阿拉伯海低于孟加拉湾。对于海温，阿拉伯海的西北部海域、孟加拉湾18°N以北海域及南海中沙群岛以北海域的海温较低，小于24℃。对于能见度，南海中南部海域的低能见度频率较低，占比为2%左右，北部达到4%～5%；印度洋海域的低能见度频率占比在2%以下，仅在东非沿岸达到4%左右。

海上丝绸之路沿线部分海域夏季（7月）自然指标的气候态分布特征见图7.2。

由图7.2可知，对于风速，南海海域的风速显著低于印度洋海域的风速，阿拉伯海和孟加拉湾海域的风速大于10m/s，索马里海域的风速达到12m/s。对于浪高，阿拉伯海海域的浪高最高，高于2.5m；印度洋海域整体浪高高于2m，南海海域浪高较低。对于流速，南海大部分海域流速较低；苏禄海、爪哇海和马六甲海峡流速相对较大；印度洋海域的整体流速较低；阿拉伯海海域的流速极低，在东非沿岸流速显著增大，大于0.7m/s。对于海平面高度异常，冬夏季节变化不大，南海海域异常情况明显大于印度洋，尤其在西沙群岛、中沙群岛及菲律宾群岛西海岸更加明显，印度洋海平面高度异常整体平缓。对于海温，东非沿岸、阿拉伯海西北部海域的海温较低，小于27℃；印度洋赤道附近及南海海域的海温整体较高。对于能见度，南海海域的低能见度频率较低，占比小于2%，中南半岛东岸的低能见度频率占比小于1%；印度洋海域的低能见度频率占比为2%～3%，阿拉伯海海域的低能见度频率占比达到4%左右。

图7.2 部分海域夏季（7月）自然指标的气候态分布特征

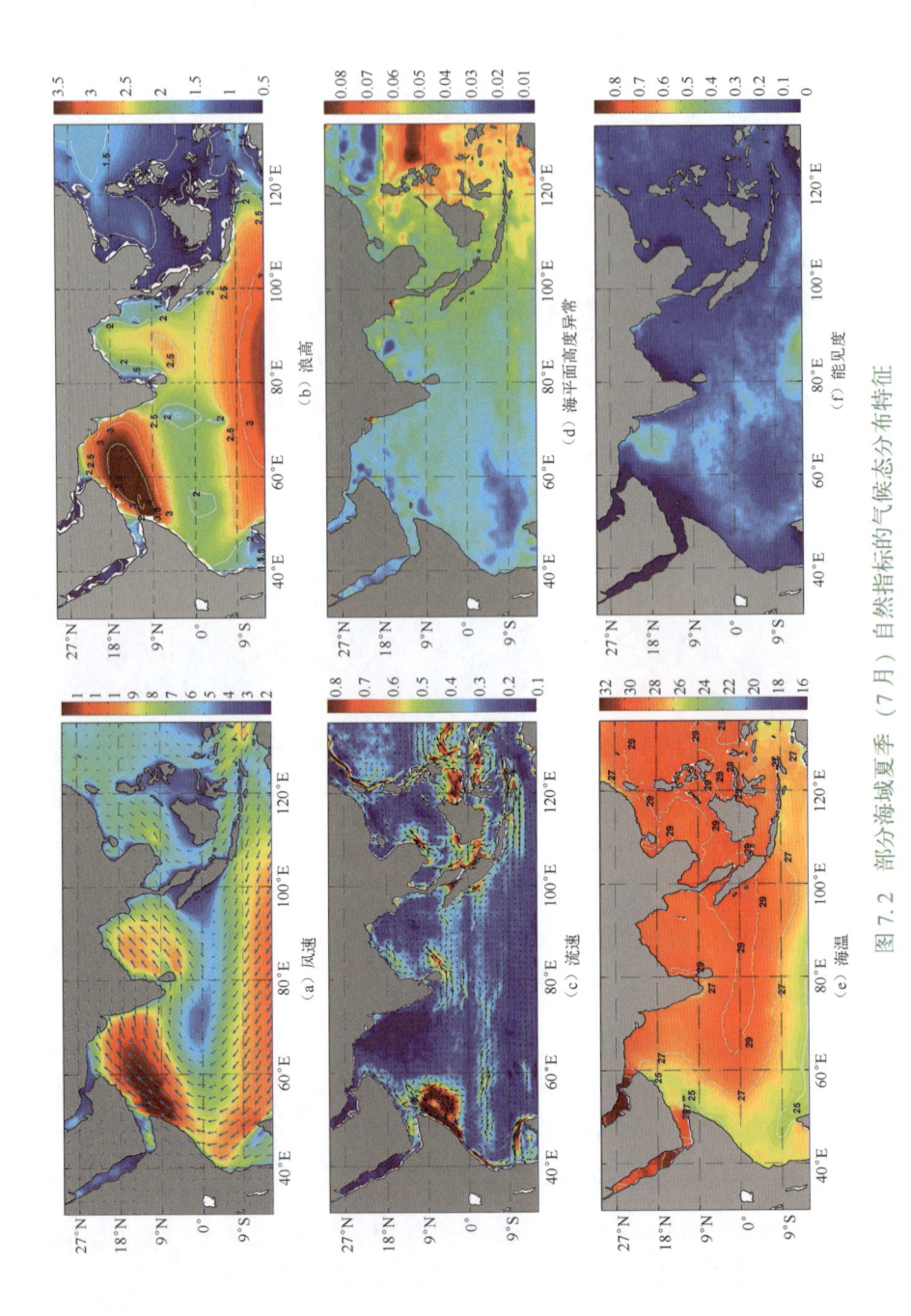

2. 人文指标的定性分析

人文指标与近岸海域的环境风险有着密切关联，近岸的港口、城市和人口是海域环境风险的主要承险体，多数的海域灾害，如大风、大浪、风暴潮等，都会使港口遭到破坏、城市经济遭受损失、人员受到伤亡威胁。本章选取海上丝绸之路沿线的18个重要近岸港口进行分析，从经济、人口两个方面选取3个指标作为近岸城市风险评价指标，收集并整理了1990—2014年间的逐年统计数据，分析人文指标的风险机制如下：

- 经济密度可反映一个城市的经济集中程度，经济密度越高，对风险的敏感性越高，风险发生时的经济损失越大，反之越小，即经济密度与风险损失正相关。

- 人口密度可反映一个城市人口的密集程度，人口越集中，对风险防范能力的要求越高，发生风险时的人口伤亡越大，反之越小，即人口密度与风险损失正相关。

- 人口老龄化程度可反映老年人人数占总人数的比例，鉴于老年人群体的特殊性，数量越多，风险发生时的损失越大，反之越小，即人口老龄化程度与风险损失正相关。

7.2 数据离散化——指标等级划分

贝叶斯网络擅长处理离散型变量，由于选取的指标均为连续型变量，因此在应用贝叶斯网络之前，要对连续型变量进行离散化处理，同时确定各指标等级，即确定网络节点状态。传统的离散方法，如区间等间隔划分法，是一种"非此即彼"的硬性划分，没有考虑指标隶属等级的模糊性和随机性等不确定性特征，容易导致划分交界处的指标所属等级错误。云模型是一种较优的不确定性知识表达模型，以经典的概率论和模糊数学为基础，融合了模糊性和随机性。下面将采用自适应高斯云变换算法，将连续型变量指标软划分成离散等级，进而生成离散数据集，以便能够应用贝叶斯网络算法。

7.2.1 自适应高斯云变换

李德毅于1995年提出了云模型。该模型是能够实现定性概念和定量描述之间转换的不确定性模型，已成功应用于自然语言处理、数据挖掘和决策分析等。云模型的定义为：设 U 是一个用精确数值表示的定量论域，C 是 U 上的定性概念，若定量数值 $x \in U$，且 x 是定性概念 C 的一次随机实现，x 对 C 的确定度 $\mu(x) \in [0,1]$ 是具有稳定倾向性的随机数，即

$$\mu: U \to [0,1], \quad \forall x \in U, \quad x \to \mu(x) \tag{7.1}$$

则 x 在定量论域 U 上的分布被称为云，且每个 x 称为一个云滴，表示为 drop$(x,\mu(x))$。云可以用三个数字特征来表示一个概念，包括期望 Ex、熵 En、超熵 He，记作 $C(Ex,En,He)$。

高斯混合模型（GMM）是概率统计中的一种重要方法，可以将问题域中整个概率分布函数转换成多个高斯分布的叠加。高斯云变换算法（GCT）将云模型与 GMM 结合，是一种连续变量离散化的方法。自适应高斯云变换算法（AGCT）是对 GCT 算法的改进，不需要预先指定概念数量，可从实际数据样本出发，自动形成符合人类认知规律的多个概念云，将问题域的数据分布自动划分为不同概念。AGCT 考虑了类内关系强、类间关系弱的聚类原则，是一种将连续定量数据进行软聚类的方法。AGCT 的具体步骤

(Step1～Step4）如下：

输入：	数据样本集 X，概念含混度 α
输出：	m 个高斯云
Step1：	统计计算 X 的频率分布 p 以及波峰数量 M，作为概念数量的初始值。
Step2：	数据样本集 X 通过启发式高斯云变换（H-GCT）聚类 M 个高斯云。
Step3：	依据 α 判断各高斯云的含混度，调整概念数量。
Step4：	循环 Step2、Step3，生成 m 个含混度小于等于 α 的高斯云。

7.2.2 指标等级划分

将自然指标的格点数据和 18 个港口人文指标的逐年统计数据进行规则化处理之后，首先采用 AGCT 自动生成符合认知的多种概念（等级），然后输出相应概念云的数字特征用于设计云发生器，将连续定量数据转换为离散定性概念，实现指标等级划分：将自然指标的风速、浪高、海平面高度异常等划分为三个等级状态，流速、海温、能见度等划分为两个等级状态，人文指标（经济密度、人口密度、人口老龄化程度）划分为三个等级状态。图 7.3 为将指标软划分后得到的标准等级云图。指标等级划分的离散化取值见表 7.3。离散化取值越大，风险等级越高。

云模型表达方式能够体现等级状态划分的模糊性和随机性，即有效表达位于状态边缘不确定性区域的亦此亦彼性，相比传统的等区间划分方法，表达更加合理。

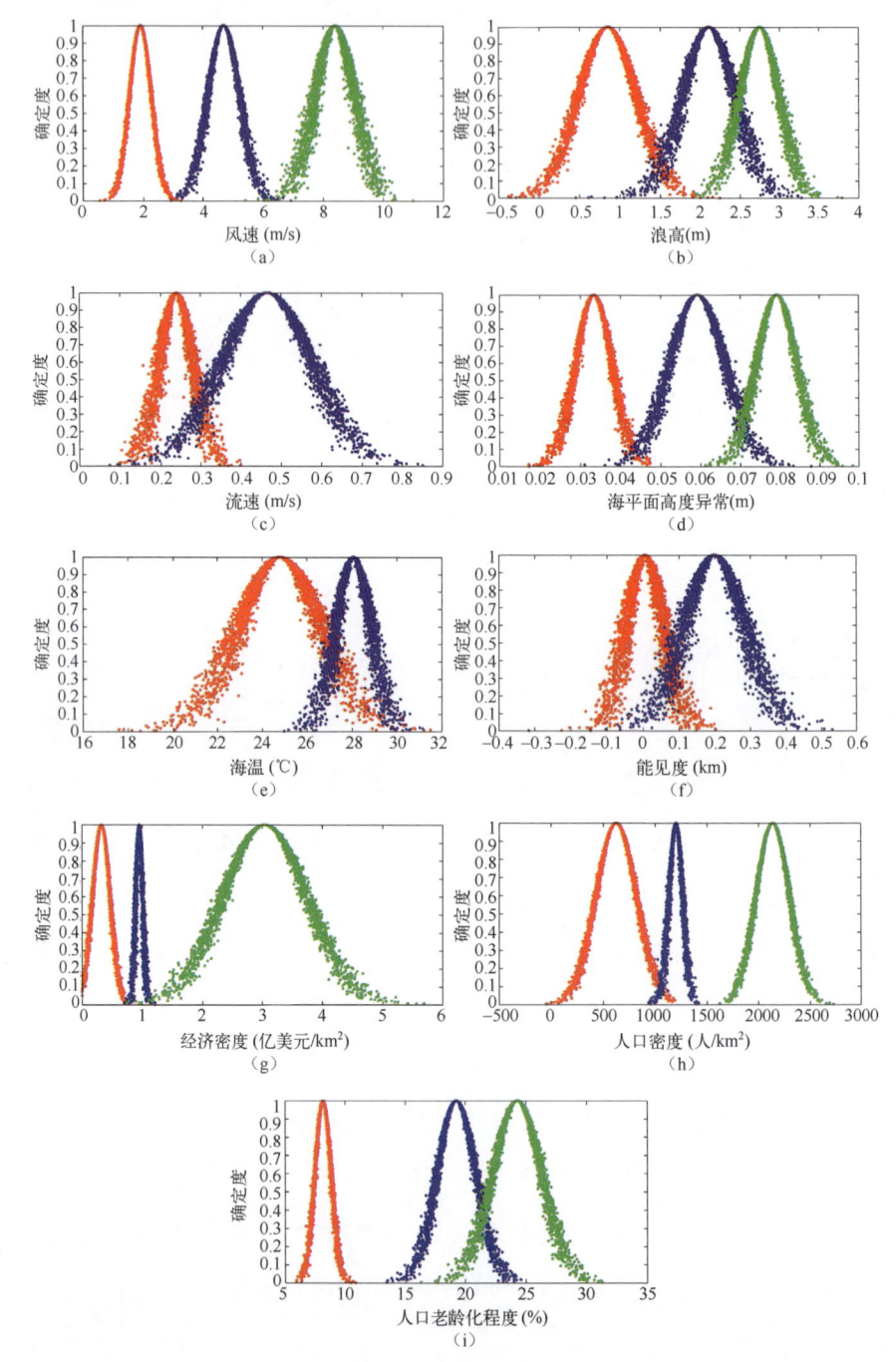

图 7.3 将指标软划分后得到的标准等级云图

第7章 海上丝绸之路沿线港口自然风险评估

表7.3 指标等级划分的离散化取值

指标类型		等级状态	云模型	离散化取值
自然指标	风速	低风险	$C_1(1.913, 0.359, 0.022)$	1
		中风险	$C_2(4.753, 0.529, 0.051)$	2
		高风险	$C_3(8.465, 0.651, 0.108)$	3
	浪高	低风险	$C_1(0.852, 0.359, 0.032)$	1
		中风险	$C_2(2.115, 0.329, 0.041)$	2
		高风险	$C_3(2.753, 0.251, 0.028)$	3
	海平面高度异常	低风险	$C_1(0.034, 0.004, 0.0006)$	1
		中风险	$C_2(0.059, 0.007, 0.0007)$	2
		高风险	$C_3(0.079, 0.005, 0.0005)$	3
	流速	低风险	$C_1(0.239, 0.042, 0.008)$	1
		高风险	$C_2(0.466, 0.111, 0.012)$	2
	海温	低风险	$C_1(24.796, 1.838, 0.258)$	1
		高风险	$C_2(28.061, 0.781, 0.152)$	2
	能见度	低风险	$C_1(0.212, 0.084, 0.014)$	1
		高风险	$C_2(0.011, 0.051, 0.012)$	2
人文指标	经济密度	低风险	$C_1(0.3209, 0.1447, 0.0211)$	1
		中风险	$C_2(0.9501, 0.0856, 0.0133)$	2
		高风险	$C_3(3.0482, 0.7001, 0.0563)$	3
	人口密度	低风险	$C_1(625.014, 195.211, 11.289)$	1
		中风险	$C_2(1200.136, 65.325, 10.001)$	2
		高风险	$C_3(2140.011, 162.481, 9.984)$	3
	人口老龄化程度	低风险	$C_1(8.145, 0.6788, 0.0679)$	1
		中风险	$C_2(19.267, 1.6056, 0.1606)$	2
		高风险	$C_3(24.312, 2.026, 0.2026)$	3

7.3 近岸海域自然风险评估

由于特殊的地理环境,近岸区域的人口、经济发展集中,财富、技术聚集,因此海域环境对近岸区域人民的生命安全和社会财富具有重要影响。

下面以 18 个港口作为评估对象,如图 7.4 所示,利用 1990—2014 年间的自然指标、人文指标的数据和海域灾害损失数据,以及优化的贝叶斯网络模型对海上丝绸之路沿线部分近岸海域环境风险进行评估实验,并梳理相应的评估技术流程。

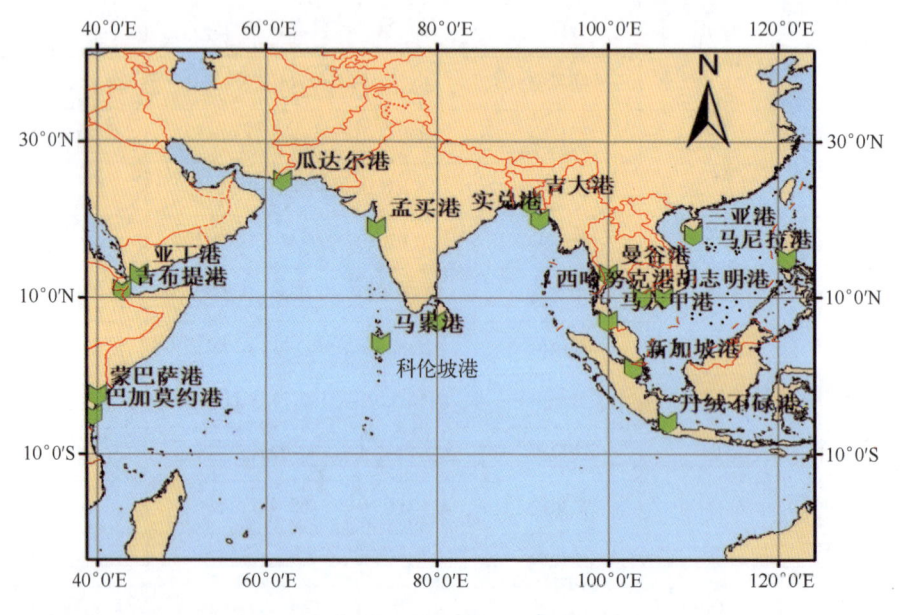

图 7.4 部分近岸海域的 18 个港口分布

7.3.1 贝叶斯网络结构构建

构建贝叶斯网络结构,即确定网络子节点、父节点及两者之间的因果依赖关系:选取自然指标和人文指标作为父节点,子节点为海域环境风险评估目标——海域环境风险损失,记作 R。需要指出的是,海域环境风险损失作为子节点是一个抽象概念,用于衡量风险大小,在近岸海域环境风险评估中,将其内涵具体为直接经济损失和伤亡人数,是两者的数据集成,根据专家知识建立父、子节点之间的因果关系为

$$P(R \mid W_s, W_h, F_s, S_h, S_t, V_i, E_d, P_d, P_a)$$

进而建立如图 7.5 所示的贝叶斯网络结构。

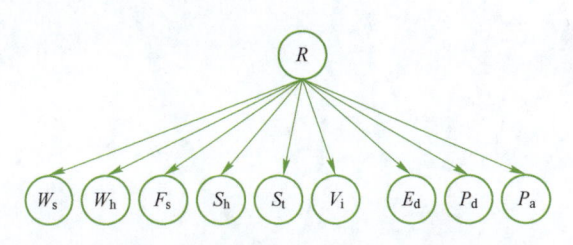

图 7.5 近岸海域环境风险评估的贝叶斯网络结构

7.3.2 贝叶斯网络参数学习

1. 样本生成

(1) 父节点样本:对于自然指标,在规则化处理数据的基础上,提取 18 个港口的指标(节点)数据,计算 1990—2014 年间数据的逐年平均值,将平

均值输入云模型，判别所属等级，可得到离散化训练样本；对于人文指标，直接将 18 个港口的逐年统计数据输入云模型，即可得到离散化样本。

（2）子节点样本：收集 25 年 18 个港口逐年统计的海域灾害损失数据作为海域环境风险损失数据，利用 AGCT 离散化，将子节点划分为 3 个等级状态，如图 7.6 所示。3 个等级状态的云表达式为

$$\{C_1(19.145,13.108,0.307),C_2(73.351,6.328,0.148),\\ C_3(156.553,22.663,0.361)\}$$

等级离散化取值记作 {1，2，3}，分别表示 {低风险，中风险，高风险}，将统计数据输入云模型进行等级离散化。

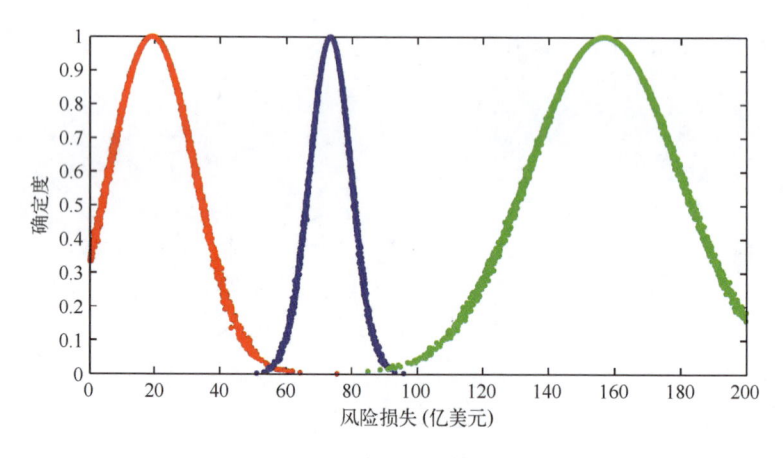

图 7.6 风险损失的等级云图

最终得到 450 （18×25）条离散型样本，见表 7.4。表中，前 432 条（1990—2013 年）为训练样本，后 18 条（2014 年）为测试样本。需要指出的是，由于数据收集条件的限制，训练样本中作为父节点的人文指标数据存在不同程度的缺失情况，尤其是人口老龄化程度指标，数据缺失较为严重，即人文指标数据是不完备的。

表 7.4 离散型样本

指　标	训　练　样　本					测　试　样　本		
	1	2	3	…	432	433	…	450
W_s	2	1	2	…	3	2	…	3
W_h	2	2	2	…	3	2	…	3
F_s	1	2	2	…	2	2	…	2
S_h	1	2	2	…	1	2	…	2
S_t	1	1	1	…	2	2	…	1
V_i	1	2	2	…	2	2	…	2
E_d	1	1	2	…	3	2	…	2
P_d	1	1	1	…	3	3	…	1
P_a	1	1	2	…	3	1	…	2
R	1	1	2	…	3	2	…	2

2. 条件概率分布

针对不同节点数据完备程度的不同，这里综合采用最大似然估计（MLE）算法、EM算法和遗传算法反演技术来学习网络节点的 CPT（条件概率表）。对于数据完备节点 ($W_s, W_h, F_s, S_h, S_t, V_i$)，用 MLE 算法计算自然指标条件概率；对于数据缺失节点 (E_d, P_d, P_a)，首先用 EM 算法生成初始条件概率，以此作为初始搜索种群，再利用遗传算法反演技术确定人文指标的条件概率。以人文指标为例，节点条件概率见表 7.5。

表 7.5 人文指标的节点条件概率

节点	$P(E_d|R)$			$P(P_d|R)$			$P(P_a|R)$		
	1	2	3	1	2	3	1	2	3
1	0.733	0.166	0.101	0.811	0.132	0.057	0.612	0.356	0.032
2	0.133	0.701	0.166	0.237	0.631	0.132	0.133	0.604	0.263
3	0.067	0.211	0.722	0.396	0.467	0.137	0.147	0.319	0.534

7.3.3 加权推理

灰关联分析方法能够在信息不完备的条件下分析要素之间的关联。这里采用改进的灰关联分析方法，分别计算 9 个指标与海域环境风险损失的关联度，进而确定各评价指标的权重，见表 7.6。

表 7.6 近岸海域环境风险评价指标权重

指　　标	关联度	权　　重
W_s	0.657	0.124
W_h	0.667	0.125
F_s	0.462	0.086
S_h	0.374	0.071
S_t	0.391	0.073
V_i	0.596	0.112
E_d	0.738	0.139
P_d	0.787	0.147
P_a	0.648	0.122

将权重融入各指标的条件概率，得到加权条件概率分布为

$$P(W_s|R)^{w_1}, P(W_h|R)^{w_2}, P(F_s|R)^{w_3}, P(S_h|R)^{w_4}, P(S_t|R)^{w_5},$$
$$P(V_i|R)^{w_6}, P(E_d|R)^{w_7}, P(P_d|R)^{w_8}, P(P_a|R)^{w_9}$$

至此，近岸海域环境风险评估的贝叶斯网络参数学习完成。

将 18 个港口的测试样本（2014 年 18 个港口的指标数据）输入云发生器，通过"确定度-概率"转换公式，将等级离散取值转换为先验概率分布，见表 7.7，作为软证据输入网络进行推理计算。

表 7.7 子节点的软证据（以三亚港为例）

指标	节点 1	节点 2	节点 3
W_s	0.716	0.133	0.151
W_h	0.731	0.154	0.115
F_s	0.845	0.155	—
S_h	0.228	0.645	0.127
S_t	0.529	0.471	—
V_i	0.386	0.614	—
E_d	0.072	0.111	0.817
P_d	0.098	0.079	0.823
P_a	0.095	0.638	0.267

Netica 软件是由加拿大公司开发的贝叶斯网络实现平台，采用联合树算法对网络进行推理计算，将网络结构、加权条件概率和先验概率输入该平台，即可得到 2014 年 18 个港口近岸海域环境风险等级的概率分布，如图 7.7 所示。

图 7.7（a）直观地描述了指标在不同状态时三亚港海域的环境风险等级概率分布，实现了不同指标的信息融合，覆盖了较为全面的风险评估信息。图 7.7（b）表明，实兑港、吉大港、孟买港、科伦坡港、瓜达尔港和马累港的高风险概率为 50%～60%，胡志明港、马尼拉港、蒙巴萨港、吉布提港和巴加莫约港的中风险概率约为 50%，三亚港、西哈努克港、曼谷港、马六甲港、亚丁港、丹绒不碌港和新加坡港的风险较低，高风险概率小于 20%。梳理近岸海域环境风险评估技术流程为：

输入	近岸海域环境风险评价指标
输出	海域环境风险状态
Step1:	对近岸海域环境进行风险辨识。
Step2:	选取显著影响要素作为评价指标。
Step3:	数据收集与预处理。
Step4:	贝叶斯网络结构的学习。
Step5:	基于遗传算法的网络节点条件概率学习。

续表

Step6：	基于改进型灰关联分析的指标权重计算。
Step7：	输入评价指标的先验信息进行加权推理。
Step8：	评价结果可视化。

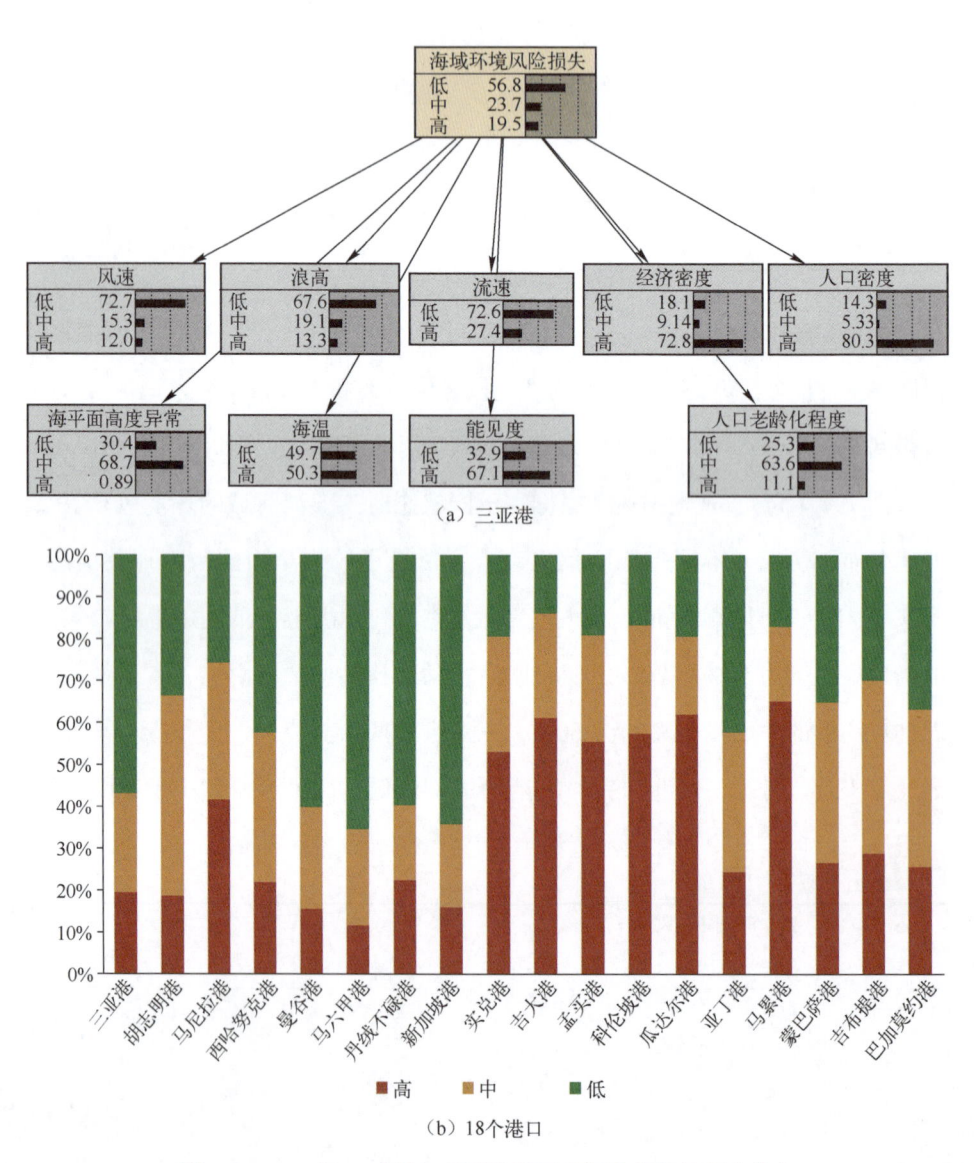

(a) 三亚港

(b) 18个港口

图 7.7　2014 年 18 个港口近岸海域环境风险等级的概率分布

7.4 远海海域自然风险评估

远海海域远离人口聚集的城市,地缘风险因素影响较小,主要承险体为航运船舶。远海海域的风险特性有别于近岸海域的风险特性,对其海域环境风险进行的评估实际上是对海域环境自然指标的致灾性进行评估。此外,由于监测手段的制约,远海海域环境风险的损失数据无法获得,因此可根据远海海域环境的风险特点,构建远海海域的区域性贝叶斯网络风险评估模型,开展海上丝绸之路沿线远海海域环境风险评估区划。

7.4.1 网络结构

远海海域环境主要受气象水文要素影响,选取自然指标作为子节点,父节点为海域环境风险损失(R),基于专家知识分析的因果关系,构建如图7.8所示的贝叶斯网络结构。

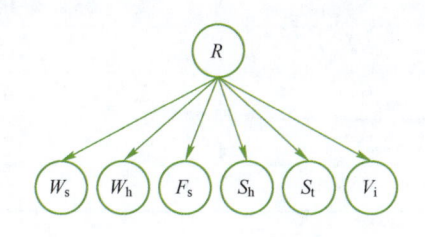

图7.8 远海海域环境风险评估贝叶斯网络结构

7.4.2 参数学习

由于远海海域在地理位置上远离人类,海域环境风险损失数据难以统计,即目标节点数据完全缺失,不能采用近岸海域环境风险评估模型,为此需要综合利用熵权法和蒙特卡罗方法进行网络节点概率分布计算。

1. 基于熵权法的权重计算

改进的灰关联分析方法虽然能够较好地刻画指标之间的影响程度,但由于远海海域环境风险评估中的参考序列(R序列)完全缺失,因此该方法不再适用,需要利用熵权法计算自然指标对海域环境风险的贡献程度。

熵权法是客观计算权重的方法,基本原理是根据指标数据的变异性确定权重,指标数据反映的信息熵越小,表明变异性程度越大,提供的信息量越多,对评估目标的作用就越大,权重越大。基于规则化处理后自然指标的格点数据,计算25年间的逐月平均值（421×183×12）,再利用熵权法计算权重,见表7.8。

表7.8 利用熵权法计算的权重

指标	权重
W_s	0.206
W_h	0.215
F_s	0.173
S_h	0.147
S_t	0.087
V_i	0.172

2. 基于蒙特卡罗方法的参数学习

蒙特卡罗方法的基本思想是,当所求解的问题为某个随机变量的期望值时，通过随机数模拟实验的方法可得到随机变量的某些数字特征。这里运用蒙特卡罗方法进行100次随机数实验，在生成各子节点（自然指标）的条件概率分布后，融入权重，得到加权条件概率分布。表7.9为子节点的加权条件概率分布。

表7.9 子节点的加权条件概率分布

子节点	$P(W_s\|R)^{w_1}$			$P(W_h\|R)^{w_2}$			$P(F_s\|R)^{w_3}$		
	1	2	3	1	2	3	1	2	3
1	0.639	0.213	0.148	0.731	0.167	0.102	0.597	0.356	0.047
2	0.151	0.712	0.137	0.184	0.699	0.117	0.133	0.621	0.246
3	0.129	0.158	0.713	0.112	0.162	0.726	0.115	0.467	0.418

7.4.3 推理计算

基于确定的各格点自然指标等级，统计7～11月各格点自然指标的等级频率，可得到子节点的先验概率：首先将各格点自然指标等级与网络结构、加权概率分布一并输入贝叶斯网络推理平台，推理计算各格点的海域环境风险等级概率分布，然后对海上丝绸之路沿线部分远海海域的环境风险进行区划，如图7.9所示。

由图可知，7～11月的高风险区位于我国台湾地区东北方向的东海海域和西北太平洋海域；南海海域的环境风险略高于印度洋，高风险概率约为0.5；印度洋海域的整体风险较低，概率为0.3～0.45，仅在东非沿岸存在略高的风险区。梳理远海海域环境风险评估技术流程为：

输入	远海海域环境风险评价指标
输出	海域环境风险状态
Step1：	对远海海域环境进行风险辨识。
Step2：	选取显著影响要素作为评价指标。
Step3：	数据收集与预处理。
Step4：	贝叶斯网络结构的学习。
Step5：	基于蒙特卡罗方法的网络节点条件概率学习。
Step6：	基于熵权法的指标权重计算。
Step7：	输入评价指标的先验信息进行加权推理。
Step8：	评估结果可视化。

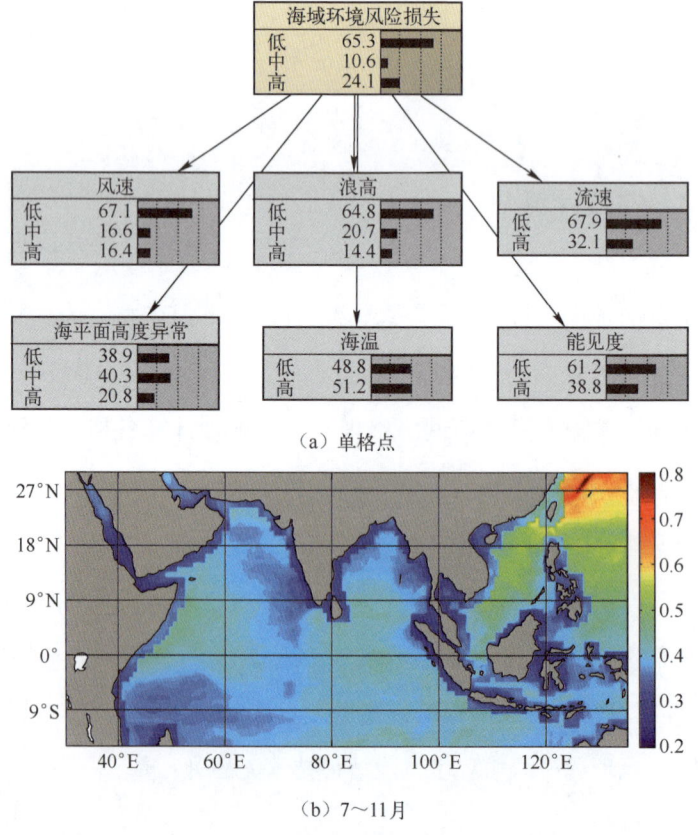

（a）单格点

（b）7~11月

图 7.9 部分远海海域的环境风险区划

7.5 海域自然风险动态评估与预测

鉴于海域环境自然指标显著的动态变化特性，对其进行风险评估时不仅要综合处理不同形式和不同来源的不确定性信息，还要对海域环境风险的变化进行时间变率推理预测，从而能够进行科学定量的风险评估及行之有效的风险预警与风险管理。动态贝叶斯网络能够描述随时间进程的网络动态变化。本节基于贝叶斯网络的拓展模型——动态贝叶斯网络，开展海域环境风险动态评估与预测。

7.5.1 动态贝叶斯网络原理

动态贝叶斯网络（Dynamic Bayesian Network，DBN）是贝叶斯网络（BN）在时间维度上的扩展，表示前后连续时间的关联性，形成能够处理时序信息的动态概率推理模型。DBN不仅继承了BN的优点，还考虑了时间因素的影响，将不同时间片段之间和同一时间片段内部的因果关系融为一体，通过量化推理进行动态分析与预测。根据BN理论，DBN是描述时序变量之间概率关系的有向无环图。DBN主要由节点、有向线段以及条件概率分布组成，可用一个二元组 $<B_0, B_\rightarrow>$ 来表示：

- B_0 表示初始网络，即初始时间片段的BN，定义了同一时间片段节点的先验概率分布。

- $B_\rightarrow$ 表示转移网络，由两个以上时间片段的BN组成，定义了不同时间片段节点之间的转移概率分布。

DBN的初始网络代表网络的初始状态，转移网络反映相邻时间片段之间的依赖关系，节点之间条件概率的大小反映了因果关系的强弱。DBN不仅能够描述变量之间的因果关系，还能够描述变量在时间序列上状态的演变过程，从而实现对动态系统的建模和分析。

设变量集 $X=[X_1,X_2,\cdots,X_n]$，考虑一个有限时间片段 $[0,1,\cdots,T]$，则 $X^0,\cdots,X^T$ 的联合概率分布为

$$P(X^0,\cdots,X^T)=P(X^0)\cdot\prod_{t=1}^{T}\prod_{i=1}^{N}P[X_i^t\mid\pi(X_i^t)] \quad (7.2)$$

式中，X_i^t 表示位于 t 时刻的节点 i；$\pi(X_i^t)$ 表示 X_i^t 的父节点，可实现不同时间片段、不同节点状态的概率推理。

7.5.2 动态贝叶斯网络构建

DBN的构建包括结构学习和参数学习。DBN学习是BN学习的扩展。不同之处在于，DBN学习要同时构建初始网络 B_0 和转移网络 $B_\rightarrow$。

- 结构学习是指，根据样本数据的学习得到新的贝叶斯网络结构，使其能够更好地反映各子节点之间的结构关系，并同时构建初始网络 B_0 和转移网络 $B_\rightarrow$。
- 参数学习要同时确定初始状态概率 $P(X^0)$、观测条件概率 $P[X_i^t\mid\pi(X_i^t)]$ 和转移条件概率 $P(X^t\mid X^{t-1})$。

由于目前动态贝叶斯网络结构学习的结果与静态贝叶斯网络结构学习的结果相似，故动态贝叶斯网络结构学习主要指参数学习。

根据数据的完整性和结构的已知性，可将动态贝叶斯网络的参数学

习分为以下 4 种情形,见表 7.10。表中,EM 算法是指最大期望值算法。

表 7.10　DBN 参数学习

结构是否已知	数据的完整性	方　　法
已知	完整	简单统计法
已知	不完整	EM 算法或梯度下降法
未知	完整	对模型空间进行搜索
未知	不完整	结构 EM 算法

7.5.3　基于动态贝叶斯网络的风险评估建模

针对海域环境风险,运用 DBN 进行动态评估建模,训练样本为 1990—2013 年间共计 288 个月的月平均数据,测试样本为 2014 年 7～12 月子节点的月平均数据,网络相邻时间片段间隔为 1 月。

- 结构学习:选取风速、浪高、流速、海平面高度异常、海温和能见度作为网络节点,构建 DBN 的初始网络结构,考虑海域环境风险在时间上的关联性,转移网络结构如图 7.10 所示。
- 参数学习:首先初始化每个节点的概率分布,包括先验概率、条件概率和转移概率,然后根据训练样本和推理机制,采用 EM 算法进行参数学习,确定各节点的概率分布,转移概率见表 7.11。

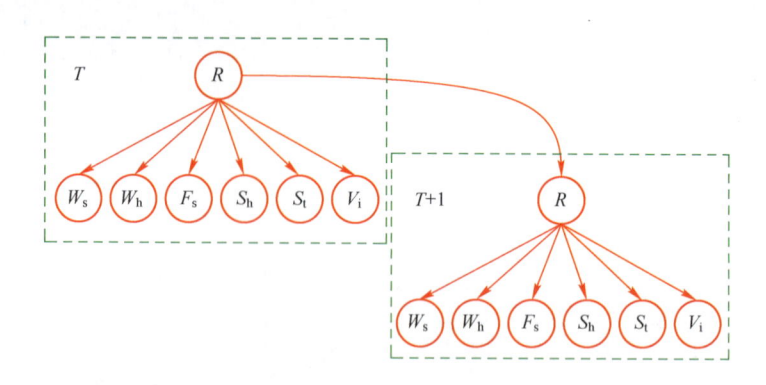

图 7.10 转移网络结构

表 7.11 转移概率（以三亚港为例）

$P[R(T+1)|R(T)]$	高风险(T)	中风险(T)	低风险(T)
高风险($T+1$)	0.7486	0.2375	0.0139
中风险($T+1$)	0.1728	0.6455	0.1817
低风险($T+1$)	0.0190	0.2146	0.7663

7.5.4　海域自然风险动态预测

1. 动态评估预测

输入 2014 年 7～12 月评价指标的测试样本，通过推理预测得到 7～12 月的海域环境风险概率分布，选取最大概率所对应的状态为预测状态，得到评估预测状态趋势变化。表 7.12 和图 7.11 分别为海域环境风险评估预测结果（以三亚港为例）。

第7章 海上丝绸之路沿线港口自然风险评估

表 7.12　海域环境风险评估预测结果（以三亚港为例）

时间片段	高风险	中风险	低风险
7月	0.3327	0.2897	0.3776
8月	0.3553	0.2756	0.3691
9月	0.3858	0.3202	0.2940
10月	0.4457	0.3700	0.1843
11月	0.4172	0.3520	0.2408
12月	0.3994	0.3585	0.2420

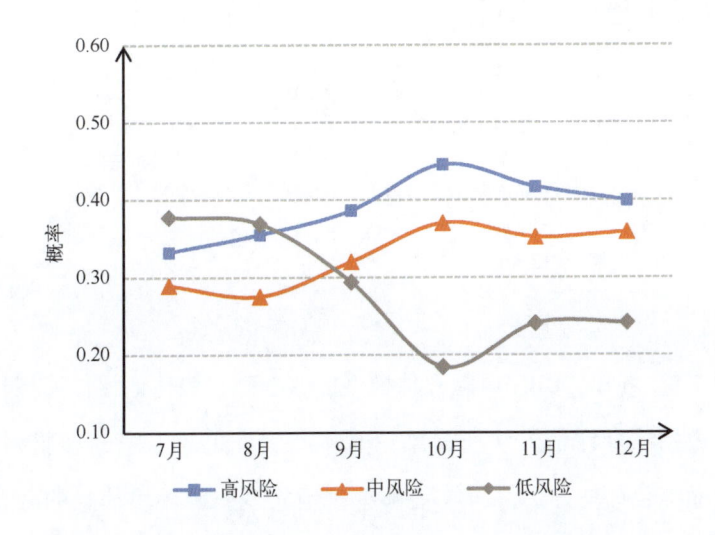

图 7.11　海域环境风险评估预测结果（以三亚港为例）

风险评估预测结果表明，三亚港在 7～10 月的风险逐月上升，11、12 月的风险略微下降；高风险状态概率在 10 月达到最高；低风险状态概率在 8～10 月显著降低，在 10 月达到最低。由于三亚港水文气象要素的月际变化：浪高、风速、涌高以及降水量的极大值均出现在 9～11 月，风险较高，因此评估预测结果与实际情况相符。

模型检验：为了验证基于 DBN 风险评估模型评估结果的准确性和有效性，可运用较为成熟的模糊综合评估方法对三亚港进行评估，7～12 月海域环境风险威胁度分别为［0.495，0.523，0.804，0.852，0.816，0.795］，将两种方法的评估结果进行比较，如图7.12所示。

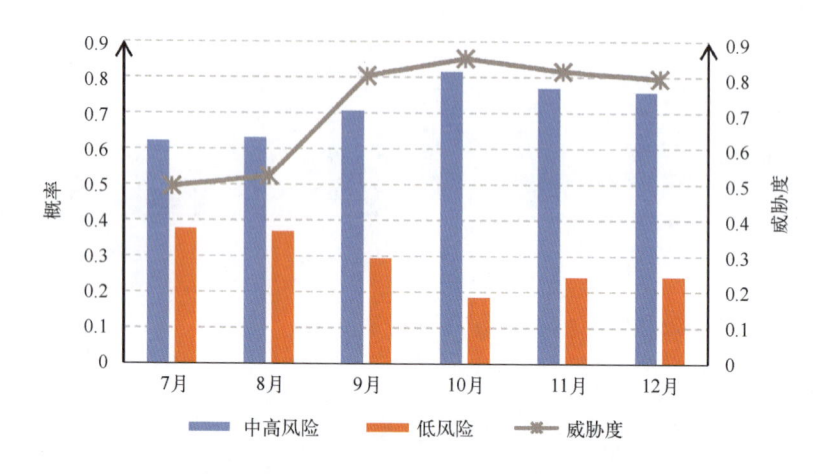

图7.12 评估结果准确性检验（以三亚港为例）

由图7.12可知，DBN风险评估模型能够准确、快速地评估海域环境风险状态，与模糊综合评估方法所得结论基本一致，也与专家的经验判断相符。相对于模糊综合评估方法，DBN能够客观地实现多源环境信息的融合和动态推理，评估结果表达更丰富，具有较好的实用性，结合气象水文要素的实际分析，能够说明风险评估结果的可靠性和合理性。

2. 更新推理预测

情景设定：7～12月，测试样本中的自然环境要素数据是通过气象水文预报得到的，这里采用更完善的技术手段对三亚港的气象水文要素进行更准确的预报，其中更新修正了2014年7月的要素数据，见表7.13。采用DBN风险评估模型进行更新推理，评估预测状态趋势如图7.13所示。

第 7 章　海上丝绸之路沿线港口自然风险评估

表 7.13　2014 年 7 月要素数据（以三亚港为例）

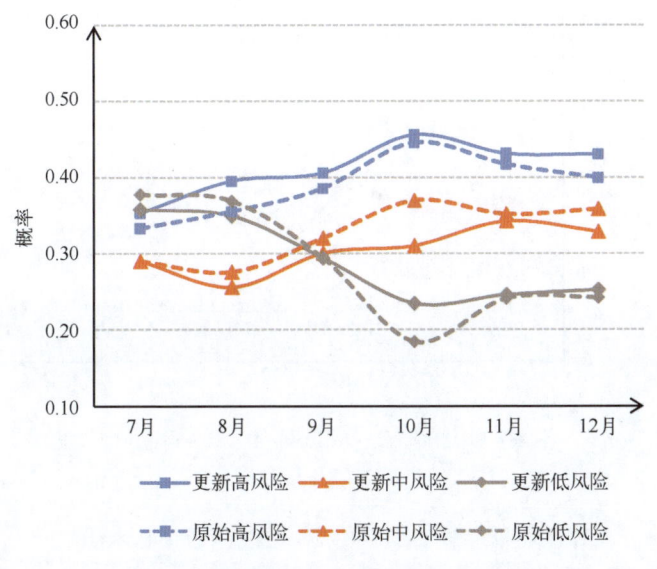

指　标	原　始　预　报	更　新　预　报
W_s	3	1
W_h	2	2
F_s	3	2
S_h	3	2
S_t	2	1
V_i	2	2

图 7.13　评估预测状态趋势（以三亚港为例）

对比结果表明，数据更新后，在 7～12 月的预测阶段，海域环境处于高风险状态的概率升高，处于中风险状态的概率降低，处于低风险状态的概率在 7～9 月时降低、10～12 月时升高。总体来说，海域环境风险概率升高，显然与要素的风险等级升高状态是相符的。

上述实验的计算结果不但验证了 DBN 具有良好的海域环境风险状态评估与预测性能，也验证了 DBN 基于信息检测的强大更新能力，可实现海域环境风险的实时或准实时评估。这一点是常规评估方法难以实现的。

3. 不同贝叶斯网络对比分析

基于建立的 BN 和 DBN 网络模型进行评估，输入未更新的原始测试样本对 7~12 月的海域环境风险进行逐月推理评估，推理结果及相应的状态趋势如图 7.14 所示。

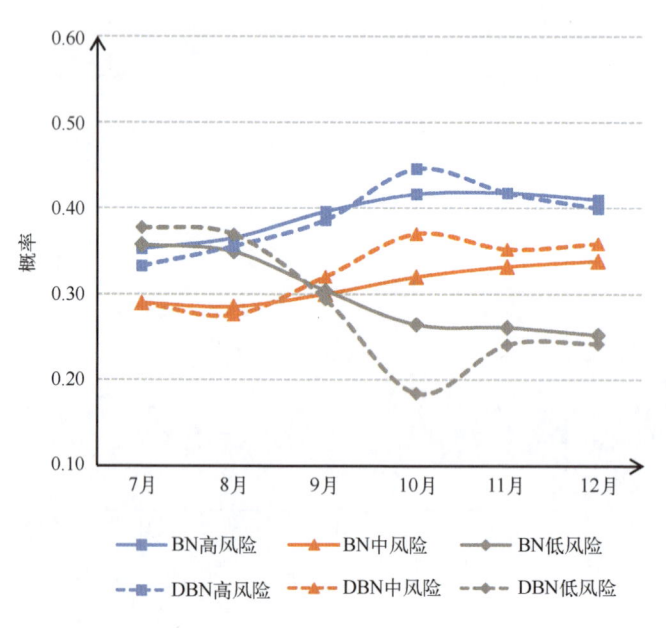

图 7.14 推理结果及相应的状态趋势（以三亚港为例）

对比分析表明，BN 的计算结果与 DBN 的计算结果虽然在描述海域环境风险的变化趋势上大致相同，但由于信息的时间积累，DBN 在不同等级之间的分化更显著，推理计算的评估预测结果更可靠，BN 推理的趋势变化相对扁平。与 BN 相比，DBN 的改善之处在于，DBN 的推理方法可以对前一时刻推理和学习的经验知识进行有效的保存和积累，非常类似于专家系统，随着时间的推移，获得的证据和有效信息越来越多，可以不断地提高推理的精确性，有效地降低推理的不确定性。

情景设定：假设由于特殊原因，2014年10月的海域环境要素预报出错，即评价指标的观测信息发生错误。真实情况是 $\{W_s=1, W_h=2, F_s=1\}$，错误预报假设为 $\{W_s=3, W_h=3, F_s=3\}$。此时如果采用BN对10月的单个时间片段进行评估推理，则评估预测结果为：高、中、低三种风险状态的概率为 $\{0.2597, 0.3126, 0.4275\}$，根据最大概率进行归类的原则，海域环境风险状态为低风险。若采用DBN对10月的单个时间片段进行评估推理，则评估预测结果为：高、中、低三种风险状态的概率为 $\{0.4353, 0.3649, 0.2043\}$，海域环境风险状态为高风险，与未出错时的海域环境风险状态保持高度一致，相应结果见表7.14。

表7.14 预报出错时对比分析结果

情景分析	高风险	中风险	低风险	海域环境风险
预报未出错	0.4457	0.3700	0.1843	高风险
预报出错 & 采用BN	0.2597	0.3126	0.4275	低风险
预报出错 & 采用DBN	0.4353	0.3649	0.2043	高风险

由此可以看出，在观测数据出现错误时，DBN仍然能够基于信息积累的能力，结合历史的环境信息得出信度较高的评估结论。此外，DBN风险评估模型还具有较高的鲁棒性和容错性。

7.6 北极东北航道海峡自然风险评估

北极东北航道（"冰上丝绸之路"）的自然环境条件较中低纬度的海上丝绸之路航道更加复杂，综合考虑海冰、能见度等自然环境条件对北极东北航道及重要海峡进行风险评估和情景预测不仅具有重要意义，还具有创新性和挑战性。由于自然环境会随时间不断变化，在对航道的通航风险进行客观评估时不仅要考虑对不确定信息的处理，还要考虑环境信息的动态性，因此需引入动态贝叶斯网络（DBN）对北极东北航道的通航风险进行评估和预测。

7.6.1 研究数据

1. 东北航道关键海域定位

由于北极东北航道是否可以通航主要取决于几个关键海域，因此对关键海域的通航风险进行评估具有重要意义。参考崔建峰等人[1]的工作，选取北极东北航道通航的关键海域，即桑尼科夫海峡和德米特里·拉普捷夫海峡（72.5°~75°N、133°~149°E），如图7.15所示。由于这两个海峡都贯通拉普捷夫海和东西伯利亚海，因此均可作为备用航道。

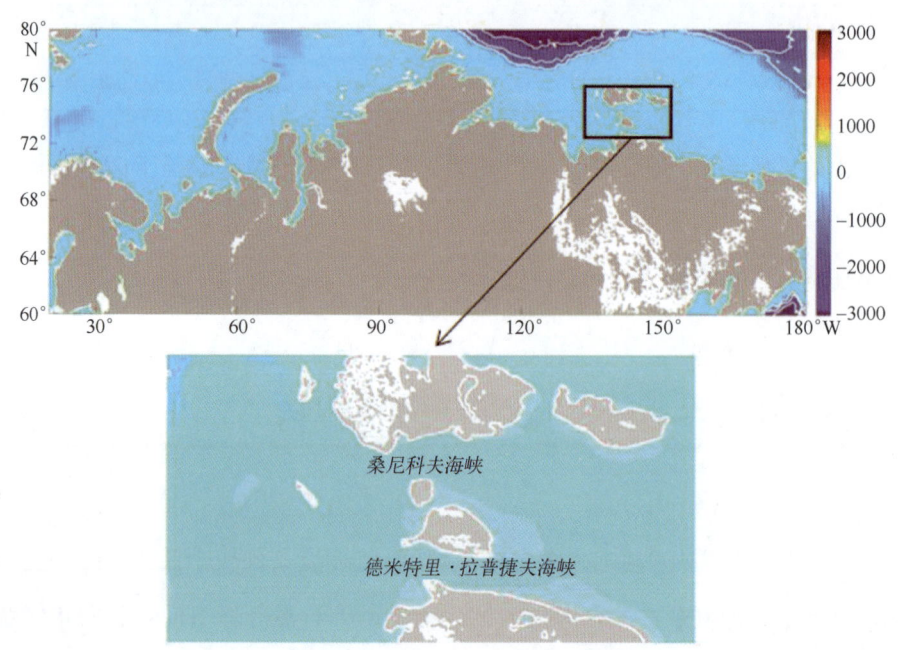

图 7.15 北极东北航道通航的关键海域

第 7 章　海上丝绸之路沿线港口自然风险评估

为了方便验证动态贝叶斯网络在风险评估中的可行性和优越性，本节仅选定该海域的若干重要节点进行研究。基于该海域的水深分布图，在这两个海峡各确定若干重要节点作为评估对象。图 7.16 为桑尼科夫海峡和德米特里·拉普捷夫海峡重要节点示意图。

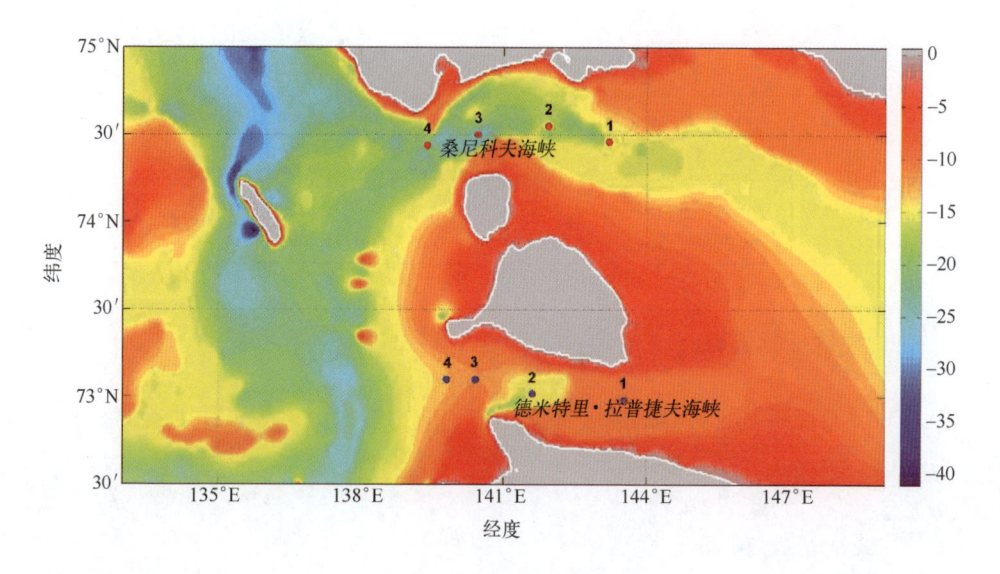

图 7.16　重要节点示意图

本节采用"基于水深最大化"原则来确定该海域的重要节点。以桑尼科夫海峡为例，1 号、2 号和 4 号节点处在水深等值线的狭长端点，3 号节点处在水深等值线的中心。若在航行过程中只考虑水深，则这 4 个节点的连线即为一条通过该海域的理想航道。

基于该海峡的 4 个节点可对通航的可行性进行研究。表 7.15 为各重要节点的地理位置和水深。

表 7.15 各重要节点的地理位置和水深

桑尼科夫海峡	位　　置	水深（m）	德米特里·拉普捷夫海峡	位　　置	水深（m）
1号	(143.21°E, 74.46°N)	15	1号	(143.53°E, 72.98°N)	10
2号	(141.93°E, 74.55°N)	16	2号	(141.60°E, 73.02°N)	16
3号	(140.5°E, 74.5°N)	25	3号	(140.40°E, 73.10°N)	12
4号	(139.39°E, 74.44°N)	21	4号	(139.80°E, 73.10°N)	13

2. 评价指标选取

航道能否通航受自然因素、人文因素和航行技术因素等多种因素的影响。

- 自然因素包括气温、能见度、风速、海流和潮流、海冰厚度、海冰密集度、航道水深、航道宽度等。
- 人文因素包括国际法律法规的限制、沿岸国的政治环境、航道的主权之争等。
- 航行技术因素包括航道基础设施、破冰船的数量和能力、船舶导航系统以及冰区航行技术等。

在实际的风险评估中，由于部分资料不可获取，因此无法建立一个包含所有指标因子的评估模型，考虑到北极航道的现状，并查阅相关资料，所选取的风险评价指标如下。

目标节点变量集＝{通航风险(A1)}。

观测节点变量集＝{海冰密集度(B1)；气温(B2)；风速(B3)；能见度(B4)；航道水深(B5)}。

第 7 章　海上丝绸之路沿线港口自然风险评估

基于以上风险评价指标建立动态贝叶斯网络结构模型，如图 7.17 所示。

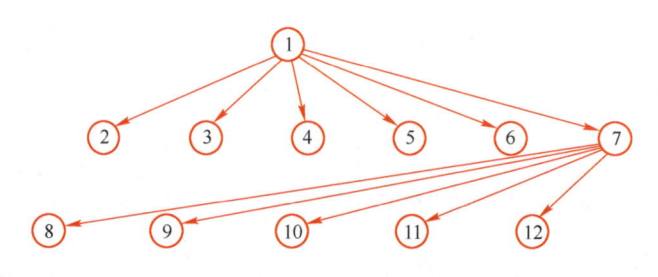

图 7.17　动态贝叶斯网络结构模型

图 7.17 中，1～6 分别表示 T 时刻的通航风险、海冰密集度、气温、风速、能见度和航道水深；7～12 分别表示 $T+1$ 时刻的通航风险、海冰密集度、气温、风速、能见度和航道水深。

3. 样本数据集生成

海冰密集度、气温、风速等 3 个节点的数据均来自欧洲中期天气预报中心发布的 ERA-Interim 数据集中的精度为 0.125×0.125 的月平均资料。能见度数据依据相关的技术路线计算得到。航道水深数据来自美国地球物理中心发布的 ETOPO1 数据。样本数据的时间跨度为 10 年（2008—2017 年），相邻时间片段间隔为 1 个月。其中，ERA-Interim 数据集的介绍参见表 7.2；ETOPO1 数据是当今海洋模式中最常用的水深数据，为大尺度的数值模拟提供了比较可靠、可用的水深数据。

由于动态贝叶斯网络处理的是离散数据，因此首先需要将各节点的数据离散化，即归类为不同的风险等级。在此将各节点的数据离散为 3 个等级，见表 7.16。

表 7.16　指标风险等级划分规则

风险等级	海冰密集度（%）	气温（℃）	风速（m/s）	能见度（等级）	航道水深（m）
3	>0.7	<-10	>12.8	<6	<15
2	0.4~0.7	-10~0	7~12.8	6~8	15~20
1	<0.4	>0	<7	>8	>20

在表 7.16 中，海冰密集度、气温、风速和能见度的风险等级划分规则参考前人研究；航道水深的风险等级划分规则是以 10 万吨级船舶为假想对象的，即已知一艘排水量为万吨级的船舶吃水深度约为 9.3m，一艘排水量为 30 万吨左右的船舶吃水深度约为 20.4m。对于一艘排水量为 10 万吨左右的船舶，可判定当水深小于 15m 时，航行风险较大；水深大于 20m 时，航行风险较小。

由于目标节点（航行风险）数据无法通过观测直接获取，因此需通过计算得到：

第一步，确定各观测节点对目标节点的贡献权重，由于指标要素的变化具有时间差异，且熵权法是基于指标的变异程度来确定权重的，因此将熵权法作为确定权重的方法之一。

第二步，由于航道水深要素为航行船舶需要获取的首要信息，随时间变化缓慢，因此将主客观方法结合以确定各指标的最终权重。所使用的客观方法为熵权法，主观方法为层次分析法，最终权重为两种方法根据各自所确定权重的加权之和。主客观方法的权重分别取 0.8 和 0.2，将各观测节点数据加权求和可得到目标节点数据。

利用主客观方法确定的各观测节点的权重分布见表 7.17。

表 7.17 各观测节点的权重分布

观测节点	主观权重	客观权重	最终权重
B1	0.55	0.27	0.494
B2	0.04	0.32	0.096
B3	0.08	0.09	0.082
B4	0.13	0.32	0.168
B5	0.20	0.00	0.16

以桑尼科夫海峡 1 号节点为例，完整的样本数据集见表 7.18。表中，13 月表示下一年的第一个月，依次类推。

表 7.18 完整的样本数据集

节点	月份											
	1	2	3	4	5	6	7	8	9	10	11	12	13	…
A1	3	3	3	3	2	2	2	1	1	2	3	3	3	…
B1	3	3	3	3	3	3	3	1	1	2	3	3	3	…
B2	3	3	3	3	2	2	1	1	1	2	3	3	3	…
B3	1	1	1	1	1	1	1	1	1	1	1	1	1	…
B4	2	2	2	2	2	2	2	2	2	2	2	2	2	…
B5	2	2	2	2	2	2	2	2	2	2	2	2	2	…

7.6.2 北极关键海域自然风险评估实验

假设一艘排水量为 10 万吨左右的船舶从中国出发，计划通过北极东北航道驶向欧洲，途中经过所研究海域，目前，仅观测到 2017 年 1～8 月的节点数据，需要基于已知数据对未来情况进行预测，进而确定 2017 年通过该海域的最优航行线路和时间（此例为研究性实例）。

以桑尼科夫海峡 1 号节点为例，将已观测的节点数据作为证据数据集输入经过训练的动态贝叶斯网络结构，经过推理预测，可得到 2017 年 9～12 月的通航风险等级概率分布，将预测风险与实际风险对比，如图 7.18 所示。

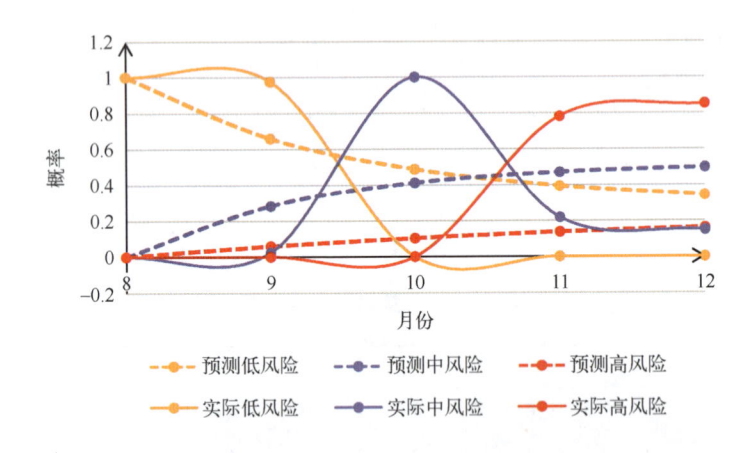

图 7.18　基于动态贝叶斯网络的预测风险与实际风险的等级概率分布

由图 7.18 可知，预测风险随着时间的推移逐渐趋于平稳，变化趋势取决于未来临近月份实际风险的变化趋势。以低风险和中风险的概率分布为例，现实中，8 月、9 月、10 月的低风险概率是逐渐下降的，从而导致低风险概率的预测值随着时间的推移逐渐降低，直至趋于平稳；8 月、9 月、10 月的中风险概率呈上升态势，中风险概率预测值逐渐上升，直至趋于平稳。由此可知，距离新证据时间近两个月内的预测结果变化趋势能够反映真实变化情况，预测结果的可信度较高，随着预测周期的延长，预测结果逐渐趋于平稳，无法反映真实变化情况，预测结果的准确性迅速降低。

取概率最大风险值作为最终预测概率，表 7.19 为桑尼科夫海峡选定节点的预测风险值和实际风险值。在该表中，8 月的风险值为 DBN 推理结果，9 月、

10月、11月、12月的风险值为预测结果。由此可得，9月预测风险与实际风险一致，自10月起的预测结果开始失真。

表7.19 桑尼科夫海峡选定节点的预测风险和实际风险

节 点		月 份				
		8月	9月	10月	11月	12月
1号	预测风险	1	1	1	2	2
	实际风险	1	1	2	3	3
2号	预测风险	1	1	1	2	2
	实际风险	1	1	2	3	3
3号	预测风险	1	1	1	2	2
	实际风险	1	1	2	2	2
4号	预测风险	1	1	1	2	2
	实际风险	1	1	1	2	2

基于同样的研究方法可得出德米特里·拉普捷夫海峡选定节点的预测风险和实际风险，见表7.20。由该表可知，9月的预测风险与实际风险一致，虽然自10月起预测结果开始失真，但仍具有一定的参考性，11月及之后的预测结果完全失真。

表7.20 德米特里·拉普捷夫海峡选定节点的预测风险和实际风险

节 点		月 份				
		8月	9月	10月	11月	12月
1号	预测风险	1	1	1	1	1
	实际风险	1	1	2	3	3
2号	预测风险	1	1	1	1	1
	实际风险	1	1	2	3	3
3号	预测风险	1	1	1	1	1
	实际风险	1	1	2	3	3
4号	预测风险	1	1	1	1	1
	实际风险	1	1	2	3	3

根据前文分析可得，由于 9 月预测风险的准确性较高，虽然自 10 月起预测结果开始失真，但仍具有一定的参考性，因此可基于这两个月的预测风险进行辅助决策。2017 年 8~12 月两个海峡重要节点通航风险等级预测如图 7.19 所示。由该图可知，通过两个海峡的最佳时间为 9 月。

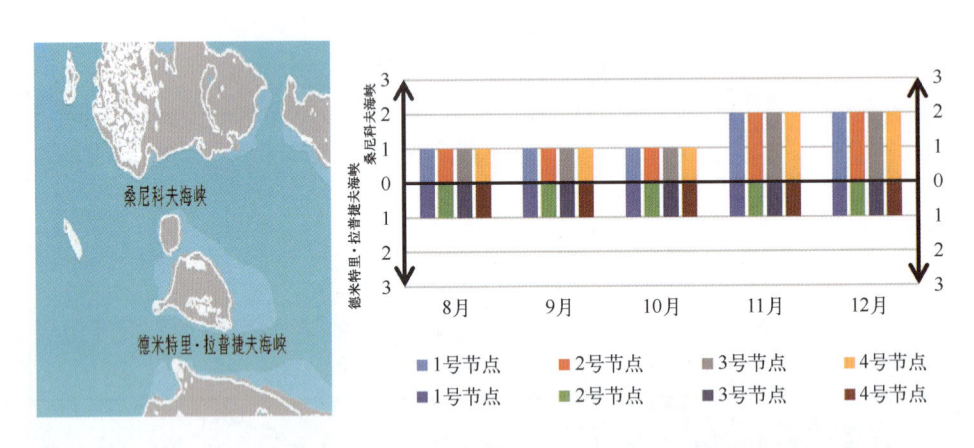

图 7.19　2017 年 8~12 月两个海峡重要节点通航风险等级预测

由于本节是选取若干个节点进行评估的，覆盖面不够，因此当基于以上节点的预测风险结果为两个海峡均不满足通航条件时，并不意味着一定不可通航，此时需要基于动态贝叶斯网络技术对其他节点进行研究，进而确定其他航行路线。

7.7　极端天气的极值影响和风险评估

在全球气候变化的背景下，基于极端天气情景对 18 个港口的极值影响和风险评估进行研究具有重要意义：针对不同的港口，研究风险的影响机理和形成机制，建立相应的风险评价指标体系；结合实际情况，对风险评价指标体系进行量化；针对不同极端天气出现的强度、频率，以及现实存在的样本不完备、信息不确定和定性知识难以定量化等问题，引入合理的数学方法进行建模，侧重于开展极端高水位事件对港口影响的风险评估。由于极端高水位事件发生的频率占比小，造成的危害大，为此引入广义极值理论进行建模，基于建立的数学模型，对事件的未来变化过程进行模拟预测，为防灾、减灾科学决策的制定提供科学依据和技术支持。

7.7.1 数据资料

研究所用的数据资料来源主要包含以下方面：

- 第五次国际耦合模式比较计划（CMIP5）的多模式实验数据，见表7.21。

表 7.21 CMIP5 的多模式实验数据

气候模式	所属国家	模式分辨率（经度×维度，垂直层数）	积分时段	实验个数	气象要素
GFDL-ESM2M	美国	256×128, L24	2006—2100 年	RCP26, RCP45, RCP60, RCP85	气温、风速、海平面高度、云量、云高、相对湿度、气压、海冰体积
GISS-E2-H	美国	144×90, L40	2006—2100 年	RCP26, RCP45, RCP60, RCP85	气温、风速、海平面高度、云量、云高、相对湿度、气压、海冰体积
HadGEM2-ES	英国	192×145, L38	2006—2100 年	RCP26, RCP45, RCP60, RCP85	气温、风速、海平面高度、云量、云高、相对湿度、气压、海冰体积

- 由宁波验潮站在 1960.1.1—2005.12.31 期间观测的潮位逐日变化数据。
- 在由国家海洋局发布的《中国海洋灾害公报》和宁波水文站发布的《水情年报》中，涉及 2009—2013 年间极端高水位事件发生的时间、强度及造成的实际经济损失数据。
- 港口保障经验数据（如防波堤的高度等）。

7.7.2 极值理论

极值理论（EVT）是概率论中的一个独特分支。虽然极端事件是小概率事件，但其强度往往大于常规观测到的数据的平均值。极值理论即是用相应的数学模型来模拟极端情形，从常规观测数据中揭示出非常规的极值信息。

1. 极值理论的分布类型及性质

（1）静态极值分布

极值理论为分析极端气候变化和研究重现期提供了科学的理论框架，即

$$M_n = \max\{X_1, X_2, \cdots, X_n\} \tag{7.3}$$

式中，$X_1, X_2, \cdots, X_n$ 为相互独立的事件，服从统一分布函数 F，在应用中，常代表所研究序列在单个时间尺度上的值，如每小时海平面高度数据、日平均温度数据等；M_n 为单位时间尺度上的最大观测值序列，如年最大值序列。

定理1 若存在定常序列 $\{a_n > 0\}$ 和 b_n，使得

$$P_r\{(M_n - b_n)/a_n \leq z\} \rightarrow G(z), \quad n \rightarrow \infty \tag{7.4}$$

则 G 必属于下列极值分布族（式中，G 是一个非退化分布），即

$$G(z) = \begin{cases} \exp\left\{-\left[1+\xi\left(\dfrac{z-\mu}{\sigma}\right)\right]^{-1/\xi}\right\}, & \xi \neq 0 \\ \exp\left\{-\exp\left[-\left(\dfrac{z-\mu}{\sigma}\right)\right]\right\}, & \xi = 0 \end{cases} \quad (7.5)$$

式中，$\left\{z:1+\xi\left(\dfrac{z-\mu}{\sigma}\right)>0\right\}$，$-\infty<\mu<\infty$ 为位置参数，$\sigma>0$ 为尺度参数，$-\infty<\xi<\infty$ 为形状参数；$G(z)$ 为广义极值分布。

在定理 1 中，广义极值分布 $G(z)$ 将三个不同的极值分布族统一起来，当 $\xi=0$ 时，为 Gumbel 极值分布；当 $\xi>0$ 时，为 Fréchet 极值分布；当 $\xi<0$ 时，为 Weibull 极值分布。Gumbel 极值分布是均尾分布，分布函数的形式有正态分布、指数分布、对数正态分布、Gamma 分布及 Log-Gamma 分布等。Fréchet 极值分布为厚尾分布，分布函数的形式有 Parato 分布、Log-Gamma 分布、Burr 分布等。Weibull 极值分布是薄尾分布，分布函数的形式有均匀分布、Beta 分布等。

（2）动态极值分布

动态过程即系统的特性随时间变化的过程。在环境领域，动态过程是十分明显的。因季节变化，不同月份会呈现不同的气候模态，随着长时间的演变，气候模态呈趋势性改变。对于动态极值分布，分布函数的参数空间是随时间改变的，形式表现为

$$Z_t \sim \text{GEV}(\mu(t), \psi(t), \xi(t)) \quad (7.6)$$

式中，参数 $\theta(t) = (\mu(t), \psi(t), \xi(t))$ 是时间的函数或其他因子的函数，可表示为

$$\theta(t) = h(X^{\mathrm{T}}\beta) \quad (7.7)$$

式中，h 是一个特定的函数；β 是 h 中的参数；X 是观测序列。

以位置参数 $\mu(t)$ 为例，若 $\mu(t)$ 是时间的线性函数，则

$$\mu(t) = [1, t]\begin{bmatrix}\beta_0\\\beta_1\end{bmatrix} \quad (7.8)$$

若 $\mu(t)$ 是时间的非线性函数，则

$$\mu(t) = [I_1(t), I_2(t), \cdots, I_k(t)]\begin{bmatrix}\beta_0\\\beta_1\\\vdots\\\beta_k\end{bmatrix} \quad (7.9)$$

式中，$I_j(t)$ 为非线性函数；若 $\mu(t)$ 与其他气候扰动因子相关，如南方涛动 $\mathrm{SOI}(t)$，则

$$\mu(t) = [1, \mathrm{SOI}(t)]\begin{bmatrix}\beta_0\\\beta_1\end{bmatrix} \quad (7.10)$$

2. 极值分布的参数估计

在极值分布及确定样本分布的统计模型后，需要对其中的未知参数进行估计。这里介绍当样本分布为极值分布时，估计其未知参数的若干方法，并比较这些方法的适用性。

（1）矩估计法

19世纪末，K. Pearson 首次提出了矩估计法。对随机变量而言，矩是最常用的数字特征，主要包括中心矩和原点矩。由辛钦大数定律可知，简单随机样本的原点矩依概率收敛于相应的总体原点矩。这表明，当样本足够大时，在统计上可以用样本代替总体分布，进而求得未知参数的估计值，据此导出矩估计法。在极值分布中，矩估计法主要适用于 Gumbel 极值分布。

设 $X_1, X_2, \cdots, X_n$ 是 Gumbel 极值分布的一个样本，$\bar{X}$ 和 S^2 分别表示样本的均值和方差，可得总体均值和总体方差分别为

$$E(\bar{X}) = \mu + \gamma\sigma$$

$$\mathrm{Var}(S^2) = \frac{\pi^2}{6}\sigma^2 \tag{7.11}$$

因此，μ 和 σ 的矩估计量分别为

$$\hat{\mu} = \bar{X} - \gamma\sigma \approx \bar{X} - 0.450053S$$

$$\hat{\sigma} = \frac{\sqrt{6}}{\pi} S \approx 0.7797S \tag{7.12}$$

矩估计法拥有原理简单、使用方便的优点。矩估计法的估计量实际上只集中总体的部分信息，不能集中体现总体的分布特征，只有在样本容量较大时，才能保障其优良性。因而，在理论上，矩估计法只适用于大样本的随机变量估计。

（2）L 矩估计法

L 矩估计法与矩估计法的基本原理相似，都是令样本矩与总体矩相等，从而得到总体参数的估计。相比于矩估计法，L 矩估计法只需要总体均值存在就可以应用。

设 $X_1, X_2, \cdots, X_n$ 是服从分布函数 $F(x;\theta)$ 的一组随机变量，称

$$\lambda_r = r^{-1} \sum_{k=0}^{r-1} (-1)^k \binom{r-1}{k} E(X_{k+1,r}), \quad r = 1, 2, \cdots \tag{7.13}$$

为 r 阶 L 矩。因此，估计 GEV（广义极值分布）的三个参数，需要计算总体的 1~3 阶 L 矩，根据式（7.13）可得

$$\lambda_1 = EX_{1,1}$$

$$\lambda_2 = E(X_{1,2} - X_{2,2})/2$$

$$\lambda_3 = E(X_{1,3} - 2X_{2,3} + X_{3,3})/3 \tag{7.14}$$

令
$$\tau_3 = \frac{\lambda_3}{\lambda_2}$$

则
$$\frac{1-3^\xi}{1-2^\xi} = \frac{\tau_3+3}{2} \tag{7.15}$$

从样本 n 中任取 r 个观测值，将 r 个观测值按升序排列，$X_{i_r,n} \leqslant X_{i_{r-1},n} \leqslant \cdots \leqslant X_{i_2,n} \leqslant X_{i_1,n}$，其中 $1 \leqslant i_1 < i_2 < \cdots < i_{r-1} < i_r \leqslant n$，则 $E(X_{j,r})$ 的估计为

$$\binom{n}{r}^{-1} \sum_{1 \leqslant i_1 < \cdots < i_r \leqslant n} X_{i_j,n} \tag{7.16}$$

即 λ_r 的估计值为

$$\hat{\lambda}_1 = \sum_{i=1}^{n} x_{i,n}/n$$
$$\hat{\lambda}_2 = \sum_{i>j} (x_{i,n} - x_{j,n})/n(n-1)$$
$$\hat{\lambda}_3 = \sum_{i>j>k} 2(x_{k,n} - 2x_{j,n} + x_{i,n})/n(n-1)(n-2) \tag{7.17}$$

令
$$\hat{\tau}_3 = \frac{\hat{\lambda}_3}{\hat{\lambda}_2}$$

则
$$\frac{1-3^\xi}{1-2^\xi} = \frac{\hat{\tau}_3+3}{2} \tag{7.18}$$

得到 $\hat{\xi}$ 的估计，参数 μ 和 σ 可用

$$\hat{\mu} = \hat{\lambda}_1 + \frac{\hat{\sigma}\{1-\Gamma(1-\hat{\xi})\}}{\hat{\xi}}$$
$$\hat{\sigma} = \frac{-\hat{\lambda}_2 \hat{\xi}}{(1-2^\xi)\Gamma(1-\hat{\xi})} \tag{7.19}$$

进行估计。

(3) 最大似然估计法

最大似然估计法是由德国数学家 C. F. Gauss 于 1821 年首先提出的,并由英国统计学家 R. A. Fisher 于 1922 年再次提出并命名。最大似然估计法是指在样本 $X_1, X_2, \cdots, X_n$ 中,选取 $\hat{\theta}(X_1, X_2, \cdots, X_n)$ 作为参数 θ 的估计值,使得当 $\theta = \hat{\theta}(X_1, X_2, \cdots, X_n)$ 时,样本出现的概率最大。

设 $X_1, X_2, \cdots, X_n$ 是服从 GEV 的一组独立随机变量,当 $\xi = 0$ 时,对数似然函数为

$$L(\mu, \sigma) = -n\ln\sigma \sum_{i=1}^{n}\left(\frac{x_i - \mu}{\sigma}\right) - \sum_{i=1}^{n}\exp\left\{-\left(\frac{x_i - \mu}{\sigma}\right)\right\} \tag{7.20}$$

当 $\xi \neq 0$ 时,对数似然函数为

$$L(\mu, \sigma, \xi) = -m\ln\sigma - (1 + 1/\xi)\sum_{i=1}^{n}\ln\left[1 + \xi\left(\frac{x_i - \mu}{\sigma}\right)\right] - \sum_{i=1}^{m}\left[1 + \xi\left(\frac{x_i - \mu}{\sigma}\right)\right]^{-1/\xi} \tag{7.21}$$

式中, $1 + \xi\left(\frac{x_i - \mu}{\sigma}\right) > 0$, $i = 1, 2, \cdots, m$。令 $\frac{\partial L}{\partial \theta} = 0$, $\theta = (\mu, \sigma, \xi)$,即可求得各参数的极大似然值。

(4) 贝叶斯估计方法

传统的参数估计方法,如矩估计法、L 矩估计法、最大似然估计法等,都是以样本为出发点的,把未知参数 θ 作为未知常数,在一定的统计模型下给出统计推断。贝叶斯估计方法首先采用一个先验分布描述未知参数 θ,在得到样本观测值之后,由样本观测值和先验分布提供的信息得到未知参数 θ 的后验分布。与传统参数估计方法相比,贝叶斯估计方法有以下优点:

- 一般而言,极值具有较少的观测数据,若直接用较少的观测数据对统计模型中的参数进行估计,则会产生较大偏差。在此情况下,先对未

知参数分布有一个较全面的认识,再结合较少的极值观测数据,即可得到较好的参数估计。

- 贝叶斯估计方法通过采用概率与概率分布客观描述未知量的不确定性来对参数进行估计。

① 似然函数

似然函数是贝叶斯网络推断的核心部分,是指实际观测序列发生的概率。在标准贝叶斯网络推断中,似然函数被定义为

$$p(y|\theta) = \sum_{t=1}^{N} p(y_t|\theta) \tag{7.22}$$

式中,$y=(y_1,\cdots,y_t)$为观测序列。对于GEV模型,在特定参数θ下,似然函数表示为

$$p(\vec{y}|x,\theta) = \prod_{t=1}^{N} p(y_t|\theta,x(t)) = \prod_{t=1}^{N} p(y_t|\mu(t),\psi(t),\xi) \tag{7.23}$$

② 先验分布

如上所述,最大似然法是通过求最大似然使得观测序列出现的概率最大。贝叶斯估计方法不需要找出最大似然,而是需要额外的一项信息,即先验分布。

先验分布旨在探究参数θ所能提供的先验知识,概率密度函数用$p(\theta)$表示。只有在确定了合适的先验分布后,才能得到较好的后验分布。先验分布的选取不依靠观测序列y,而是来源于其他先验知识。对于GEV模型,常用先验分布的确定方法如下:

- 采用专家知识:Martins等人[2]提出一种名为地理先验的方法,基于历史水文案例的研究,限定GEV模型中形状参数ξ的可能范围。在许多情况下,直接通过专家知识确定参数是很困难的,因此Coles[3]采用粗糙分位数估计方法将专家知识转化为参数先验分布θ。

- 采用局地信息:Ribatet等人[4]通过选取与待测站点相似的站点数据导

出先验分布。

- 无信息先验：当缺乏直接有效的知识对先验分布进行定义时，Jeffreys 提出一种建立先验分布的普遍规则，认为参数 θ 在取值区域内的分布是均匀的，可用大范围的均匀分布或大方差的高斯分布定义先验分布。

③ 后验分布

贝叶斯网络估计结合先验分布和似然函数可以导出参数 θ 的后验分布，其概率密度函数为

$$p(\theta|\vec{y},x) = \frac{p(\theta)p(\vec{y}|x,\theta)}{\oint p(\theta)p(\vec{y}|x,\theta)\mathrm{d}\theta} \qquad (7.24)$$

式中，$\vec{y}$ 为观测样本；$p(\theta|\vec{y},x)$ 为估计参数的后验概率密度函数；$p(\theta)$ 为先验概率密度函数；$p(\vec{y}|x,\theta)$ 为观测样本的最大似然概率密度函数；$\oint p(\theta)p(\vec{y}|x,\theta)\mathrm{d}\theta$ 为 x 的边缘密度函数，仅与 x 有关，与 θ 无关，计算时可以不考虑 θ。后验分布概率密度函数可以简单表示为

$$p(\theta|\vec{y}) \propto p(\theta)p(\vec{y}|\theta) \qquad (7.25)$$

(5) DREAM 算法

DREAM（Diffe Rential Evolution Adaptive Metropolis）算法是由 Vrugt 等人[5]提出的一种新型的改进蒙特卡罗（MCMC）算法，结合观测资料（通常是不完备的）及对系统特征的认识，可研究有关复杂动态系统的时空演变过程，包括对系统空间变化的估计（插值）、对时间变化的预测，以及对观测资料、确定的或随机的模式输出结果进行的同化和推断。

DREAM 算法采用多链同时进行全局搜索，在搜索过程中，可自动调节建议分布的搜索规模和搜索方向，使每个链上的子样本空间能够最大限度地适应标准化后的跃迁距离，解决离群链中众多局部最优解难以收敛的问题。通

过对 DREAM 算法的细致平衡和遍历，结合多个案例的研究，证明 DREAM 算法优于现有的 MCMC 算法，可以有效处理高维、多模态、非线性和局部优化的问题，步骤如下：

第一步，采用先验分布生成初始种群 $\{x^i, i=1,\cdots,N\}$。

第二步，计算概率密度函数 $p(x^i)$，$i=1,\cdots,N$。

$$\text{FOR } i \leftarrow 1,\cdots,N \text{ DO}$$

第三步，在链 i 上产生一个建议值 y^i，即

$$y^i = x^i + (1_{d'} + e)\gamma(\delta,d')\left[\sum_{j=1}^{\delta} x^{r1(j)} - \sum_{n=1}^{\delta} x^{r2(n)}\right] + \varepsilon \qquad (7.26)$$

式中，δ 意味着产生建议值的对数；$r_1(j)$、$r_2(n) \in \{1,\cdots,N\}$，对于 j，$n=1,\cdots,\delta$，$r_1(j) \neq r_2(n)$；e 和 ε 分别取自 $U_d(-b,b)$ 和 $N_d(0,b^*)$；b 和 b^* 为目标函数的细小偏差；γ 为跃迁系数，取决于 δ 和 d'；d' 为更新的维度。

第四步，采用二项分布式 1-CR 的概率，将每一维度上的建议值 y^i 用 x^i 替换。其中，CR 为遗传算法中的交换率。若 CR=1，则所有维度都更新，即 $d'=d$。

第五步，计算 $p(y^i)$ 和候选点上的 $\alpha(y^i,x^i)$，$\alpha(y^i,x^i)$ 为 Metropolis 比值。

第六步，若 $\alpha(y^i,x^i)$ 可接受，则 $x^i=y^i$，否则 x^i 保持不变。

第七步，利用 IQR（Inter-Quartile-Range）统计方法剔除离群数据链。

第八步，选取每个链上最后 50%的样本，采用 Gelman-Rubin $\hat{R}_j$ 值，对每一维度上的 $j=1,\cdots,d$ 进行收敛诊断。

第九步，若 $\hat{R}_j<1.2$，则链进化停止，否则继续进化。

通过 DREAM 算法可最终生成一个遍历独特、平稳分布的概率密度函数 $\pi(\cdot)$ 的马尔可夫链，可用 Matlab 软件辅助实现。

3. 多元极值理论与 Copula 相关结构函数

（1）相关结构函数及性质

联合分布函数是一个很好用的用于描述随机量概率统计特征的工具。一

个完整的联合分布函数包含两个部分：一是变量的边缘分布信息；二是变量之间的相关结构。

Copula函数可用于描述变量之间的相关结构，是一类能将联合分布函数与各自边缘分布函数连接在一起的函数，最早由Sklar提出，用不同边缘分布的变量来构造联合分布，定义如下：令F为一个n维的边缘分布函数集F_1，$F_2,\cdots,F_n$，对于所有的实数x，存在一个联合分布函数C，即

$$F(x_1,x_2,\cdots,x_n)=C(F_1(x_1),F_2(x_2),\cdots,F_n(X_n)) \tag{7.27}$$

若$F_1,F_2,\cdots,F_n$都连续，则存在唯一的函数C。根据Sklar定理，可以自由地把任意n个边缘分布函数构成一个n元联合分布函数。

二元Copula函数具有如下性质：

- 性质①：对任意$u,v\in[0,1]$，有

$$C(u,0)=C(0,v)=0$$
$$C(u,1)=u$$
$$C(1,v)=v \tag{7.28}$$

- 性质②：对任意$u_1,u_2,v_1,v_2\in[0,1]$，且$u_1\leq u_2,v_1\leq v_2$，有

$$C(u_2,v_2)-C(u_1,v_2)-C(u_2,v_1)+C(u_1,v_1)\geq 0 \tag{7.29}$$

- 性质③：对任意$(u,v)\in[0,1]\times[0,1]$，有

$$W(u,v)=\max\{u+v-1,0\}\leq C(u,v)\leq \min\{u,v\}=M(u,v) \tag{7.30}$$

分别称$\max\{u+v-1,0\}$和$\min\{u,v\}$为相关结构函数Fréchet的下界和上界，是完全正相关和完全负相关的随机变量u、v的联合分布函数，一般而言，对任意$F(x,y)$，都有

$$\max\{F_1(x)+F_2(x)-1,0\}\leq F(x,y)\leq \min\{F_1(x),F_2(x)\} \tag{7.31}$$

- 性质④：设连续随机变量X和Y相关结构函数为$C_{X,Y}$，若$\alpha(X)$和$\beta(Y)$是严格增函数，则

$$C_{\alpha(X),\beta(Y)} = C_{X,Y}(u,v) \tag{7.32}$$

即在 X 和 Y 严格增变换下，$C_{X,Y}$ 保持不变。

若把 C 当作边缘分布在区间 $[0,1]$ 上均匀分布随机变量的相关结构函数，则性质①和性质②是显而易见的。Nelsen 对性质③和性质④进行了证明。

此外，当 $\alpha(X)$ 为严格增函数、$\beta(Y)$ 为严格减函数时，有

$$C_{\alpha(X),\beta(Y)}(u,v) = u - C_{X,Y}(u,1-v) \tag{7.33}$$

当 $\alpha(X)$ 为严格减函数、$\beta(Y)$ 为严格增函数时，有

$$C_{\alpha(X),\beta(Y)}(u,v) = v - C_{X,Y}(1-u,v) \tag{7.34}$$

当 $\alpha(X)$、$\beta(Y)$ 都为严格减函数时，有

$$C_{\alpha(X),\beta(Y)}(u,v) = v + u - 1 + C_{X,Y}(1-u,1-v) \tag{7.35}$$

（2）常用的二元相关结构函数

这里选取 9 个 Copula 函数作为连接函数。9 个 Copula 函数涵盖了文献中可见的大部分应用，定义及参数空间见表 7.22。前 7 个 Copula 函数（Clayton、AMH、Gumbel、Frank、Joe、A12、A14）隶属于阿基米德函数簇。其中，A12、A14 由 Nelsen[6] 提出。FGM 和 Gauss 为非阿基米德函数簇。

表 7.22 9 个 Copula 函数的定义及参数空间

函 数	定 义	参数空间
Clayton	$(u^{-\theta} + v^{-\theta} - 1)^{-1/\theta}$	$(0, \infty)$
AMH	$\dfrac{uv}{1-\theta(1-u)(1-v)}$	$[-1, 1)$
Gumbel	$\exp\{-[(-\ln u)^{\theta} + ((-\ln v)^{\theta})]^{1/\theta}\}$	$[1, \infty)$
Frank	$-\dfrac{1}{\theta}\ln\left(1 + \dfrac{(e^{-\theta u}-1)(e^{-\theta v}-1)}{e^{-\theta}-1}\right)$	$[-1, 1]\mathbb{R}\setminus\{0\}$
Joe	$1 - [(1-u)^{\theta} + (1-v)^{\theta} - ((1-u)^{\theta}(1-v)^{\theta})]^{1/\theta}$	$[1, \infty)$

续表

函　数	定　义	参数空间
A12	$\{1+[(u^{-1}-1)^\theta+(v^{-1}-1)^\theta]\}^{-1}$	$[1,\infty)$
A14	$\{1+[(u^{-1/\theta}-1)^\theta+(v^{-1/\theta}-1)^\theta]\}^{-\theta}$	$[1,\infty)$
FGM	$uv+\theta uv(1-u)(1-v)$	$[-1,1]$
Gauss	$\int_{-\infty}^{\phi^{-1}(u)}\int_{-\infty}^{\phi^{-1}(v)}\dfrac{1}{2\pi\sqrt{1-\theta^2}}\exp\left(\dfrac{2\theta sw-s^2-w^2}{2(1-\theta^2)}\right)dsdw$	$[-1,1]$

若采用最大似然估计法对上述 Copula 函数进行参数估计，采用 AIC 方法和 Genest-Rivest 方法进行拟合优度检验，则可选出最优的 Copula 函数。

7.7.3　海平面上升的风险评估建模

IPCC 在其发布的第五次评估报告中指出，自 20 世纪开始，海平面上升的速度在加快，沿海城市极端高水位事件的发生很可能呈上升趋势。沿海城市是经济发展的重要区域和集聚中心，也是自然灾害易发和频发的区域。海平面的上升，将会缩短极端高水位事件的重现周期，降低如机场、隧道等沿海基础设施的设计标高。越来越多的证据表明，极端高水位事件发生频率的增大和强度的增强，是影响未来沿海城市社会经济体系正常运行的重大威胁。

1. 港口风险评价指标

因沿海区域海平面上升引发的极端高水位事件的风险评价指标体系见表 7.23。由该表可知，港口安全风险是在极端高水位事件的强度、频率及后果等要素的综合作用下形成的。对于由极端高水位事件引发的港口安全风险，承险主体是港口本身。风险要素中的致险因子是在极端高水位事件强度和极端高水位事件频率的综合作用下形成的。风险后果由港口自身的脆弱性和暴露性决定。脆弱性与港口自身的陆面高程、事件强度有关。对某一特定极端高水位事件，港口的陆面高程越低，淹没越深，脆弱性越高；反之，港口的陆面高程越高，淹没越浅，脆弱性越低。暴露性与极端高水位事件淹没区域的受灾人口和人均财产的多少有关。受灾人口与受灾面积和当地的人口密度相关。综上所述，受灾面积越大，人口密度越大，人均财产越多，暴露性越高。

表 7.23 极端高水位事件的风险评价指标体系

风险 R	指　　标		
极端高水位事件强度 Z	—	—	—
极端高水位事件频率 P	—	—	—
极端高水位事件后果 C	脆弱性 V	陆面高程 Y	—
		事件强度 Z	—
	暴露性 A	受灾人口 P_s	人口密度 ρ
			受灾面积 S
		人均财产 A_s	—

2. 港口风险概念模型

(1) 技术路线

对未来极端高水位事件强度与频率的预测流程图如图 7.20 所示：首先对原始数据（包括相对海平面高度的多模式集合预估值、陆地垂直升降的多模式集合预估值和极端海平面高度年最大增水值的历史资料）进行预处理；其次分别通过 Copula 函数求得平均海平面预测高度及其概率分布，采用动态极值分布模型预测未来给定重现期的极端海平面增水及概率分布（采用贝叶斯估计参数对广义极值分布进行参数估计，采用 DREAM 算法求解复杂后验分布）；最后采用 Copula 函数联立得到不同频率下的未来极端高水位事件强度及概率分布，从而对未来极端海平面高度的期望进行预测。

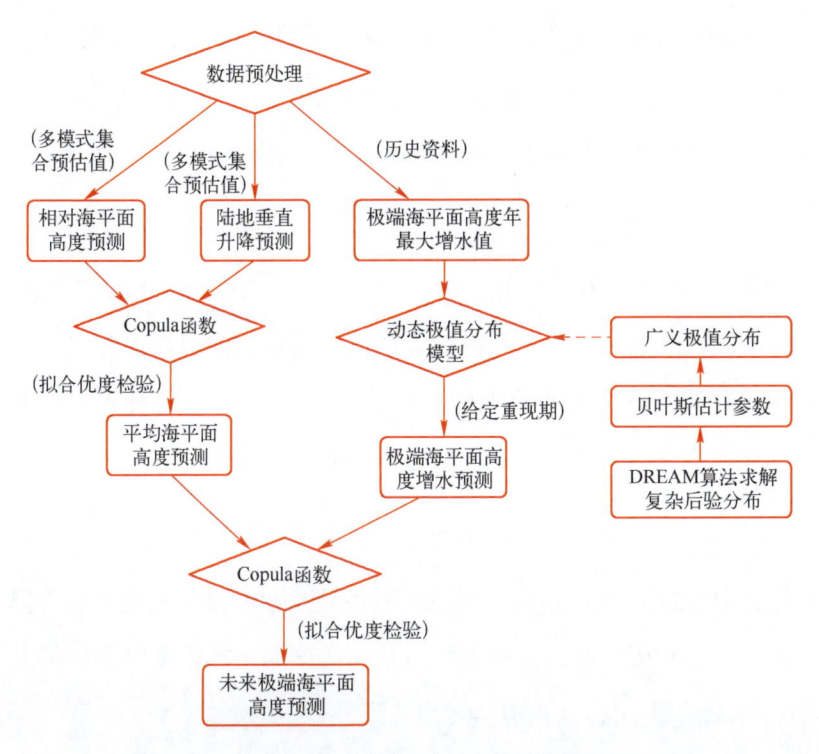

图 7.20　对未来极端高水位事件强度与频率的预测流程图

（2）数据处理

采用 CMIP5 的多模式实验数据作为相对海平面高度预测值和陆地垂直升降预测值，对于因浪、潮、涌及局地气候变化所引起的极端海平面增水进行如下处理：

- 选取在研究区域内验潮站的逐时和逐月海平面高度数据。
- 即使是同一个验潮站，数据依然存在重复记录、数据省略、验潮零点变动、异常值明显和不同的采样间隔等问题，要对验潮站的数据进行误差修正。
- 修正后的验潮站数据包含平均海平面高度的变化，以及因浪、潮、涌、局地气候变化引起的海平面增水变化，这里采用逐时海平面高度数据减去年平均海平面高度数据（剔除平均海平面高度变化的影响），作为因浪、潮、涌、局地气候变化所引起的海平面增水变化数据。
- 从数据集中选取历年最大值作为极端海平面增水的历史观测资料。

(3) 平均海平面高度

平均海平面高度变化是由相对海平面高度变化和局地陆地垂直升降引起的。Backus等人[7]指出，多个气候模式预估产品集合能够基本表现未来气候变化的总体趋势特征。为此，利用多个气候模式预估产品可分别模拟未来相对海平面高度变化与陆地垂直升降的概率密度函数 $p_{\bar{Z}_{\mathrm{RSL}}}$ 和 p_{H}，即

$$\bar{Z}(t,p_{\bar{Z}}(p_{\bar{Z}_{\mathrm{RSL}}},p_{\mathrm{H}})) = \bar{Z}_{\mathrm{RSL}}(t,p_{\bar{Z}}(p_{\bar{Z}_{\mathrm{RSL}}},p_{\mathrm{H}})) + H(t,p_{\bar{Z}}(p_{\bar{Z}_{\mathrm{RSL}}},p_{\mathrm{H}})) \quad (7.36)$$

式中，$\bar{Z}$ 为平均海平面高度；$\bar{Z}_{\mathrm{RSL}}$ 为相对海平面高度；H 为陆地垂直升降；$p_{\bar{Z}}$ 为两者的联合概率密度函数，即平均海平面高度的概率密度函数，可由适当的 Copula 函数 $C(F(\bar{Z}_{\mathrm{RSL}}),F(H))$ 导出。

(4) 因浪、潮、涌、局地气候变化引起的极端海平面增水

GEV 模型涵盖了所有可能的最大极值分布。Pickands 等人证明，极值 POT 模型收敛于 GEV。GEV 函数为

$$F_t(z) = \begin{cases} \exp\left\{-\left[1+\xi\left(\dfrac{z-\mu(t)}{\psi}\right)\right]_+^{-1/\xi}\right\}, & \xi \neq 0 \\ \exp\left\{-\exp\left[-\left(\dfrac{z-\mu(t)}{\psi}\right)\right]\right\}, & \xi = 0 \end{cases} \quad (7.37)$$

式中，$[a]_+ = \max[a,0]$；$\mu(t)$ 为位置参数；$\psi>0$ 为尺度参数；ξ 为形状参数。值得注意的是，位置参数 $\mu(t)$ 是时间的函数，意味着 GEV 模型有随时间变化的特性，可称其为动态极值分布模型。与静态极值分布模型相比，动态极值分布模型加入了时变因子，使模型在用于对未来状态的预测时更灵活、更准确。

对位置参数 $\mu(t)$ 的选取，Renard 等人[8]提供了多种可供选择的函数，如多项式函数、分段函数等。在气象水文文献中，当研究极端事件发生频率的变化趋势时，$\mu(t)$ 常取为线性模型或对数-线性模型。因此，这里的位置参数 $\mu(t)$ 被定义为

$$\mu(t)=\mu_1 t+\mu_0 \tag{7.38}$$

通过动态极值分布模型，可计算特定重现期 R 的极端增水，即

$$Z'(t,\theta)=Z'(\mu(t),\psi,\xi)$$
$$=\begin{cases}\mu(t)-\dfrac{\psi}{\xi}[1-\{-\ln(1-1/R)\}^{-\xi}], & \xi\neq 0\\ \mu(t)-\psi\ln\{-\ln(1-1/R)\}, & \xi=0\end{cases} \tag{7.39}$$

式中，位置参数可由贝叶斯估计和 DREAM 算法求得。

(5) 极端高水位事件强度 Z 和频率 P

$$Z(t)=\int(\overline{Z}(t,p)+Z'(t,p))p(\overline{Z},Z')\mathrm{d}p \tag{7.40}$$

式中，$Z(t)$ 为重现期 R 下的未来 t 时极端海平面高度的期望；$\overline{Z}$ 和 Z' 分别为平均海平面高度和极端增水高度；p 为 $\overline{Z}$ 和 Z' 的联合概率密度函数，可由两者的边缘概率密度和 Copula 函数导出。

3. 事件后果

事件后果是由暴露在灾害中的总资产及脆弱性两部分组成的。当极端高水位事件发生时，造成的事件后果不仅与受灾区域暴露在灾害中的总资产有关，还与受灾区域的地理位置有关。不同海拔高度的受灾区域在面对极端高水位事件时，暴露在灾害中的资产所遭受的损失是不同的，脆弱性函数可表示为

$$V(Z-Y)=(Z-Y)/(Z-Y+1) \tag{7.41}$$

式中，Z 为极端高水位事件强度；Y 为陆面高程。资产的脆弱性会随着给定水位差的变化而发生变化。例如，当水位差为 1m 时，暴露在极端高水位事件中的 50% 的资产会遭受损失。

相关研究表明，一个城市居民的财产大致相当于一个城市年均 GDP 的 5 倍，因此可将暴露性资产近似定义为

$$A = P_s(Z-Y) \times A_s \times 5 \tag{7.42}$$

式中，$P_s(Z-Y) = \rho \times S(Y)$；$P_s$ 为受灾人口数量；ρ 为受灾人口密度；$S(Y)$ 为某一陆面高程上的受灾面积；A_s 为人均财产。受灾人口密度 ρ 与人均财产 A_s 可采用灰色 Verhulst 模型求得。受灾面积可由 Arcgis 软件求得。

极端高水位事件后果可定义为

$$C = \int_0^Z V \times A \mathrm{d}Y \tag{7.43}$$

4. 频率风险算法模型

频率风险评估模型为

$$\begin{aligned} \mathrm{Risk} &= f(Z, V, C) = P \times \int_0^Z V \times A \mathrm{d}Y \\ &= P \times \int_0^Z \left(\frac{(Z-Y)}{(Z-Y+1)} \times 5 \times A_s \times \rho \times S(Y) \mathrm{d}Y \right) \end{aligned} \tag{7.44}$$

式中，$Z = \{z_1, z_2, z_3, \cdots, z_n\}$。

7.7.4 极端高水位事件的风险评估（以宁波为例）

宁波位于东海之滨，陆域总面积达 9816km^2，虽然坐拥漫长的海岸线，但宁波市区的平均海拔高度不到 6m，易受海平面上升的影响，继而引发风暴潮、极端高水位事件等。截至 2022 年初，全市拥有户籍人口 618.3 万人。作

为浙江省第一大工业和临海城市，对其受极端高水位事件损失情景的评估，具有较好的代表性和实用性。

1. 宁波极端高水位事件评估

（1）模型可靠性分析

为了检验模型的可靠性，探讨模型对2050年宁波遭受极端高水位事件风险评估的实用价值，这里先结合宁波水文站发布的《水情年报》和国家海洋局发布的《中国海洋灾害公报》得到历年极端高水位事件发生的时间、强度及造成的实际经济损失，再根据极端高水位事件发生的年份，宁波人口数量和人均生产总值，得到由风险评估模型模拟的经济损失，见表7.24。

表7.24 由风险评估模型模拟的经济损失

极端高水位事件	极端高水位事件强度（m）	实际经济损失（亿元人民币）	模拟经济损失（亿元人民币）
2009年莫拉克台风	4.64	11.85	12.04
2012年海葵台风	4.99	41.5	39.59
2013年菲特台风	4.77	34.92	38.5

由上表可知，模拟经济损失与实际经济损失非常接近，模拟结果是可信的，因此可以利用该模型进行未来情景的风险预估。

（2）2050年极端高水位事件发生的频率和强度预估

首先，构建正态分布模型，将2050年中国沿海海平面上升不同的预估结果（见表7.25）代入模型，以模拟未来海平面上升的基本趋势，即

$$P(Z') = \frac{1}{\sqrt{2\pi}\sigma} \exp\left(-\frac{(z')^2}{2\sigma^2}\right) \qquad (7.45)$$

然后，对模型进行Kolmogorov-Smirnov检验，检验结果见表7.26。

表 7.25　2050 年中国沿海海平面上升不同的预估成果（相对于 1990 年）

预估区域	海平面上升（m）	专家或研究小组
中国沿海	0.58～1.03	郑文振[9]
中国沿海	0.13～0.50	张锦文等人[10]
长江三角洲地区	0.37～0.61	刘杜鹃等人[11]
长江三角洲地区	0.31～0.68	沈明洁等人[12]
长江三角洲地区	0.25～0.51	施雅风等人[13]
长江三角洲地区	0.30～0.65	武强等人[14]
长江三角洲地区	0.50～0.70	中国科学院地学部[15]
浙江沿海海平面	0.15	伍远康等人[16]

表 7.26　Kolmogorov-Smirnov 检验结果

步骤	P 值	置信度
1	0.9468	0.95

由表 7.26 可知，当 Kolmogorov-Smirnov 检验的 P 值落在置信度区间时，检验通过，接受原假设，即未来中国海平面上升的总体情况符合正态分布，即

$$\begin{aligned}N_{\text{ov}} &= \int_{-\infty}^{+\infty} P(Z') \exp\left(\frac{\mu - (z_0 + \Delta z + z')}{\lambda}\right) dZ' \\ &= N_E \exp\left(\frac{\left(\Delta z + \lambda \ln\left(\int_{-\infty}^{+\infty} P(Z') \exp\left(\frac{z'}{\lambda}\right) dz'\right)\right)}{\lambda}\right)\end{aligned} \quad (7.46)$$

式中，$N_E = \int_{-\infty}^{+\infty} P(Z') dZ'$。将式（7.45）代入式（7.46），得

$$N_{\text{ov}} = N_E \exp\left(\left(\Delta z + \frac{\sigma^2}{2\lambda}\right)/\lambda\right) \quad (7.47)$$

最终模型统计参数见表7.27。

表7.27 最终模型统计参数

统 计 参 数	海平面上升（m）
标准差 σ	0.2399
中心值 Δz	0.4847

将表7.27中的变量代入式（7.46），$N_{ov}=44.5N_E$。其中，尺度参数 $\lambda=0.1718$m，是根据宁波水文站在1950—2006年期间历史最高潮位数据求得的。因此，2050年极端高水位事件发生的频率为

$$P(T)=\frac{N_{ov}}{T}=44.5\frac{1}{T} \tag{7.48}$$

式中，$T=\{t_1,t_2,\cdots,t_n\}$。由式（7.48）求得2050年极端高水位事件发生的强度为

$$Z=\left(-\frac{\ln\left(-\ln\left(1-\frac{1}{T}\right)-0.5772\right)}{0.1718}\right)+4.31 \tag{7.49}$$

2. 2050年宁波平均人口密度和人均GDP

- 用灰色Verhulst模型对1997—2013年宁波人口密度和人均GDP的时间序列进行重构并检验精度。
- 对于人均GDP模型检验：$C=0.1030$，$P=1$，根据表7.28得到该模型属第Ⅰ精度，可以进行长期预测。
- 对于人口密度模型检验：$C=0.1776$，$P=1$，根据表7.28得到该模型属第Ⅰ精度，可以进行长期预测。

采用灰色Verhulst模型对未来进行预测，如图7.21所示。

表 7.28　模型精度

模型精度	方差比 C	小误差频率 P
Ⅰ	<0.35	>0.95
Ⅱ	<0.50	<0.80
Ⅲ	<0.65	<0.70
Ⅳ	>0.80	<0.60

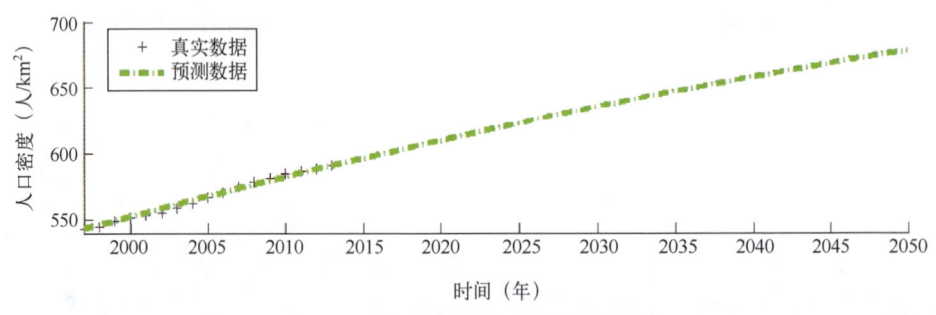

(a) 对宁波未来人均GDP的预测

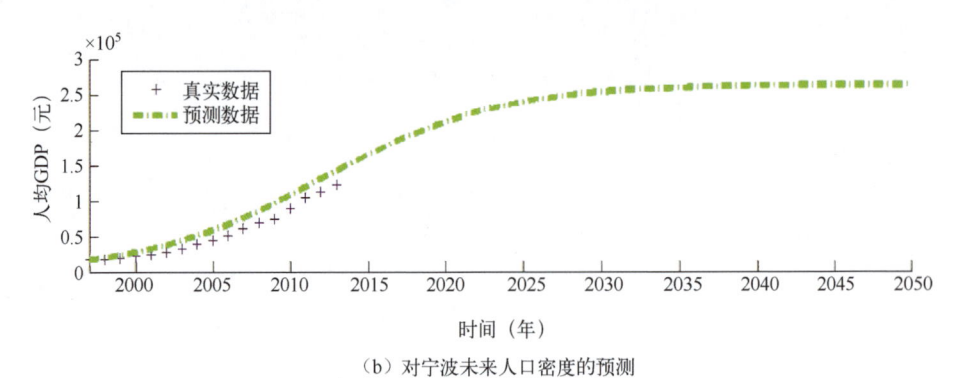

(b) 对宁波未来人口密度的预测

图 7.21　采用灰色 Verhulst 模型对未来进行预测

由图 7.21 可知，拟合得到未来 2050 年的人均 GDP 估算为 26.366 万元，人口密度估算为 679 人/km²。

3. 宁波陆面高程-面积关系

通过 ArcGIS 地理信息系统提取宁波数字高程模型，计算得到不同陆面高程与其所包含的面积关系，如图 7.22 所示。

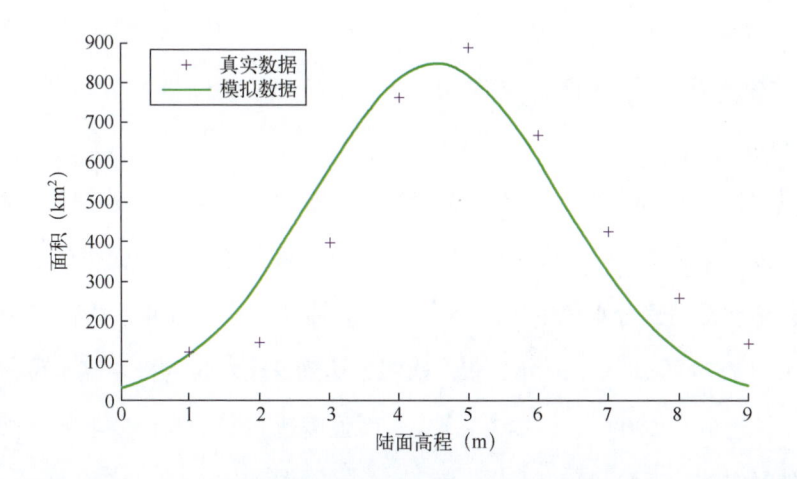

图 7.22 宁波陆面高程-面积关系

通过拟合得到陆面高程-面积关系表达式为

$$S(Y) = 846.5 \times e^{\left(-\left(\frac{Y-4.527}{2.506}\right)^2\right)} \tag{7.50}$$

4. 2050 年宁波极端高水位事件风险模型

极端高水位事件风险模型为

$$\text{Risk} = P_{ov} \times \int_0^Z \left(\frac{(Z-Y)}{(Z-Y+1)} \times \rho \times S(Y) \times A_s \times 5\right) dY \tag{7.51}$$

将 P_{ov}、A_s、ρ、$S(Y)$ 的表达式代入，得

$$\text{Risk} = \frac{3.37 \times 10^9}{T} \int_0^Z \left(\frac{(Z-Y)}{(Z-Y+1)} e^{\left(-\frac{(Y-4.527)^2}{2.506^2}\right)}\right) dY \tag{7.52}$$

式中，$Z=-\ln\left(-\ln\left(1-\dfrac{1}{T}\right)-0.5772\right)/0.1718+4.31$；$T=\{t_1,t_2,\cdots,t_n\}$。

查阅宁波水文站的资料得到，当前宁波的安全水位平均值为4.38m，若极端高水位事件超出4.38m，就会造成灾情。2050年宁波极端高水位事件发生的频率与强度分布预估如图7.23所示。结果显示，在气候变化背景下，2050年，宁波年均至少会发生11次强度超过安全水位的极端高水位事件，重现期一年的极端高水位事件发生的强度可达5.06m。

风险是频率和后果的乘积。2050年宁波极端高水位事件发生的频率与经济损失预估见图7.24，阴影部分代表宁波在2050年不采取任何措施加强加高岸防设施、提高安全水位的情形下，不同极端高水位事件年均可能造成的风险。由图7.24可知，2050年，仅一次强度达到安全水位的极端高水位事件便可对宁波造成约3200亿元的经济损失，而强度达到安全水位以上的极端高水位事件对宁波的风险最大。

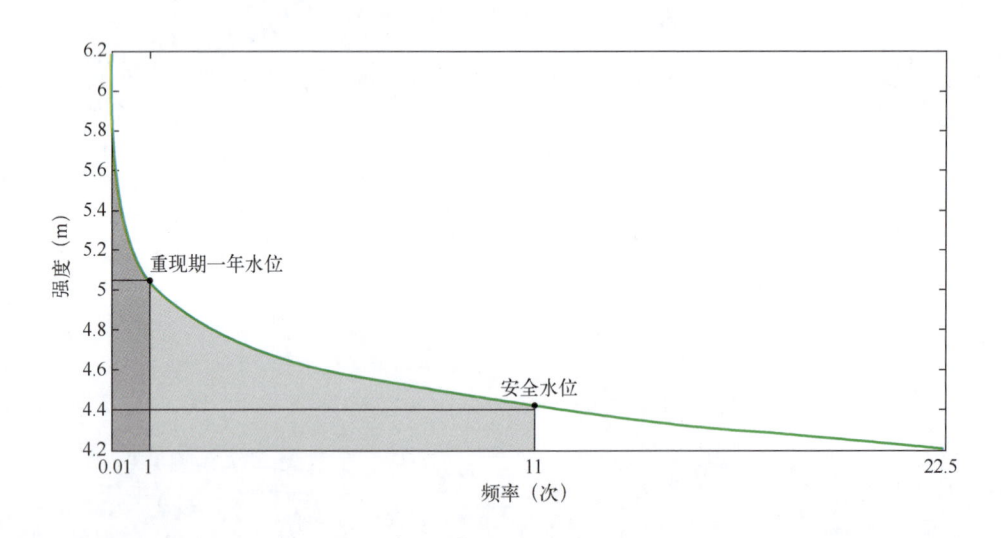

图7.23 2050年宁波极端高水位事件发生的频率与强度分布预估

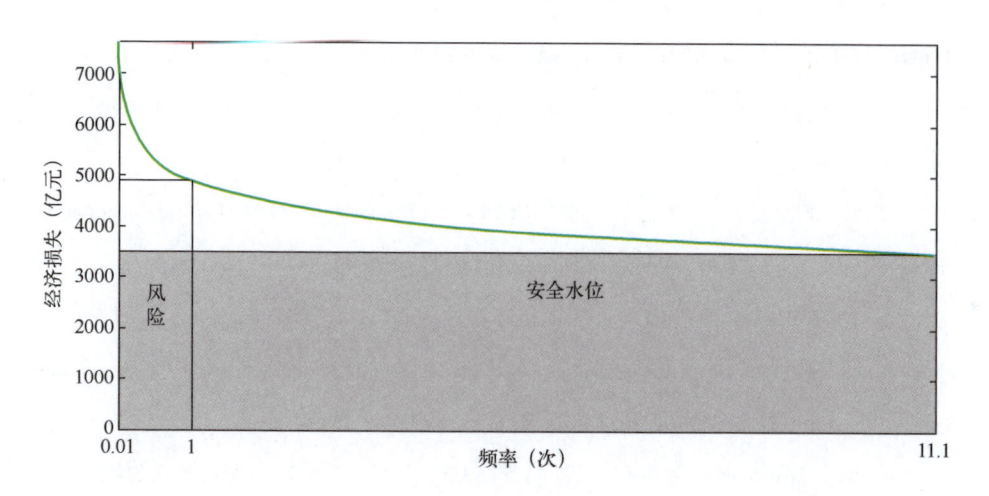

第 7 章　海上丝绸之路沿线港口自然风险评估

图 7.24　2050 年宁波极端高水位事件发生的频率与经济损失预估

参考文献

［1］崔建峰，刘大刚. 北极东北航道通航关键海区分析［J］. 中国海事，2017，(12)：21-23.

［2］MARTINS E S, STEDINGER J R. Generalized maximum-likelihood generalized extreme-value. quantile estimators for hydrologic data［J］. Water Resour Res 2000, 36 (3)：737-744.

［3］COLES S. An introduction to statistical modeling of extreme values［J］. Bayesian methods in extreme value modelling: a review and new developments. Int Stat Rev, 2001, 64 (1)：119-136.

［4］RIBATET M, SAUQUET E, GRESILLON J M. Ouarda TBMJ A regional Bayesian POT model for flood frequency analysis［J］. Stoch Environ Res Risk Assess, 2006, 21 (4)：327-339.

［5］VRUGT J A, ROBINSON B A. Improved evolutionary optimization from genetically adaptive multimethod search [J]. Proc Natl Acad Sci USA, 2007, 104: 708-711.

[6] NELSEN R B. An introduction to copulas Lecture Notes in Statistics [J]. Optimal Mixture Experiments, 1999, 36 (3).

[7] BACKUS G A, LOWRY T S, WARREN D E. The near-term risk of climate uncertainty among the U.S. states [J]. Climatic Change, 2013, 116 (3-4): 495-522.

[8] RENARD B, GARRETA V, LANG M. An application of Bayesian analysis and Markov chain Monte Carlo methods to the estimation of a regional trend in annual maxima [J]. Water Resources Research, 2006, 42 (12): 4407-4413.

[9] 郑文振. 全球和我国近海验潮站及任意地点（区）的21世纪海平面预测 [J]. 海洋通报. 1996 (06): 1-7.

[10] 张锦文, 王喜亭, 王惠. 未来中国沿海海平面上升趋势估计 [J]. 测绘通报. 2001 (04): 4-5.

[11] 刘杜娟, 叶银灿. 长江三角洲地区的相对海平面上升与地面沉降 [J]. 地质灾害与环境保护. 2005 (04): 400-4.

[12] 沈明洁, 谢志仁, 朱诚. 中国东部全新世以来海面波动特征探讨 [J]. 地球科学进展. 2002 (06): 886-94.

[13] 施雅风, 朱季文, 谢志仁, 等. 长江三角洲及毗连地区海平面上升影响预测与防治对策 [J]. 中国科学（D辑：地球科学）. 2000 (03): 225-32.

[14] 武强, 郑铣鑫, 应玉飞, 等. 21世纪中国沿海地区相对海平面上升及其防治策略 [J]. 中国科学（D辑：地球科学）. 2002 (09): 760-6.

[15] 中国科学院地学部. 海平面上升对我国沿海地区经济发展的影响与对策 [J]. 地球科学进展. 1993 (06): 15-25.

[16] 伍远康, 汪邦道. 浙江省沿海海平面上升及预测 [J]. 浙江水利科技. 2003 (02): 1-4.

第 8 章
海上丝绸之路航线规划

引入面向过程的决策场理论对突发灾害事件应急决策建模，可以较好地还原应急决策的动态过程。在决策场理论中，决策属性信息矩阵的确定对决策结果和决策质量有重要影响，科学合理的决策属性信息不仅可以避免决策失误，还能提高决策者的决策效率。现实中的突发灾害事件应急决策问题，通常会面临重要信息不确定或决策者对某些属性要素评估值无法准确确定等困难。本章引入认知决策中的直觉模糊集来拓展决策场理论，提出了基于直觉模糊集的多备选集决策场理论。该理论可以较好地解决突发灾害事件在应急决策过程中所面临的认知不完备和群动态决策问题，表现出较好的应用前景。

8.1 直觉模糊集理论

模糊集理论最早由 Zadeh 等人[1]提出，经过不断的发展和完善，目前在社会经济各领域应用广泛。模糊集理论的核心思想是，将特征函数由 0 和 1 的单值扩展到 [0,1] 单位闭区间的隶属函数。模糊集的隶属函数值仍为单值，只能表示支持或否定的状态，在面对复杂的决策环境时，无法同时描述支持、否定或不确定的状态。各类行为决策和心理学研究表明，决策者在复杂的决策环境中，受认知过程的限制，都会存在不同程度的不确定性，在认知结果上表现为赞同、否定及不确定等三种属性。传统的模糊集不能很好地表达这一信息，应用受到越来越多的制约。Atanassov[2]对 Zadeh 的模糊集理论进行了扩展，在传统的模糊集理论中引入了隶属度、非隶属度及犹豫度等三类描述信息，提出直觉模糊集理论。直觉模糊集可以同时描述赞同、否定及犹豫的偏好信息，为克服传统模糊集理论的不足提供了新的解决方案。随后，徐泽水[3]在此基础上进行了系统研究，给出了直觉模糊数的概念，提出了基于得分函数和精确函数的直觉模糊数比较方法，以及直觉模糊数的集成运算法则等，并在多属性决策领域得到了广泛应用。

Zadeh 等人提出的模糊集可表述为：设 X 为非空集合，定义

$$F=\{\langle x,\mu_F(x)\rangle \mid x\in X\} \tag{8.1}$$

为模糊集。式中，μ_F 为模糊集的隶属度函数；$\mu_F(x)$ 为 x 的隶属度，在 $[0,1]$ 中取单值。

Atanassov 定义的直觉模糊集表述为：设 X 为非空集合，定义

$$A=\{\langle x,\mu_A(x),v_A(x)\rangle \mid x\in X\} \tag{8.2}$$

为直觉模糊集。式中，$\mu_A(x)$ 和 $v_A(x)$ 分别对应要素 x 对 A 的隶属度和非隶属度，有

$$\mu_A:X\to[0,1], \quad x\in X\to\mu_A(x)\in[0,1] \tag{8.3}$$

$$v_A:X\to[0,1], \quad x\in X\to v_A(x)\in[0,1] \tag{8.4}$$

隶属度和非隶属度满足

$$0\leqslant\mu_A(x)+v_A(x)\leqslant 1, \quad x\in X \tag{8.5}$$

相应地，定义犹豫度/不确定度为

$$\pi_A(x)=1-\mu_A(x)-v_A(x), \quad x\in X \tag{8.6}$$

同样，有 $0\leqslant\pi_A(x)\leqslant 1$。

当 $v_A(x)=1-\mu_A(x)$ 时，有

$$\pi_A(x)=1-\mu_A(x)-[1-\mu_A(x)]=0, \quad x\in X \tag{8.7}$$

此时，直觉模糊集 A 退化为经典的 Zadeh 模糊集。由此可以看出，Zadeh 模糊集可以认为是直觉模糊集的特例。

定义模糊数 $\alpha=(\mu_\alpha,v_\alpha)$，有

$$\mu_\alpha \in [0,1], \quad v_\alpha \in [0,1], \quad \mu_\alpha+v_\alpha \leq 0 \tag{8.8}$$

最大直觉模糊数可记为 $\alpha^+=(1,0)$，最小直觉模糊数可记为 $\alpha^-=(0,1)$。

直觉模糊数的实际应用意义可以用决策中的投票过程来解释，如 $\alpha=(\mu_\alpha,v_\alpha)=(0.7,0.2)$ 可表示在一次投票活动中，总共有 10 人参与，其中 7 人投赞成票，2 人投反对票，1 人弃权。

直觉模糊集可以通过得分函数来评估。得分函数 S 为

$$S(\alpha)=\mu_\alpha-v_\alpha \tag{8.9}$$

式中，$S(\alpha)$ 为 α 的得分值，$S(\alpha)\in[-1,1]$。

由得分函数的表达式可知，$S(\alpha)$ 取决于隶属度函数 μ_α 与非隶属度函数 v_α 的差值。两者的差值越大，直觉模糊集的得分越高，直觉模糊数 α 也就越大；当 $S(\alpha)$ 取最大值 1 时，对应 α 的最大值 $\alpha^+=(1,0)$；当 $S(\alpha)$ 取最小值 1 时，对应 α 的最小值 $\alpha^-=(0,1)$。

虽然得分函数可以用来评估直觉模糊数，但仍然存在某些情况下不适应的情况，如对直觉模糊数 $\alpha_1=(0.7,0.3)$ 和 $\alpha_2=(0.5,0.1)$，有 $S(\alpha_1)=S(\alpha_2)$，无法通过得分函数进行比较。此时可以利用精确函数进行比较。

精确函数为

$$h(\alpha)=\mu_\alpha+v_\alpha \tag{8.10}$$

式中，α 为直觉模糊数；h 为直觉模糊数的精确函数；$h(\alpha)$ 为 α 的精确度。$h(\alpha)$ 的数值越大，直觉模糊数的精确度越好，且 $0<h(\alpha)\leq 1$。

由直觉模糊集的定义可以得到精确函数的另一种表达形式，即

$$h(\alpha)=1-\pi_\alpha \tag{8.11}$$

式中，π_α 为直觉模糊数的犹豫度。

直觉模糊数的得分函数、精确函数与统计学理论中的均值和方差的含义类似。统计学理论认为，样本估计的效果可用样本方差衡量，方差越小，估计效果越好。同理，可以将精确函数作为衡量标准，即在直觉模糊数的得分函数相同的情景下，精确函数的值越大，对应的直觉模糊数越大。

综上所述，可以给出直觉模糊数较为全面的比较排序方法。

设直觉模糊数 $\alpha_1=(\mu_{\alpha_1},v_{\alpha_1})$、$\alpha_2=(\mu_{\alpha_2},v_{\alpha_2})$，对应的得分函数 $S(\alpha_1)=\mu_{\alpha_1}-v_{\alpha_1}$、$S(\alpha_2)=\mu_{\alpha_2}-v_{\alpha_2}$，精确函数 $h(\alpha_1)=\mu_{\alpha_1}+v_{\alpha_1}$、$h(\alpha_2)=\mu_{\alpha_2}+v_{\alpha_2}$。

- 当 $S(\alpha_1)<S(\alpha_2)$ 时，α_1 小于 α_2，记为 $\alpha_1<\alpha_2$。
- 当 $S(\alpha_1)=S(\alpha_2)$ 时：若 $h(\alpha_1)=h(\alpha_2)$，则 α_1 和 α_2 相等，此时 $\mu_{\alpha_1}=\mu_{\alpha_2}$、$v_{\alpha_1}=v_{\alpha_2}$，记为 $\alpha_1=\alpha_2$；若 $h(\alpha_1)<h(\alpha_2)$，则 α_1 小于 α_2，记为 $\alpha_1<\alpha_2$；若 $h(\alpha_1)>h(\alpha_2)$，则 α_1 大于 α_2，记为 $\alpha_1>\alpha_2$。

8.2 直觉模糊集的集成方式

8.2.1 信息集成算子

对数据信息的集成，国内外学者提出了许多方法，根据决策环境的不同，有不同的集成算子。常见的集成算子有加权平均算子（WA）、加权几何算子（WG）、有序加权平均算子（OWA）及有序加权几何算子（OWG）。

加权平均算子（WA）的形式为

$$WA:R^n\rightarrow R$$

$$WA_\omega(\alpha_1,\alpha_2,\cdots,\alpha_n)=\sum_{j=1}^n\omega_j\alpha_j \tag{8.12}$$

式中，R 为实数集；$\boldsymbol{\omega} = (\omega_1, \omega_2, \cdots, \omega_n)^T$ 为 $\alpha_i(i=1,2,\cdots,n)$ 的权重向量，$\omega_j \in [0,1]$，且 $\sum_{j=1}^{n} \omega_j = 1$。

加权几何算子（WG）的形式为

$$WG: R^{+n} \rightarrow R^+$$

$$WG_{\boldsymbol{\omega}}(\alpha_1, \alpha_2, \cdots, \alpha_n) = \prod_{j=1}^{n} \alpha_j^{\omega_j} \tag{8.13}$$

式中，R^+ 为正实数集；$\boldsymbol{\omega} = (\omega_1, \omega_2, \cdots, \omega_n)^T$ 为 $\alpha_i(i=1,2,\cdots,n)$ 的权重向量，$\omega_j \in [0,1]$，且 $\sum_{j=1}^{n} \omega_j = 1$。

由 WA 和 WG 的形式可以看出，两者虽然都是对数据集依据权重信息进行集成的，但 WA 集成的是整体的数据信息，WG 集成的是特殊个体的影响信息。

有序加权平均算子（OWA）的形式为

$$OWA: R^n \rightarrow R$$

$$OWA_{\boldsymbol{\omega}}(\alpha_1, \alpha_2, \cdots, \alpha_n) = \sum_{j=1}^{n} \omega_j b_j \tag{8.14}$$

式中，$\boldsymbol{\omega} = (\omega_1, \omega_2, \cdots, \omega_n)^T$ 对应 OWA 的权重向量；$\omega_j \in [0,1](j=1,2,\cdots,n)$ 且 $\sum_{j=n}^{n} \omega_j = 1$；数组 b_j 是原数组 α_j 的置换，$b_j > b_{j+1}$。

有序加权几何算子（OWG）的形式为

$$OWG_{\boldsymbol{\omega}}(\alpha_1, \alpha_2, \cdots, \alpha_n) = \prod_{j=1}^{n} b_j^{\omega_j} \tag{8.15}$$

式中，$\boldsymbol{\omega} = (\omega_1, \omega_2, \cdots, \omega_n)^T$ 对应 OWG 的权重向量；$\omega_j \in [0,1](j=1,2,\cdots,n)$ 且 $\sum_{j=n}^{n} \omega_j = 1$；数组 b_j 是原数组 α_j 的置换，$b_j > b_{j+1}$。

由 OWA 和 OWG 的形式可以看出，两者在进行信息集成前，都需要先对原始数组进行排序，然后根据新的有序数列赋予新的权重向量 $\boldsymbol{\omega}$，并进行相应的信息集成。

类比上述集成算子，可定义直觉模糊集的信息集成算子。由于直觉模糊数是对传统模糊集的扩展，因此在进行集成运算前，要先定义直觉模糊数的运算法则。

设直觉模糊数 $\alpha=(\mu_\alpha,v_\alpha)$、$\alpha_1=(\mu_{\alpha_1},v_{\alpha_1})$ 和 $\alpha_2=(\mu_{\alpha_2},v_{\alpha_2})$，$\lambda$、$\lambda_1$、$\lambda_2>0$，有

$$\begin{aligned}
\alpha_1 \oplus \alpha_2 &= (\mu_{\alpha_1}+\mu_{\alpha_2}-\mu_{\alpha_1}\mu_{\alpha_2},\ v_{\alpha_1}v_{\alpha_2}) \\
\alpha_1 \otimes \alpha_2 &= (\mu_{\alpha_1}\mu_{\alpha_2},\ v_{\alpha_1}+v_{\alpha_2}-v_{\alpha_1}v_{\alpha_2}) \\
\lambda_1\alpha \oplus \lambda_2\alpha &= (\lambda_1+\lambda_2)\alpha \\
\alpha^{\lambda_1} \otimes \alpha^{\lambda_2} &= \alpha^{(\lambda_1+\lambda_2)} \\
\lambda\alpha &= (1-(1-\mu_\alpha)^\lambda,\ v_\alpha^\lambda),\quad \lambda>0 \\
\alpha^\lambda &= (\mu^\lambda,\ 1-(1-v_\alpha)^\lambda),\quad \lambda>0
\end{aligned} \quad (8.16)$$

8.2.2 直觉模糊集成算子

设直觉模糊数组 $\alpha_j=(\mu_{\alpha_j},v_{\alpha_j})(j=1,2,\cdots,n)$，直觉模糊平均算子（IFWA）的形式为

$$IFWA:\Theta^n\to\Theta$$

$$\begin{aligned}
IFWA_\omega(\alpha_1,\alpha_2,\cdots,\alpha_n) &= \omega_1\alpha_1 \oplus \omega_2\alpha_2 \oplus \cdots \oplus \omega_n\alpha_n \\
&= 1-\prod_{j=1}^n(1-\mu_{\alpha_j})^{\omega_j}\prod_{j=1}^n v_{\alpha_j}^{\omega_j}
\end{aligned} \quad (8.17)$$

式中，$\boldsymbol{\omega}=(\omega_1,\omega_2,\cdots,\omega_n)^T$ 为与直觉模糊数组 α_j 对应的权重向量；$\omega_j\in[0,1]$ $(j=1,2,\cdots,n)$ 且 $\sum_{j=n}^n \omega_j=1$。

设直觉模糊数组 $\alpha_j=(\mu_{\alpha_j},v_{\alpha_j})(j=1,2,\cdots,n)$，直觉模糊几何算子

（IFWG）的形式为

$$\text{IFWG}: \Theta^n \to \Theta$$

$$\text{IFWG}_{\boldsymbol{\omega}}(\alpha_1, \alpha_2, \cdots, \alpha_n) = \alpha_1^{\omega_1} \otimes \alpha_2^{\omega_2} \otimes \cdots \otimes \alpha_n^{\omega_n}$$

$$= \prod_{j=1}^{n} \mu_{\alpha_j}^{\omega_j}, 1 - \prod_{j=1}^{n} (1 - v_{\alpha_j})^{\omega_j} \tag{8.18}$$

类比 OWA 和 OWG，可以分别给出直觉模糊集成算子——IFOWA 和 IFOWG。设直觉模糊数组 $\alpha_j = (\mu_{\alpha_j}, v_{\alpha_j})(j = 1, 2, \cdots, n)$，直觉模糊有序加权平均算子（IFOWA）的形式为

$$\text{IFOWA}: \Theta^n \to \Theta$$

$$\text{IFOWA}_{\boldsymbol{\omega}}(\alpha_1, \alpha_2, \cdots, \alpha_n) = \omega_1 \alpha_{\sigma(1)} \oplus \omega_2 \alpha_{\sigma(2)} \oplus \cdots \oplus \omega_n \alpha_{\sigma(n)}$$

$$= 1 - \prod_{j=1}^{n} (1 - \mu_{\alpha_{\sigma(j)}})^{\omega_j}, \prod_{j=1}^{n} v_{\alpha_{\sigma(j)}}^{\omega_j} \tag{8.19}$$

式中，$(\alpha_{\sigma(1)}, \alpha_{\sigma(2)}, \cdots, \alpha_{\sigma(n)})$ 为原始直觉模糊集 $(\alpha_1, \alpha_2, \cdots, \alpha_n)$ 的一个置换，满足 $\alpha_{\sigma(j)} \geq \alpha_{\sigma(j+1)}$；$\boldsymbol{\omega} = (\omega_1, \omega_2, \cdots, \omega_n)^{\text{T}}$ 为 IFOWA 对应的指数权重向量，满足 $\omega_j \in [0, 1] (j = 1, 2, \cdots, n)$ 且 $\sum_{j=n}^{n} \omega_j = 1$。

设直觉模糊数组 $\alpha_j = (\mu_{\alpha_j}, v_{\alpha_j})(j = 1, 2, \cdots, n)$，直觉模糊有序加权几何算子（IFOWG）的形式为

$$\text{IFOWG}: \Theta^n \to \Theta$$

$$\text{IFOWG}_{\boldsymbol{\omega}}(\alpha_1, \alpha_2, \cdots, \alpha_n) = \alpha_{\sigma(1)}^{\omega_1} \otimes \alpha_{\sigma(2)}^{\omega_2} \otimes \cdots \otimes \alpha_{\sigma(n)}^{\omega_n}$$

$$= \prod_{j=1}^{n} \mu_{\alpha_{\sigma(j)}}^{\omega_j}, 1 - \prod_{j=1}^{n} (1 - v_{\alpha_{\sigma(j)}})^{\omega_j} \tag{8.20}$$

式中，$(\alpha_{\sigma(1)}, \alpha_{\sigma(2)}, \cdots, \alpha_{\sigma(n)})$ 为原始直觉模糊集 $(\alpha_1, \alpha_2, \cdots, \alpha_n)$ 的一个置换，满足 $\alpha_{\sigma(j)} \geq \alpha_{\sigma(j+1)}$；$\boldsymbol{\omega} = (\omega_1, \omega_2, \cdots, \omega_n)^{\text{T}}$ 为 IFOWG 对应的指数权重向量，满足 $\omega_j \in [0, 1] (j = 1, 2, \cdots, n)$ 且 $\sum_{j=n}^{n} \omega_j = 1$。

8.2.3 直觉模糊混合集成算子

直觉模糊平均算子（IFWA）和直觉模糊几何算子（IFWG）虽然能够利用权重信息对直觉模糊数进行加权集成，却没有考虑数据在不同位置的重要性。直觉模糊有序加权平均算子（IFOWA）和直觉模糊有序加权几何算子（IFOWG）将原始直觉模糊数进行排序处理，根据位置信息给出新的权重，虽然在一定程度上改善了直觉模糊集成算子的不足，但却忽略了直觉模糊数在信息集成中的作用。因此，为了更好地集成直觉模糊信息，徐泽水等人[3-4]给出了直觉模糊混合集成算子的概念。

1. 直觉模糊混合集成算子的形式

直觉模糊混合平均算子（IFHA）的形式为

$$IFHA: \Theta^n \rightarrow \Theta$$

$$IFHA_{\omega,w}(\alpha_1, \alpha_2, \cdots, \alpha_n) = w_1 \dot{\alpha}_{\sigma(1)} \oplus w_2 \dot{\alpha}_{\sigma(2)} \oplus \cdots \oplus w_n \dot{\alpha}_{\sigma(n)} \quad (8.21)$$

式中，$\omega = (\omega_1, \omega_2, \cdots, \omega_n)^T$ 为直觉模糊数组 $(\alpha_1, \alpha_2, \cdots, \alpha_n)$ 的权重信息，$\omega_j \in [0,1]$，$\sum_{j=1}^{n} \omega_j = 1$；$w = (w_1, w_2, \cdots, w_n)^T$ 为直觉模糊混合平均算子（IFHA）对应的权重向量，$w_j \in [0,1]$，$\sum_{j=1}^{n} w_j = 1$；$\dot{\alpha}_j = n\omega_j \alpha_j (j=1,2,\cdots,n)$、$(\dot{\alpha}_{\sigma(1)}, \dot{\alpha}_{\sigma(2)}, \cdots, \dot{\alpha}_{\sigma(n)})$ 为直觉模糊数组 $(\dot{\alpha}_1, \dot{\alpha}_2, \cdots, \dot{\alpha}_n)$ 的置换数组，满足对任意 j 有 $\dot{\alpha}_{\sigma(j)} \geqslant \dot{\alpha}_{\sigma(j+1)}(j=1,2,\cdots,n-1)$；$n$ 对应直觉模糊数的个数，又称平衡系数。

直觉模糊混合几何算子（IFHG）的形式为

$$IFHG: \Theta^n \rightarrow \Theta$$

$$IFHG_{\omega,w}(\alpha_1, \alpha_2, \cdots, \alpha_n) = \ddot{\alpha}_{\sigma(1)}^{w_1} \otimes \ddot{\alpha}_{\sigma(2)}^{w_2} \otimes \cdots \otimes \ddot{\alpha}_{\sigma(n)}^{w_n} \quad (8.22)$$

式中，$\boldsymbol{\omega}=(\omega_1,\omega_2,\cdots,\omega_n)^T$ 为直觉模糊数组 $(\alpha_1,\alpha_2,\cdots,\alpha_n)$ 的权重信息，$\omega_j \in [0,1]$，$\sum_{j=1}^{n}\omega_j=1$；$\boldsymbol{w}=(w_1,w_2,\cdots,w_n)^T$ 为直觉模糊混合几何算子（IFHG）对应的权重向量，$w_j \in [0,1]$，$\sum_{j=1}^{n}w_j=1$；$\ddot{\alpha}_j=\alpha_j^{nw_j}(j=1,2,\cdots,n)$、$(\ddot{\alpha}_{\sigma(1)},\ddot{\alpha}_{\sigma(2)},\cdots,\ddot{\alpha}_{\sigma(n)})$ 为直觉模糊数组 $(\ddot{\alpha}_1,\ddot{\alpha}_2,\cdots,\ddot{\alpha}_n)$ 的置换数组，满足对任意 j 有 $\ddot{\alpha}_{\sigma(j)} \geq \ddot{\alpha}_{\sigma(j+1)}(j=1,2,\cdots,n-1)$；$n$ 为平衡系数。

在 IFHA 和 IFHG 中，当权重向量 $\boldsymbol{\omega}=(\omega_1,\omega_2,\cdots,\omega_n)$ 趋于 $\left(\dfrac{1}{n},\cdots,\dfrac{1}{n}\right)$ 时，向量 $(n\omega_1\alpha_1,n\omega_2\alpha_2,\cdots,n\omega_n\alpha_n)$ 与向量 $(\alpha_1^{n\omega_1},\alpha_2^{n\omega_2},\cdots,\alpha_n^{n\omega_n})$ 都趋于 $(\alpha_1,\alpha_2,\cdots,\alpha_n)$。

2. 直觉模糊混合集成算子的权重

在直觉模糊集成算子（IFOWA、IFOWG）和直觉模糊混合集成算子（IFHA、IFHG）对有序直觉模糊数进行集成的过程中，都引入了有序序列的加权权重向量 $\boldsymbol{w}=(w_1,w_2,\cdots,w_n)^T$。对确定有序序列的权重向量问题，常见的几类方法有等差数列法、等比数列法、基本单位区间单调函数法（BUM）、正态分布法、指数分布法、泊松分布法及二项分布法等。这里介绍等差数列法、等比数列法和正态分布法这三类有序权重的确定方法。

（1）等差数列法

取加权权重向量 $\boldsymbol{w}=(w_1,w_2,\cdots,w_n)$ 的 w_i，满足等差关系 $w_{i+1}-w_i=d(i=1,2,\cdots,n-1)$，有

$$w_i=w_0+(i-1)d(w_0,d>0;\ i=1,2,\cdots,n) \tag{8.23}$$

当 $d=0$ 时，$w_i=w_0=\dfrac{1}{n}$。

当 $d>0$ 时，$w_{i+1}>w_i(i=1,2,\cdots,n-1)$，$\{w_i\}$ 为递增序列。

当 $d<0$ 时，$w_{i+1}<w_i(i=1,2,\cdots,n-1)$，$\{w_i\}$ 为递减序列。

（2）等比数列法

取加权权重向量 $\mathbf{w}=(w_1, w_2, \cdots, w_n)$ 的 w_i，满足等比关系 $w_{i+1}=qw_i$（$q>0$；$i=1,2,\cdots,n-1$），有

$$w_i = w_0 q^{i-1} \quad (w_0, q>0;\ i=1,2,\cdots,n) \tag{8.24}$$

由于 $\sum_{i=1}^{n} w_i = 1$，有

$$w_0 = \frac{1}{\sum_{i=1}^{n} q^{i-1}} \quad (q>0) \tag{8.25}$$

因此

$$w_i = \frac{q^{i-1}}{\sum_{j=1}^{n} q^j} \quad (q>0;\ i=1,2,\cdots,n) \tag{8.26}$$

当 $q=1$ 时，$w_i = w_0 = \frac{1}{n}$（$i=1,2,\cdots,n$）。

当 $q>1$ 时，有 $w_{i+1}>w_i$（$i=1,2,\cdots,n-1$），$\{w_i\}$ 为递增序列。

当 $q<1$ 时，有 $w_{i+1}<w_i$（$i=1,2,\cdots,n-1$），$\{w_i\}$ 为递减序列。

（3）正态分布法

正态分布法是统计学中应用最广泛的一种分布法，在各种自然建模中具有重要作用，广泛应用于独立事件的集成领域。对权重序列，定义

$$w(k) = \frac{1}{\sqrt{2\pi}\sigma_n} e^{\frac{-(k-\mu_n)^2}{2\sigma_n^2}}, \quad k=1,2,\cdots,n \tag{8.27}$$

即 $w \sim N(\mu_n, \sigma_n^2)$。式中，$\mu_n$ 为序列 $\{1,2,\cdots,n\}$ 的均值；σ_n（$\sigma_n>0$）为对应的标准差。因此，可以得到 μ_n 和 σ_n 的表达式为

$$\mu_n = \frac{1}{n} \frac{(n+1)n}{2} = \frac{n+1}{2} \tag{8.28}$$

$$\sigma_n = \sqrt{\frac{1}{n}\sum_{k=1}^{n}(k-\mu_n)^2} \tag{8.29}$$

由 $\sum_{k=1}^{n}w(k)=1$ 可得

$$w(k) = \frac{e^{\frac{-(k-\mu_n)^2}{2\sigma_n^2}}}{\sum_{j=1}^{n}e^{\frac{-(j-\mu_n)^2}{2\sigma_n^2}}}, \quad k=1,2,\cdots,n \tag{8.30}$$

由权重表达式可知，权重序列 $w(k)$ 满足对称性，即

$$w(k)=w(n+1-k), \quad k=1,2,\cdots,n$$

当 n 为奇数时，权重序列 $w(k)$ 在 $\text{round}\left(\dfrac{1+n}{2}\right)$ 处取得最大值。当 n 为偶数时，权重序列 $w(k)$ 在 $\text{round}\left(\dfrac{1+n}{2}\right)$ 和 $\text{round}\left(\dfrac{1+n}{2}\right)+1$ 处取得最大值。其中，round 为舍入函数。

正态分布法对有序直觉模糊数赋权时，中心位置的数据被赋予的权重较大，远离中心位置的数据被赋予的权重较小。因此，正态分布法可以避免数据中极端值或异常值对信息集成的不良影响。

8.3 直觉模糊集决策场理论

决策者在决策过程中往往面临信息不确定和偏好信息无法准确判断的情况，直觉模糊集可以很好地描述在认知过程中出现的信息不确定与认知不完善的情况，更符合实际决策情况。因此，为了提高决策场理论的决策质量，完善决策结果，改善决策初始信息的质量，可将直觉模糊集引入决策场理论。

8.3.1　基于直觉模糊集的决策场模型

在决策场理论中，初始的决策属性信息矩阵为单一数值信息，在引入直觉模糊数后，决策属性信息变为直觉模糊矩阵。若对于 m 个备选集的决策问题 $A_1, A_2, \cdots, A_m$，设决策属性要素 $G = \{G_1, G_2, \cdots, G_n\}$，则每个备选集在各属性上都对应一组直觉模糊数，即

$$A_i = \{\langle G_1, \mu_1^i(G_1), v_1^i(G_1) \rangle, \langle G_2, \mu_2^i(G_2), v_2^i(G_2) \rangle, \cdots,$$
$$\langle G_n, \mu_n^i(G_n), v_n^i(G_n) \rangle\}, \quad i = 1, 2, \cdots, m$$

式中，$\mu_j^i(G_j)$ 表示备选集 A_i 在属性 G_j 上的满意程度；$v_j^i(G_j)$ 表示备选集 A_i 在属性 G_j 上的不满意程度，且有

$$\mu_j^i(G_j) \in [0,1], \quad v_j^i(G_j) \in [0,1], \quad \mu_j^i(G_j) + v_j^i(G_j) \leq 1 \qquad (8.31)$$

所有方案的直觉模糊数数组均可构成直觉模糊决策属性信息矩阵 $\boldsymbol{A}$，即

$$\boldsymbol{A} = [A_1 A_2 \cdots A_m]^{\mathrm{T}}$$

直觉模糊决策属性信息矩阵 $\boldsymbol{A}$ 可具体表示为

$$\boldsymbol{A} = \begin{pmatrix} (\mu_1^1, v_1^1) & (\mu_2^1, v_2^1) & \cdots & (\mu_n^1, v_n^1) \\ (\mu_1^2, v_1^2) & (\mu_2^2, v_2^2) & \cdots & (\mu_n^2, v_n^2) \\ \vdots & \vdots & \ddots & \vdots \\ (\mu_1^m, v_1^m) & (\mu_2^m, v_2^m) & \cdots & (\mu_n^m, v_n^m) \end{pmatrix} \qquad (8.32)$$

$\boldsymbol{A}$ 可简写为

$$\boldsymbol{A} = \begin{pmatrix} a'_{11} & \cdots & a'_{1n} \\ \vdots & \ddots & \vdots \\ a'_{i1} & \cdots & a'_{in} \\ \vdots & \ddots & \vdots \\ a'_{m1} & \cdots & a'_{mn} \end{pmatrix} \qquad (8.33)$$

式中，$a'_{ij}=(\mu_{ij},v_{ij})(i=1,2,\cdots,m;j=1,2,\cdots,n)$，$\mu_{ij}\in[0,1]$，$v_{ij}\in[0,1]$，$\mu_{ij}+v_{ij}\leq1$。

如果属性要素 $G_j(j=1,2,\cdots,m)$ 的类型一致，则不需要进行归一化处理。在多属性决策问题中，经常会处理属性要素类型不一致的问题，如成本型属性要素和效益型属性要素，此时需要将属性要素进行归一化处理，通常将成本型属性要素转变为效益型属性要素，即

$$a_{ij}=(\mu_{ij},v_{ij})=\begin{cases}a'_{ij} & G_j \text{ 为效益型属性}\\ \overline{a'_{ij}} & G_j \text{ 为成本型属性}\end{cases} \tag{8.34}$$

式中，$\overline{a'_{ij}}$ 为 a'_{ij} 的补集，有 $\overline{a'_{ij}}=(v_{ij},\mu_{ij})$。

在确定直觉模糊决策属性信息矩阵后，需要确定注意力权重向量。决策场理论中的注意力权重，表示决策者在对备选集进行比较决策过程中属性偏好的时间波动变化情况，是遵循平稳随机过程的变量，在直觉模糊集决策场理论中，属性要素并未发生改变，因此注意力权重向量可用属性权重来表示。

比较矩阵可以表示为

$$C_{ij}=\begin{cases}1, & i=j\\ -\dfrac{1}{n-1}, & i\neq j\end{cases}$$

用于实现对不同方案的比较。

在直觉模糊决策属性信息矩阵的直觉模糊数 (μ_α,v_α) 中，μ_α 和 v_α 分别表示决策者对备选集属性要素的认知特征。两者的含义不同，在决策过程中的地位也不同：μ_α 表示备选集在某一属性上的满意程度；v_α 对应备选集在该属性上的不满意程度，在一定程度上也表示犹豫与不确定信息。因此，在决策比较过程中，确定性的信息会对备选集的决策结果产生强化作用，不确定性的信息会削弱备选集的决策结果。由上述分析可知，μ_α 对决策起着正反馈的作用，v_α 对决策起着负反馈的作用。这一作用反馈到效价上，就是备选集效价的高低变化。据此，定义直觉模糊集决策场理论中的效价计算公式为

$$A = \{(A_\mu, A_v)\}$$

为了方便起见，直觉模糊决策属性信息矩阵 A 可以简写为

$$V_A(t) = CAW(t) = CA_{\mu,v}W(t)$$
$$= CA_\mu W(t) - CA_v(1-W(t)) \tag{8.35}$$

式中，A_μ 为直觉模糊数的满意矩阵，可描述备选集中的方案对决策属性要素的满意程度；A_v 为直觉模糊数的不满意矩阵，可描述备选集中的方案对决策属性要素的不满意程度。由直觉模糊数的定义可知，$A_\pi = 1 - A_\mu - A_v$，对应决策者对备选集方案在决策属性上的不确定程度。由精确函数的定义可知，式（8.35）可以改写为

$$V_A(t) = C(A_\mu + A_v)W(t) - CA_v$$
$$= CH_A W(t) - CA_v \tag{8.36}$$

式中，H_A 为直觉模糊数的精确函数矩阵，表明各备选集的效价信息是由精确函数矩阵 H_A 和不满意矩阵 A_v 共同决定的，即决策者的认知不完备程度决定了方案的效价信息；参数 C 为对比矩阵，可实现对方案的加权评估信息比较；$W(t)$ 为服从平稳随机过程的 $[0,1]$ 随机变量，反映了某一时刻决策者的注意力在只关注某一特定属性时的评估结果，下一时刻则会随机转移到另外的属性要素上。

对于决策场中的偏好向量矩阵，由于偏好向量是由效价和反馈矩阵组成的，因此利用确定的反馈矩阵和效价公式，可得到基于直觉模糊集决策场理论的偏好向量。确定效价向量后，根据决策场理论中的偏好向量计算公式，可以得到决策者在 t 时刻对备选方案的偏好信息 P_A，即

$$P_A(t+h) = SP_A(t) + V_A(t+h) \tag{8.37}$$

式（8.37）为线性差分方程，解为

$$P_A(t) = P_A(nh) = \sum_{j=0}^{n-1} S^j V_A(nh - jh) + S^n P_A(0) \tag{8.38}$$

式中，反馈矩阵 S 可反映不同方案之间的自影响度和交互联系度，在决策场理论中，表示随着决策时间的推移，前一时刻的偏好对某一方案的影响是衰减的（近因效应），$S_{ij}=0$ 表示该方案的偏好与前一时刻的偏好强度无关，$S_{ij}=1$ 表示该方案的偏好与前一时刻的偏好强度完全相关。为了求反馈矩阵，Shephard[5]给出了详细的求解过程，即定义备选方案 i 和 j 之间在属性空间上的心理距离为 d_{ij}，反馈矩阵 S 中的要素 S_{ij} 是心理距离 d_{ij} 的减函数，即 $S_{ij}=F[d(A_i,A_j)]$，F 为减函数形式。为了保证计算的稳定性和收敛性，一般情况下，反馈矩阵 S 的特征值要小于 1。

8.3.2 基于直觉模糊集的群决策问题

在处理决策问题的过程中，为了实现决策的科学性和公平性，通常会面临多个决策主体共同决策的群决策问题。决策场理论以还原决策动态过程为核心，在处理群决策问题时略显不足。为了解决这一问题，郝志男等人[6]提出了一种基于直觉模糊集理论的改进方法。

在群决策过程中，由于同样会面临认知不足和信息不确定等情况，因此仍然可以采用直觉模糊集理论对认知信息进行描述。由于决策场理论是面向过程的决策理论，因此群决策问题的关键在于如何有效地集成不同决策者的决策信息。当集成了不同决策者的决策信息后，决策模型才有可能还原真实的决策过程，给出最终的决策结果。因而，在群决策问题中，首先要解决决策专家的信息集成问题。

对于多属性的群决策问题，$A=\{A_1,A_2,\cdots,A_m\}$，决策者 $E=\{e_1,e_2,\cdots,e_l\}$，对应的权重向量为

$$\boldsymbol{\xi}=(\xi_1,\xi_2,\cdots,\xi_l)^T,\quad \xi_i\geqslant 0 \text{ 且 } \sum_{j=1}^{l}\xi_j=1$$

属性要素集 $G=\{G_1,G_2,\cdots,G_m\}$，属性权重向量 $\boldsymbol{\omega}=(\omega_1,\omega_2,\cdots,\omega_m)$ $(\omega_j\geq 0\text{ 且 }\sum_{j=1}^{m}\omega_j=1)$。决策者给出的群直觉模糊决策属性信息矩阵为

$$\boldsymbol{D}_k=(d_{ij}^{(k)})_{m\times n}$$

式中，$d_{ij}^{(k)}$ 为第 k 个决策者给出的方案 Y_i 在属性 G_j 上的属性值，$d_{ij}^{(k)}=(\mu_{ij}^{(k)},v_{ij}^{(k)})$；$\mu_{ij}^{(k)}$ 表明该方案对属性的满意程度；$v_{ij}^{(k)}$ 表明该方案对属性的不满意程度。直觉模糊数满足

$$\mu_{ij}^{(k)}\in[0,1],v_{ij}^{(k)}\in[0,1],\mu_{ij}^{(k)}+v_{ij}^{(k)}\leq 1$$
$$(i=1,2,\cdots,m;j=1,2,\cdots,n;k=1,2,\cdots,l)$$

根据获取的群直觉模糊决策属性信息矩阵，即可融合所有决策者的决策信息。根据直觉模糊集成算子，可将直觉模糊混合平均算子（IFHA）和直觉模糊混合几何算子（IFHG）融合，得到群直觉模糊集成信息矩阵 $\boldsymbol{D}'_k=(\dot{d}_{ij}^{(k)})_{m\times n}$。其中，$\boldsymbol{D}'_k$ 可以为

$$\dot{\boldsymbol{D}}_k=(\dot{d}_{ij}^{(k)})_{m\times n}\text{ 或 }\ddot{\boldsymbol{D}}_k=(\ddot{d}_{ij}^{(k)})_{m\times n}$$

式中，$\dot{\boldsymbol{D}}_k$ 为采用 IFHA 集成后的结果；$\ddot{\boldsymbol{D}}_k$ 为采用 IFHG 集成后的结果。

在多属性决策信息集成问题中，一般情况下，属性集对应的权重是已知的，可以直接利用直觉模糊混合集成算子进行集成，但在应急决策过程中，通常还会遇到属性权重不确定或不能完全获知的情况，研究属性权重无法完全获知的求解问题更具有实际意义。下面给出基于直觉模糊集的权重确定方法。

由于直觉模糊决策属性信息矩阵是由直觉模糊数构成的，因此根据每组直觉模糊数的得分值，可以获得直觉模糊决策属性信息的得分函数 $S=(s_{ij})_{m\times n}$，根据得分函数表达式，可以得到构成要素的求解公式为

$$s_{ij}=s(d_{ij})=\mu_{ij}-v_{ij},\ i=1,2,\cdots,m,\ j=1,2,\cdots,n \tag{8.39}$$

每个备选方案的综合属性信息可以通过下列公式求取，即

$$s_i(\omega)=\sum_{j=1}^{n}\omega s_{ij},\ i=1,2,\cdots,m \tag{8.40}$$

$s_i(\omega)$ 越大，对应的备选方案在所有属性的综合评价中越好。

对单一方案 i 来说，其权重向量使得 $s_i(\omega)$ 最大，可得优化模型为

$$\begin{cases} \max(s_i(\omega))=\sum_{j=1}^{n}\omega_j s_{ij} \\ \text{s.t.}\quad \omega=\Lambda \\ \omega\geqslant 0,\ \sum_{j=1}^{n}\omega_j=1 \end{cases} \tag{8.41}$$

式中，Λ 为已获知的权重信息所确定的所有可能权重集，对任意 $i\neq j$，权重间的关系可以用如下几类不等式描述，即

$$\begin{cases} \{\omega_i\geqslant\omega_j\} \\ \{\omega_i-\omega_j\geqslant\delta_i\},\quad\quad\ \delta_i>0 \\ \{\omega_i\geqslant\delta_i\omega_j\},\quad\quad\ 0\leqslant\delta_i\leqslant 1 \\ \{\delta_i\leqslant\omega_i\leqslant\delta_i+\varepsilon_i\},\ 0\leqslant\delta_i<\delta_i+\varepsilon_i\leqslant 1 \end{cases} \tag{8.42}$$

求解该优化模型便可得到对应方案 Y_i 的最优权重解

$$\boldsymbol{\omega}^{(i)}=(\omega_1^{(i)},\omega_2^{(i)},\cdots,\omega_n^{(i)})^{\mathrm{T}}$$

对多备选集的权重求解问题，为了综合考虑所有方案的影响，可构造权重向量为

$$\boldsymbol{\omega} = \lambda_1 \boldsymbol{\omega}^{(1)} + \lambda_2 \boldsymbol{\omega}^{(2)} + \cdots + \lambda_n \boldsymbol{\omega}^{(n)} = \begin{pmatrix} \omega_1^{(1)} & \omega_2^{(1)} & \cdots & \omega_n^{(1)} \\ \omega_1^{(2)} & \omega_2^{(2)} & \cdots & \omega_n^{(2)} \\ \vdots & \vdots & \ddots & \vdots \\ \omega_1^{(m)} & \omega_2^{(m)} & \cdots & \omega_n^{(m)} \end{pmatrix} \begin{pmatrix} \lambda_1 \\ \lambda_2 \\ \vdots \\ \lambda_n \end{pmatrix} = \boldsymbol{W\lambda} \quad (8.43)$$

式中，$\boldsymbol{W} = \begin{pmatrix} \omega_1^{(1)} & \omega_2^{(1)} & \cdots & \omega_n^{(1)} \\ \omega_1^{(2)} & \omega_2^{(2)} & \cdots & \omega_n^{(2)} \\ \vdots & \vdots & \ddots & \vdots \\ \omega_1^{(m)} & \omega_2^{(m)} & \cdots & \omega_n^{(m)} \end{pmatrix}$；$\boldsymbol{\lambda} = (\lambda_1, \lambda_2, \cdots, \lambda_n)^T$ 为待定系数向量，满足 $\boldsymbol{\lambda}^T \boldsymbol{\lambda} = 1$。

至此，所有方案的综合属性表达式均可扩展为

$$s_i(\boldsymbol{\omega}) = \sum_{j=1}^{n} \omega_j s_{ij} = \boldsymbol{\omega}^T s_i = (\boldsymbol{W\lambda})^T s_i \quad (8.44)$$

$\boldsymbol{\omega}$ 的选取应使 $s_i(\boldsymbol{\omega})$ 的取值最大，此时优化模型为

$$\begin{cases} \max s(\boldsymbol{\omega}) = (s_1(\boldsymbol{\omega}), s_2(\boldsymbol{\omega}), \cdots, s_n(\boldsymbol{\omega})) \\ \text{s.t. } \boldsymbol{\lambda}^T \boldsymbol{\lambda} = 1 \end{cases} \quad (8.45)$$

在确定权重信息后，利用直觉模糊混合集成算子便可将不同决策者的决策信息集成，为决策场理论提供决策信息数据，进而进行动态决策。

在集成不同决策者信息的过程中，由于不同决策者的认知程度不同，对不同属性的评价也不同，在集成过程中可能出现因信息不一致而导致产生矛盾的结论，因此在处理基于直觉模糊判断矩阵的决策问题时，要对不同决策者提供的决策信息进行一致性分析，以避免决策结果出现错误。

针对直觉模糊集，徐泽水等人利用相似度给出了直觉模糊集的一致性判定方法。

为了计算群直觉模糊决策属性信息矩阵的一致性信息，首先引入相似度

的概念。

对直觉模糊数 $\alpha_1 = (\mu_{\alpha_1}, v_{\alpha_1})$ 和 $\alpha_2 = (\mu_{\alpha_2}, v_{\alpha_2})$，$\alpha_1$ 和 α_2 之间的距离可用汉明距离表示，即

$$d(\alpha_1, \alpha_2) = \frac{1}{2}(|\mu_{\alpha_1} - \mu_{\alpha_2}| + |v_{\alpha_1} - v_{\alpha_2}|) \tag{8.46}$$

基于直觉模糊数的汉明距离，可以定义直觉模糊数的相似度 ϑ，即

$$\vartheta(\alpha_1, \alpha_2) = \begin{cases} 0.5, & \alpha_1 = \alpha_2 = \overline{\alpha}_2 \\ \dfrac{d(\alpha_1, \overline{\alpha}_2)}{d(\alpha_1, \alpha_2) + d(\alpha_1, \overline{\alpha}_2)}, & \text{其他} \end{cases} \tag{8.47}$$

式中，$\overline{\alpha}_2$ 为 α_2 的补，$\overline{\alpha}_2 = (v_{\alpha_2}, \mu_{\alpha_2})$。

利用相似度 ϑ 给出直觉模糊数的一致性计算方法如下。

将单一决策者给出的直觉模糊判断信息矩阵 $\boldsymbol{Q}_k = (q_{ij}^{(k)})_{m \times n}(k = 1, 2, \cdots, l)$ 集成，可得到集成直觉模糊判断信息矩阵 $\boldsymbol{Q} = (q_{ij})_{m \times n}$，构成要素为

$$q_{ij} = (\mu_{ij}, v_{ij}), \mu_{ij} = \sum_{k=1}^{l} \omega_k \mu_{ij}^{(k)}, v_{ij} = \sum_{k=1}^{l} \omega_k v_{ij}^{(k)}, \mu_{ii} = v_{ii} = 0.5$$

则 $\boldsymbol{Q}_k$ 与 $\boldsymbol{Q}$ 的相似度为

$$\vartheta(\boldsymbol{Q}_k, \boldsymbol{Q}) = \frac{1}{n^2} \sum_{i=1}^{m} \sum_{j=1}^{n} \vartheta(q_{ij}^{(k)}, q_{ij}) \tag{8.48}$$

定义可接受度阈值 λ，在应用中一般取 $\lambda = 0.5$；若 $\vartheta(\boldsymbol{Q}_k, \boldsymbol{Q}) > \lambda$，则 $\boldsymbol{Q}_k$ 与 $\boldsymbol{Q}$ 的一致性在可接受范围；若 $\vartheta(\boldsymbol{Q}_k, \boldsymbol{Q}) \leqslant \lambda$，则 $\boldsymbol{Q}_k$ 与 $\boldsymbol{Q}$ 不具有可接受的一致性。此时，根据 $\vartheta(\boldsymbol{Q}_k, \boldsymbol{Q})$、$\boldsymbol{Q}_k$、$\boldsymbol{Q}$ 分析相似度较低的元素，在将其反馈给对应的决策者进行重新分析、评估后，给出新的直觉模糊判断信息矩阵，从而使 $\boldsymbol{Q}_k$ 与 $\boldsymbol{Q}$ 具有较好的一致性。

结合引入的直觉模糊集决策场理论，构建了基于直觉模糊集的动态决策模型框架（见图 8.1），具体操作流程如图 8.2 所示。

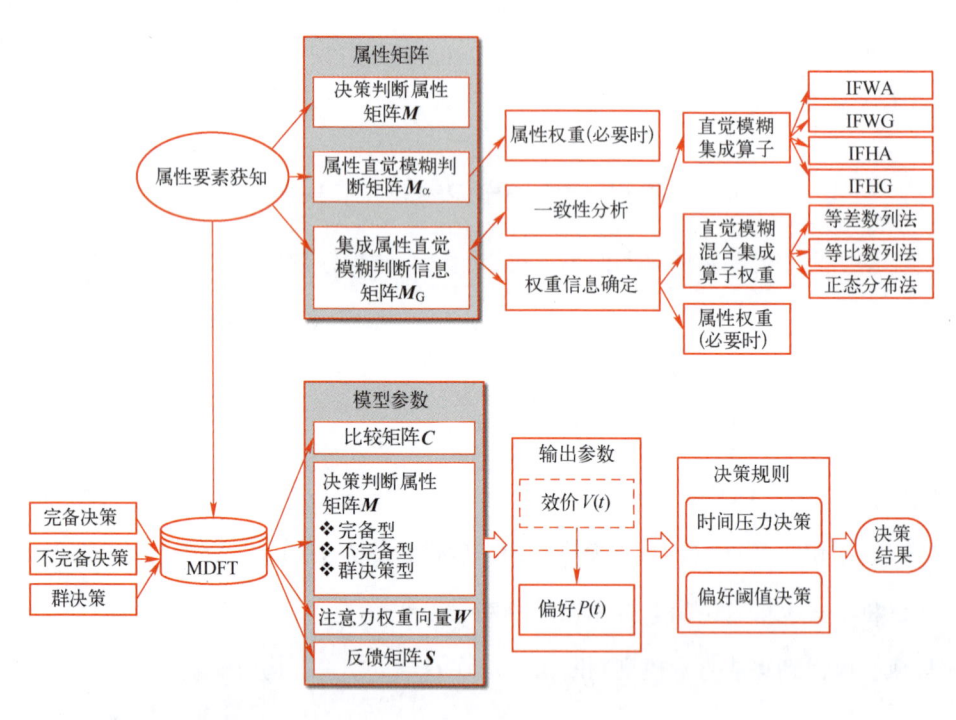

图 8.1 基于直觉模糊集的动态决策模型框架

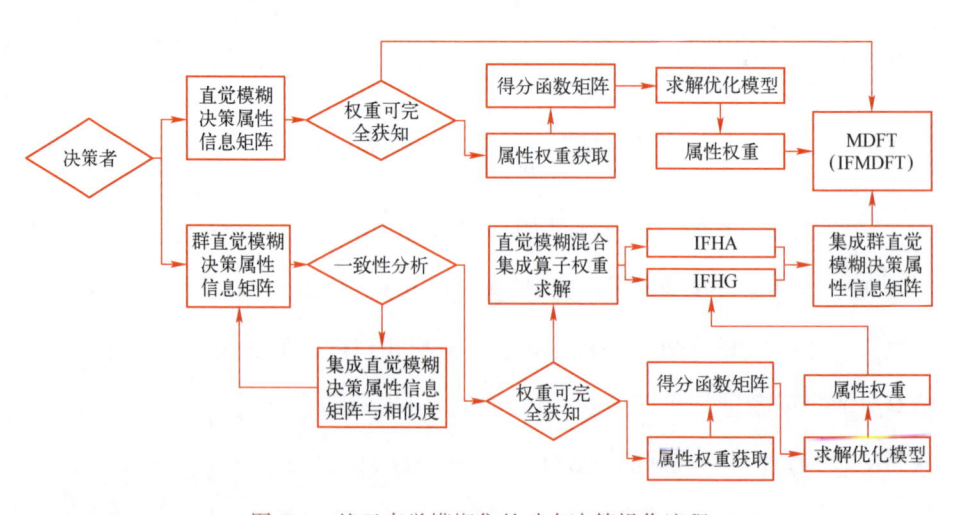

图 8.2 基于直觉模糊集的动态决策操作流程

第8章 海上丝绸之路航线规划

对不同类型的决策问题，首先确定决策属性要素，根据决策问题的种类给出属性判别信息；当决策问题为传统的认知完备问题时，根据属性要素给出决策判断属性矩阵 M，并进行动态决策分析；当涉及认知不完备、对属性的决策判断不确定时，可采用直觉模糊集决策场理论，根据是否存在多个决策者得到相应的决策步骤。

对单一决策者的不完备决策问题：在确定决策属性要素后，给出属性直觉模糊判断矩阵 M_α；当权重信息完备时，代入融合直觉模糊集的多备选集决策场理论，得到每个备选方案集的偏好变量 $P(t)$，依据决策规则给出最优结果；当权重信息不完备时，根据权重信息确定方法，代入优化模型，求出属性要素的权重信息，利用直觉模糊集的多备选集决策场理论，依据决策规则给出决策结果。

对多决策者参与的群决策问题：首先获取不同决策者给出的属性直觉模糊判断信息矩阵；根据直觉模糊数的一致性判别方法，判断不同决策者提供的决策信息是否具有可接受的一致性；当不满足一致性判别时，将不一致的信息反馈给决策者，重新调整决策信息；当决策信息具有良好的一致性时，可进一步分析属性的权重信息是否可以完全获知；当权重信息可以完全获知时，依据决策问题直接计算直觉模糊混合集成算子的权重，进而依据集成算子权重和属性权重对决策者的决策信息进行集成，得到集成属性直觉模糊判断信息矩阵 M_G；将该矩阵作为直觉模糊集的多备选集决策场理论的输入参数进行动态决策；当权重信息不能完全获知时，依据基于直觉模糊数的得分函数优化模型，先确定属性权重，再与直觉模糊混合集成算子权重结合，从而对决策判断属性矩阵进行集成，以便为下一步的决策提供综合集成数据。

8.4 基于直觉模糊集的航线优选

由于突发灾害事件应急决策面临的最大问题是决策信息匮乏和对风险认知的不完备，因此开展基于不完备认知条件下的动态应急决策更具应用意义。郝志男[7]基于海上能源通道动态应急决策架构，重点讨论了在认知不完备情景下，直觉模糊集决策场理论的可靠性，将决策结果与直觉模糊集理论的结果进行比对，得到了两种决策方法的决策结果。结果表明，直觉模糊集决策场理论的决策结果更准确，具有更广的应用性。

8.4.1 认知不完备情景下的直觉模糊集敏感性航线优选

为了验证直觉模糊系统下动态决策场理论的可靠性，下面给出直觉模糊系统集成决策场理论的敏感性决策仿真实验结果。

假定对于三条备选航线的应急决策问题（航线A、航线B、航线C），决策属性为航线的经济性和安全性，为了检验理论的正确性和实用性，对两个决策属性的权重同等对待，即 $W=[0.5 \quad 0.5]$，直觉模糊混合集成算子中的权重由正态分布给出。在优势效应下，不同航线的直觉模糊判断信息见表8.1。

表8.1 优势效应下不同航线的直觉模糊判断信息

航 线	经 济 性	安 全 性
航线A	(0.5,0.4)	(0.7,0.2)
航线B	(0.5,0.3)	(0.8,0.2)
航线C	(0.5,0.2)	(0.9,0.1)

注：表中数据以1为评判标准，经济性指标和安全性指标已经过标准化处理。

第 8 章　海上丝绸之路航线规划

经济性指标为成本型指标，安全性指标为效益型指标。表 8.1 中的数据已经按照直觉模糊数的归一化公式进行了处理。优势效应决策结果如图 8.3 所示。

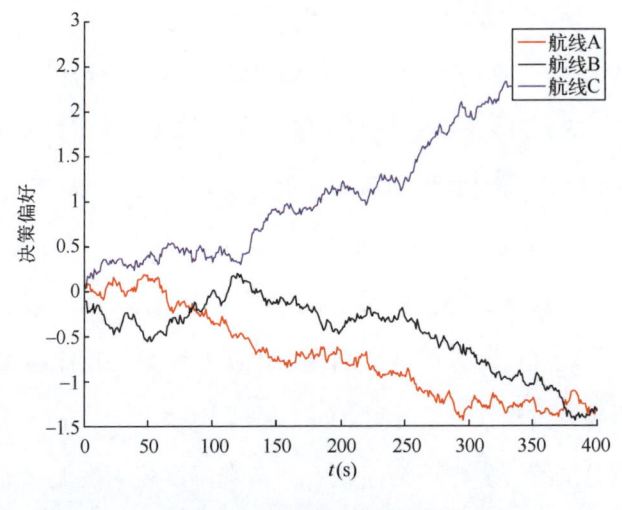

图 8.3　优势效应决策结果

依据决策场理论可以确定模型基本参数如下。

比较矩阵为

$$C = \begin{bmatrix} 1 & -\frac{1}{2} & -\frac{1}{2} \\ -\frac{1}{2} & 1 & -\frac{1}{2} \\ -\frac{1}{2} & -\frac{1}{2} & 1 \end{bmatrix}$$

反馈矩阵为

$$S = \begin{bmatrix} 0.950 & -0.001 & -0.033 \\ -0.001 & 0.950 & -0.001 \\ -0.033 & -0.001 & 0.950 \end{bmatrix}$$

据此可得到决策偏好随时间的变化关系。由决策结果可以看出，所构建的直觉模糊集决策场理论可以很好地识别三个备选方案的优势关系。航线 A 和航线 B 在决策属性上的差距较小，在决策过程中容易出现难以决策的情况，反映在图 8.3 中是两条航线的决策偏好随时间的推移而波动，一旦在决策过程中引入备选航线 C，则由于航线 C 的经济性和安全性都优于航线 A 和航线 B，因此航线 C 的决策偏好就会远高于航线 A 和航线 B。随着决策考虑时间的推移，航线 C 的偏好优势将更加明显，最终确定航线 C 为首选航线。利用直觉模糊集理论可以得到三条航线的得分函数分别为 $S(A)=0.3299$、$S(B)=0.4388$、$S(C)=0.6350$，得到的最优决策结果也为航线 C。由此可以看出，直觉模糊集决策场理论不仅能够准确地给出决策结果，还能够很好地还原决策过程，给出决策过程在决策时间上的变化过程。

由于在应急决策过程中还会面临不同备选方案较为类似、难以权衡做出选择的困境，因此为了验证直觉模糊集决策场理论在相似性决策中的有效性，给出相应的仿真实验，同样选取海上能源通道航线（航线 A，航线 B，航线 C）作为决策对象，给出经济性和安全性的直觉模糊判断信息，见表 8.2。

表 8.2 相似效应下不同航线的直觉模糊判断信息

航　线	经　济　性	安　全　性
航线 A	(0.65,0.32)	(0.45,0.24)
航线 B	(0.60,0.30)	(0.40,0.20)
航线 C	(0.55,0.28)	(0.35,0.16)

注：表中数据以 1 为评判标准，经济性指标和安全性指标已经过标准化处理。

表 8.2 开展的是相似效应实验，即在调整三条航线的经济性、安全性信息后，直觉模糊集决策场理论能否辨识三条航线的优劣。

同样可求得模型中的基本参数如下。

比较矩阵为

$$C = \begin{bmatrix} 1 & -\dfrac{1}{2} & -\dfrac{1}{2} \\ -\dfrac{1}{2} & 1 & -\dfrac{1}{2} \\ -\dfrac{1}{2} & -\dfrac{1}{2} & 1 \end{bmatrix}$$

反馈矩阵为

$$S = \begin{bmatrix} 0.950 & -0.001 & -0.033 \\ -0.001 & 0.950 & -0.001 \\ -0.033 & -0.001 & 0.950 \end{bmatrix}$$

比较矩阵和反馈矩阵与表 8.1 对应的矩阵相同，表明该方法有较强的鲁棒性，即使调整了参数信息，也不影响辨识能力。

基于给定的直觉模糊判断信息得到的仿真实验结果如图 8.4 所示。

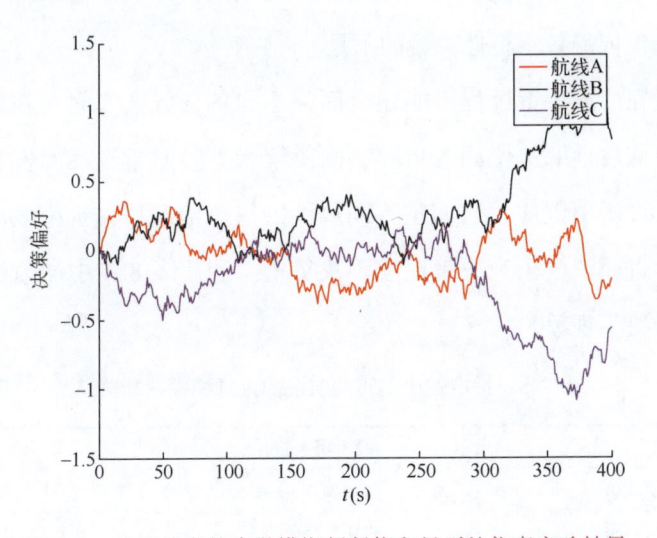

图 8.4　基于给定的直觉模糊判断信息得到的仿真实验结果

由表 8.2 可知，三条航线在两个决策属性上的特征信息较接近，不确定度也较相似，给决策带来了一定的困难。由图 8.4 可知，在决策前期，三个方案的决策偏好波动较大，优势难以区分，随着决策时间的推移，三条航线的决策偏好开始产生显著变化,不同航线的决策偏好出现明显的区分度,航线 B 的优势逐渐显现,在 $t=350s$ 时刻,航线 B 的优势趋于稳定,即航线 B 为最优航线。对比图 8.3 可以看出,在相似效应下,航线 B 决策偏好的优势凸显过程更长,与实际决策过程中面对相似选择时需要消耗更多的时间进行权衡是一致的。

在相似效应下,利用直觉模糊集理论可得到三条航线的得分函数,分别为 $S(A)=0.2841$、$S(B)=0.2652$、$S(C)=0.2475$,即优势排序为航线 A>航线 B>航线 C,即直觉模糊集理论给出的最优航线为航线 A,与直觉模糊集决策场理论的仿真结果不一致。造成结果不一致的原因在于:直觉模糊集理论仅从不同备选方案的数字特征出发,依据直觉模糊数的得分函数直接给出决策结果,忽视了决策过程与决策者在决策过程中对不同方案的比较权衡过程;直觉模糊集决策场理论不仅集成了直觉模糊数在模糊决策时的优势,又很好地还原了决策者的决策过程和决策思维,更贴近实际决策情景,避免了直觉模糊集理论仅依赖数字特性决策的不足。

决策者在应急决策过程可能还会面临不同备选方案之间存在极端方案的情况。若不同属性的地位同等重要,则决策者更倾向于选择属性较为均衡的备选方案,即折中效应。当调整不同属性的权重信息后,折中效应会相应地发生改变,进而产生乐观决策或悲观决策等。利用表 8.3 中的数据可以很好地还原折中决策现象。

表 8.3　折中效应下不同航线的直觉模糊判断信息

航　　线	经　济　性	安　全　性
航线 A	(0.8,0.1)	(0.2,0.3)
航线 B	(0.5,0.2)	(0.5,0.2)
航线 C	(0.2,0.3)	(0.8,0.1)

注:表中数据以 1 为评判标准,经济性指标和安全性指标已经过标准化处理。

由表 8.3 可以确定模型中的基本参数如下。

比较矩阵为

$$C = \begin{bmatrix} 1 & -\dfrac{1}{2} & -\dfrac{1}{2} \\ -\dfrac{1}{2} & 1 & -\dfrac{1}{2} \\ -\dfrac{1}{2} & -\dfrac{1}{2} & 1 \end{bmatrix}$$

反馈矩阵为

$$S = \begin{bmatrix} 0.940 & -0.050 & -0.0494 \\ -0.050 & 0.940 & -0.005 \\ -0.0494 & -0.005 & 0.940 \end{bmatrix}$$

代入直觉模糊集决策场理论，得到的决策结果如图 8.5 所示。

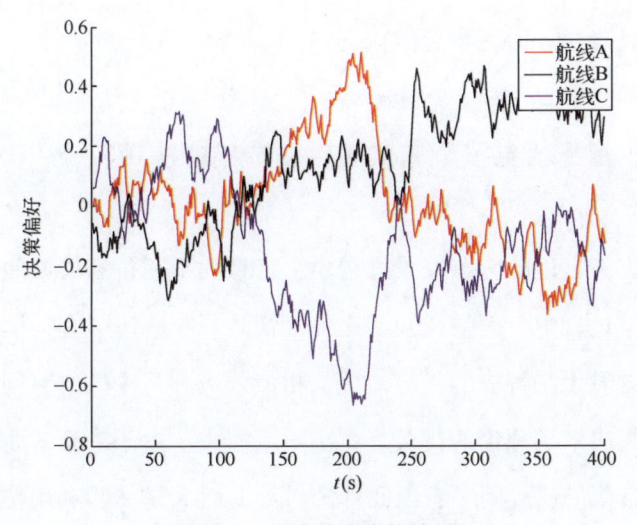

图 8.5　折中效应决策结果

由决策结果可以看出，在决策初期，容易出现对某一属性进行比对的情况，造成相对优势的备选航线的决策偏好偏强或偏弱，但随着决策时间的推移，不同方案的决策偏好趋于稳定。例如，航线 C 的决策偏好逐渐转强且趋于稳定。航线 B 的决策偏好与航线 A 和航线 C 的决策偏好差距逐渐加大。这些变化特征体现了在各属性的地位同等重要时，决策者在决策过程中对极端方案决策的选择变化倾向。为了使决策风险最小化，决策者最终会选择保守型的折中决策方法，即选择在不同的决策属性上都相对较好的备选方案。若改变不同决策属性的权重，则对应不同的决策选择心理。

同样地，若直接采用直觉模糊集理论进行决策，则三条航线的得分函数分别为 $S(A)=0.4268$、$S(B)=0.300$、$S(C)=0.4268$。航线 A 和航线 C 的得分函数相同，进一步计算精确函数，分别为 $H(A)=0.7732$、$H(B)=0.700$、$H(C)=0.7732$，即航线 A＝航线 C＞航线 B。该结果并没有体现出在决策过程中由于属性权重相同而产生的折中效应，而是直接基于模糊判断信息给出了类似"激进决策"的决策结果。若在实际应用中采纳该结果，则有可能带来难以预料的风险。

8.4.2　基于直觉模糊集航线多备选集的决策实验

在突发灾害事件的应急决策过程中，信息的不完备和决策的应急性使得决策者在决策过程中会面临认知不完备等情景。在解决了直觉模糊集理论在面临决策问题时无法解决的优势效应、相似效应和折中效应等问题后，凸显出直觉模糊集决策场理论的优势。在实际应用中，由于决策者面临更多的是多属性多备选集的决策问题，因此郝志男等人[8]又进一步利用仿真实验，验证了直觉模糊集决策场理论在多要素多备选集决策问题中的适用性。海上能源通道航线的选择是一个涉及面广、影响要素多的复杂决策问题。在决策过程中，常常需要解决决策属性认知中信息不完备的问题，为此，直觉模糊集决策场理论提供了很好的解决思路。此外，针对关键要素难以量化等问题，可通过专家打分和偏好属性等方法弥补不足。依据专家打分系统，对于经济成本、运载量、安全性、封锁概率等属性，给出海上能源通道六条备选航线的直觉模糊判断信息，见表8.4。

表8.4 不同航线的直觉模糊判断信息

航　　线	经济成本	运　载　量	安　全　性	封锁概率
中东航线	(0.73,0.10)	(0.61,0.15)	(0.48,0.31)	(0,0.80)
北非航线	(0.67,0.20)	(0.54,0.10)	(0.53,0.20)	(0,0.75)
西非航线	(0.37,0.12)	(0.68,0.21)	(0.82,0.18)	(0,0.40)
拉美航线	(0.33,0.31)	(0.73,0.25)	(0.75,0.18)	(0,0.40)
大洋洲航线	(0.80,0.15)	(0.48,0.15)	(0.61,0.30)	(0,0.64)
东南亚航线	(0.70,0.22)	(0.42,0.20)	(0.40,0.35)	(0,0.69)

由于封锁概率的属性信息是以概率估测的，因此在转换为直觉模糊数时，可视为不确定度为0的直觉模糊数，即传统的Zadeh模糊数。

在表8.4中，经济成本已经进行了归一化处理，即直觉模糊数中的μ越大，ν越小，对应的经济成本越低；由归一化公式可知，μ取0，ν对应不同航线的封锁概率。取决策属性的权重相同，即$W=[1/4,1/4,1/4,1/4]$时，决策过程不考虑不同属性的优势和偏好问题，更能体现不同方案之间的属性信息对决策结果的影响。利用直觉模糊集的多备选集决策场理论（IFMDFT）可以得到对应的决策结果，同时假设决策规则采取阈值决策法，给出3000次仿真决策结果，分别如图8.6和表8.5所示。

由决策结果可以看出，随着阈值由小到大，决策结果的可靠性逐渐增强，当阈值取2θ（$\theta=9.78$）时，中东航线和北非航线的最优选择偏好发生了改变；当阈值取3θ时，决策偏好的不一致性得到了改善。由仿真实验结果可以发现，随着阈值的增大，虽然决策结果偏差的波动性逐渐变小并消失，但随即也会导致决策时间的增加。当阈值取3θ时，可获得准确的决策结果。由决策结果分布图可以看出，随着阈值的增大，不同备选方案选择概率的变化趋势不同：优势备选方案的选择概率逐渐增大；劣势备选方案的选择概率逐渐减小。因此，从理论上讲，阈值的增大会降低作出错误决策的概率。若阈值为3θ，则六条航线的优先决策顺序为西非航线、拉美航线、大洋洲航线、中东航线、北非航线、东南亚航线，最优航线为西非航线。

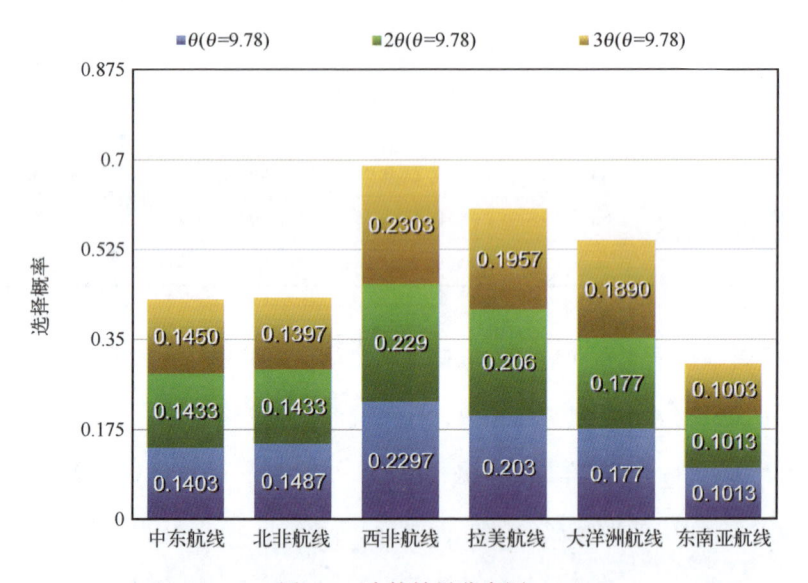

图 8.6 决策结果分布图

表 8.5 决策结果

航 线	阈值			
	$\theta(\theta=9.78)$	$2\theta(\theta=9.78)$	$3\theta(\theta=9.78)$	IFS 得分
中东航线	0.1403	0.1433	0.1450	0.5446
北非航线	0.1487	0.1433	0.1397	0.5238
西非航线	0.2297	0.2290	0.2303	0.6883
拉美航线	0.2030	0.2060	0.1957	0.6683
大洋洲航线	0.1770	0.1770	0.1890	0.5849
东南亚航线	0.1013	0.1013	0.1003	0.4620

在实际决策过程中，由于不同属性要素的重要性通常是不同的，因此开展不同权重信息下的决策问题研究更有实际意义。针对海上能源通道备选航线的决策问题，给出四组信息权重矩阵，见表 8.6。

表 8.6　四组信息权重矩阵

信　息	W_1	W_2	W_3	W_4
经济成本	0.40	0.45	0.10	0.08
运载量	0.38	0.08	0.11	0.46
安全性	0.11	0.07	0.38	0.36
封锁概率	0.11	0.40	0.41	0.10

将信息权重矩阵代入 IFMDFT 模型，保持阈值 3θ 不变，仿真实验次数不变，可以得到不同备选航线的选择概率，见表 8.7。

表 8.7　不同权重情景下备选航线的选择概率

航　线	W_1	W_2	W_3	W_4
中东航线	0.1805	0.1485	0.1138	0.1542
北非航线	0.1577	0.1448	0.1255	0.1403
西非航线	0.1878	0.2075	0.2658	0.2490
拉美航线	0.1623	0.1885	0.2190	0.2188
大洋洲航线	0.1897	0.1923	0.1833	0.1530
东南亚航线	0.1220	0.1183	0.0925	0.0847

为了进一步探讨不同信息权重对决策结果的影响，分别绘制信息权重矩阵和决策选择概率矩阵的面积分布，分别如图 8.7、图 8.8 所示。

当 $W=W_1$ 时，决策者在决策过程中优先考虑航线的经济成本和运载量，仿真结果是选择概率最大的第五条航线，即大洋洲航线。不同航线的优先选择顺序依次为大洋洲航线、西非航线、中东航线、拉美航线、北非航线、东南亚航线。参考给定的航线信息权重矩阵可以看出，大洋洲航线的经济成本最低，占绝对优势，运载量仅次于拉美航线；虽然西非航线的运载量相对较大，但经济成本相对较高；中东航线的经济成本和运载量都优于拉美航线；虽然北非航线的经济成本和运载量在评估结果中居中，但安全性较差，封锁概率较大；东南亚航线的经济成本虽然较低，但运载量相对最小，安全性相对最差，不确定度高，在决策结果中属于最差的备选方案。

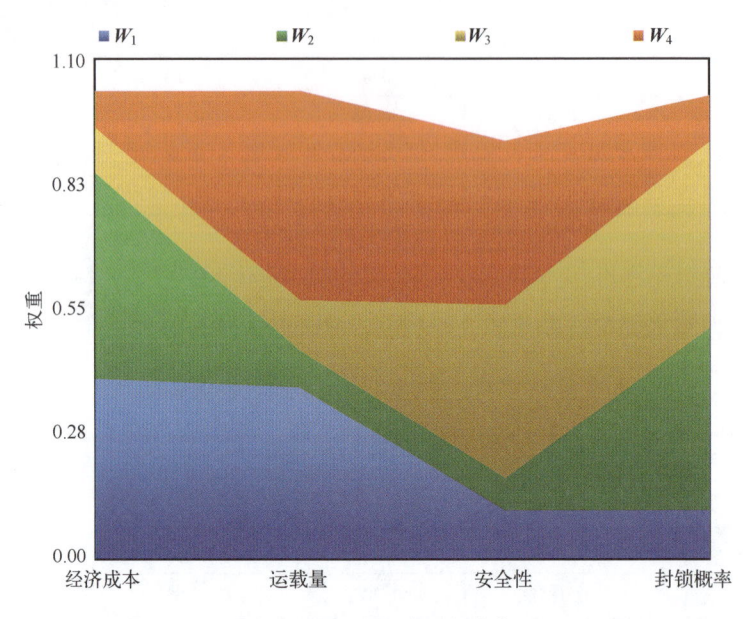

图 8.7　权重矩阵面积分布

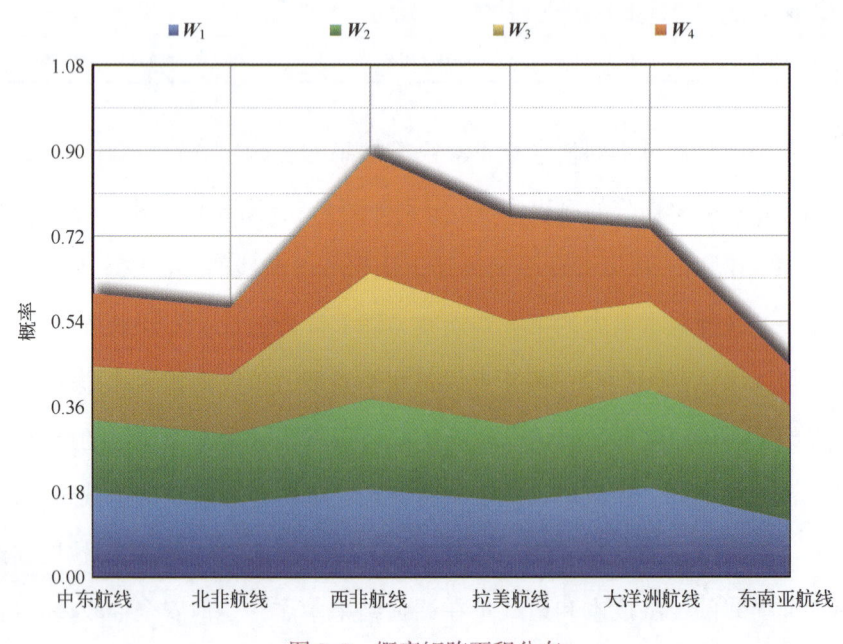

图 8.8　概率矩阵面积分布

当继续提高经济成本的权重,降低运载量和安全性的权重,提高航线遭受封锁概率的重要性时,即 $W=W_2$,得到的最优航线依然为大洋洲航线,对应的备选航线优先顺序依次为大洋洲航线、西非航线、拉美航线、中东航线、东南亚航线、北非航线。东南亚航线的经济成本较低,封锁概率较低。北非航线在这两个属性上都不具优势,也就是说,当优先考虑经济成本和封锁概率时,东南亚航线较北非航线的相对优势得以体现。

当决策者的注意力权重集中在航线的安全性和封锁概率上时,即 $W=W_3$,得到的最优航线为西非航线,对应的备选航线优先顺序依次为西非航线、拉美航线、中东航线、大洋洲航线、北非航线、东南亚航线。安全性高、封锁概率低的西非航线,理所当然为优先选择的航线,这表明模型得到的决策结果是可信的。

当决策者的注意力权重偏向航线的运载量和安全性时,即对应权重 $W=W_4$ 时的情景,运载量的优先权要高于安全性,得到的最优航线为西非航线,对应的备选航线优先顺序依次为西非航线、拉美航线、中东航线、大洋洲航线、北非航线、东南亚航线。其结果与 $W=W_3$ 时的结果类似。其中,中东航线的优先度高于大洋洲航线,北非航线的决策偏好发生了变化(在最优决策序列中变更为第五备选方案),东南亚航线仍然为最差的备选方案。对比原始的决策属性信息矩阵可以看出,西非航线和拉美航线在运载量和安全性上占据优势,大洋洲航线和中东航线在这两个属性上都处于极端对称位置,其余属性的区分度较小,决策模型通过综合各属性的加权信息值,给出各自的选择概率分别为 0.153 和 0.152,即中东航线以较微弱的优势优于大洋洲航线。

该模型的仿真选择概率结果也可反映出这种差异的微弱性,并给出区分度,体现出了较好的精确度。对于北非航线,虽然运载量较大洋洲航线高、不确定性低、安全性稍低,但大洋洲航线在经济成本和封锁概率上的优势却相对较大,因此北非航线最终次于大洋洲航线,与模型的仿真结果是一致的。仅在经济成本上占相对优势的东南亚航线的优先度依然排在最后。

为了探讨基于直觉模糊集的多备选集决策场理论(IFMDFT)模型与基于直觉模糊决策理论(IFS)模型的差异,针对情景实验,同样给出了利用直觉模糊集理论的决策结果,依据直觉模糊集理论思想,分别求出备选直觉模糊集的得分函数,对得分函数相同的方案,对应求出精确函数并进行比较:得分函数越大,方案越优;得分函数越小,方案越差;得分函数相同,对应的精确函数越大,方案越优。

据此得到如下结果:

(1)当属性权重相同时,备选航线直觉模糊集的得分函数和优选序列见表8.8。

表8.8 相同权重情景下备选航线直觉模糊集的得分函数和优选序列

航　　线	得分函数	优选序列
中东航线	0.5446	4
北非航线	0.5238	5
西非航线	0.6883	1
拉美航线	0.6683	2
大洋洲航线	0.5849	3
东南亚航线	0.4620	6

由表8.8可知,当属性权重相同时,由IFS模型得到的备选航线优选序列与IFMDFT模型的结果一致,均为西非航线、拉美航线、大洋洲航线、中东航线、北非航线、东南亚航线。

(2) 当属性权重不同时，利用直觉模糊集理论同样可求得备选航线的得分函数，见表 8.9。

表 8.9 不同权重情景下备选航线直觉模糊集的得分函数

航　线	W_1	W_2	W_3	W_4
中东航线	0.6130	0.5247	0.4563	0.5700
北非航线	0.5854	0.4861	0.4455	0.5648
西非航线	0.7882	0.7249	0.5343	0.6739
拉美航线	0.7680	0.6671	0.5172	0.6937
大洋洲航线	0.6200	0.5600	0.5405	0.6046
东南亚航线	0.5069	0.4868	0.4141	0.4563

由表 8.9 可知，在不同权重情景下，备选航线得分函数不存在得分相同的情况，可以直接利用得分函数进行决策。根据得分函数的决策规则可知，得分函数越大，对应的方案越优。根据表 8.9 可以得到不同权重情景下对应的决策优选序列，见表 8.10。

表 8.10 不同权重情景下对应的决策优选序列

航　线	W_1	W_2	W_3	W_4
中东航线	4	4	4	4
北非航线	5	6	5	5
西非航线	1	1	2	2
拉美航线	2	2	3	1
大洋洲航线	3	3	1	3
东南亚航线	6	5	6	6

由表 8.10 可知，IFS 模型在四种权重情景下得到的最优备选航线分别为西非航线、西非航线、大洋洲航线和拉美航线。IFMDFT 模型在该情景下得到

的最优结果分别为大洋洲航线、大洋洲航线、西非航线和西非航线，结果差异较大。为了进一步分析两种模型决策结果的差异，参考表8.7和表8.9的决策结果，绘制两种模型在不同权重情景下的决策优选序列分布图，如图8.9所示。

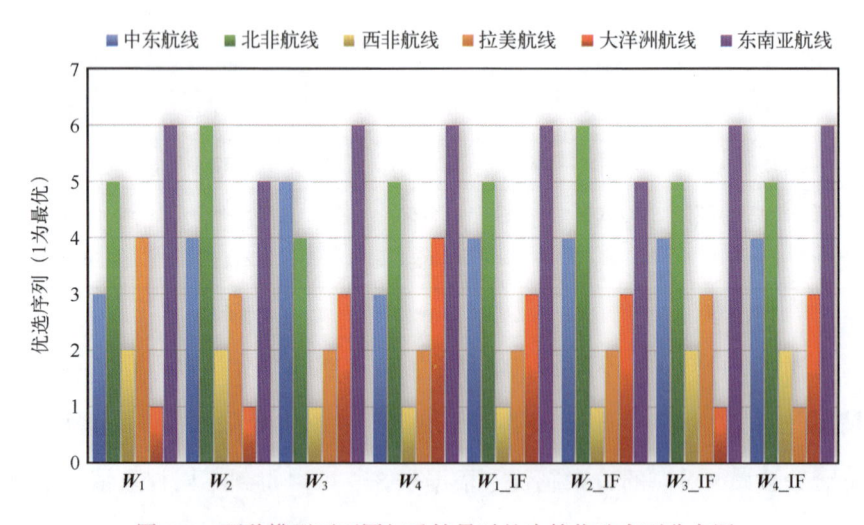

图8.9　两种模型下不同权重情景时的决策优选序列分布图

由图8.9可知，直觉模糊集理论的核心在于，直觉模糊混合平均（几何）算子IFHA（IFHG）对不同备选方案直觉模糊数的信息进行了加权合成，且在合成过程中，不同备选方案之间没有比对过程，仅仅是先依据当前方案对已有模糊信息的无损集成，再根据不同方案的直觉模糊数进行比较，得到不同方案的优劣。从本质上讲，该决策过程是一种面向结果的静态决策方法。虽然直觉模糊集理论可以无损集成直觉模糊判断信息，并利用直觉模糊判断信息进行决策，但却无法体现决策过程中不同方案之间的交互影响，无法还原决策过程，因而难以还原决策者在决策过程中出现的优势效应、相似效应及折中效应等，决策结果从该角度而言可以视为一种局部最优结果。

由决策结果还可以发现，当决策属性的权重相同时，两种模型的决策差异不明显，当决策属性的权重不同时，缺陷会被放大，从而造成较大的决策差异。直觉模糊集的多备选集决策场理论，可以将直觉模糊判断信息与无损信息集成到面向过程的决策方法中，不仅能实现各方案在不同属性上直觉模糊判断信息的无损集成，还能实现不同方案之间的交互比较和权衡，通过比较矩阵和反馈矩阵的对比，可使不同方案之间的优势与不足得到充分权衡，最终获得可靠的决策结果，如图 8.10 所示。

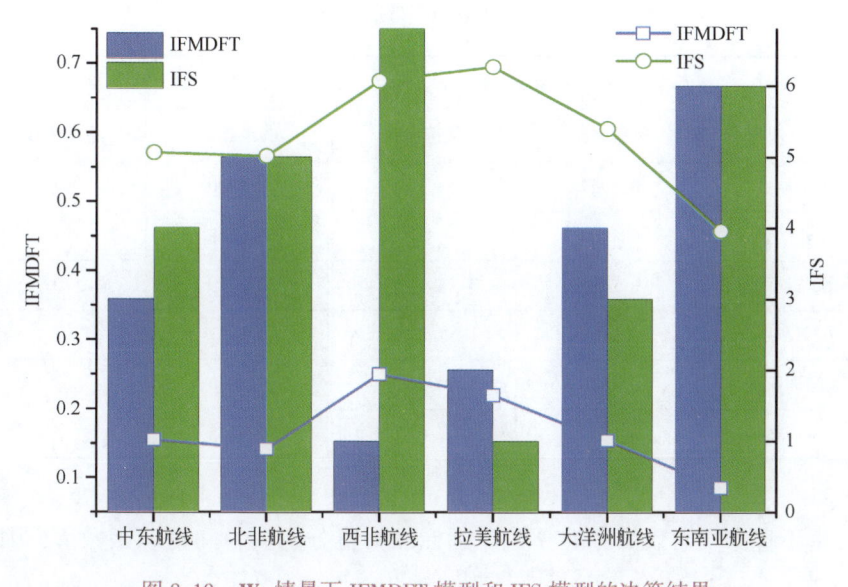

图 8.10　W_4 情景下 IFMDFT 模型和 IFS 模型的决策结果

以其中一种权重情景 W_4 为例（见表 8.11），由 IFMDFT 模型获得的备选航线选择概率和由 IFS 模型获得的备选航线选择概率可以看出，两者的决策趋势变化虽然是一致的，但优选序列却不同：IFMDFT 模型给出的最优备选航线为西非航线，对应的决策优选序列为西非航线、拉美航线、中东航线、大洋洲航线、北非航线和东南亚航线；IFS 模型给出的最优备选航线为拉美航线，对应的决策优选序列为拉美航线、西非航线、大洋洲航线、中东航线、北非航线、东南亚航线。由优选序列可以看出，不仅最优备选航线存在差异，在优选序列中，除了北非航线和东南亚航线的地位相同，大洋洲航线和中东航线的地位也发生了逆转。由于最优结果的选择在实际应用中具有重要影响，决定了决策结果的质量和可靠性，因此为了分析 IFMDFT 模型面向过程的决策优势，选取两种决策方法的最优决策方案进行差异性分析。

表 8.11 W_4 情景下 IFMDFT 模型和 IFS 模型决策结果

航线	IFMDFT 模型 决策结果	IFMDFT 模型 优选序列	IFS 模型 决策结果	IFS 模型 优选序列
中东航线	0.1542	3	0.5700	4
北非航线	0.1403	5	0.5648	5
西非航线	0.2490	1	0.6739	2
拉美航线	0.2188	2	0.6937	1
大洋洲航线	0.1530	4	0.6046	3
东南亚航线	0.0847	6	0.4563	6

由于直觉模糊数优劣的一个评判标准为得分函数 S 和精确函数 H，因此从得分函数入手，分别计算西非航线和拉美航线的决策信息矩阵在不同决策属性上各备选航线直觉模糊数的得分函数，见表 8.12。在 W_4 情景下，决策属性权重向量 $W=[0.08,0.46,0.36,0.10]$，即主要决策属性为航线的运载量和安全性，次要决策属性为封锁概率和经济成本。在封锁概率属性上，由于两条航线的直觉模糊数得分函数相等，因此在比较过程中可以忽略。在经济成本属性上，西非航线的直觉模糊数得分函数要大于拉美航线的直觉模糊数得分函数。对运载量属性而言，两条航线的直觉模糊数得分函数相当，区分

度不大。在成本属性上，西非航线的直觉模糊数得分函数优于拉美航线，由各属性的重要程度可以得到西非航线的四个属性综合评估值高于拉美航线，即最优航线为西非航线，与 IFMDFT 模型的决策结果是一致的。IFS 模型给出的最优结果为拉美航线，次优航线为西非航线，也反映了 IFS 模型局部最优的缺陷，即直觉模糊集理论只综合考虑了当前决策方案在决策属性上的局部最优评估值，忽略了备选集中不同方案的纵向权衡比对过程。因此，对于属性权重波动较大的决策问题，决策结果有可能不是最优结果。直觉模糊集的多备选集决策场理论面向决策过程的优异特征，可以很好地避免局部决策的不足，在还原决策的过程中可以给出全局最优决策结果。

表 8.12 西非航线和拉美航线决策特征值

航线	经济成本	运载量	安全性	封锁概率
西非航线	(0.37,0.12)	(0.68,0.21)	(0.82,0.18)	(0,0.40)
拉美航线	(0.33,0.31)	(0.73,0.25)	(0.75,0.18)	(0,0.40)
西非航线得分	0.25	0.47	0.64	-0.40
拉美航线得分	0.02	0.48	0.57	-0.40

8.4.3 基于直觉模糊集航线多备选集的群决策实验

为了体现决策的民主性和科学性，决策者在应急决策过程中，通常会处理群决策问题。传统的决策场理论无法处理群决策问题，利用前面提出的直觉模糊集决策场理论可以较好地融合不同决策者的决策信息，从而解决突发事件的群决策问题。

在海上能源通道备选航线的应急决策过程中，航线的选取虽然都是由多位决策者共同决策的结果，但是还会面临多属性决策和属性信息权重不完备的情况。

在实验时，选取主要海上能源通道，即中东航线、北非航线、西非航线、拉美航线和大洋洲航线作为研究对象，决策时，首先确定决策属性要素，根据实际航行时关注的重点问题，选取经济成本、航行时间、运载量、风险承担能力和安全性等作为决策属性要素。其中，经济成本和航行时间为经济型指标，运载量、风险承担能力、安全性为效益型指标。

假定某次运输任务由四名决策者参与决策。根据运输需求和航线的特点，参与决策的四名决策者分别给出航线在决策属性要素上的直觉模糊判断信息 G_i，分别见表 8.13 至表 8.16。

表 8.13　不同航线的直觉模糊判断信息 G_1

航　　线	经济成本	航行时间	运载量	风险承担能力	安全性
中东航线	(0.4,0.5)	(0.5,0.2)	(0.6,0.2)	(0.8,0.1)	(0.5,0.3)
北非航线	(0.6,0.2)	(0.7,0.2)	(0.3,0.4)	(0.5,0.1)	(0.6,0.2)
西非航线	(0.7,0.3)	(0.7,0.1)	(0.5,0.5)	(0.3,0.2)	(0.7,0.3)
拉美航线	(0.3,0.4)	(0.85,0.1)	(0.6,0.1)	(0.4,0.3)	(0.9,0.1)
大洋洲航线	(0.8,0.1)	(0.3,0.4)	(0.4,0.5)	(0.7,0.2)	(0.5,0.2)

表 8.14　不同航线的直觉模糊判断信息 G_2

航　　线	经济成本	航行时间	运载量	风险承担能力	安全性
中东航线	(0.5,0.3)	(0.6,0.1)	(0.7,0.3)	(0.7,0.1)	(0.8,0.2)
北非航线	(0.7,0.2)	(0.6,0.2)	(0.4,0.4)	(0.6,0.2)	(0.7,0.3)
西非航线	(0.5,0.3)	(0.7,0.2)	(0.6,0.2)	(0.4,0.2)	(0.6,0.1)
拉美航线	(0.5,0.4)	(0.8,0.1)	(0.4,0.2)	(0.5,0.3)	(0.7,0.3)
大洋洲航线	(0.7,0.3)	(0.5,0.4)	(0.6,0.3)	(0.6,0.2)	(0.5,0.1)

表 8.15　不同航线的直觉模糊判断信息 G_3

航　　线	经济成本	航行时间	运载量	风险承担能力	安全性
中东航线	(0.6,0.3)	(0.5,0.2)	(0.6,0.4)	(0.8,0.1)	(0.7,0.3)
北非航线	(0.8,0.2)	(0.5,0.3)	(0.6,0.4)	(0.5,0.2)	(0.6,0.3)
西非航线	(0.6,0.1)	(0.8,0.2)	(.7,0.3)	(0.4,0.2)	(0.8,0.1)
拉美航线	(0.6,0.3)	(0.6,0.1)	(0.5,0.4)	(0.9,0.1)	(0.5,0.2)
大洋洲航线	(0.8,0.1)	(0.6,0.2)	(0.7,0.3)	(0.5,0.2)	(0.7,0.1)

表 8.16　不同航线的直觉模糊判断信息 G_4

航　　线	经济成本	航行时间	运载量	风险承担能力	安全性
中东航线	(0.3,0.4)	(0.9,0.1)	(0.8,0.1)	(0.5,0.5)	(0.4,0.6)
北非航线	(0.7,0.1)	(0.7,0.3)	(0.4,0.2)	(0.8,0.2)	(0.3,0.1)
西非航线	(0.4,0.1)	(0.5,0.2)	(0.8,0.1)	(0.6,0.2)	(0.6,0.3)
拉美航线	(0.8,0.2)	(0.5,0.1)	(0.6,0.4)	(0.7,0.2)	(0.7,0.2)
大洋洲航线	(0.6,0.1)	(0.8,0.2)	(0.7,0.2)	(0.6,0.3)	(0.8,0.1)

集成四名决策者给出的直觉模糊判断信息 $G_1 \sim G_4$，得到直觉模糊判断信息 G，见表 8.17。

表 8.17　直觉模糊判断信息 G

航　　线	经济成本	航行时间	运载量	风险承担能力	安全性
中东航线	(0.448,0.373)	(0.569,0.161)	(0.650,0.260)	(0.724,0.177)	(0.566,0.354)
北非航线	(0.713,0.186)	(0.626,0.237)	(0.440,0.375)	(0.560,0.162)	(0.512,0.213)
西非航线	(0.548,0.195)	(0.688,0.173)	(0.638,0.324)	(0.398,0.200)	(0.679,0.195)
拉美航线	(0.514,0.336)	(0.682,0.100)	(0.535,0.274)	(0.669,0.192)	(0.701,0.197)
大洋洲航线	(0.728,0.131)	(0.514,0.301)	(0.597,0.335)	(0.612,0.227)	(0.608,0.122)

由直觉模糊判断信息 G 可以确定决策模型中的基本参数如下。

比较矩阵为

$$C = \begin{bmatrix} 1.00 & -0.25 & -0.25 & -0.25 & -0.25 \\ -0.25 & 1.00 & -0.25 & -0.25 & -0.25 \\ -0.25 & -0.25 & 1.00 & -0.25 & -0.25 \\ -0.25 & -0.25 & -0.25 & 1.00 & -0.25 \\ -0.25 & -0.25 & -0.25 & -0.25 & 1.00 \end{bmatrix}$$

反馈矩阵为

$$S = \begin{bmatrix} 0.9400 & -0.0492 & -0.0495 & -0.0500 & -0.0499 \\ -0.0492 & 0.9400 & -0.0499 & -0.0497 & -0.0499 \\ -0.0495 & -0.0499 & 0.9400 & -0.0499 & -0.0500 \\ -0.0500 & -0.0497 & -0.0499 & 0.9400 & -0.0500 \\ -0.0499 & -0.0499 & -0.0500 & -0.0500 & 0.9400 \end{bmatrix}$$

在实验中，设定仿真模拟次数为3000次，得到不同备选航线的选择概率为

$$\text{Prob} = [0.9977 \quad 0 \quad 0 \quad 0.0023 \quad 0]$$

最终选择的最优航线为中东航线，仿真实验平均耗时为28.76s。

在决策过程中，当决策属性要素的权重不能完全确定，只能给出部分结果时，可利用优化模型确定权重的完备信息。

设决策属性要素对应的权重向量 $W = [W_1, W_2, W_3, W_4, W_5]^T$。其中，$W_i$（$i=1,2,3,4,5$）分别对应经济成本、航行时间、运载量、风险承担能力、安全性的权重。由于决策者在应急决策过程中只能根据任务要求给出每个决策属性要素相对重要程度的文字描述，因此属性值难以准确确定。这里假定一种决策情景，如依据实际任务要求和条件限制，在决策过程中优先考虑安全性，其次考虑经济成本、航行时间、运载量、风险承担能力等，在确保经济成本低的条件下，运载量大、风险承担能力大、航行时间短的航线更有优势。综

合确定经济成本、航行时间、运载量、风险承担能力、安全性的关系可以用如下不等式描述，即

$$\Lambda = \begin{cases} W_1 \leq 0.4 \\ 0.1 \leq W_2 \leq 0.2 \\ 0.2 \leq W_3 \leq 0.5 \\ W_5 \leq 0.6 \\ W_3 - W_2 \geq W_4 - W_5 \\ W_4 \geq W_1 \\ W_3 - W_1 \leq 0.1 \\ 0.1 \leq W_4 \leq 0.3 \end{cases}$$

同时满足 $\sum_{j}^{n} W_j = 1 (j = 1, \cdots, 5)$。根据优化模型可以求得五条备选航线 R_i ($i = 1,2,3,4,5$) 的最优属性权重解 $W^i = (W_1^i, W_2^i, W_3^i, W_4^i, W_5^i)^\mathrm{T}$ ($i = 1,2,3,4,5$)，即

$$W^1 = (0.1, 0.05, 0.2, 0.3, 0.35)^\mathrm{T}$$
$$W^2 = (0.1, 0.05, 0.05, 0.3, 0.5)^\mathrm{T}$$
$$W^3 = (0.1, 0.05, 0.2, 0.15, 0.5)^\mathrm{T}$$
$$W^4 = (0.1, 0.05, 0.05, 0.3, 0.5)^\mathrm{T}$$
$$W^5 = (0.1, 0.05, 0.05, 0.3, 0.5)^\mathrm{T}$$

由 W^i 可构建权重矩阵为

$$W = \begin{bmatrix} 0.10 & 0.10 & 0.10 & 0.10 & 0.10 \\ 0.05 & 0.05 & 0.05 & 0.05 & 0.05 \\ 0.20 & 0.05 & 0.20 & 0.05 & 0.05 \\ 0.30 & 0.30 & 0.15 & 0.30 & 0.30 \\ 0.35 & 0.50 & 0.50 & 0.50 & 0.50 \end{bmatrix}$$

求解优化模型可以得到权重向量为

$$W = (0.1000, 0.0500, 0.1072, 0.2174, 0.4714)$$

将该权重向量代入模型，进行 3000 次仿真实验，得到的实验结果为

$$P_{\text{Probability}} = \begin{bmatrix} 0.5943 & 0.0137 & 0.0283 & 0.2437 & 0.1200 \end{bmatrix}$$

平均耗时为 3.3575s。

由实验结果可以看出，五条航线的优选顺序为中东航线>拉美航线>大洋洲航线>西非航线>北非航线，即权衡决策属性要素后，最优备选航线为中东航线。需要说明的是，信息权重的引入，缩短了相似效应和折中效应的犹豫决策时间，提高了决策效率。

直觉模糊集的多备选集决策场理论，集成了决策场理论和直觉模糊集理论两者的优势，具有优异的模糊性、动态性和面向过程性，通过对五条航线的优选仿真实验，验证了该理论的有效性和可靠性。

直觉模糊集决策场理论在处理认知不完备、属性权重不均衡和不确定情景下的决策时都具有较好的表现，不仅可以很好地集成直觉模糊信息，还能在一定程度上解决决策场理论在群决策问题上的不足，拓展了决策场理论的认知体系和应用场景。

通过对比上述两种理论与直觉模糊集理论的实验结果可以发现，其在最优决策结果上有较大差异。由分析机理可知，这种差异缘于直觉模糊集理论的面向结果特性。在决策过程中，直觉模糊集理论利用各类集成算子，将备选场中不同方案的直觉模糊判断信息无损地集成为单值信息，通过对数值大小的比较得到最优决策结果。这一决策过程忽视了备选场中不同方案属性信息的纵向动态比较，容易产生局部最优决策结果。决策场理论具有优秀的面向过程性和动态性，可以弥补上述不足。在突发事件的应急决策过程中，直觉模糊集的多备选集决策场理论更具技术优势和应用前景。

参考文献

[1] ZADEH L A. Fuzzy sets [J]. Information and Control, 1965, 8 (3): 338-353.

[2] ATANASSOV K T. Intuitionistic fuzzy sets [J]. Fuzzy Sets and Systems, 1986, 20 (1): 87-96.

[3] XU Z S. Intuitionistic fuzzy aggregation operators [J]. IEEE Transactions on Fuzzy Systems, 2007, 15 (6): 1179-1187.

[4] XU Z S, YAGER R R. Some geometric aggregation operators based on intuitionistic fuzzy sets [J]. International journal of general systems, 2006, 35 (4): 417-433.

[5] SHEPARD R N. Toward a universal law of generalization for psychological science [J]. Science, 1987, 237 (4820): 1317-1323.

[6] HAO Z N, XU Z S, ZHAO H, et al. Novel intuitionistic fuzzy decision making models in the framework of decision field theory [J]. Information Fusion, 2017, 33: 58-70.

[7] 郝志男. 直觉模糊多属性决策的若干方法及其应用 [D]. 南京: 陆军工程大学, 2018.

[8] 郝志男, 张韧. 基于MDFT框架的海上能源通道航线动态决策建模与仿真 [J]. 指挥控制与仿真, 36 (05): 77-83, 2014.

第 9 章
海上丝绸之路航道风险与应急管理

海域综合风险评估与海上应急资源配置、应急预案编制以及应急救援航迹规划密切相关。对于海上丝绸之路沿线海域综合风险而言，除了考虑自然环境因素，还应综合考虑多元化的地理人文因素、错综复杂的地缘安全形势及其所形成的地缘人文风险。国内外学者对地缘人文风险评估，尤其是对海上突发事件风险评估与应急管理研究相对较为薄弱，评估方法和技术手段尚不成熟。针对上述问题，本章将借鉴自然环境风险的评估方法与技术途径，构建海上丝绸之路航道风险与应急管理的技术体系和概念模型；借鉴灾害风险指数、灾害评估模型、欧洲多重风险综合评估方法，以及基于损失量的单承险体综合风险合成方法和基于等级的总体风险评估方法，开展多灾种风险集成，并对南海-印度洋海域能源通道的安全风险进行评估和区划，旨在为有效开展风险监控和合理配置应急资源提供决策依据；探讨风险监控与应急响应的关系，梳理风险预防控制体系运行程序；结合现实应用场景，探索海上突发事件应急预案制定的基本方法和过程步骤；通过假设两种不同的应急救援情景，基于综合风险评估结果和 GIS 栅格数据最短路径算法，开展应急救援航迹规划仿真实验。

9.1 南海-印度洋海域及其海峡水道风险评估

随着世界经济的发展和经济全球化的演进，航道安全对世界各国都具有极其重要的意义。影响航道安全的因素很多，本章侧重讨论航道的自然环境安全风险。

南海-印度洋海域是世界上最繁忙的海上运输航线之一，海峡水道众多，主要包括马六甲海峡、巽他海峡、龙目海峡、巴士海峡、望加锡海峡、霍尔木兹海峡、曼德海峡、亚丁湾、波斯湾、一度半海峡及十度海峡等。以马六甲海峡为例，它与南部的巽他海峡和望加锡海峡共同成为沟通太平洋与印度洋的重要通道，是亚洲、非洲、欧洲、大洋洲之间相互往来的海上枢纽，素有"东方直布罗陀"之称。

对南海-印度洋海峡水道安全风险建立评价指标体系，如图9.1所示。

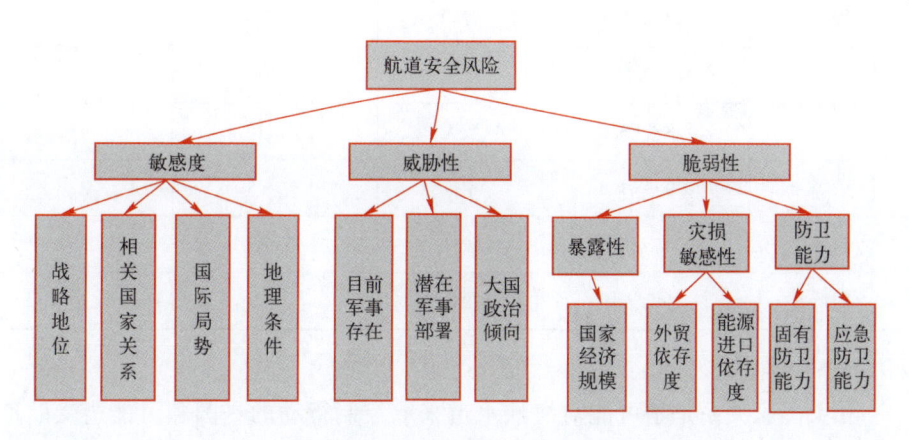

图9.1 南海-印度洋海峡水道安全风险评价指标体系

根据图9.1指标体系，下面将分别对航道安全风险的敏感度、威胁性、脆弱性进行分析和评估。根据实际情况，评估单元取单个海峡水道。

1. 敏感度的分析和评估

由指标体系可知，航道安全风险的敏感度主要取决于海峡水道的战略地位、地理条件（易于控制程度）、相关国家关系和国际局势等。其中，战略地位可以用年通航量和能源运输量表示。这两个因子的等级划分与赋值见表9.1。由于能源运输量更能体现海峡水道的战略重要性，因此战略地位的敏感度可表示为

$$C_1(3) = 0.4D_1(3) + 0.6D_2(3) \qquad (9.1)$$

式中，$C_1(3)$为战略地位的敏感度；$D_1(3)$为年通航量的敏感度；$D_2(3)$为能源运输量的敏感度；0.4和0.6为对应权重。

表9.1 年通航量和能源运输量的等级划分与赋值

年通航量等级	年通航量（万艘/年）	能源运输量等级	能源运输量（千万吨/年）	敏感度
极大	≥3.0	极大	>10	5
较大	1.8~<3.0	较大	5~10	4
中等	0.9~<1.8	中等	3~<5	3
较低	0.3~<0.9	较低	1~<3	2
很低	<0.3	很低	<1	1

相关国家关系是指可能对海峡水道采取控制行动的一国和可能遭受航道控制影响的另一国之间政治经济关系的好坏程度。

国际局势按紧张程度可划分为极端紧张、紧张、一般、比较缓和、缓和等5个等级，由专家评定，对应的敏感度为5、4、3、2、1。

地理条件是指海峡水道的地理特征对于海峡管控难度的影响，主要取决于海峡水道的宽度和水深。海峡水道的宽度越窄，水深越浅，越容易被控制。海峡水道敏感度等级划分见表9.2。

表 9.2 海峡水道敏感度等级划分

海峡水道宽度等级	海峡水道宽度最小值（km）	海峡水道深度等级	海峡水道深度最小值（m）	敏感度
很窄	<10	1级	<10	5
较窄	10～30	2级	10～20	4
一般	>30～60	3级	>20～30	3
较宽	>60～100	4级	>30～50	2
很宽	>100	5级	>50	1

孕险环境敏感度的权重由两两比较确定，根据专家知识，判断矩阵见表 9.3。

表 9.3 孕险环境敏感度的判断矩阵

指 标	战略地位	相关国家关系	国际局势	地理条件
战略地位	1	3	4	5
相关国家关系	1/3	1	2	3
国际局势	1/4	1/2	1	2
地理条件	1/5	1/3	1/2	1

通过计算可得到权重向量（0.5462，0.2323，0.1377，0.0838），经检验，符合一致性条件。航道安全风险的敏感度可表示为

$$VS_r(3)=0.5462C_1(3)+0.2323C_2(3)+0.1377C_3(3)+0.0838C_4(3) \quad (9.2)$$

式中，$C_1(3)$ 为战略地位的敏感度；$C_2(3)$ 为相关国家关系的敏感度；$C_3(3)$ 为国际局势的敏感度；$C_4(3)$ 为地理条件的敏感度。

2. 威胁性的分析和评估

航道安全风险控制方式主要有完全封锁、半封锁及干扰性活动等。显然，不同的控制方式，威胁性不同。采取何种控制方式，进行多大范围的

控制，主要取决于相关国家在评估单元及其附近目前军事存在、潜在军事部署及大国政治倾向等。完成评估后，仍采用层次分析法获取权重，得到权重向量 $W=(0.5396,0.2970,0.1634)^{\mathrm{T}}$，经检验，符合一致性条件。航道安全风险的威胁性可表示为

$$\mathrm{VT_r}(3)=0.5396C_5(3)+0.297C_6(3)+0.1634C_7(3) \qquad (9.3)$$

式中，$C_5(3)$ 为目前军事存在的威胁性；$C_6(3)$ 为潜在军事部署的威胁性；$C_7(3)$ 为大国政治倾向的威胁性。

3. 脆弱性的分析和评估

航道安全风险的承险体主要是国家经济体，可选取国家经济规模（用 GDP 表示）作为暴露性指标。根据 2008 年世界各国的 GDP 数据，采用自然断点法划分国家经济规模等级并赋值，见表 9.4。

表 9.4 国家经济规模等级划分与赋值

国家经济规模等级	GDP（亿美元）	赋　值
极高	>5.0 万	5
较高	2.0~5.0 万	4
一般	0.5~<2.0 万	3
较低	0.1~<0.5 万	2
极低	<0.1 万	1

灾损敏感性可由外贸依存度和能源进口依存度反映。外贸依存度是指国家经济对外贸进出口的依赖性程度，用外贸总额占 GDP 的百分比表示。外贸依存度越大，灾损敏感性越高。能源进口依存度是指进口能源占所需能源的百分比。能源进口依存度越高，当能源通道受到他国控制时，带来的经济损失就越大。这两个因子的等级划分与赋值见表 9.5。由于能源是国家的经济命

脉，因此能源进口依存度比外贸依存度更重要，采用两两比较可得到两者的权重分别为 0.83 和 0.17，即灾损敏感性可表示为

$$C_9(3) = 0.17D_4(3) + 0.83D_5(3) \tag{9.4}$$

式中，$C_9(3)$ 为灾损敏感性；$D_4(3)$ 为外贸依存度；$D_5(3)$ 为能源进口依存度。

表 9.5 灾损敏感性两个因子的等级划分与赋值

外贸依存度（%）	外贸依存度等级	能源进口依存度（%）	能源进口依存度等级	赋 值
>50	极高	>50	极高	5
30～50	较高	30～50	较高	4
20～<30	一般	20～<30	一般	3
10～<20	较低	10～<20	较低	2
<10	极低	<10	极低	1

对应能源通道安全风险，防卫能力包含固有防卫能力和应急防卫能力。固有防卫能力可用评估区域及其附近的目前军事力量表示。应急防卫能力主要与潜在的防卫力量和防御距离有关。由于固有防卫能力比应急防卫能力更重要，因此权重分别取 0.6 和 0.4。防卫能力可表示为

$$F_r(3) = 0.6D_6(3) + 0.4D_7(3) \tag{9.5}$$

式中，$F_r(3)$ 为航道安全风险防卫能力；$D_6(3)$、$D_7(3)$ 分别为固有防卫能力和应急防卫能力。

将暴露性、灾损敏感性、防卫能力的评估结果进行标准化后，得到航道安全风险脆弱性的计算公式为

$$VV_r(3) = \text{Exp}_r(3) \cdot \text{Sns}_r(3) \cdot (1 - F_r(3)) \tag{9.6}$$

式中，$\text{Exp}_r(3)$ 为暴露性；$\text{Sns}_r(3)$ 为灾损敏感性；$F_r(3)$ 为防卫能力。

4. 航道安全风险的综合评估

将上述计算得到的航道安全风险的敏感度、威胁性、脆弱性进行归一化后，即可通过计算得到航道安全风险综合评估结果。

计算结果表明，风险等级最高的是霍尔木兹海峡和马六甲海峡，风险等级为1级；曼德海峡的风险等级为2级；巽他海峡、龙目海峡、望加锡海峡的风险等级为3级。

9.2 南海–印度洋海域海盗袭击风险评估

9.2.1 南海–印度洋海域海盗袭击概况

1982年，《联合国海洋法公约》给出了海盗的确切定义。海盗具有下列行为之一：

（1）在公海或国家管辖水域之外，以占为己有为目的，依靠私有船舶或飞行器对他船或飞行器，或对他船或飞行器上的人员、财产进行的任何非法暴力或扣押或劫掠行为；

（2）任何参与抢劫船舶或飞行器的行为；

（3）任何煽动或有意为以上两种情况提供便利条件的行为。

海盗行为根据情节轻重可分为盗窃、抢劫、劫持等。据统计，自1984年初至2008年12月底，国际海事组织（IMO）共收到海盗袭击船舶事件和企图袭击船舶事件的报告4842起，其中发生在南海–印度洋海域的海盗袭击事件占2/3以上，如图9.2所示。

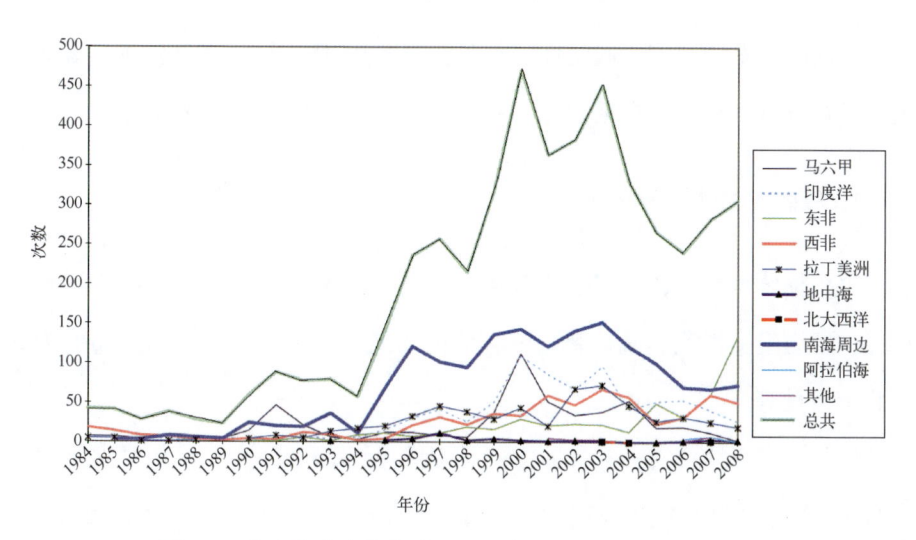

图 9.2　海盗袭击事件统计（1984 年初至 2008 年 12 月底）

9.2.2　南海-印度洋海域海盗袭击风险评估

综上分析，南海-印度洋海域海盗袭击风险主要与历史发案情况、周边国家政治经济环境、地理环境、防卫能力等因素密切相关，为此构建海盗袭击风险评价指标体系，如图 9.3 所示。

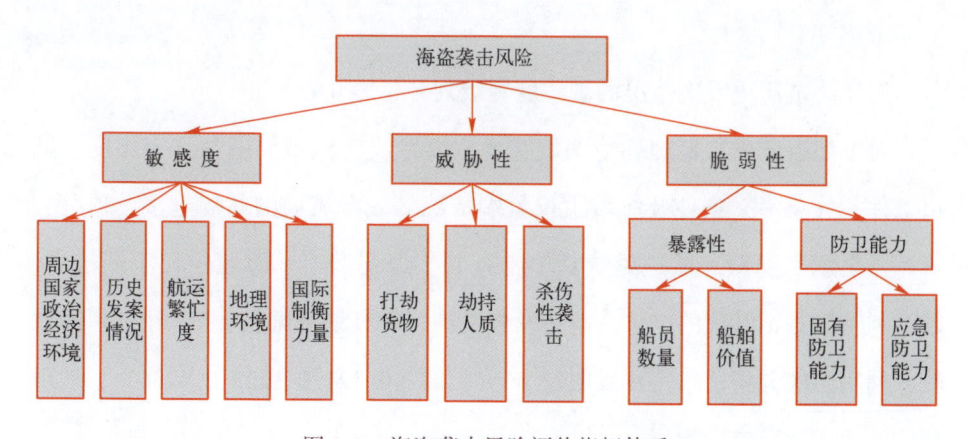

图 9.3　海盗袭击风险评价指标体系

下面分别从敏感度、威胁性、脆弱性等方面对南海-印度洋海域海盗袭击风险进行分析和评估。根据实际需要，评估单元取 1°×1° 的经纬网格。

1. 敏感度的分析和评估

由指标体系可知，海盗袭击风险的敏感度主要取决于周边国家政治经济环境、历史发案情况、航运繁忙度、地理环境（是否有利于海盗袭击）及国际制衡力量等。

周边国家政治经济环境是指与评估单元相近（一般最大搜索半径取 500km）国家的社会经济环境、政治局面和民族宗教情况等。其中，社会经济环境可根据联合国开发计划署（UNDP）于 2004 年提出的人类贫困指数（HPI）进行等级划分；政治局面可根据相关国家的基本信息及 UNDP 于 2004 年发布的《人类发展报告》等进行判定。

对周边国家政治经济环境的三个指标采用两两判断法确定权重，得到权重向量 $W=(0.637,0.2583,0.1047)^T$，即周边国家政治经济环境的敏感度为

$$C_1(4)=0.637D_1(4)+0.2583D_2(4)+0.1047D_3(4) \tag{9.7}$$

式中，$D_1(4)$、$D_2(4)$、$D_3(4)$ 分别为社会经济环境、政治局面、民族宗教情况的敏感度。

海盗袭击历史发案情况的敏感度等级划分见表 9.6。

对于海盗袭击，地理环境的敏感度主要取决于海域周围岛屿密集度、航道条件、气象水文条件及海域主权争端情况等。海域周围岛屿越多，越有利于海盗集结和隐蔽。航道越狭长，越有利于海盗袭击。海域主权争端越大，越有利于海盗钻管理的空子，越易发生袭击，等级划分见表 9.7。经过两两比较，利用层次分析法求得权重向量 $W=(0.227,0.227,0.1223,0.4236)^T$，地理环境的敏感度可表示为

第9章 海上丝绸之路航道风险与应急管理

$$C_4(4) = 0.227D_4(4) + 0.227D_5(4) + 0.1223D_6(4) + 0.4236D_7(4) \quad (9.8)$$

式中，$D_4(4)$、$D_5(4)$、$D_6(4)$、$D_7(4)$ 分别为海域周围岛屿密集度、航道条件、气象水文条件和海域主权争端情况的敏感度。

表9.6 海盗袭击历史发案情况的敏感度等级划分

等级	年平均事件（次/年）	敏感度
极高	>5	5
较高	3～5	4
一般	1～<3	3
较低	0.5～<1	2
极低	<0.5	1

表9.7 地理环境的敏感度等级划分

海域周围岛屿密集度	方圆100km内岛屿个数（个）	航道条件	最小宽度（km）	气象水文条件	浪高（m）	海域主权争端情况	敏感度
极密	>10	极差	<40	极好	<1.0	极大	5
较密	6～10	较差	40～60	较好	1.0～2.0	较大	4
一般	2～<6	一般	>60～100	一般	>2.0～3.0	一般	3
较疏	1～<2	较好	>100～150	较差	>3.0～5.0	较小	2
极疏	<1	很好	>150	极差	>5.0	极小	1

国际制衡力量的有效性按军事力量和目前针对海盗国际法的完善度进行等级划分，见表9.8。

表9.8 国际制衡力量有效性的等级划分

等级	判别特征	敏感度
极低	军事力量极小，国际法极不完善	5
较低	军事力量较小，国际法较不完善	4
一般	军事力量一般，国际法还需完善	3
较高	军事力量较大，国际法比较完善	2
极高	军事力量极大，国际法十分完善	1

经过两两比较，得到敏感度各因子的权重向量 W = (0.4143, 0.2414, 0.135, 0.135, 0.0743)^T，因此海盗袭击风险的敏感度可表示为

$$VS_r(4) = 0.4143C_1(4) + 0.2414C_2(4) + 0.135C_3(4) + 0.135C_4(4) + 0.0743C_5(4)$$
(9.9)

式中，$C_1(4)$、$C_2(4)$、$C_3(4)$、$C_4(4)$、$C_5(4)$分别为周边国家政治经济环境、历史发案情况、航运繁忙度、地理环境及国际制衡力量的敏感度。

图9.4为仅考虑历史发案情况下的南海-印度洋海域海盗袭击风险敏感度区划。

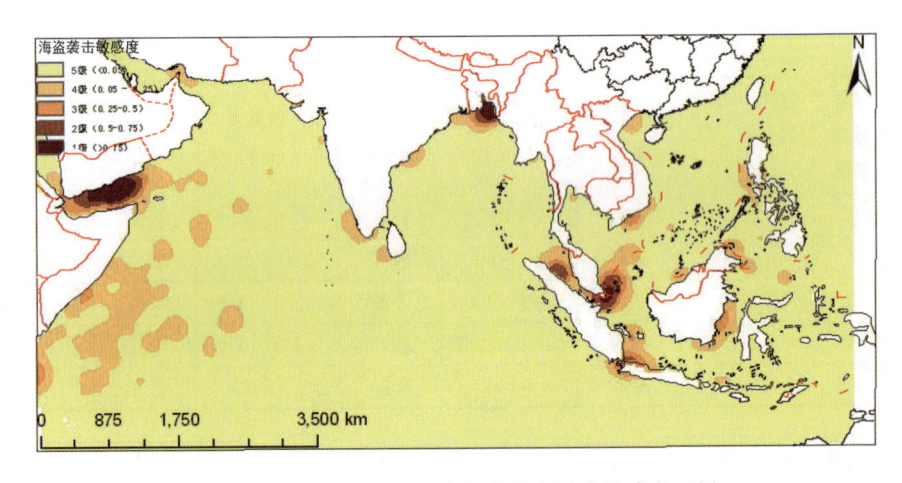

图9.4　南海-印度洋海域海盗袭击风险敏感度区划

2. 威胁性的分析和评估

海盗袭击风险的威胁性有三种表现方式，即打劫货物、劫持人质及杀伤性袭击，等级划分见表9.9。采取何种袭击方式虽然与海盗团伙的性质密切相关，但也有一定的随机性。这里主要根据历史发案情况计算各评估单元的威胁性，即

$$\mathrm{VT_r}(4) = P_1 C_6(4) + P_2 C_7(4) + P_3 C_8(4) \tag{9.10}$$

式中，$\mathrm{VT_r}(4)$为评估单元中海盗袭击风险的威胁性；$C_6(4)$、$C_7(4)$、$C_8(4)$分别为打劫货物、劫持人质及杀伤性袭击等三种袭击方式的威胁性；P_1、P_2、P_3分别为对应发生频率的标准化值。

表9.9 海盗袭击风险的威胁性等级划分

等　级	威胁方式	威　胁　性
极大	杀伤性袭击	5
较大	劫持人质	4
一般	打劫货物	3

3. 脆弱性的分析和评估

海盗袭击风险的承险体主要是海上船舶，脆弱性包括暴露性和防卫能力两个方面。船舶的暴露性可以用船员数量和船舶价值两个指标进行衡量。由于这里采取的是1°×1°经纬网格评估单元，考虑到区域船舶数量基本上与船员总数和船舶总价值成正比，因此采用评估单元的船舶数量（相对密度）作为承险体的暴露性指标，根据统计数据，按聚类方法进行等级划分，绘制区划如图9.5所示。

船舶的防卫能力分为固有防卫能力和应急防卫能力。固有防卫能力是指船舶自身的防卫力量大小，主要包括船员的体能素质、防卫海盗装备的完备性以及防卫海盗措施的有效性。应急防卫能力主要是指区域内的护航力量和区域与固定救援点的距离。由于这里不针对单船进行评估，因此只考虑应急防卫能力。其中，护航力量用区域中心半径为370.4km（200n mile）的护航编队数量进行等级划分并赋值，见表9.10。

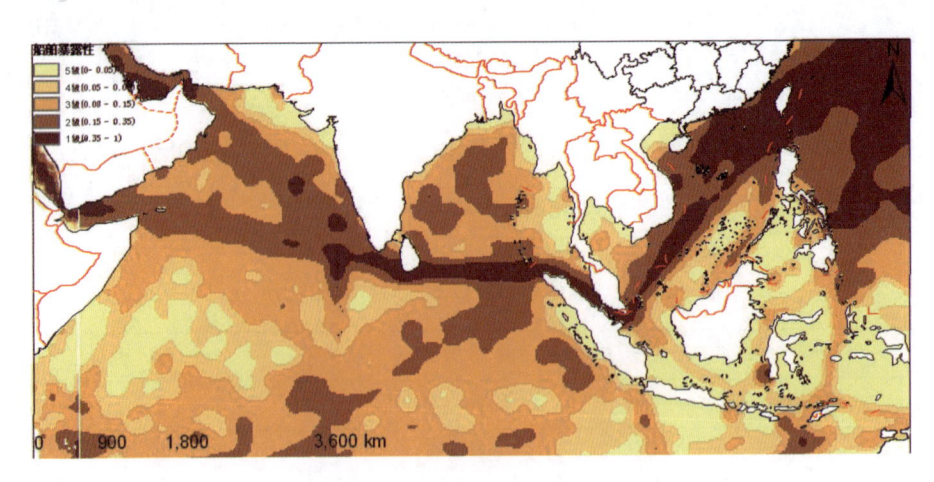

图 9.5　南海-印度洋海域海盗袭击船舶暴露性区划

表 9.10　护航力量等级划分与赋值

护航编队数量等级	护航编队数量	与固定救援点的距离等级	与固定救援点的距离（km）	赋　值
很强	2 个以上	很强	<100	5
较强	1 或 2 个	较强	100～300	4
一般	单个	一般	>300～500	3
较弱	单个	较弱	>500～1000	2
极弱	没有	极弱	>1000	1

护航编队数量比与固定救援点的距离略微重要，将两者的权重分别取 0.6 和 0.4，即

$$F_r(4) = 0.6 D_8(4) + 0.4 D_9(4) \tag{9.11}$$

式中，$D_8(4)$、$D_9(4)$ 分别为护航编队数量和与固定救援点的距离的防卫能力。

第9章　海上丝绸之路航道风险与应急管理

4. 海盗袭击风险的综合评估

通过计算得到海盗袭击风险的敏感度、威胁性、暴露性和防卫能力后，经标准化处理和综合评估，可得到评估单元的海盗袭击风险区划，也可利用GIS空间叠加功能对图层进行处理，直接得到海盗袭击风险区划，如图9.6所示。

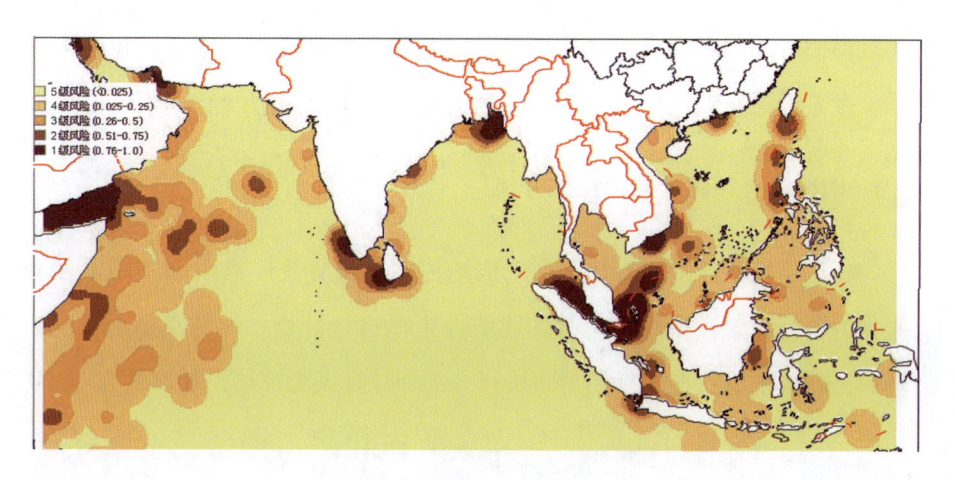

图9.6　海盗袭击风险区划

由图可知，南海-印度洋海域海盗袭击风险为1级的区域为亚丁湾海域、马六甲海峡、马来半岛东南海域、孟加拉国沿海、越南东南近海以及斯里兰卡和科摩林角西南近海。在这些海域，船舶遭受海盗袭击的风险最大。索马里海岸以外600km范围内，风险等级几乎都在3级以上，部分海域的风险等级甚至达到2级。

此外，巽他海峡及其附近海域、望加锡海峡、马尼拉西部沿海的海盗袭击风险也较高，处于3级或3级以上。其余海域，风险等级一般都为4级以下。

9.3 南海–印度洋海域综合风险评估与应急响应

9.3.1 综合风险评估方法

目前，对于区域性多灾种综合风险评估，国内外尚缺乏系统理论和方法体系。参考相关文献，本书归纳出了3种简单适用的综合风险评估方法。

1. DRI多灾种综合风险评估方法

灾害风险指标计划（DRI）是选取地震、热带气旋、洪水和干旱等四种灾害作为研究对象，在对各灾种的脆弱性指标进行计算、评估及量纲标准化处理后，即可采取直接加权的形式进行多灾种综合风险评估，计算式为

$$K_{cyclones}(\text{PhExp}_{cyclones}^{0.63} \cdot \overline{\text{pal}}^{0.66} \cdot \overline{\text{HDI}}^{-2.03} \cdot e^{-15.86})$$
$$+K_{floods}(\text{PhExp}_{floods}^{0.78} \cdot \text{GDP}_{CAP}^{-0.45} \cdot D^{-0.15} \cdot e^{-5.22})$$
$$+K_{earthquakes}(\text{PhExp}_{earthquakes}^{1.26} \cdot U_g^{12.27} \cdot e^{-16.27})$$
$$+K_{drought}(\text{PhExp3\_50}^{1.26} \cdot \text{WAT}_{TOT}^{-7.58} \cdot e^{14.4})$$

式中，K为不同灾种的权重系数；PhExp为物理暴露性指数；pal为可耕地比例的转换值；HDI为人类发展指数；GDP_{CAP}为用购买力来评估人均GDP；D为人口密度；U_g为城市增长率；PhExp3_50为每年暴露在旱灾中的人数；WAT_{TOT}为获得安全饮用水的途径；e为欧拉常数。

2. Hotspots多灾种综合风险评估方法

多发展指标计划（Hotspots）是在计算多灾种风险时用到的两种综合评估

方法。一是在计算单类承险体的多灾种综合风险损失时，所采用的风险指数加权综合法。以死亡风险指数的计算为例，Hotspots 首先利用历史灾损数据计算各区域在不同经济水平下，单灾种风险的指数及其权重。权重是通过过去 20 年的灾损累加值确定的，在此基础上，将多灾种的死亡风险指数加权，可得到综合死亡风险的等级。二是在综合风险的区划与制图时所采取的风险种类相加法，即在通过计算得到各灾种的风险指数后，将风险指数平均分为 10 个等级，位于前 3 位的（8~10 级）代表相对风险高，将某一格点内所有 8~10 级之间的灾害种类之和作为多灾种风险指数，达到 3 以上的为高危险区，2 为较高危险区，1 为一般危险区。

3. 欧洲多重风险综合评估方法

该方法是把由自然和技术致险因素引发的所有相关风险综合起来，是一种典型的对具有空间相关性的各种灾害进行综合评估的方法，主要评估思想和步骤如下。

- 评估单独致险因子，制作综合致险因子图：首先将每一种致险因子根据频率和量级划分为 5 个强度等级；然后用德尔菲法根据专家意见判断不同致险因子的相对重要性；最后将每个致险因子的德尔菲法权重和对应致险因子的强度序列相乘，得到所有综合致险因子的危险性分布图。
- 评估综合脆弱性：首先通过层次分析法将与灾害暴露和应对能力相关的各脆弱性因子综合为一个脆弱性指数；然后将其划分为 5 个等级（1~5），得到综合脆弱性分布图。
- 评估综合风险：首先将综合致险强度等级和综合脆弱性指数等级排列成一个 5×5 的矩阵；然后把每级的致险因子强度等级分别与脆弱性指数等级相加，共得到 5 个综合风险等级，见表 9.11；最后在研究每个评估区域风险特征的基础上，确定每个区域的综合风险等级，从而制作综合风险区划图。

表 9.11 综合风险等级

强度等级	脆弱性指数等级				
	1	2	3	4	5
1	2	3	4	5	6
2	3	4	5	6	7
3	4	5	6	7	8
4	5	6	7	8	9
5	6	7	8	9	10

综上所述，综合风险评估方法归纳起来有两大类。

- 第一类，基于风险损失量的综合评估法：首先计算各灾种下各类承险体的风险损失；然后将其统一为绝对价值量进行叠加；再将评估单元内所有灾种的绝对损失量相加，得到所有承险体的多灾种综合损失量；最后将计算结果分级，划分区域综合风险等级。此类方法对资料和评估方法的精度要求极高，涉及生命、生态环境的价值换算，计算过程极为复杂。
- 第二类，基于损失等级的综合评估方法：首先评估各类承险体在多种灾害下的风险等级，用德尔菲法确定对应的权重；然后将评估单元内承险体的风险等级加权求和，得到评估单元的综合风险值；最后对计算结果进行分级，得到综合风险区划。这类方法的另一种比较简便途径是，统计各评估单元内达到一定等级的灾害种类作为综合风险指标，种类越多，综合风险越大。总体说来，这类综合风险评估方法虽然比较简单实用，但对问题的考虑较为理想，评估精度不够高。

9.3.2 考虑单承险体的南海-印度洋海域综合风险评估

南海-印度洋海域的风险种类众多，承险体多样。各种风险及承险体的价值很难用一个统一的标准去衡量。这里首先对南海-印度洋海域的单承险体进行综合风险评估，即以涉及范围最广、最容易遭受各种灾害影响的海上船舶这一承险体为例，选取的灾害种类有热带气旋、大风、大浪、雷暴、低能见度及海盗袭击等。

首先，对以上各个单项灾害种类风险进行评估。

其次，对固有（自然）风险进行综合评估。由于热带气旋、大风、大浪、雷暴、低能见度等同属于固有风险范畴，与海盗袭击风险的性质明显不同，因此可先对固有风险的几个致险因子进行综合评估，根据德尔菲法确定各个单项灾害种类风险的权重并计算综合风险。基于专家知识和历史灾害数据统计，建立判断矩阵为

$$A = \begin{bmatrix} 1 & 2 & 3 & 2 \\ \frac{1}{2} & 1 & 2 & 1 \\ \frac{1}{3} & \frac{1}{2} & 1 & \frac{1}{2} \\ \frac{1}{2} & 1 & 2 & 1 \end{bmatrix}$$

通过计算得到权重向量 $W = (0.42, 0.23, 0.12, 0.23)^T$，$\lambda_{max} = 4.0104$，于是 $CI = \frac{\lambda_{max} - n}{n - 1} = 0.0035$，而 $RI = 0.90$，$CR = CI/RI < 0.1$，满足一致性条件，因此船舶的综合风险表达式为

$$R_G = 0.42 R_{cyclone} + 0.23 R_{ww} + 0.12 R_{thunder} + 0.23 R_{visibility} \tag{9.12}$$

式中，R_G 为综合固有风险；$R_{cyclone}$ 为热带气旋风险；R_{ww} 为大风、大浪的加权风险；$R_{thunder}$ 为雷暴风险；$R_{visibility}$ 为能见度风险。南海-印度洋部分海域综合固有（自然）风险（7月）如图9.7所示。

然后，计算包括海盗袭击在内的区域船舶的综合安全风险。由于两大类

风险的含义和等级划分标准不同，因此将综合固有风险和海盗袭击风险进行重新分类，按1~5级分别赋予分值5分、4分、3分、2分、1分。由于海盗袭击风险比固有风险略微重要，因此将两者权重分别取0.6和0.4，即

$$R_{\text{combine}} = 0.4R'_{\text{G}} + 0.6R'_{\text{pirate}} \tag{9.13}$$

式中，R_{combine}为区域船舶的综合安全风险；R'_{G}为固有风险等级分值；R'_{pirate}为海盗袭击风险等级分值。

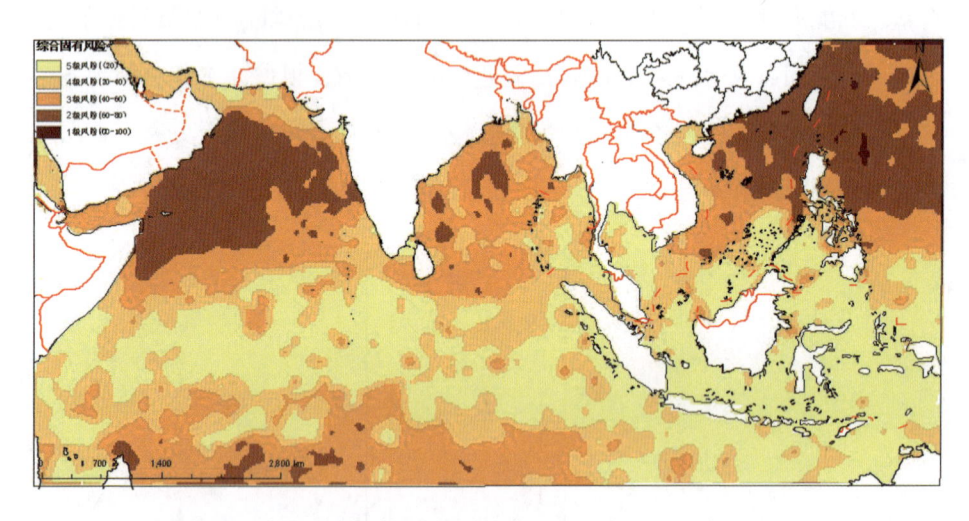

图9.7 南海-印度洋部分海域综合固有（自然）风险（7月）

最后，根据上述计算值，对综合安全风险进行等级划分，见表9.12，绘制部分海域的综合安全风险区划如图9.8所示。

表9.12 南海-印度洋海域船舶综合安全风险等级划分

等级	划分标准	特征描述
1	>4	区域综合安全风险很高
2	3~4	区域综合安全风险较高
3	2~<3	区域综合安全风险中等
4	1.1~<2	区域综合安全风险较低
5	<1.1	区域综合安全风险很低

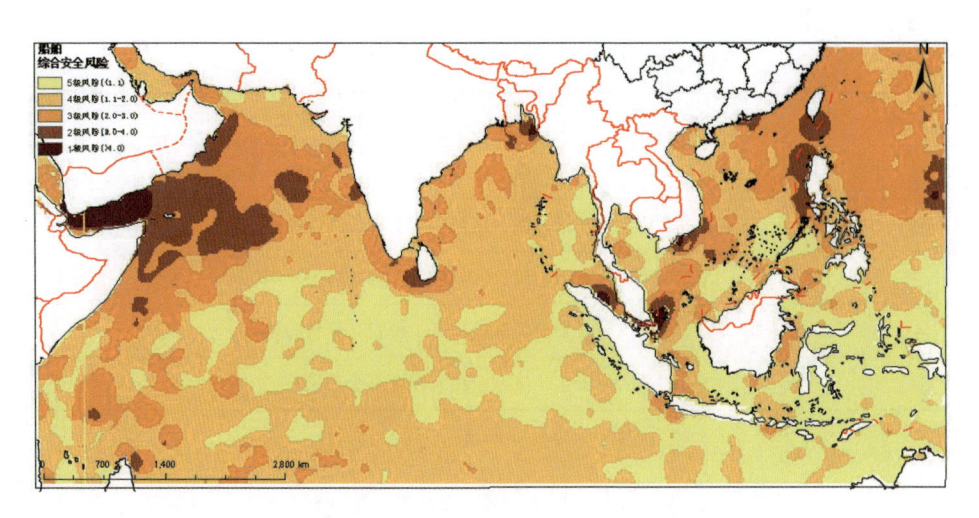

图 9.8　南海-印度洋部分海域船舶综合安全风险（7月）区划

7月，船舶综合安全风险较高的海域为阿拉伯海中西部海域、马六甲海峡及南海东北部海域，风险等级为 2 级左右。其中，亚丁湾湾内和马六甲海峡的风险等级最高，达到 1 级。

9.3.3　南海-印度洋海域综合风险等级评估

由于所评估的风险损失并不是绝对意义上的生命、财产和经济损失，不能用绝对风险值去衡量综合风险值，因此借鉴 Hotspots 基于等级的综合评估方法，对南海-印度洋海域的综合风险进行总体评估。

首先，将各种灾害的风险从高到低分为 5 个等级。

然后，以 1°×1°经纬网格作为评估单元，统计在评估单元内风险等级为 3 级以上的灾害种类个数。

最后，以灾害种类个数作为综合风险指标，综合风险等级划分见表 9.13。

表 9.13 综合风险等级划分

等级	指标值	特征描述
1级	≥4	极其危险，区域内有 4 种及以上较高等级的风险
2级	3	比较危险，区域内有 3 种较高等级的风险
3级	2	一般危险，区域内有 2 种较高等级的风险
4级	1	较安全，区域内有 1 种较高等级的风险
5级	0	安全，区域内没有较高等级的风险

9.3.4 风险监控与海上突发事件应急响应

风险评估、风险控制、监测预警、应急响应是海上突发事件预防控制系统中相互关联的四个部分，如图 9.9 所示。

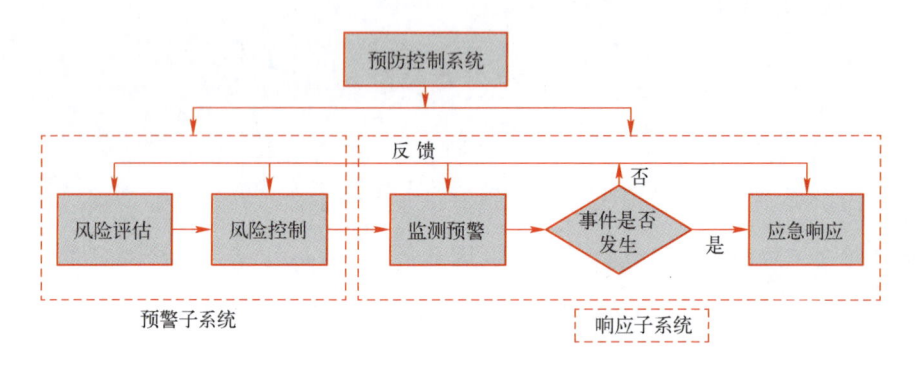

图 9.9 海上突发事件预防控制系统

预防控制系统是一个动态系统。风险评估、风险控制、监测预警和应急响应组成预防控制系统的闭环。

风险评估的目的是保证系统安全运行，分析可能导致事故的危险因素及其相互关系，以便采取相应的风险控制措施排除事故危险因素。经常采用的风险控制措施有技术措施和组织措施。技术措施通过选取恰当的设计方案、流程及合理施策来消除危险因素。若危险因素不能根除，则限制它，使其不能造成伤害。监测预警是将可能导致事故的危险因素一一列出，建立突发事件可能发生的指标体系，包括建立一些量化指标。当风险等级达到一定程度时，监测预警机制就会启动，发出风险警报。

9.4 海上突发事件应急预案编制

9.4.1 应急预案基本概念与核心要素

应急预案又称应急计划，是针对可能的重大事故或灾害，为了能够保证迅速、有序、有效地开展应急与救援行动，降低重大事故或灾害的损失而预先编制的计划或方案，是在辨识和评估潜在的重大风险、事故类型、发生的可能性及发生过程、重大事故或灾害后果及影响严重程度的基础上，对应急机构的职责、人员、技术、装备、设施（或设备）、物资、救援行动及其指挥与协调等方面预先做出的具体安排。

应急预案的内容不仅限于重大事故或灾害发生过程中的应急响应和救援措施，还包括重大事故或灾害发生前的各种应急准备和发生后的紧急恢复，以及预案的管理和更新等。因而，完整的应急预案一般包括6个一级关键要素：(1) 方针与原则；(2) 应急策划；(3) 应急准备；(4) 应急响应；(5) 现场恢复；(6) 预案管理与评审改进。

应急策划、应急准备和应急响应等3个一级关键要素又可以进一步划分为若干个二级要素，从而形成一个完整的应急体系，如图9.10所示。

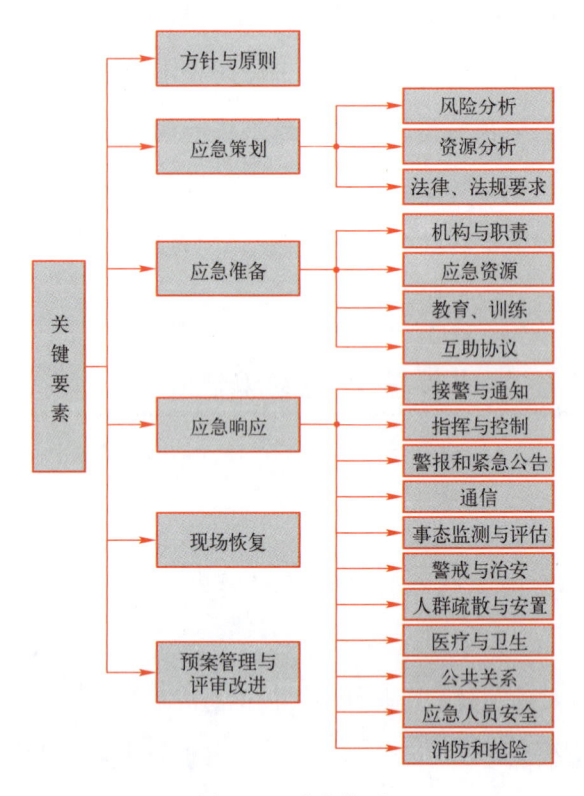

图 9.10　应急体系

9.4.2　应急预案基本结构

　　海上突发事件应急预案是在海上可能发生各种突发事件时为应急行动而制定的指导性文件。为各种不同的突发事件制定有效的应急预案，不仅可以指导应急人员的日常培训和演习，保证各种应急资源处于良好的就绪状态，还可以指导应急行动按计划有序进行，防止因行动组织不力或现场救援工作混乱而延误救援，降低人员和财产的损失。因此，一个好的应急预案应该包含以下内容：（1）对重大事故或灾害的辨识、评估；（2）对人力、物资和工具等的确认与准备；（3）指导建立现场内外合理的有效应急组织；（4）设计应急行动方案；（5）制定重大事故或灾害后的现场清理及恢复措施；等等。

应急预案除包含上述内容外，还应能够实现下列要求：明确应急预案中机构的权利和职责；建立培训和演习等准备程序；对所涉及的法律、法规的解读和说明；对特殊危险制定专项应急救援预案；等等。

1. 应急预案类型

海上突发事件应急预案的分类有多种方法：按行政区域分类，可分为国家级、省级、市级、区（县）和企业级等预案；按事故或灾害的类型，可分为自然灾害、事故灾难、突发公共卫生事件和突发社会安全事件等预案。

最适合海上突发事件应急预案体系的分类方法，是按照预案的适用对象范围进行分类，即综合预案、专项预案和现场预案等，如图 9.11 所示，以保证预案体系层次清晰和开放性。

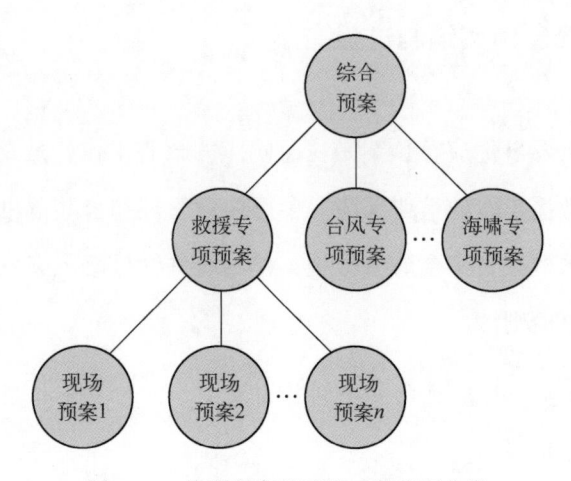

图 9.11　按照预案的适用对象范围分类

2. 应急预案编制结构

各种海上突发事件应急预案在内容上的详略程度和应对的侧重点虽然不同，但结构组成大体相似。这里采用基于应急任务或功能的 1+4 预案编制结构，如图 9.12 所示，即一个基本预案加上应急功能设置、特殊风险预案、标准操作程序及支持附件等，可保证各种类型预案之间的协调和一致性。

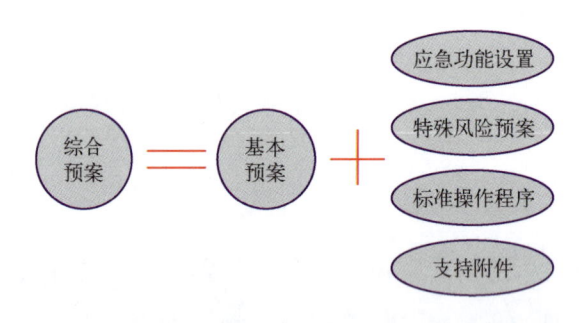

图 9.12　1+4 预案编制结构

9.4.3　应急预案编制过程

编制海上突发事件应急预案是应急响应的核心工作，是及时、有序、有效地开展应急救援工作的重要保障。参照应急管理和公共危机管理中应急响应预案构建体系框架，结合海上救援工作的特殊性，海上突发事件应急预案的编制遵循以下原则。

- 以人为本：一切从生命安全利益出发，加强对应急救援人员的安全防护和科学指挥。
- 预防为主：保持常备不懈、预防措施在先、准备工作充分的原则。

第9章 海上丝绸之路航道风险与应急管理

- 分级负责：实行分级管理、分级响应，落实岗位职责。
- 快速响应：确保信息准确、传递畅通、反应灵敏、处置高效。
- 船、岸、空结合：实行船、岸、空联动，动作协调，发挥社会整体综合力量。

海上突发事件应急预案的编制过程如图 9.13 所示。

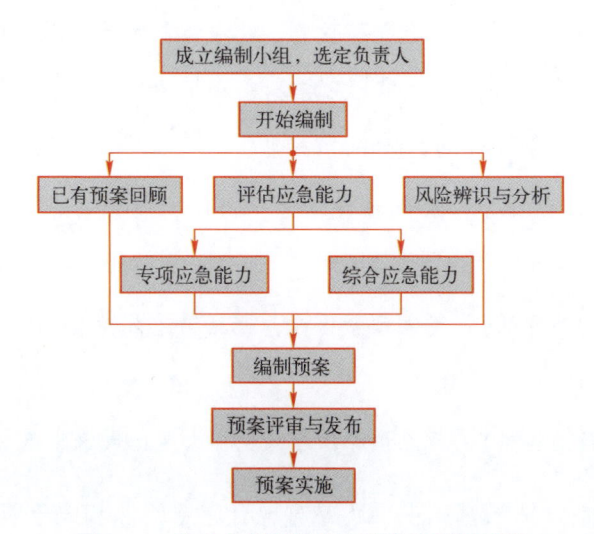

图 9.13 海上突发事件应急预案的编制过程

1. 成立编制小组，选定负责人

海上突发事件的应急行动需要不同部门、不同专业领域的人员密切配合，相互协作，在编制海上突发事件应急预案时，需要相关职能部门的积极参与，并达成一致意见，成立预案编制小组，将各方应急力量组织起来，保证应急预案的准确性和完整性。

2. 风险分析和应急能力评估

风险分析是指，在对任务区域的地理环境、海域特点、气象水文条件等因素进行全面分析的基础上，结合曾经发生的重大事故或灾害，识别可能要发生的重大事故或灾害，合理划分事故类别，并用相对性词汇，如低、中、高，一般、较大、重大、特大等来描述发生重大事故或灾害的可能性及相应的等级，例如可根据任务区域的气象水文条件，按照气象预警等级将风险分为4级，由重到轻依次为：

- 特大风险（1级）：红色预警信号，包括紧急发生的强台风、热带气旋、风暴潮、寒潮、海啸、海上恶劣能见度等灾害性自然信息，且在24h内可能影响责任区海上船舶航行。

- 重大风险（2级）：橙色预警信号，出现上述灾害性自然信息，且在48h内可影响辖区海上船舶航行。

- 较大风险（3级）：黄色预警信号，包括紧急发生、影响海域或岸基人员和功能设施的气象水文灾害。

- 一般风险（4级）：蓝色预警信号，包括大风、大浪、雨雾等天气。

在进行风险评估的基础上，还要对现有应急资源和应急能力进行评估，明确应急救援的需求和不足，包括应急人员、应急设施、装备、物资等。应急能力包括人员的技术、经验和接受培训情况等。制定预案时，应在评估与潜在风险适应的应急资源和应急能力下，选择最现实、最有效的应急响应策略。

3. 编制预案

在编制应急预案时应满足如下4项要求：一要适应现实海上突发事件需要；二要符合相关法律、法规及国际公约要求；三要广泛阅读已有的相关应急预案，尽可能减少工作量，避免预案内容不必要的重复；四要合理组织内容、结构，保持内容的连续性和结构的一致性。此外，还要注意格式的兼容性，尽量采取与上一级预案（如国家海上搜救应急预案）相一致的格式，以便各级海上突发事件应急预案能够有效协调和对应，形成有机整体。

4. 预案评审与发布

主持应急预案编制的部门，应依据国家有关方针、政策、法律、法规及规范性文件的要求，组织开展内部和外部的评审工作，需要取得主管部门和应急管理机构的认可。其中，内部评审是指在应急预案初稿编制完成后，编制小组要进行内部审查，以保证应急预案的语言简洁顺畅、内容完整；外部评审是指同级部门、上级主管机关、有关专家学者等，从政策、法律、技术等不同角度，对应急预案结构和内容进行审定，使应急预案能被各级和各专业人员广泛接受。应急预案在经过预定程序评审后，由区域最高决策机构签署发布，形成具有法律效力的规范性文件，报送上级海上突发事件应急主管部门和应急机构备案。

5. 预案实施

预案实施是应急管理中最为关键的一环。在应急预案被批准并发布后，各相关职能部门和应急机构应从以下几个方面开展工作：

- 对应急预案进行宣传、教育、培训，使相关组织和人员熟悉并掌握应承担的职责及相关的工作程序、标准等。
- 定期检查并落实应急人员、设施、物资等的准备情况，保持应急资源处于可用状态。
- 有针对性地开展海上突发事件应急预案的演习和训练，及时发现缺陷和不足，为应急预案的修订与更新提供参考依据。
- 建立基于地理信息系统（GIS）的电子化应急预案，便于快速查询、管理和启用。

- 建立历史事件数据库，评估应急过程的不足和缺陷，吸取经验和教训，为应急预案的修订和更新提供参考依据。

9.5 应急救援航迹规划

在应急救援过程中，不仅受困船舶、受困人员受到威胁，应急救援人员同样也会受到威胁。若没有一个清晰、正确的救援方案，就会使应急救援人员面临不必要的风险，因此对执行应急救援任务的船舶来说，重要的一点是，要根据应急救援的具体情况和风险评估结果制定最优的救援航迹规划。

9.5.1 航迹规划概述

路径规划是一个古老而又复杂的问题，是指寻找运动体从初始点到目标点满足某种指标最优的运动路径，如在最典型的路径规划问题 TSP（旅行商问题）中，人们总是试图找到一条能够到达所有城市且路程最短的闭合回路。TSP 的指标由能够到达所有城市、闭合回路和路程最短等要素组成。

传统的路径规划局限于从多条路径中求出距离最短的一条路径。目前，路径规划的应用领域更广，设计要求更高。在海上航行与运输领域，路径规划通常被称为航迹规划。但是它不同于传统的路径规划问题，而是需要考虑多种因素的约束来寻找最优路径。

航迹规划系统具有如下特点：

第9章 海上丝绸之路航道风险与应急管理

- 航迹规划系统的指标应充分考虑气象水文条件、地理环境特征、人工障碍等因素的影响,以保证最大生存性和最优性能的发挥。

- 航迹规划系统的指标体现为约束条件和目标函数,硬性指标(如船舶不能触礁)应为约束条件,软性指标(如航行时间尽量短、尽量避开危险天气和海况等)应为目标函数。为了适应不同的任务,硬性指标和软性指标有时会发生转变,约束条件和目标函数也进行相应的调整。

- 航迹规划系统应该是灵活的。以船舶的航迹规划为例,首先要求能够有效地避开可能影响航行的险要地形、恶劣天气、不佳海况及人为产生的障碍等不利因素,以保证船舶能够完成航行任务的最大可能性。当临时出现不可预知的、可能影响航行的危险天气或恶劣海况或已知的威胁场、地形等情况时,应能够实时规划新的路径,完成既定航迹规划任务。新的路径必须能够到达所有的任务目标点,当临时增加新的任务时,能及时规划新的路径。

- 航迹规划系统应具备多种指标,可搜索多条优化航迹(如果存在的话),构成航迹组。

关于航迹规划的算法,国内外学者展开了大量的研究,提出了很多优化算法,主要分为两类:

- 一类是传统优化问题的求解方法,如图搜索方法、枚举法、随机搜索法、最优控制法、梯度算法、模拟退火算法等。这些算法都有自身的局限性。梯度算法、模拟退火算法易陷入局部最优解。图搜索方法、枚举法不能用于高维优化问题。随机搜索法计算效率太低。

- 另一类是智能化全局搜索算法,如动态规划法、启发式搜索法、遗传算法(GA)、神经网络(NN)等。这些算法虽然能够得到全局最优解,改进了传统算法的性能，但存在航迹规划规模大时出现组合爆炸的局限。目前，蚁群算法虽然能比较有效地解决大型组合优化问题，但仍然存在一些缺陷，如计算时间太长、求解相对较弱等。

9.5.2 GIS 栅格数据最优路径原理

1. 栅格数据的最优路径分析

根据空间数据的组织形式，地理信息数据被分为栅格数据和矢量数据两种类型。在栅格数据中，地理空间被划分为规则单元（像元），位置由像元的行号、列号表示，具有属性明显、定位隐含的特点，即数据直接记录属性的指针或属性本身，所在位置根据行号、列号转换为相应的坐标。这种数据的最大优势在于，数据结构简单，可以很方便地进行叠加、组合，尤其易于进行各类复杂的空间分析。这里的地形地貌数据（包括水深数据）、区域风险评估数据均是以栅格形式存放的，为最优路径规划提供了极大的有利条件。

最优路径分析时首先必须明确几个概念：

- 源：分析的起点，如救援船舶起航的港口。源表现在 GIS 上的数据特征就是离散的点、线、面等要素，既可用栅格数据表示，也可用矢量数据表示。
- 成本：任一单元到达源的花费，包括经费、时间及安全代价等。影响成本的因素可以是一个，也可以是多个，如船舶航行，不仅要考虑燃油成本和时间快慢，还要考虑气象水文及水深等综合因素。成本栅格数据记录了通过每一单元的通行成本。

- 成本距离加权数据：也称成本累计数据，记录每个栅格到距离最近、成本最低源的最少累加成本。成本距离考虑了事物的复杂性，对于基于复杂地理特性的分析非常有用。

- 成本距离加权函数：通过成本因子修正直线距离，获得每一单元到距离最近、成本最低源的最少累加成本。

- 距离方向数据：表示从每一单元出发，沿最低累计成本路径到达最近源的方向。

- 最少成本路径函数：确定某一目标点到一个源的最短路径或最低成本的路径。

栅格数据最优路径分析的基本原理是，基于各栅格的成本数据，通过一个成本距离加权函数得到各单元到距离最近、成本最低的源的最少累加成本，在此基础上，利用水流方向原理，计算得到从任一单元出发，沿着最低累计成本路径到达最近源的路径后，通过通道分析，生成一条从起点到终点的最优路径。

2. 基于成本最优路径分析的基本步骤

根据上述基本原理，可知基于成本最优路径分析的基本步骤如下。

第一步，创建成本数据集。在一般情况下，影响成本（代价）的因素有多个。这些因素往往有不同的量纲和等级，需要对所有因素进行重新分类，并通过统计方法或德尔菲法确定各因素的权重，使各因素之间能够进行加权叠加。

第二步，通过成本距离加权函数计算各栅格到距离最近、成本最低的源的最少累加成本，同时生成两个相关输出：成本方向数据和成本分配数据。

第三步，根据第二步的计算结果，执行最小成本路径函数，生成起点到终点的最优路径。

寻找最优路径的逻辑过程如图 9.14 所示。

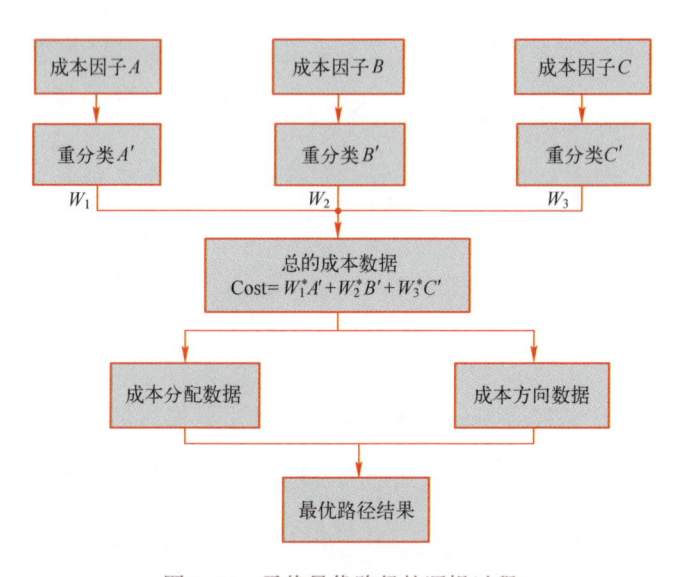

图 9.14　寻找最优路径的逻辑过程

9.5.3　基于 GIS 应急救援航迹规划

案例仿真 1：假设某商船在亚丁湾海域遭遇海盗袭击或自然灾害的威胁，海军某舰艇奉命去执行救援任务。救援舰艇从某基地出发，要求安全、快速地到达指定海域。请规划最优航迹。

基于风险的分析和区划，采用 GIS 路径分析算法，快速计算成本最低的航线。首先，需要考虑自然因素所引起的综合固有风险和航行时间，即航线的安全代价 R（Risk，风险高低）和时间代价 E（Economy，航线距离长短）。总的航线代价 C（Cost）用模型可表示为

第9章 海上丝绸之路航道风险与应急管理

$$C = W_1 \times E + W_2 \times R \tag{9.14}$$

式中，W_1 为时间代价权重；W_2 为安全代价权重。不同的权重可能制定出不同航线的决策倾向。若情况危急或任务紧迫，则时间代价权重应高于安全代价权重，不妨取 $W_1 = 0.8$、$W_2 = 0.2$，通过计算得到的最优航线如图 9.15 中的黑线（粗线）所示。该航线虽然航程较短，所花时间较少，但需要经过多个综合风险等级为 3 级以上的海域。若决策者以安全为主，取 $W_1 = 0$、$W_2 = 1.0$，则通过计算得到的最优航线如图 9.15 中的蓝线（细线）所示。该航线几乎避开了所有高风险海域，安全性最好，但是航程较长。

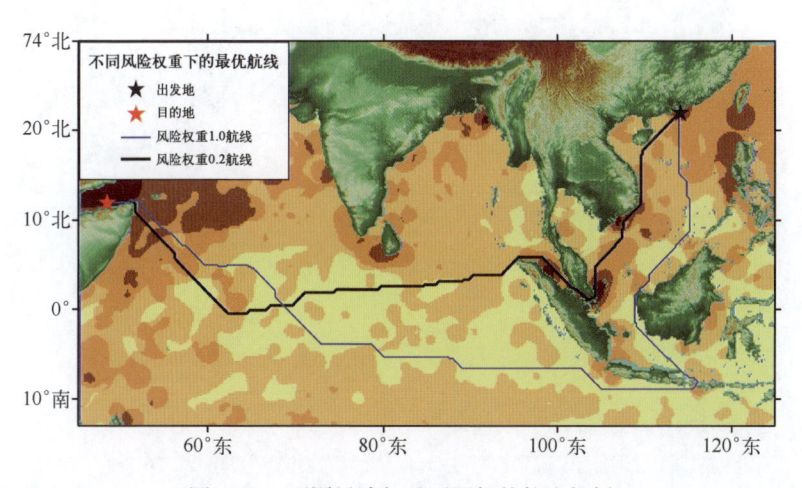

图 9.15　不同风险权重下军舰的航迹规划

案例仿真 2：虽然出发地和目的地与案例仿真 1 一样，但假设是一艘民用船舶去执行救援任务，则需要考虑包括海盗袭击等现实风险在内的综合风险，仍然采用前面的方法，得到安全代价权重分别取 0.4 和 1.0 时的最优航线，如图 9.16 中的黑线（粗线）和蓝线（细线）所示。显然，不同风险权重下得到的最优航线差别较大。由于马六甲海峡是海盗袭击的高风险海域，因此这两种情景都尽量避开了穿越马六甲海峡。只有在完全不考虑或很少考虑现实风险的前提下，最优航线才穿越马六甲海峡。

通过上述分析和实验对比可以看出，利用 GIS 栅格数据的强大分析优势，可以方便快捷地实现应急救援航迹规划，所规划出的路径兼顾了多方面的地理信息，可以提供实时动态的辅助决策支持。

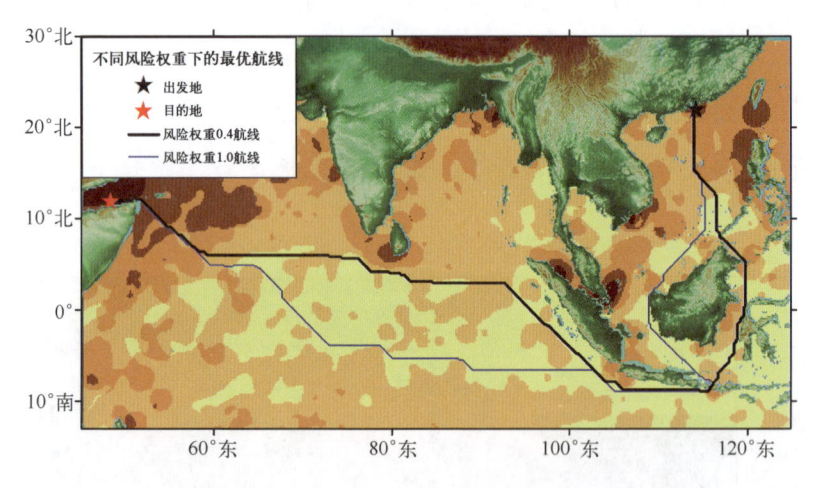

图 9.16 不同风险权重下民用船舶的航迹规划

反侵权盗版声明

电子工业出版社依法对本作品享有专有出版权。任何未经权利人书面许可，复制、销售或通过信息网络传播本作品的行为；歪曲、篡改、剽窃本作品的行为，均违反《中华人民共和国著作权法》，其行为人应承担相应的民事责任和行政责任，构成犯罪的，将被依法追究刑事责任。

为了维护市场秩序，保护权利人的合法权益，本社将依法查处和打击侵权盗版的单位和个人。欢迎社会各界人士积极举报侵权盗版行为，本社将奖励举报有功人员，并保证举报人的信息不被泄露。

举报电话：(010) 88254396；(010) 88258888

传　　真：(010) 88254397

E-mail：dbqq@phei.com.cn

通信地址：北京市海淀区万寿路173信箱
　　　　　电子工业出版社总编办公室

邮　　编：100036